Beginne jeden Morgen
mit einem guten Wort.
Es leuchtet wie ein Sternlein
durch die Stunden fort.
Es klingt in alle Herzen
und macht die Sorgen klein.
Ein frohes Wort am Morgen
ist goldner Sonnenschein.

zum

65. Geburtstag

von Deiner Schwester Ottilie
und Edmund

Dörnsteinbach, den 25. Aug. 1997

PAPST
JOHANNES PAUL II.

TAD SZULC

PAPST JOHANNES PAUL II.

DIE BIOGRAPHIE

Aus dem Amerikanischen übertragen
von Rüdiger Hipp

Deutsche Verlags-Anstalt
Stuttgart

Die Originalausgabe erschien unter dem Titel
»Pope John Paul II. The Biography«
bei Scribner, Imprint of Simon & Schuster, New York

Die Deutsche Bibliothek – CIP-Einheitsaufnahme

Szulc, Tad:
Papst Johannes Paul II.: die Biographie / Tad Szulc.
Aus dem Amerikan. von Rüdiger Hipp. –
Stuttgart: Deutsche Verlags-Anstalt, 1996
Einheitssacht.: Pope John Paul II. <dt.>
ISBN 3-421-05040-6

Satz: Steffen Hahn GmbH, Kornwestheim
Druck und Bindearbeit:
Graphischer Großbetrieb Pößneck GmbH, Pößneck
Printed in Germany
ISBN 3-421-05040-6

INHALT

Zum Andenken an
Irena Monica Baruch Wiley

VORWORT

Als Papst Johannes Paul II. und ich erstmals über mein Vorhaben sprachen, sagte der Heilige Vater: »Eine Biographie muß mehr sein als Daten, Fakten und Zitate ...« In ihr müsse das Wesentliche der Person, ihre Seele und ihr Denken, zum Ausdruck kommen.

In den knapp zwei Jahren, die jenem ersten Gespräch folgten, erhielt ich oftmals Gelegenheit, Johannes Paul II. zu sehen und zu hören, sei es in der Abgeschiedenheit seines Speisezimmers in den Privatgemächern des Apostolischen Palastes, in seinem Konferenzraum oder in den der Öffentlichkeit zugänglichen Hallen des Vatikans, sei es als Begleiter auf den Reisen des Heiligen Vaters nach Mexiko, nach Jamaika, in die Vereinigten Staaten, in die baltischen Staaten oder in das frühere Jugoslawien.

Dem Rat des Papstes folgend, befaßte ich mich eingehend mit der Geschichte und der Literatur Polens; außerdem machte ich in seinem Heimatland und anderswo alte Freunde und Bekannte ausfindig, die er benannt hatte. Als nächstes wandte ich mich seinem umfangreichen literarischen Schaffen zu und las seine Gedichte, Dramen und Essays sowie seine Bücher über Moral und Ethik, seine Artikel, Briefe, Reiseberichte, Homilien und Predigten. Ich hoffe, es ist mir gelungen, die Ratschläge des Papstes in die Tat umzusetzen und die Wesenszüge der Persönlichkeit Johannes Pauls II. herauszuarbeiten.

Selbstverständlich stellt dieses Buch keine autorisierte Biographie dar; etwaige Mängel gehen zu Lasten des Verfassers. Der Heilige Vater hat jedoch die Entstehung ermöglicht, indem er großes Entgegenkommen zeigte und mir ein außergewöhnliches Maß an Zugang gewährte. Dafür danke ich ihm. Ich glaube, er wird es zu würdigen wissen, daß ich mich bemüht habe, eine möglichst objektive Biographie zu schreiben.

ERSTER TEIL

Kindheit und Jugend in Wadowice und Krakau

1

Karol Józef Wojtyła wurde am 18. Mai 1920, einem Dienstag, in der kleinen südpolnischen Stadt Wadowice geboren. Am selben Tag bereitete man Marschall Józef Piłsudski in Warschau, der Hauptstadt des neu entstandenen unabhängigen Polens, einen triumphalen Empfang. Piłsudski hatte im polnisch-russischen Krieg einen großen militärischen Erfolg errungen, als zehn Tage zuvor seine Armee Kiew, die Hauptstadt der Ukraine, einnehmen konnte.

Drei Monate später, am 15. August, dem Feiertag Mariä Himmelfahrt, gelang es den von Piłsudski angeführten polnischen Truppen, vor den Toren Warschaus eine starke sowjetische Gegenoffensive zurückzuschlagen. Dieser Sieg ging als »Wunder an der Weichsel« in die Geschichtsbücher ein.

Das »Wunder an der Weichsel« des Jahres 1920 erinnerte manchen patriotischen Polen an das Jahr 1683; damals hatte der polnische König Jan Sobieski in der Schlacht auf dem Kahlenberge die Türken geschlagen und die Belagerung Wiens aufgehoben.

Polens Wiedergeburt war eine direkte Folge des Ersten Weltkriegs, des Sieges der Alliierten über das Deutsche Kaiserreich und die Habsburger Monarchie im Jahr 1918, sowie des Zusammenbruchs des russischen Zarenreiches im Jahr 1917. Im Versailler Vertrag wurde die »volle Unabhängigkeit Polens« formell anerkannt. Zwischen 1918 und 1921 erhielt das polnische Staatsgebiet seine Grenzen. Millionen von Polen verglichen die Wiedergeburt ihrer Nation mit der Auferstehung Christi.

Wer Johannes Paul II. verstehen will, muß zuerst versuchen, Karol Wojtyła als Person zu begreifen. Und dabei ist vor allem die Tatsache zu berücksichtigen, daß er Pole ist. Sein Polentum ist ein wesentliches Element seiner Persönlichkeit, in der sich Konservatismus und Modernität auf eine manchmal seltsam anmutende Weise mischen.

Johannes Paul II. ist das Oberhaupt der römisch-katholischen Kirche, der weltweit fast eine Milliarde Menschen angehören, und er spielt auf diplomatischer Ebene eine wichtige Rolle. Er ist jedoch nach wie vor ein polnischer Patriot, ein polnischer Philosoph, ein polnischer Dichter und ein Mann, der am politischen Geschehen seines Heimatlandes großen Anteil nimmt. Bei seiner ersten Polenreise als Papst im Juni 1979 war auf die Borte seines Meßgewandes der weiße polnische Königsadler gestickt, und auf blauem Grund stand mit goldenen Buchstaben geschrieben: *Polonia Semper Fidelis* (Polen ist stets treu). An Weihnachten singt der Papst mit polnischen Freunden, die ihn in Rom besuchen, in ungezwungener Atmosphäre polnische Volkslieder. Er läßt sich jeden Tag über die polnische Kirche und die politische Lage des Landes berichten. In seiner Jugend spielte Karol Wojtyła in Theaterstücken mit, die das Polentum feierten, und er denkt noch heute gern daran zurück.

Der Nachfahre galizischer Kleinbauern versteht sich mit Menschen, die in mühsamer Arbeit den Boden bestellen und immer noch in elenden Hütten wohnen. Während der deutschen Besatzung mußte Karol Wojtyła jahrelang schwere körperliche Arbeit verrichten und ein kümmerliches Leben fristen; dank seiner Selbstdisziplin gelang es ihm, sein bitteres Los mit Würde zu ertragen.

Wojtyła hat sich immer für Bauern und Arbeiter eingesetzt. Nicht selten hat er öffentlich Gerechtigkeit für die »Arbeiterklasse« verlangt. Es mag überraschen, dieses Wort aus dem Munde des Papstes zu hören; er sagt jedoch, daß es auf Jesus Christus zurückgehe.

Als Kind – wie auch als Priester und als Kardinal – übte der Wallfahrtsort Kalwaria Zebrzydowska eine unwiderstehliche Anziehungskraft auf ihn aus, jenes knapp fünfzig Kilometer von seiner Heimatstadt Wadowice entfernte Bernhardinerkloster, wo sich die ländliche Bevölkerung am Karfreitag und an Ostern sowie an Mariä Himmelfahrt zu Zehntausenden versammelte. Auf dem Kreuzweg von Kalwaria Zebrzydowska zogen die Gläubigen hinter einem Christusdarsteller von Station zu Station und legten ein überwältigendes Zeugnis der Volksfrömmigkeit ab.

Karol Wojtyła identifizierte sich auch mit dem Sendungsbewußtsein des polnischen Katholizismus, der Nationalstolz und Religion untrennbar miteinander verbindet. Polen wurde von patriotischen Dichtern die messianische Rolle des »Christus aller Nationen« zugeschrieben, eines Landes, das leiden muß, damit alle anderen Nationen der Erde erlöst werden können.

Die Gestalt, die Karol Wojtyła immer am meisten verehrt hat, ist der heilige Stanisław. Dieser polnische Bischof wurde vor neun Jahrhunderten auf Befehl eines tyrannischen Königs vor dem Altar einer Krakauer Kirche ermordet. Die katholische Kirche hat Stanislaw heiliggesprochen und zum Nationalpatron Polens erhoben. Bevor der junge Bischof Wojtyła im Jahr 1962 nach Rom reiste, um am II. Vatikanischen Konzil teilzunehmen, teilte er den Gläubigen bei einer Messe in Krakau mit: »Ich gehe vom Grab Stanisławs zum Grab Petri... Die beiden Gestalten sind von vergleichbarer Größe, sie ergänzen einander...« Wojtyła gebrauchte fast dieselben Worte, als er Krakau im Jahr 1978 verließ, um an dem Konklave teilzunehmen, das ihn dann zum Papst wählte.

In Privatgesprächen macht Johannes Paul II. Anspielungen auf St. Stanisław, wenn er an das Attentat auf dem Petersplatz zurückdenkt, das ihm im Mai 1981 fast das Leben gekostet hätte. In der Öffentlichkeit betont der Papst, der zum Märtyrer gewordene Bischof sei »immer der Patron der moralischen Ordnung unseres Vaterlandes« gewesen; er bleibe »in unserer Zeit eine moralische Kraft«. Wojtyła, der selbst lange Jahre Bischof von Krakau war, identifiziert sich mit diesem Amtsvorgänger, der am Beginn unseres Jahrtausends ein glühender polnischer Patriot war.

Karol Wojtyła ist ein kontemplativer Mensch, der sich in mystische Betrachtungen versenkt, aber er besitzt auch eine ungeheure Zähigkeit und Ausdauer; so überstand er die Verletzungen, die ihm der Attentäter zugefügt hatte, ebenso wie eine schwierige Unterleibsoperation, schwere Infektionen und zahlreiche Unfälle, ohne sich von der Verfolgung seiner vielfältigen Zielsetzungen abbringen zu lassen.

Freunde, die Wojtyła seit Jahrzehnten kennen, sind der Überzeugung, daß das Gebet und die Meditation der Hauptquell seiner geistigen und körperlichen Kraft sowie seiner erstaunlichen Regenerationsfähigkeit sind. Sein gewaltiges Arbeitspensum im Vatikan und seine weltumspannenden Reisen sind nach normalen Begriffen für einen Mann Mitte siebzig einfach zuviel. Doch bis vor kurzem wagte es niemand, dem Papst auch nur eine geringfügige Einschränkung seiner Aktivitäten vorzuschlagen. Johannes Paul II. spürt, daß er eine Mission hat, und er befürchtet, daß ihm nicht genug Zeit bleibt, um alles zu verwirklichen, was er für die Menschheit und die Kirche erreichen will. Seit Mitte 1994 muß er jedoch seine Verpflichtungen einschränken, weil seine Gesundheit nachläßt.

Dem Vernehmen nach betet Wojtyła jeden Tag bis zu sechs Stunden lang: Am frühen Morgen in seiner Privatkapelle, wobei er manchmal vor dem Altar am Boden liegt, dann vor dem Frühstück mit geladenen Gästen, des öfteren in seinem Arbeitszimmer neben dem Schlafzimmer, dann bei Messen und Gottesdiensten in Rom und auch wenn er im Flugzeug oder in seinem Mercedes unterwegs ist. Der Papst hat eine Konzentrationsfähigkeit, die ihn gänzlich von seiner jeweiligen Umgebung abschirmt, sobald er zu beten oder zu meditieren beginnt – auch wenn er bei einer Messe im Freien einer riesigen Menschenmenge gegenübersteht. Sein Gesicht bekommt einen verklärten Ausdruck, seine Augen sind fest geschlossen, und manchmal bewegen sich seine Lippen in stillem Gebet. Danach ist der Papst wieder munter, das glückliche Lächeln erscheint wieder auf seinem Gesicht, und er betrachtet die Anwesenden.

Johannes Paul II. sagte einmal: »Als ich jung war, dachte ich, ein Gebet könne und solle nur Dankbarkeit und Verehrung zum Ausdruck bringen. Ein Bittgebet schien mir etwas Unwürdiges zu sein. Später änderte ich meine Meinung völlig. Heute erbitte ich viel.« Als ein Besucher den Papst nach einem privaten Essen mit einem gewissen Zögern bat, für seinen nichtkatholischen Schwiegersohn zu beten, der sich einer Herztransplantation unterziehen müsse, erwiderte Johannes Paul II. mit großer Wärme: »Selbstverständlich werde ich für ihn beten. Wie heißt er denn?«

Neben dem kontemplativen gibt es den überaus aktiven Papst, der vom frühen Morgen bis in die späte Nacht hinein tätig ist. Das Licht seines Schlafzimmers geht in dem an den Petersdom angrenzenden Apostolischen Palast meist als letztes aus. Karol Wojtyła hat zeitlebens Sport getrieben; das Skifahren, seinen Lieblingssport, gab er erst kurz vor seinem 74. Geburtstag auf, als er sich bei einem Unfall im Badezimmer die Hüfte gebrochen hatte. Jene Skifahrt, die er Anfang Februar 1994 bei einem kurzen Ausflug unternommen hatte, sollte seine letzte sein; auch hielt sie der Vatikan geheim, weil die Ärzte dem Papst davon abgeraten hatten, nachdem er sich im November 1993 bei einem Sturz die Schulter gebrochen hatte. Bergwanderungen, die er ebenfalls gern unternimmt, erlaubten ihm die Ärzte jedoch in begrenztem Umfang, und sie rieten ihm, im Schwimmbecken seiner Sommerresidenz Castel Gandolfo zu schwimmen.

Genauso entschlossen, wie er seine Ziele verfolgt, verteidigt der Papst seine zutiefst konservativen Anschauungen auf dem Gebiet der Theologie, der Ethik und der Moral, die bei einem sonst so weltoffenen und modernen Menschen überraschen. Denn Johannes Paul II. ist gegenüber neuen Ideen und Vorstellungen sehr aufgeschlossen, von der Philosophie bis zu den Naturwissenschaften und der Psychiatrie. Es war dieser Papst, der 1992 bekanntgab, daß die Vorwürfe, die vor dreihundertfünfzig Jahren von der Inquisition gegen Galileo Galilei erhoben worden waren, unzutreffend gewesen seien. Man hatte Galilei der Häresie beschuldigt, weil er dargelegt hatte, daß die Erde um die Sonne kreist – eine Erkenntnis, die von dem polnischen Astronomen Kopernikus stammt. Wojtyła ist fasziniert von der Astrophysik und von den Theorien über die Entstehung des Universums (es heißt, er akzeptiere die Urknall-Theorie, solange man dabei anerkenne, daß es Gottes Werk gewesen sei). Für die Genforschung und ihre Auswirkung auf die christliche Ethik interessiert er sich ungemein; Wissenschaftler am Vatikan sind allerdings der Ansicht, daß die Genforschung für die Kirche Johannes Pauls II. ähnliche Kontroversen heraufbeschwören wird wie Galilei für das Papsttum des 17. Jahrhunderts.

Als Vorbereitung für das dritte Jahrtausend hat Johannes Paul II. das Kardinalskollegium angewiesen, die Richtigkeit der Handlungen der

Kirche in den vergangenen Jahrhunderten zu überprüfen, auch ihre Haltung bei Religionskriegen und bei der Inquisition. Dieses Unternehmen könnte zu einer Neubewertung der Geschichte der römisch-katholischen Kirche führen.

Karol Wojtyła ist ein Vorkämpfer der Religionsfreiheit und der Toleranz, der Freiheits- und Menschenrechte, der Menschenwürde und der sozialen Gerechtigkeit. Er arbeitete am Entwurf der »Deklaration über die Religionsfreiheit« mit, die das II. Vatikanische Konzil im Jahr 1965 veröffentlichte. Und er hat als Oberhaupt der katholischen Kirche wie kein anderer Papst den Juden die Hand der Freundschaft gereicht.

Johannes Paul II. akzeptiert es jedoch nicht, daß die von ihm als unanfechtbar angesehene Morallehre der Kirche in Frage gestellt wird. Und er duldet keine Abweichungen von den Standpunkten, die er in zentralen Angelegenheiten vertritt. Deshalb sind angesehene Theologen, die bei der Auslegung der kirchlichen Wahrheiten nicht mit dem Papst übereinstimmen, aus ihrem Lehramt an katholischen Institutionen entfernt worden.

Wenn es um die Themen Abtreibung und Empfängnisverhütung, Sterbehilfe, priesterlicher Zölibat, Ausschluß der Frauen vom Priesteramt oder Homosexualität geht, bricht Johannes Paul II. mit zunehmendem Alter immer öfter in Zorn aus wie ein biblischer Prophet und führt Klage über die unangebrachte Laxheit der Menschen in moralischen Fragen.

Was die Maßnahmen zur Einschränkung des globalen Bevölkerungszuwachses betrifft, hat sich der Papst gegen die Vereinten Nationen – und die US-Regierung – gestellt; damit hat der Vatikan zum erstenmal in der neueren Geschichte gegen die überwiegende Mehrheit der Weltgemeinschaft Stellung bezogen. Da die Kirche ihrem Wesen nach autoritär und Nachgiebigkeit in prinzipiellen Angelegenheiten kein polnischer Charakterzug ist, sprach sich der Papst mit Nachdruck gegen den Entwurf für eine UN-Deklaration aus, die im Jahr 1994 bei der Internationalen Konferenz über Wachstum und Entwicklung der Weltbevölkerung verabschiedet werden sollte; der Entwurf schien die Abtreibung auf Verlangen zu legitimieren und künstliche Mittel zur Empfängnisverhütung zu akzeptieren.

»Wir protestieren!« rief Johannes Paul II. an einem Sonntag im April 1994 beim mittäglichen Angelus der auf dem Petersplatz versammelten Menge zu. Zuvor hatte er allen Staatsoberhäuptern der Welt persönliche Schreiben geschickt und mit dem amerikanischen Präsidenten Bill Clinton telefoniert; außerdem war er mit 151 am Heiligen Stuhl akkreditierten Botschaftern zusammengetroffen und hatte betont, falls die UN-Konferenz der Geburtenkontrolle zustimme, wäre er sehr besorgt um die »Zukunft der Institution Familie«.

Als Präsident Clinton zwei Monate danach während einer Europareise dem Vatikan einen Besuch abstattete, teilte ihm Johannes Paul II. mit, daß er das UN-Dokument grundsätzlich ablehne. Es war das erstemal, daß ein Papst und ein amerikanischer Präsident öffentlich bekanntgaben, daß sie auf einem wichtigen Gebiet gegensätzlicher Meinung waren. Für den Papst ging es dabei jedoch um ein Grundprinzip. Er ist der Meinung, daß er alles daransetzen muß, um eine Entwicklung zu verhindern, die seiner Meinung nach auf eine Verankerung der Abtreibung im internationalen Recht hinausläuft.

Als Papst vertritt Karol Wojtyła dieselbe Position, die er schon als Bischof und als Kardinal eingenommen hat. Im Jahr 1968 unterstützte er Papst Paul VI. bei der Abfassung der Enzyklika »Humanae vitae«, die das Verbot von Empfängnisverhütungsmitteln bestätigte. Im Februar 1974 sagte er bei einer Predigt in Krakau, »die größte Tragödie unserer Gesellschaft« sei »der Tod ungeborener Menschen«.

Im Jahr 1994 erregte der Papst außerdem Aufsehen, als er zwei Tage nach dem Ende eines Krankenhausaufenthalts (wegen eines Hüftbruchs) ein Apostolisches Schreiben herausgab, in dem die Priesterweihe für Frauen abgelehnt wurde: »Ich erkläre, daß die Kirche keinerlei Befugnis hat, Frauen das Priesteramt zu übertragen, und daß dies von allen Gläubigen der Kirche zu befolgen ist.«

Auf diese Weise hat der Papst im sechzehnten Jahr seines Pontifikats an allen Fronten eine »Frühjahrsoffensive« gestartet (wie es ein enger Mitarbeiter ausdrückte). Über Jahrhunderte hinweg hatte sich kein italienischer Papst in Grundsatzfragen so dezidiert und engagiert geäußert. Es kann jedoch durchaus sein, daß es jetzt um die Zukunft der römisch-katholischen Kirche geht, und Karol Wojtyła ist sich dessen bewußt.

In der zweiten Hälfte des zwanzigsten Jahrhunderts wandten sich in Nordamerika, Westeuropa und Lateinamerika sowie in der Karibik viele Gläubige von der Kirche ab. Das liegt zum Teil daran, daß viele katholische Männer und Frauen sich weigern, die kirchlichen Vorschriften hinsichtlich der Empfängnisverhütung zu befolgen oder gegen andere Erscheinungsformen des vatikanischen Katholizismus opponieren, die ihnen allzu konservativ und weltfremd erscheinen. Manche bleiben der Kirche einfach fern, andere schließen sich protestantischen Glaubensgemeinschaften an, von denen sie sich mehr Freiheit und mehr Mitspracherecht erhoffen.

Dies ist insbesondere in Mittel- und Südamerika sowie in Mexiko der Fall, aber sogar in Afrika, wo sich Johannes Paul II. sehr darum bemüht hat, die Präsenz der römisch-katholischen Kirche stärker auszudehnen. Gegen Ende des zwanzigsten Jahrhunderts ist jedoch der Islam die am stärksten wachsende Religionsgemeinschaft, vor allem in Afrika und im Nahen Osten; im Heiligen Land gibt es fast keine Christen.

Weltweit nimmt die Zahl der Priester und Nonnen ständig ab, und es gibt immer weniger Berufungen. Im Mai 1994 sagte der Papst in einer Botschaft, überraschenderweise herrsche der größte Mangel an Priestern ausgerechnet in Lateinamerika, »dem Kontinent, in dem die Katholiken den größten Prozentanteil an der Gesamtbevölkerung haben und der, wie die Statistik zeigt, die weltweit größte Zahl von Katholiken aufweist«.

Johannes Paul II. sieht sich an der Schwelle zum dritten Jahrtausend der Kirche mit einer Revolte der Mitglieder konfrontiert. Er hofft, sie durch seine »Neue Evangelisation« überwinden zu können, ohne seine Prinzipien oder seine Standpunkte aufzugeben. Wenn die Revolte sich jedoch ausbreiten sollte, kann es dazu kommen, daß am Ende seines Pontifikats in der Kirche ein zahlenmäßig kleiner, aber sehr militanter und gehorsamer »harter Kern« übrigbleiben wird. Möglicherweise ist es dem Kämpfer Wojtyła lieber, Verluste hinzunehmen, als Kompromisse einzugehen. Für ihn ist es betrüblich, sich mit dieser Alternative zu einem Zeitpunkt befassen zu müssen, an dem die Welt sich wieder auf der Suche nach der Religion befindet.

Das Papsttum hat im Laufe der Jahrtausende zahlreiche Konfrontationen erlebt. Gregor der Große, der im sechsten Jahrhundert amtierte und einer der bedeutendsten Päpste – und päpstlichen Autokraten – war, schrieb einst: »Ich will lieber sterben als zulassen, daß die Kirche des Apostels Petrus in meiner Zeit degeneriert.« Und er fuhr fort: »Ihr kennt meinen Charakter. Ich bin langmütig, doch wenn ich mich entschlossen habe, nicht mehr nachzugeben, stelle ich mich freudig jeglicher Gefahr.« Der gichtgeplagte Gregor war nach Ansicht seines wohl bedeutendsten Biographen F. Holmes Dudden »gewiß eine der herausragenden Gestalten der Kirchengeschichte«; er habe »in vielerlei Hinsicht einen gewaltigen Einfluß auf die Lehre, die Organisation und die Disziplin der katholischen Kirche ausgeübt«.

Wer heutzutage die Äußerungen Johannes Pauls II. vernimmt, mag an die trotzigen Worte Gregors und seine Rolle als Papst, Moralist, Philosoph und Mystiker des Märtyrertums denken. Johannes Paul II. hörte sich genau wie Gregor an, als er in einer römischen Vorstadtkirche verkündete: »Ich bin nicht streng, sondern meiner Natur nach eher milde, aber ich bin prinzipienfest ... Gott ist stärker als menschliche Schwächen und Fehltritte. Gott wird immer das letzte Wort haben ...«

Karol Wojtyła geht es bei diesen Auseinandersetzungen darum, die Menschheit und seine Kirche vor der »Kultur des Todes« zu bewahren; diese sieht er im »Kondom-Imperialismus« des Westens, im Auseinanderbrechen der Familien und im »wilden Kapitalismus«, der seiner Ansicht nach ebenso gefährlich und übel ist wie früher der Kommunismus.

Der Papst glaubt, daß sich die gegenwärtige Menschheit der Unmoral verschrieben hat, und er ist sehr besorgt darüber, daß all diese Gefahren jetzt im postkommunistischen Polen heraufziehen, seinem geliebten Polen, mit dessen kommunistischem Regime er sich vor 1978 ständig auseinandergesetzt hatte. Es hat in der Tat oft den Anschein, als ob er die Welt nach seinen Erfahrungen in Polen und nach den dortigen Traditionen beurteilt. Einer seiner alten Freunde hat gesagt: »Man kann einen Papst aus Polen herbringen, aber Polen kann man nicht aus dem Papst herausbringen.«

Der polnische Papst ist ein Mann von beeindruckender Freundlichkeit und großer Wärme. Er versteht es, diese Eigenschaften den Millionen von Menschen mitzuteilen, die ihn bei seinen Reisen zu Gesicht bekommen oder auf dem Fernsehschirm erblicken. Sein lächelndes Antlitz ist so bekannt wie kein anderes auf der Welt; Johannes Paul II. geht mit den modernen Massenkommunikationsmitteln meisterhaft um und stellt sie in den Dienst seiner Sache.

Doch im direkten Kontakt mit Menschen – mit Einzelpersonen oder großen Massen – blüht er richtig auf, selbst wenn er ganz erschöpft ist. In der Öffentlichkeit scherzt er gern, oft auf eine etwas selbstkritische Art, und er freut sich, wenn sein Publikum lacht oder applaudiert. Das mag mit dem Schauspieler zu tun haben, der in ihm steckt.

Wojtyła ist in der Öffentlichkeit extrovertiert, doch er ist ein in sich gekehrter Mensch, der selbst zu denjenigen, die ihm sehr nahestehen, eine gewisse Distanz hält. Er besitzt einen ganz besonderen Sinn für Humor, den er manchmal mit einem Glitzern in den graublauen Augen zum Vorschein kommen läßt, wenn er eine Bemerkung macht, die genau den Kern der Dinge trifft – aber auf eine Weise, die der betreffenden Person nicht unbedingt zum Vorteil gereicht.

Wenn beim Mittag- oder Abendessen in dem schlichten Speisezimmer der päpstlichen Wohnung im Apostolischen Palast neben den beiden Privatsekretären nur ein einziger Gast mit ihm am Tisch sitzt, ist Johannes Paul II. ein liebenswerter Gastgeber. Er führt die Unterhaltung auf eine so legere Weise, daß der Besucher rasch vergißt, daß Seine Heiligkeit zugegen ist. Man nimmt ohne große Förmlichkeiten eine weitere Portion oder ein zweites (oder drittes) Glas Wein; die reichliche Mahlzeit ist eine interessante Mischung aus italienischer und polnischer Kochkunst, die von polnischen Nonnen zubereitet und vom italienischen Kammerdiener des Papstes serviert wird. Der Gastgeber selbst greift herzhaft zu und macht lächelnd Anmerkungen zu einer ganzen Reihe von Themen. Er wirkt einfach sympathisch.

2

Karol Wojtyła ist durch seine Abstammung tief im bäuerlichen Polen verwurzelt. Seine Vorfahren lassen sich in Galizien bis in die zweite Hälfte des achtzehnten Jahrhunderts zurückverfolgen. Sie gehörten zu den stolzen, auf Unabhängigkeit bedachten Bauerngeschlechtern des galizischen Hochlandes, die ein melodiöses, mit altertümlichen Wörtern durchsetztes Polnisch sprechen und mit ihrer Tracht, ihrer Musik und ihren Bräuchen alte Traditionen pflegen. Die väterliche Linie beginnt, soweit sich feststellen läßt, mit Bartołomiej Wojtyła, der 1788 in dem Dorf Czaniec geboren wurde, und dessen Ehefrau Anna Hudecka Wojtyła, geboren 1792 im nahe gelegenen Bulowice. Bartołomiej Wojtyła war Kleinbauer (im Kirchenbuch der Pfarrei wurde er, wie damals üblich, auf Lateinisch als *hortulanus* eingetragen). Anna stammte aus der kleinbäuerlichen Familie Hudecki, von der nichts überliefert ist.

Das an den Ausläufern der Beskiden gelegene Dorf Czaniec, das einst als Grzanica bekannt war, muß Anfang des siebzehnten Jahrhunderts entstanden sein. Die nach St. Bartholomäus benannte Kirche wurde 1660 erbaut. Die Bauernfamilien des Dorfes bestellten die steinigen Felder und besserten ihr karges Einkommen auf, indem sie grobe bäuerliche Kleidung nähten. Bulowice, das Heimatdorf der Anna Hudecka, war älter; die dortige Kirche wurde im Jahr 1540 erbaut, angeblich von St. Wojciech, einem der polnischen Schutzheiligen. Beide Dörfer gehören zum Sprengel des Städtchens Ket, wo im siebzehnten Jahrhundert der berühmte polnische Theologe und Krakauer Akademieprofessor St. Jan Kanty geboren wurde.

Bartołomiej und Anna Wojtyła hatten vier Kinder, zwei Jungen und zwei Mädchen. Die Söhne Franciszek und Stanisław müssen bedeutende Bürger der Gemeinde gewesen sein, denn sie wurden beide zum *iudex communitatis* (Ratsherrn) gewählt; Franciszek wurde schließlich Bezirksrichter. In den Jahren um 1868 kauften die Brüder zusätzliches Land für ihre Familien. Für das ländliche Galizien jener Zeit waren die Wojtyłas nun gut versorgt, ja fast wohlhabend.

Franciszek hatte eine Bauerntochter namens Franciszka Gałuszka geheiratet und mit ihr ebenfalls vier Kinder bekommen. Maciej, ihr Zweitgeborener, zog in die knapp zehn Kilometer entfernte Ortschaft Lipnik; er war dort Schneider und Bauer und heiratete im Jahr 1878 Anna Przeczek, die Tochter des Dorfbäckers. Sie waren Karol Wojtyłas Großeltern väterlicherseits. Die Großmutter starb über ein Jahrzehnt vor seiner Geburt, und der Großvater starb, als Karol Wojtyła drei Jahre alt war.

Aus der zweiten Ehe des Großvaters mit der Tochter eines Schneiders stammte Stefania Adelajda, die 1962 in Krakau starb, als Wojtyła bereits Bischof war. Als er zum Papst gewählt wurde, war aus seiner näheren Verwandtschaft nur noch Felicja Wiadrowska, seine Cousine mütterlicherseits, am Leben; daran erinnerte er Felicja Wiadrowska in einem sehr warmherzigen Brief, den er am elften Tag seines Pontifikats verfaßte.

Karol Wojtyłas Vater wurde am 18. Juli 1879 in Lipnik geboren, ein Jahr nach der Eheschließung seiner Eltern. Über seine Kindheit ist lediglich bekannt, daß seine Schulausbildung nach der dritten Gymnasialklasse endete. Karol Wojtyła senior trat zuerst in die Fußstapfen seines Vaters und erlernte das Schneiderhandwerk. Im Jahr 1900 wurde er im Alter von 21 Jahren in die Armee des österreichischen Kaiserreiches eingezogen, dem Galizien damals, nach den Teilungen Polens, angehörte. Damit begann seine bescheidene Soldatenlaufbahn.

Karol Wojtyła senior wurde dem Infanterieregiment Graf Daun Nr. 56 zugeteilt, das im nur zwanzig Kilometer von Lipnik entfernten Wadowice stationiert war. Innerhalb eines Jahres wurde er zum Gefreiten befördert. Dann tat er drei Jahre lang als »Aufsichtscharge« Dienst an der Infanteriekadettenschule in Lemberg. 1904 wurde er als Unteroffizier und Zugführer nach Wadowice zurückversetzt.

Im Jahr 1906 heiratete Karol Wojtyła senior die fünf Jahre jüngere

Emilia Kaczorowska; sie war das fünfte von dreizehn Kindern eines Krakauer Polsterers. Ihr Vater Feliks Kaczorowski war 1885 mit seiner Familie aus dem galizischen Städtchen Biała nach Krakau gezogen; seine Frau Maria, geborene Scholz, war die Tochter eines Schuhmachers in Biała.

In dieser Zeit tat Karol Wojtyła senior in der Schreibstube des Ergänzungskommandos Dienst. Das Hochzeitsfoto zeigt ihn als strammen Soldaten in seiner schwarzen Uniform mit den drei Unteroffizierssternen auf beiden Seiten des hochgeschlossenen Kragens. Der nicht sehr groß gewachsene Mann hat ein schmales, gutgeschnittenes Gesicht, einen eleganten Schnurrbart und volles, schwarzes Haar.

Karol Wojtyła senior war immer ein ernster Mann. In seiner Personalakte steht: »Äußerst gut entwickelt, biederer Charakter, ernst, sehr gesetzt, bescheiden, ehrliebend und mit stark entwickeltem Pflichtgefühl, sehr gutmütig und unverdrossen.« Weiter heißt es dort, er beherrsche Deutsch und Polnisch in Wort und Schrift, habe »Konzepte sehr gut, Reinschrift sehr korrekt« verfaßt und sei »ein flinker Maschinenschreiber«. Ein Oberst bekräftigte diese Beurteilung mit den Worten: »Ein äußerst tüchtiger, sehr verwendbarer und braver Unteroffizier.« Wojtyłas »geselliges Benehmen« wurde als »sehr nett, anständig mit sehr guten Umgangsformen« beschrieben. Zu Beginn des Ersten Weltkriegs erhielt er das Eiserne Verdienstkreuz mit Krone; »wegen Würdigkeit in außerdienstlicher Beziehung« avancierte er zum k. u. k. Rechnungsoffizier.

Nach der Niederlage Österreichs und der Entstehung eines unabhängigen polnischen Staates trat Wojtyła senior wie viele andere Soldaten und Offiziere, die in österreichischen Diensten gestanden hatten, in die polnische Armee ein. Er erhielt den Rang eines Leutnants und wurde dem in Wadowice stationierten 12. Infanterieregiment zugeteilt. Nun gehörte er uneingeschränkt dem Offizierskorps an, was insbesondere in Galizien viel Prestige mit sich brachte.

Edmund, das erste Kind des Ehepaares Wojtyła, war 1906 in Krakau geboren worden. Das auf den Namen Olga getaufte zweite Kind war als Säugling gestorben. Das dritte Kind kam am 18. Mai 1920 in Wadowice zur Welt. Es wurde am 20. Juni 1920 von dem Militärkaplan

Karol Wojtyła,
der Vater von Papst Johannes Paul II.

Emilia Wojtyła,
die Mutter des Papstes, mit dem kleinen Karol.

Franciszek Żak in der Kapelle der Marienkirche von Wadowice auf den Namen Karol Józef Wojtyła getauft. Józef Kuczmierczyk, ein Schwager der Mutter, und Maria Wiadrowska, die Schwester der Mutter, waren die Taufpaten. Im Kirchenbuch steht auf Lateinisch: »baptisatus est Carolus Josephus.«

Das knapp 50 Kilometer von Krakau entfernte Wadowice war im Jahr 1327 gegründet worden. Das Bauerndorf hatte sich allmählich zu einem Handels- und Marktort von regionaler Bedeutung entwickelt, doch blieb Wadowice immer ein abgelegener Flecken an den Ausläufern der Beskiden. Im Jahr 1920 zählte das Städtchen ungefähr 7000 Einwohner. In den folgenden 75 Jahren hat sich die Einwohnerzahl knapp verdoppelt.

Wadowice war jedoch in kultureller und schulischer Hinsicht ein wichtiger Mittelpunkt. Es verfügte seit 1907 über Elektrizität, was im ländlichen Galizien eine bedeutende Errungenschaft war. Die zwischen der Skawa, einem Nebenfluß der Weichsel, und den Leskowiec-Bergen eingebettete Stadt war recht wohlhabend. Der Marktplatz und die gepflasterten Hauptstraßen waren von schmucken ein- und zweigeschossigen Häusern gesäumt. Die Skawa war sauber und eignete sich gut zum Baden (wagemutige Knaben sprangen von der Eisenbahnbrücke ins Wasser). Die Ausläufer der Beskiden waren ein hervorragendes Übungsgelände für Berg- und Skitouren. Der junge Karol Wojtyła durchwanderte sie und lernte dort auch das Skilaufen.

Wadowice hatte damals fast keine Industrie, lediglich eine kleine Papiermühle, eine Drahtfabrik und zwei auf die Herstellung von Hostien spezialisierte Einrichtungen. Es verfügte jedoch über viele Läden, mehrere Restaurants und ein Krankenhaus. Die Stadt war ein regionales Verwaltungszentrum mit einer Beamtenschaft, von deren Gehältern die heimische Wirtschaft profitierte. Durch das in Wadowice stationierte Infanterieregiment bekam der Ort nicht nur Einkünfte, er gewann als Garnisonsstadt auch an Prestige.

Die Hostienhersteller von Wadowice machten gute Geschäfte, da die Stadt mitten im zutiefst religiösen Galizien lag und nicht nur über mehrere Kirchen, sondern auch über ein Barfüßer- und ein Pallottinerkloster – beide hatten ihre eigenen Schulen – sowie über zwei Konvente verfügte.

Das katholische Wadowice hatte einen jüdischen Bevölkerungsanteil, der selbst für Galizien, wo seit Jahrhunderten Juden lebten, ungewöhnlich hoch war, nämlich zwischen zwanzig und dreißig Prozent. Doch im Gegensatz zu weiten Teilen des damaligen Polen gab es in Wadowice praktisch keinen offenen Antisemitismus. Bis gegen Ende der dreißiger Jahre lebten jüdische Rechtsanwälte, Ärzte, Zahnärzte und Kaufleute problemlos mit den Katholiken zusammen. Bauern aus der Umgebung kamen am Dienstag, dem Markttag, in die Stadt und verkauften Vieh und Agrarprodukte hauptsächlich an jüdische Händler.

Wie harmonisch die Beziehungen in Wadowice waren, läßt sich auch daran erkennen, daß das Haus unweit des Marktplatzes, in dem die Familie Wojtyła zur Miete wohnte, dem wohlhabenden jüdischen Kaufmann Chaim Bałamuth gehörte. Die Straße erhielt später den Namen Ulica Kościelna (Kirchgasse); das Haus trägt heute die Nummer 7. Familie Bałamuth bewohnte das Erdgeschoß, in dem sich auch ihr Kristall- und Glaswarengeschäft befand; Bałamuth verkaufte außerdem Motorräder. Die Wojtyłas wohnten im ersten Stock; die Nachbarwohnung gehörte der jüdischen Familie Beer. Die schwarzäugige Regina (Ginka) Beer, die zwei Jahre älter war als Karol, zählte zu den schönsten Mädchen der Stadt und war die beste Schülerin des Mädchengymnasiums. Ginka und Karol, die sich beide für das Theater begeisterten, wurden rasch Freunde. Als der Fünfzehnjährige seinen ersten Auftritt auf der Amateurbühne von Wadowice hatte, spielten er und Ginka die Hauptrollen.

Wadowice hatte hervorragende Schulen. Das Mädchengymnasium genoß in der Gegend hohes Ansehen. Das Knabengymnasium war eines der besten in Galizien; Latein wurde über acht, Altgriechisch über fünf Schuljahre hinweg unterrichtet. Aus dieser Schule ging neben Johannes Paul II. eine erstaunliche Zahl von Persönlichkeiten hervor: Jerzy Majka, der bis zum Zusammenbruch des Regimes im Jahr 1989 Chefredakteur der Parteizeitung »Trybuna Ludu« war; Hochwürden Jan Piwowarczyk, der erste Chefredakteur der oppositionellen Krakauer katholischen Wochenzeitung »Tygodnik Powszechny«, für die Wojtyła bis zu seinem Pontifikat unter seinem eigenen Namen und unter Pseudonymen zahlreiche Artikel und Gedichte beisteuerte; Emil Zegadłowicz, der in der ersten Hälfte des zwanzigsten Jahrhunderts einer der umstrittensten Lyriker, Romanciers und Dramatiker Polens war; verschiedene Kriegshelden, ein Erzbischof, mehrere Botschafter sowie hervorragende Künstler, Lehrer und Rechtsanwälte. Die Schüler kamen aus wohlhabenden Familien, aus der Beamtenschaft und aus Bauernhäusern der Umgebung. Das Gymnasium von Wadowice sorgte für eine gesellschaftliche Gleichstellung; was zählte, war nicht die Herkunft eines Schülers, sondern dessen eigene Leistung. Über 200 ehemalige Schüler des Gymnasiums von Wadowice kamen in den beiden Weltkriegen ums Leben, unter ihnen auch viele Katholiken und Juden, die im Konzentrationslager Auschwitz umgebracht wurden.

Für eine Kleinstadt hatte Wadowice ein erstaunliches kulturelles Niveau. Bei den Angehörigen der freien Berufe, den Lehrern und Priestern – der intellektuellen Elite des Ortes –, gab es ein starkes Interesse für Literatur und für das Theater. Wadowice hatte drei öffentliche Büchereien. Die von den beiden Amateurbühnen aufgeführten klassischen und modernen Stücke lockten zahlreiche Besucher an. Das Sommertheater im weitläufigen Stadtpark, bei dem hauptsächlich Operetten aufgeführt wurden, war ebenfalls gut besucht. Manche Bürger von Wadowice gingen in Krakau ins Theater und lasen in den großen Zeitungen die Besprechungen neuer Stücke und Bücher. Im Jahr 1922, als Karol zwei Jahre alt war, gründeten Intellektuelle in Wadowice den literarischen Zirkel »Czartak«; er wurde durch sein provokatives Manifest, das einen galizischen Mystizismus proklamierte, in ganz Polen bekannt.

Als Karol ein kleines Kind war, führten die Wojtyłas ein ruhiges, frommes Leben abseits des kulturellen Geschehens. Der Leutnant trug stets seine Armeeuniform und ging im Stab des Infanterieregiments seinen Pflichten als Quartiermeister nach. Er war jetzt kahlköpfig und trug eine Brille; seinen Schnurrbart hatte er gestutzt. Emilia Wojtyła, deren Gesundheitszustand sich immer mehr verschlechterte, kümmerte sich um den Haushalt und das kleine Kind. Ab und zu machte sie Näharbeiten, um das Familieneinkommen aufzubessern. Edmund, der vierzehn Jahre älter war als sein Bruder, besuchte das Gymnasium. Auf Fotografien aus jener Zeit ähneln die Gesichtszüge von Edmund und Karol eher denen der Mutter. Von ihr hatten die Jungen auch den kräftigen, gedrungenen Körperbau.

Karol wurde von seiner Mutter zuerst »Loluś« genannt. Später benutzte man die weniger kindliche Verkleinerungsform »Lolek«, die sich als sehr langlebig erweisen sollte. Karol Wojtyła verwendete diesen Namen noch an der Universität, wenn er sich vorstellte, und von seinen engsten Freunden wird er bis zum heutigen Tag »Lolek« genannt, selbst im Vatikan. Seine Mutter war sehr stolz auf ihn, schon als er ein kleines Kind war. Franciszek Zadora, der damals ein Nachbar der Wojtyłas war, erinnerte sich daran, daß Emilia einmal zu seiner Mutter sagte: »Sie werden sehen, mein Loluś wird einmal ein großer Herr sein.«

Der Alltag der Wojtyłas hatte eine starke religiöse Prägung. An ihrer Wohnungstür befand sich ein Weihwasserbecken, damit man sich beim Betreten und Verlassen der Wohnung bekreuzigen konnte. An den Wänden hingen Bilder mit sakralen Motiven, und im Wohnzimmer stand ein kleiner Altar, an dem die Morgengebete gesprochen wurden. Abends las der Vater oder die Mutter aus der Bibel vor, was damals bei den Katholiken Galiziens selten geschah, weil diese dem emotionalen Erleben der Liturgie den Vorzug gaben. Bei den Wojtyłas wurde regelmäßig gebetet, vor allem der Rosenkranz. Feiertage und Fastenzeiten wurden eingehalten.

Die Mutter brachte Lolek bei, wie man sich bekreuzigt. Seinen Vater hat der Papst als »einen sehr religiösen Mann« in Erinnerung. Er berichtete, er sei als zehnjähriger Ministrant von seinem Vater gerügt worden (seine Mutter war bereits tot), weil er nicht »richtig« zum Heiligen Geist gebetet habe. »Er brachte mir ein besonderes Gebet bei«, erinnerte sich Johannes Paul II., »und das war für mich eine wichtige spirituelle Lektion.« Über ein halbes Jahrhundert später habe dieses Gebet zu seiner Enzyklika über den Heiligen Geist geführt.

In der Dreizimmerwohnung der Wojtyłas herrschte jedoch keine bedrückend fromme Atmosphäre. Das Religiöse war für sie etwas

Selbstverständliches. Die Familie war stets gastfreundlich, aber anderen gegenüber nie aufdringlich religiös. Für Karol sollte dies ein Beispiel sein.

Der Leutnant, wie er in Wadowice von allen genannt wurde, war ein eifriger Zeitungsleser und unterhielt sich gern mit seinen Kollegen, seinen Freunden und seiner Familie über das aktuelle Geschehen. Er war ein sehr angesehener Bürger und begegnete alt und jung mit Freundlichkeit. Karol Poliwka, der heute in Warschau als Arzt tätig ist, erinnert sich, daß ihm der Leutnant in der Skawa das Schwimmen beibrachte, als er elf Jahre alt war. Lolek konnte damals schon schwimmen.

Die Familie hätte ein zufriedenes Leben führen können, doch der Gesundheitszustand von Emilia Wojtyła verschlechterte sich immer mehr. Sie war schon mehrere Jahre vor ihrem Tod teilweise gelähmt. Die Ursache ihres Leidens ist nicht bekannt.

3

Am 13. April 1929 erlebte Karol Wojtyła den ersten tragischen Schicksalsschlag. An diesem Tag starb seine Mutter im Alter von fünfundvierzig Jahren. Als Todesursache wurde Myocarditis und Nephritis angegeben, d. h. Entzündungen des Herzmuskels und der Nieren. Karol war fast neun und besuchte die dritte Grundschulklasse. Sein Bruder Edmund stand in Krakau kurz vor dem Abschluß seines Medizinstudiums. Der Vater hatte sich im Jahr zuvor pensionieren lassen und bezog ein karges Ruhegehalt.

Karol war als Sechsjähriger eingeschult worden und hatte von Anfang an sehr gute Noten erzielt. Die Schule war im Obergeschoß und im Dachgeschoß des Kreisgerichtsgebäudes untergebracht, rechts von der Kirche am Marktplatz und nur ein kurzes Stück von der Wohnung der Wojtyłas entfernt. Es fehlte an Platz, die Klassenzimmer waren überfüllt, und in den Pausen hatten die Jungen nur die Straße vor der Kirche zum Spielen.

Der Tod der Mutter muß für ein Kind eine traumatische Erfahrung sein. Karol zeigte jedoch – zumindest in der Öffentlichkeit – ein erstaunliches Maß an Selbstbeherrschung und paßte sich in der Wohnung in der Ulica Kościelna rasch den neuen Lebensbedingungen an. Aber in seinem tiefsten Innern litt er sehr. Erst zehn Jahre später, im Alter von neunzehn Jahren, als er schon an der Krakauer Universität studierte, erlaubte sich Karol Wojtyła, den Schmerz in Worte zu fassen. Eines seiner ersten Gedichte, das er im Frühjahr 1939 schrieb, lautet:

Das weiße Grab

Über Deinem weißen Grab
Blühen weiße Blumen des Lebens –
O, wie viele Jahre sind vergangen
Ohne Dich – wie viele Jahre?...
Über Deinem weißen Grab
O Mutter, geliebte Dahingeschiedene,
Die ganze Liebe des Sohnes
In einem Gebet:
Ewige Ruhe –

Daß der Tod gegenwärtig ist, sollte Karol Wojtyła immer bewußt bleiben. Viele Jahre später sagte er zu einem Freund, dessen Mutter gerade gestorben war: »Du kannst von Glück sagen, daß du so viele Jahre lang eine Mutter gehabt hast.« Seine Marienverehrung hatte viel mit dem Verlust der Mutter zu tun.

Vater und Sohn, die nun sich selbst überlassen waren, kamen sehr gut miteinander aus. Sie schliefen im selben Zimmer. Der Leutnant kümmerte sich um den Haushalt und sorgte für das Frühstück und für ein kleines Abendessen; das Mittagessen nahmen die beiden in dem kleinen Restaurant des Alojzy Banaś ein, das für seine russischen Piroggen bekannt war.

Dort entrann Karol im Alter von zehn oder elf Jahren zum erstenmal knapp dem Tod. Der Sohn des Wirtes war ein Schulkamerad von Karol, und die beiden spielten oft zusammen. Eines Nachmittags, als sie nach dem Essen im Restaurant allein waren, fand der Sohn des Wirts ein Gewehr, das jemand zurückgelassen hatte. Ohne zu ahnen, daß die Waffe geladen war, zielte er damit zum Spaß auf Karol und drückte ab. Die Kugel verfehlte Karol nur um Zentimeter.

Der Tageslauf des Jungen war genau eingeteilt: Am Morgen Unterricht, das Mittagessen im Restaurant, danach zwei Stunden Freizeit (Fußball oder Wettrennen, bei schlechtem Wetter Tischtennis im katholischen Gemeindehaus neben der Kirche), anschließend Erledigung der Hausaufgaben, Abendessen und ein Spaziergang mit dem Vater. In den Ferien machte er keine Reisen, sondern besuchte nur gemeinsam mit dem Vater den Wallfahrtsort Kalwaria Zebrzydowska.

In der Wohnung und bei den Spaziergängen sprach der Leutnant oft Deutsch mit Karol, um ihm diese Sprache beizubringen; er hatte aber damit keinen großen Erfolg. In Krakau mußte sich Karol gründlicher mit der deutschen Sprache befassen, teils weil er unter deutscher Besatzung lebte, teils weil er als Seminarist Immanuel Kant im Original lesen wollte. Kant war einer der ersten Philosophen, für die sich Karol Wojtyła interessierte. Später verwendete er ein deutsch-spanisches Wörterbuch (offenbar konnte er kein polnisch-spanisches auftreiben), um Spanisch zu lernen, denn er wollte die Werke des Johannes vom Kreuz in dessen Muttersprache lesen.

Da die Wojtyłas finanziell sehr knapp dran waren, griff der Vater wieder zu Nadel und Faden und erledigte nicht nur die anfallenden Flickarbeiten, sondern schneiderte auch aus seinen alten Armeeuniformen Anzüge für Karol. Zbigniew Siłkowski, einer der engsten Jugendfreunde Karols, hat berichtet, der Leutnant habe auch aus den Eisenbahneruniformen *seines* Vaters Anzüge geschneidert. »Karol und ich wuchsen so schnell, daß das, was uns heute noch paßte, sechs Monate später schon zu kurz und zu eng war«, erzählte er.

Der Leutnant konnte aber auch recht unbeschwert sein. Ein anderer Jugendfreund des Papstes erzählte, er habe Vater und Sohn an einem Regentag im Wohnzimmer beim Fußballspielen angetroffen. Karol habe als Torwart an der Tür gestanden, und der Leutnant habe versucht, Treffer zu erzielen. Nach Emilias Tod wurde das Wohnzimmer nicht mehr benutzt; die Teppiche waren zusammengerollt, und die Möbel waren mit Tüchern abgedeckt.

Im Knabengymnasium von Wadowice, in das Karol Wojtyła Ende Januar 1931 aufgenommen wurde, war Fußball die beliebteste Sportart. Karol hatte wie die meisten anderen Jungen schon vorher Fußball gespielt, doch nun war er endlich Torwart in einer »richtigen« Mannschaft.

Am Gymnasium trat meist eine katholische gegen eine jüdische Elf an; Karol spielte jedoch für die jüdische Mannschaft, sooft diese einen Torwart brauchte. Er hatte jüdische Spiel- und Schulkameraden, mit denen er freundschaftlich umging: Ginka Beer aus der Nachbarwohnung in der Ulica Kościelna; Jerzy Kluger, der Sohn eines bedeutenden Anwalts der Stadt und bis heute einer seiner engsten Freunde; der dicke Poldek Goldberger, der reguläre Torwart der jüdischen Mannschaft und ein frühreifer Komponist, sowie Zygmunt Selinger und Leopold Zweig (bis auf Kluger sind alle tot).

Als Karol heranwuchs, gab es in Wadowice zwar selten offenen Antisemitismus, aber auch dort war die »jüdische Frage« allgegenwärtig. (Als in den Vorkriegsjahren rechtsextreme Gruppierungen die polnische Politik bestimmten, kam es auch in Wadowice zu Ausschreitungen gegen Juden.) Die »jüdische Frage« war Teil einer konfessionellen Zwangsvorstellung der Polen gegenüber den Juden, dem »Volk der Christusmörder«, die schon vor dem Holocaust existierte, als in Polen drei Millionen Juden lebten.

Mit der Problematik des tiefsitzenden polnischen Antisemitismus mußte sich Johannes Paul II. von Anbeginn seines Pontifikats an befassen; dazu gehörten auch die erbitterten Auseinandersetzungen um das Kloster der Karmeliterinnen auf dem Gelände des früheren Konzentrationslagers Auschwitz.

In diesem Zusammenhang war es von Belang, daß es bei den Gymnasiasten von Wadowice getrennte Fußballmannschaften gegeben hatte und daß Karol Wojtyła immer bereit gewesen war, für das jüdische Team zu spielen. An vielen anderen Orten der Welt wäre dies unwichtig gewesen, doch in Polen hatte es eine tiefere Bedeutung; es hatte auf Karol Wojtyłas Persönlichkeit und auf seine zukünftige Einstellung eine prägende Wirkung. Die Erlebnisse von Wadowice, insbesondere die Jugendfreundschaften, führten mit dazu, daß er als Bischof im Vatikanischen Konzil und als Papst zum Vorkämpfer religiöser Toleranz wurde.

Wie Johannes Paul II. selbst betont hat, sind es die Jugendjahre in Wadowice, die in dieser Hinsicht sein Bewußtsein schärften. Der Papst berichtete, der Gemeindepfarrer Leonard Prochownik habe damals in Wadowice in einer Predigt gesagt, Antisemitismus sei antichristlich, und der Lehrer Kazimierz Foryś habe in seinem Unterricht in polnischer Literatur aus dem »Manifest für eine Verfassung eines zukünftigen Slawenstaates« des Dichters Adam Mickiewicz zitiert, daß »alle Bürger gleichgestellt sind – auch die Israeliten«.

Der Papst sorgte dafür, daß auf dem Gelände der von den Nazis zerstörten Synagoge von Wadowice eine Gedenktafel angebracht wurde. Damit werde auch der Opfer unter den dortigen Juden gedacht, schrieb er am 9. Mai 1989 an Jerzy Kluger. Johannes Paul II. schrieb ihm außerdem:

»Von Deinen Glaubensbrüdern, von unseren Landsleuten, die umkamen, waren viele in der Grundschule und später im Gymnasium, wo wir vor fünfzig Jahren zusammen das Abitur machten, unsere Kameraden gewesen. Alle waren Bürger von Wadowice, der Stadt, mit der Dich und mich gemeinsame Kindheits- und Jugenderinnerungen verbinden. Ich erinnere mich sehr genau an die Synagoge von Wadowice, die in der Nähe unseres Gymnasiums stand. Ich sehe die vielen Gläubigen noch vor mir, die an ihren Feiertagen vorübergingen, um dort zu beten.«

Als der Papst während seiner vierten Pilgerreise nach Polen am 9. Juni 1991 vor der jüdischen Gemeinde von Warschau sprach, sagte er: »Der Mensch lebt auf der Grundlage seiner eigenen Erfahrungen. Ich gehöre zu einer Generation, die jeden Tag Umgang mit Juden hatte.« Als Johannes Paul II. im Februar 1994 an seine Kindheit in Wadowice zurückdachte, sagte er, es habe dort viele Juden gegeben, »selbst das Haus, in dem wir wohnten, gehörte einer jüdischen Familie«. Von daher komme sein »Gefühl der Gemeinsamkeit, der Zusammengehörigkeit mit den Juden«.

Karol war zehn Jahre alt, als ihn sein Vater nach Krakau mitnahm, wo am 28. Mai 1930 an der altehrwürdigen Jagiellonischen Universität die Promotionsfeier der Medizinischen Fakultät stattfand. Karols Bruder Edmund, den sie Mundek nannten, gehörte zu den Doktoranden. Der damals vierundzwanzigjährige Mundek war ein charmanter und überaus beliebter junger Mann. Die Feier fand in der majestätischen Halle des Collegium Maius statt. Johannes Paul II. rief sich den Festakt in Erinnerung, als er im Jahr 1983 während seines zweiten Papstbesuchs in Polen am selben Ort die Ehrendoktorwürde erhielt.

Im Jahr 1930 ging Karol auch mit seinem Vater auf eine Wallfahrt nach Tschenstochau, wo sie vor dem Bild der Schwarzen Madonna, der

»Königin Polens«, beteten. Karol bewegte dies tief, und er stattete dem Wallfahrtsort im Sommer des Jahres 1932 einen weiteren Besuch ab. Er war damals schon seit längerem Ministrant, und seine Religiosität trat immer stärker hervor.

Dann traf die Wojtyłas ein weiterer Schicksalsschlag. Am 4. Dezember 1932 starb Edmund an einer Scharlachinfektion, die er sich im Spital von Bielsko zugezogen hatte. Dort hatte er nach seinem Studienabschluß als Assistenzarzt gearbeitet. Bei seinen Kollegen galt Edmund als ein überaus tüchtiger Mediziner, der einen Sinn für Humor hatte. Er hatte die Patienten der Abteilung des öfteren mit seinem »Ein-Mann-Theater« unterhalten und auch sonst versucht, ihre Stimmung zu bessern, soweit dies angesichts einer Scharlachepidemie möglich war.

Die Brüder hatten die Begeisterung für das Theater miteinander geteilt, und sie waren einander trotz des Altersunterschiedes sehr nahe gewesen. Für Karol war der Tod des Bruders ein schrecklicher Verlust. Er war damals zwölf und absolvierte die zweite Klasse des Gymnasiums.

Als der Papst im Jahr 1983 an der Jagiellonischen Universität seine Ansprache hielt, erwähnte er den Verlust des Bruders. »Der Tod meines Bruders hat sich mir vielleicht noch tiefer eingeprägt als der Tod meiner Mutter«, sagte er. »Das liegt an den besonderen Umständen, die man tragisch nennen kann, sowie daran, daß ich damals schon reifer war.«

Karol Wojtyłas angeborener Optimismus und seine energische Art behielten jedoch die Oberhand. Er beschäftigte sich noch mehr mit den schulischen Aufgaben und dem Sport und widmete sich seiner immer stärker werdenden Religiosität. Er war im Gymnasium der Klassenbeste und suchte immer inbrünstiger nach Gott. Aber er trieb auch begeistert Sport und war ein geselliger Typ. Als Karol heranwuchs, schwärmten die Mädchen von Wadowice für ihn, allerdings vergeblich: Er war ein verläßlicher Freund, legte aber auf Verabredungen keinen Wert. Kazimierz Figlewicz, der einstige Ministrantenkaplan und Katechet am Gymnasium, sagte über Karol:

»Diejenigen, die dem Heiligen Vater im Erwachsenenalter begegnet sind, kennen ihn als einen einigermaßen großgewachsenen, schlanken

Mann mit einem schmalen, länglichen Gesicht. Der zehnjährige Karol Wojtyła sah allerdings ganz anders aus. Er war recht groß, aber ziemlich dick. Er war ein sehr lebhafter, sehr begabter Junge mit einer raschen Auffassungsgabe. Er hatte eine optimistische Art, doch bei genauerem Hinsehen merkte man, daß der Verlust der Mutter seine Spuren hinterlassen hatte... Er war sehr kameradschaftlich, und mit den Lehrern hatte er keine Probleme. Er war ein guter Schüler... Was uns einander näherbrachte, war der Altar. Karol Wojtyła war ein eifriger Ministrant. Ich glaube, was uns ebenfalls einander näherbrachte, war die Beichte. Und unsere Unterhaltungen und gegenseitigen Besuche...«

Als Kaplan Figlewicz Wadowice verließ, um in Krakau eine neue Aufgabe zu übernehmen, schrieb Karol Wojtyła seinen ersten Zeitungsbeitrag – er war damals dreizehn. Er verfaßte als Oberministrant für die Beilage »Das Glöckchen« der Krakauer Kirchenzeitung »Die Glocke« einen ganzseitigen Bericht über die feierliche Verabschiedung des Kaplans. Karol gab zuerst die Abschiedsrede eines anderen Ministranten wieder und berichtete dann: »Von Zeit zu Zeit mußte der Redner innehalten, weil er vor Weinen nicht weitersprechen konnte... Andere weinten ebenfalls, weil es sie schmerzte, von ihrem geliebten Hirten getrennt zu werden. Der Anblick von Eiscreme und Schokolade heiterte sie später ein wenig auf, Traurigkeit und Kummer blieben jedoch in ihren Herzen.« In der Bildunterschrift unter einem Foto der Zeremonie wurde er als »Loluś Wojtyła« erwähnt.

Karol hatte Glück mit seinen Lehrern, die für eine unbedeutende Stadt wie Wadowice ein erstaunlich hohes intellektuelles Niveau besaßen. Sechzig Jahre danach hat Johannes Paul II. seine Lehrer noch gut in Erinnerung, und wenn ehemalige Mitschüler ihn im Vatikan oder in Castel Gandolfo besuchen, betont er, welch wichtige Rolle die Lehrer bei der Ausformung ihres Charakters gespielt haben.

Der Lehrer, den Karol Wojtyła wohl am interessantesten fand, war Pfarrer Edward Zacher, ein junger Priester, der sowohl einen naturwissenschaftlichen als auch einen theologischen Doktorgrad besaß und am Gymnasium Religion unterrichtete. Zacher fuhr auch mit Karol und anderen Schülern Ski. Zbigniew Siłkowski, der vom vierten Gymnasialjahr an Karols Klassenkamerad war, berichtete, daß Pfarrer Zacher im Religionsunterricht oft vom Thema abgewichen sei: »Er führte uns zu den Geheimnissen des Sonnensystems und zu den Galaxien oder zum Atomkern und den Geheimnissen des Mikrokosmos.« Siłkowski fügte hinzu: »Er brachte uns das Denken bei, indem er das Wissen einbezog, das wir in anderen Fächern erworben hatten. Sein Ziel war stets, uns vor Augen zu halten, daß wahres Wissen nie von Gott wegführt, sondern vielmehr Ehrfurcht gegenüber dem Schöpfer einflößt.«

Dies ist bekanntlich der Standpunkt, von dem aus Johannes Paul II. die wissenschaftliche Forschung unterstützt. Man mag sich fragen, ob Pfarrer Zachers Einfluß bei der Entscheidung des Papstes mitbestimmend war, durch die von ihm ernannte Kommission Galilei Gerechtigkeit widerfahren zu lassen.

Dem Lehrer Kazimierz Foryś ist es wohl zu verdanken, daß Karol Wojtyła sich stark für die polnische Sprache interessierte (der polnischen Philologie galt sein erstes leidenschaftliches Engagement, noch vor dem Theater und dem Priesteramt) sowie für Polens romantische und messianistische Dichtkunst. Dieses Interesse hielt bei ihm zeitlebens an. Den Lehrern Zygmunt Damasiewicz und Jan Królikiewicz, dem Direktor des Gymnasiums, verdankt der Papst seine hervorragenden Fertigkeiten in Latein und Griechisch. Als Karol Wojtyła das Abitur machte, konnte er Latein und Griechisch fließend sprechen. Ein ehemaliger Klassenkamerad berichtete, wie Karol selbst den Lehrer Damasiewicz in Erstaunen versetzte, als er die unterschiedliche Konjugation regelmäßiger Verben in der griechischen Hochsprache und in den ionischen Dialekten erläuterte; Królikiewicz gab ihm damals zusätzlich Privatunterricht. Daß Karol Wojtyła ein Vierteljahrhundert später das II. Vatikanische Konzil mit seinem makellosen Latein beeindrucken konnte, ist zweifellos auf das Gymnasium von Wadowice zurückzuführen. Mit Hebräisch, das an dieser Schule nicht unterrichtet wurde, machte Karol Wojtyła erst im Priesterseminar Bekanntschaft; er beherrscht es nicht ganz.

Johannes Paul II. hat Wadowice und seine Schulkameraden nie vergessen. Im November 1988 lud er zwanzig ehemalige Schüler des Knabengymnasiums und drei ehemalige Schülerinnen des Mädchengymnasiums in den Vatikan ein, um den 50. Jahrestag ihres Abiturs zu feiern (am tatsächlichen Datum des Jubiläums im Monat Mai war der Papst verhindert). Alle Schulkameraden aus Wadowice, auch die in Krakau und anderswo lebenden, erhielten persönliche Einladungen zum Mittagessen, als Johannes Paul II. im Juni 1991 während seines vierten Papstbesuchs in Polen nach Wadowice kam. Das rührendste Wiedersehen gab es aber, als er im Juni 1979 bei seiner ersten Polenreise als Papst der Stadt einen kurzen Besuch abstattete.

Zu den Gästen, die im Juni 1991 an dem Mittagessen teilnahmen, gehörte auch Halina Kwiatkowska, die in Wadowice und später in Krakau im Amateurtheater zusammen mit Karol auf der Bühne gestanden hatte; sie war die Tochter des Schuldirektors Jan Królikiewicz. Halina Kwiatkowska lebt mit ihrem Mann, dem Schriftsteller Tadeusz Kwiatkowski, und ihrer Tochter Monika Katarzyna in Krakau; Monika war das erste Kind, das Wojtyła getauft hatte, nachdem er im November 1946 zum Priester geweiht worden war.

Poldek Goldberger, der jüdische Torwart aus Wadowice, war in Israel Zahnarzt geworden und besuchte eines Tages Rom. Der Papst sorgte nicht nur dafür, daß Goldberger bei der wöchentlichen Generalaudienz einen besonderen Platz erhielt, sondern arrangierte überdies in Castel Gandolfo eine Art polnisches Hauskonzert. Er ließ ein Klavier in die Sommerresidenz am Albaner See schaffen; er und Goldberger verbrachten dann einen Abend mit Musik und Gesang. Goldberger, der als Junge komponiert hatte, spielte Klavier, und Johannes Paul II. sang mit seinem herrlichen Bariton alte polnische Volkslieder. Die Vorgänger des Papstes waren nie so fröhlich und ungezwungen gewesen. Als Jugendlicher hat Karol Wojtyła angeblich den Text zu einem von Goldberger komponierten Lied geschrieben, einer harmlosen romantischen Ballade mit dem Titel »Der Liebesbrief«. Der Text ist seit langem verschollen und wird in der Bibliographie der literarischen Werke Johannes Pauls II. nicht aufgeführt. Poldek Goldberger ist inzwischen verstorben.

Der Papst hat oft den Kontakt zu seinen Jugendfreunden gesucht. Jerzy Kluger, der von Wojtyła und anderen Freunden Jurek genannt wird, ist in Rom als beratender Ingenieur tätig; er und seine Frau Renée, eine gebürtige Engländerin, sind oft zum Mittag- oder Abendessen in den Vatikan oder nach Castel Gandolfo eingeladen worden, meist kurzfristig per Telefon. Ohne protokollarische Rücksichten ganz ungezwungen auf polnisch über vergangene Zeiten und gemeinsame Freunde zu reden, mag für den überarbeiteten Papst die beste Form geistiger Entspannung sein. Bei diesen Mahlzeiten sind nur zwei weitere Personen anwesend: Monsignore Stanisław Dziwisz, der aus Polen stammende Privatsekretär des Papstes, der sein engster Vertrauter ist, sowie Vincent Tran Ngoc Thu, sein aus Vietnam stammender Privatsekretär (der kein Polnisch spricht).

Der Papst und Kluger reden einander in dieser privaten Atmosphäre mit »Jurek« und »Lolek« an. In Castel Gandolfo spielen sie gelegentlich Tischtennis miteinander. Die Klugers waren die ersten, die Johannes Paul II. nach seiner Wahl im Jahr 1978 in Privataudienz empfing, und die Enkeltochter des Ehepaares Kluger wurde vom Papst getauft (Frau Kluger und ihre Tochter sind katholisch). Die Familie Kluger speiste am Heiligabend des Jahres 1993 mit Johannes Paul II. Einem stillschweigenden Übereinkommen folgend, wird bei diesen Zusammenkünften nie über kirchliche Angelegenheiten oder politische Vorgänge gesprochen.

In Wadowice gehörte Jurek Kluger zu der kleinen Zahl von Klassenkameraden, die nachmittags in die Wohnung der Wojtyłas gingen, um mit Karol, dem besten Schüler des Gymnasiums, die Hausaufgaben zu machen; sie blieben meist, bis die Zeit fürs Abendessen kam, und plauderten mit Karol und seinem Vater. Der Leutnant redete gern mit jungen Leuten. Er las Karol und Jurek die Essays von Cyprian Norwid über Chopin vor, erzählte ihnen vom Krieg und fragte sie die wichtigsten Daten der polnischen Geschichte ab.

Die Klugers wohnten in einem großen Haus am Marktplatz; zur Wohnung der Wojtyłas war es nur ein Spaziergang von drei Minuten. Jurek gefielen diese Besuche. Er erzählte, daß Karol ihre anfänglichen Plaudereien schon bald mit den Worten beendet habe: »Jetzt ist es Zeit zum Lernen.« Dann hätten sie am Küchentisch gearbeitet. Karol

Karol Wojtyła bei der Erstkommunion.

Der Gymnasiast Karol Wojtyła.

machte aber auch bei Jurek Besuche. Er hörte manchmal durch die geschlossene Wohnzimmertür den Proben des Quartetts zu, in dem Jureks Vater Violine spielte. Karol machte auf diese Weise erstmals Bekanntschaft mit ernster Musik; später durfte er sich ins Wohnzimmer setzen und zuhören. Jurek und er hörten sich auch im Radio Reportagen von Fußballspielen an.

Antoni Bohdanowicz, ein weiterer Schulkamerad, der seine Hausaufgaben einst bei Karol Wojtyła erledigte, schreibt in seinen Erinnerungen: »Sobald wir ein bestimmtes Fach hinter uns gebracht hatten, ging Lolek kurz aus der Küche. Einmal war die Tür nicht ganz zu, und ich konnte ihn knien und beten sehen.«

Als Karol heranwuchs, wurde seine Religiosität immer stärker. Sein Vater spielte bei dieser Entwicklung zweifellos eine wichtige Rolle. Bei seiner Erstkommunion erhielt Karol Wojtyła von den Karmelitern in Wadowice ein Skapulier; er trägt es bis heute. Von seinem ersten Tag im Gymnasium an lief er jeden Morgen von zu Hause zur nahen Marienkirche, um dort kurz zu beten; dann rannte er über den Marktplatz zur Mickiewicz-Straße, an der das Gymnasium stand. Das dauerte weniger als fünf Minuten, und er war immer pünktlich.

Im Dezember 1935 wurde Karol als Fünfzehnjähriger Mitglied der Marianischen Sodalität, einer landesweiten Bruderschaft römisch-katholischer Jugendlicher. Sechs Monate später wählte ihn die Sektion am Gymnasium zu ihrem Vorsitzenden; im darauffolgenden Jahr wurde er in seinem Amt bestätigt. Die Bruderschaft widmete sich der Marienverehrung. Bei Karol mag diese Verehrung aus der Erinnerung an seine Mutter entstanden sein. Er war weiterhin Ministrant, ging regelmäßig zur Beichte und empfing täglich die heilige Kommunion.

Nach Meinung seiner Klassenkameraden stellte Karol seine Frömmigkeit aber nie zur Schau. »Er schlug sich in der Öffentlichkeit nie an die Brust und bekreuzigte sich nie vor aller Augen«, erzählte einer von ihnen. Damals wie auch heute ist der Glaube für Karol Wojtyła etwas sehr Privates. Daß er in jener Zeit auch Vorsitzender des Abstinenzlerzirkels war – die Mitglieder gelobten, ein Jahr lang keinen Alkohol zu trinken –, machte ihn in einer Gesellschaft, in der selbst unter Heranwachsenden viel getrunken und stark geraucht wurde, keineswegs zum

Schwächling. In der Schule herrschte zwar strenge Disziplin – die Schüler trugen dunkelblaue Uniformen mit roten Streifen an den Hosen und Schirmmützen –, doch in ihrer Freizeit konnten die jungen Leute im allgemeinen tun, was sie wollten. Die Altersgenossen mochten Karol Wojtyła, und sie respektierten ihn. Man bewunderte ihn sogar dafür, daß sich bei ihm Ernsthaftigkeit und Frömmigkeit mit Freundlichkeit und einem Sinn für Humor verbanden und daß er auf vielen Gebieten aktiv war. Er war stets der beste Schüler, aber er galt nie als Bücherwurm.

Dr. Jan Kuś, ein ehemaliger Klassenkamerad, erzählte, Karol sei in der siebten Gymnasialklasse von Freunden gefragt worden, ob er Priester werden wolle. Er habe das verneint und hinzugefügt: »Non sum dignus« (»Ich bin nicht würdig«). Diese Einstellung hatte Karol Wojtyła damals tatsächlich. Als Papst vertraute er einem französischen Religionshistoriker an, er habe im Gymnasium und zu Beginn seines Universitätsstudiums den Gedanken an das Priesteramt mit Entschiedenheit verworfen; er sei der Überzeugung gewesen, er müsse ein aktiver »Laienchrist« sein und dazu beitragen, daß soziale Probleme mit Hilfe der Kirche gelöst wurden. Die Vorstellung von der Verantwortung der Kirche für soziale Gerechtigkeit sollte eines der wesentlichen Merkmale seines Pontifikats werden; er arbeitete als Bischof und als Kardinal weiter an diesem Konzept.

Einige der Jugendfreunde berichteten, Karol sei damals soviel Achtung entgegengebracht worden, daß »keiner in seiner Gegenwart Wörter wie ›Scheiße‹ oder ›Arschloch‹ verwendete«, obwohl solche Ausdrücke bei den Jugendlichen durchaus üblich gewesen seien. Wenn Karol Wojtyła Mitschüler und Freunde begrüßte, breitete er immer lächelnd die Arme aus – wie er es auch heute noch als Papst tut.

An den wichtigen Wendepunkten seines Lebens fand Karol Wojtyła immer einen Mentor. Der erste war Mieczysław Kotlarczyk. Dieser temperamentvolle Theaterliebhaber verstand es, ihn für die Bühne zu begeistern. Daraus ergab sich eine seiner engsten Freundschaften, die bis zu Kotlarczyks Tod im Jahr 1978 andauerte.

Der 1906 in Wadowice geborene Kotlarczyk unterrichtete in seiner Heimatstadt an der Klosterschule der Karmeliter. Er war der Verfasser der Bühnentheorie vom »Lebendigen Wort«, bei der es vor allem auf die richtige Verwendung der sprachlichen Mittel ankam. Die perfekte Diktion war seine Leidenschaft. Diese Kunst wird heutzutage von Johannes Paul II. ausgeübt, dem einstigen Schüler Kotlarczyks.

Die beiden trafen vermutlich im Jahr 1935 zusammen, als Karol Wojtyła bei Aufführungen des Gymnasiums auf der Bühne stand. Kotlarczyk hatte 1931 in Wadowice seine eigene Amateurbühne gegründet. Er beschäftigte sich jedoch bald mit den Schüleraufführungen und übte dort einen nachhaltigen Einfluß aus. Karol Wojtyła schrieb viele Jahre danach, er habe Kotlarczyk als Pionier der echten Bühnenkunst kennengelernt und »als Stimme alter polnischer und christlicher Traditionen, die uns vor allem durch die große romantische und neoromantische Literatur überliefert wurden«.

In den Jugendjahren in Wadowice wurden so die Grundlagen gelegt für Karol Wojtyłas Persönlichkeit, für seine seelische und geistige Entwicklung. Dabei waren sein Vater, seine Lehrer und sein Theatermentor richtungweisend für ihn.

In der noch verbleibenden Schulzeit wurde Karol Wojtyła immer stärker von Kotlarczyk beeinflußt und befaßte sich mit der Aufführung von Theaterstücken, in denen die romantischen und neoromantischen Traditionen des Landes zum Ausdruck kamen. In der gemeinsamen Theatergruppe des Knaben- und Mädchengymnasiums war er das aktivste Mitglied; er betätigte sich als Schauspieler, Regisseur, Produzent und Organisator. Eine Niederlage mußte Karol Wojtyła jedoch hinnehmen. Bei einem Rezitationswettbewerb, der von Polens berühmtester Vortragskünstlerin, der Schauspielerin Kazimiera Rychter, unterstützt wurde, gewann Halina Królikiewicz den ersten, er selbst den zweiten Preis.

Karol Wojtyła hatte sich dabei die denkbar schwierigste Aufgabe ausgesucht. Karol, der mit seiner dunkelblauen Schuluniform nicht gerade passend gekleidet war, rezitierte aus »Promethidion«, einem lyrisch-philosophischen Dialog von Cyprian Norwid, die Worte des Helden, der für »Das Gute« spricht, beginnend mit einen Satz aus dem Paulusbrief an die Korinther: »Jedem aber wird die Offenbarung des Geistes geschenkt, damit sie anderen nützt.« Der Preis ging jedoch an

Halina für die Rezitation einer Fabel. Fünfzig Jahre später sagte der Papst im Vatikan zu ihr: »Ja, ich weiß noch, daß du mich damals besiegt hast...«

Karol Wojtyła machte diese Niederlage aber im selben Jahr wett durch seinen spektakulären Auftritt in »Balladyna«, einem allegorischen Drama von Juliusz Słowacki. In diesem Stück spielte er die beiden männlichen Hauptrollen, während Halina die weibliche Hauptrolle spielte. Der für die zweite männliche Hauptrolle vorgesehene junge Mann war von Halinas Vater, dem Direktor des Gymnasiums, suspendiert worden, weil er einem Lehrer angedroht hatte, ihn zu erschießen, falls er von ihm eine schlechte Note bekäme.

Halina Kwiatkowska, geb. Królikiewicz, berichtete, die Schauspieler hätten achtundvierzig Stunden vor der Aufführung von der Suspendierung gehört und seien völlig außer sich gewesen. »Aber dann«, sagte sie, »teilte uns Lolek, der vor Verlegenheit errötete, ganz ruhig mit, er könne beide Rollen übernehmen, da der edle Kirkor ziemlich bald sterbe und er Zeit hätte, das Kostüm zu wechseln und den schändlichen Kostryn zu spielen.« Als er gefragt worden sei, wann er die zweite Rolle denn lernen wolle, habe Karol erwidert: »Ach, die kenne ich schon. Ich habe sie mir bei den Proben eingeprägt.« Halina Kwiatkowska meinte dazu: »Er hatte ein phänomenales Gedächtnis!«

Der frühere Klassenkamerad Karol Poliwka ging noch weiter: »Wojtyła hat ein Gedächtnis wie ein Computer«, sagte er. Die beiden Töchter Poliwkas waren während einer Generalaudienz mit dem Papst zusammengetroffen; zwei Jahre danach erkannte ihn der Papst bei einem Empfang im erzbischöflichen Palais in Krakau sofort wieder, obwohl sie einander seit fast 45 Jahren nicht gesehen hatten. Johannes Paul II. sagte zu Poliwka: »Hör mal, Karol, deine beiden Töchter haben mich schon in Rom besucht, aber du nicht...« Poliwka flog dann zur Jubiläumsfeier der Abiturienten nach Rom.

Durch die Beschäftigung mit den Werken Cyprian Norwids geriet der junge Wojtyła in ein Dilemma, über das er aber nie redete. Es war ein typisch polnisches Dilemma, doch für Karol, der gerade anfing, sich mit Philosophie und Theologie zu befassen, war es sehr bedeutungsvoll. Wie viele andere Polen bewunderte er Adam Mickiewiczs romantische und messianistische Dichtung, doch schon als junger Mann fühlte er sich intellektuell zu der kühlen Vernunft Norwids hingezogen, der Mickiewiczs »mystischen Radikalismus« deutlich kritisierte. Norwid gab der »Realität« und der »Lebenserfahrung« den Vorzug; diese Einstellung ähnelt der Grundhaltung, die Karol Wojtyła schließlich selbst einnahm. Bei privaten Unterhaltungen hat man den Eindruck, daß Johannes Paul II. weiterhin ein Anhänger Norwids ist; seine Einstellung zu den Problemen der Welt von heute könnte auf das Pauluszitat in »Promethidion« zurückgehen: »Jedem aber wird die Offenbarung des Geistes geschenkt, damit sie anderen nützt.« Auf dem Gebiet der Moral und der Ethik hat Johannes Paul II. die Position des unanfechtbaren Lehrers der Kirche eingenommen.

Während seiner Schulzeit war Karol Wojtyłas Erfahrungshorizont nicht auf Wadowice beschränkt. Die Mitglieder des Theaterkreises wurden von den Lehrern oft nach Krakau mitgenommen und versäumten keine Aufführung des dortigen Juliusz-Słowacki-Theaters. Der Theaterkreis selbst gab in vielen Städtchen der Gegend Gastspiele.

Karol Wojtyłas Führungsqualitäten wurden anerkannt. Er war nicht nur ein hervorragender Schüler und Vorsitzender von schulischen Vereinigungen, sondern wurde auch wiederholt beauftragt, in der Öffentlichkeit als Schulsprecher aufzutreten. Bei den Umzügen an Nationalfeiertagen führte er die uniformierte Abordnung des Gymnasiums an, die direkt hinter dem Infanterieregiment marschierte. Zum Jahrestag der Verfassung von 1791 wurde der siebzehnjährige Karol mit einer Sonderaufführung von Słowackis patriotischem Drama »Kordian« betraut; er führte Regie und spielte die Hauptrolle. Und als Erzbischof Sapieha am 6. Mai 1938 aus Krakau anreiste, um dem Knabengymnasium einen Besuch abzustatten, begrüßte ihn Karol Wojtyła im Namen der Schülerschaft.

Ohne daß Karol es damals ahnte, war dies ein weiterer Wendepunkt in seinem Leben. Der Erzbischof war so beeindruckt von der Begrüßungsrede des jungen Mannes, daß er sich bei Pfarrer Edward Zacher erkundigte, was Wojtyła nach dem Abitur vorhabe. »Hat er vielleicht die Absicht, ins Priesterseminar einzutreten?« fragte er. »Ich bin nicht

Karol Wojtyła mit seiner Schulklasse 1938 (Karol steht ganz links außen).

sicher«, antwortete Zacher, »aber er wird wohl die Universität besuchen.« Daraufhin sagte Karol: »Wenn Euer Exzellenz gestatten, möchte ich selbst antworten. Ich habe vor, an der Jagiellonischen Universität Polonistik und Philosophie zu studieren.« Der gestrenge Erzbischof sagte bedauernd: »Das ist aber schade!« Beim Abendessen im Kreise des Kollegiums kam das Thema wieder zur Sprache; Pfarrer Zacher erzählte dem Erzbischof, der junge Mann sei ganz erpicht auf das Theater. »Das ist aber schade«, sagte Sapieha noch einmal. »Wir könnten ihn brauchen...«

Sapieha vergaß Karol Wojtyła jedoch nicht. Der Erzbischof, der einundsiebzig Jahr alt war, als er mit dem achtzehnjährigen Wojtyła zusammentraf, war eine der bemerkenswertesten Gestalten der polnischen Kirche. Für einen jungen Geistlichen konnte er ein mächtiger Schutzherr sein. Er stammte aus einem der vornehmsten Adelsgeschlechter Polens und trug den Titel Fürst. Nach seiner Priesterweihe hatte er in Rom studiert und in kirchlichem und zivilem Recht promoviert. Er hatte Papst Pius X. neun Jahre lang als Geheimkämmerer gedient und kannte sich im Vatikan genau aus.

Nach dem Ersten Weltkrieg hatte Sapieha als polnischer Bischof seine Unabhängigkeit demonstriert, als er Kardinal Achille Ratti davon abhielt, an einer Konferenz des polnischen Episkopats teilzunehmen. Sapieha hatte darauf bestanden, daß die polnischen Bischöfe unter sich blieben. Ratti war bald darauf Pius XI. geworden, und seine Rache hatte darin bestanden, daß er Sapieha den Kardinalshut verweigerte. Der zähe Sapieha hatte Pius XI. jedoch überlebt; Pius XII. machte ihn schließlich zum Kardinal. Zwischen den Kriegen bezog Sapieha in prinzipiellen Fragen sowohl gegen andere Bischöfe als auch gegen Marschall Piłsudski Position. Am Schluß setzte er sich immer durch. Das war auch bei Karol Wojtyła der Fall, wie sich zeigen sollte.

Am 14. Mai 1938 bestand Wojtyła das Abitur mit hervorragenden Zensuren. Am 27. Mai erhielt er zusammen mit 41 weiteren Schülern das Abschlußzeugnis. Natürlich wurde er von seinen Mitschülern aufgefordert, die Abschiedsrede zu halten.

Wojtyła gehörte vom 20. Juni bis 17. August wie alle Abiturienten einem paramilitärischen Arbeitsdienstbataillon an. Seine Einheit betei-

Der Abiturient Karol Wojtyła.

ligte sich in den Bergen südlich von Wadowice am Straßenbau. Karol trug eine Armeeuniform; die harte körperlicher Arbeit gefiel ihm offenbar. Wie üblich schloß er rasch Freundschaften. Jerzy Bober, ein Schriftsteller und Journalist, erzählte von seinem ersten Zusammentreffen mit Wojtyła, als dieser sein Zelt im Lager des Arbeitsbataillons betrat. »Mein Name ist Wojtyła«, habe der junge Mann zu ihm gesagt. »Ich bin aus Wadowice. Du kannst mich Lolek nennen.« Sie wurden Freunde fürs Leben.

Im Sommer des Jahres 1938 zogen die Wojtyłas nach Krakau, damit Karol dort im Herbst sein Universitätsstudium beginnen konnte. Geistig war er auf die neue Herausforderung bestens vorbereitet. In körperlicher Hinsicht war er in ausgezeichneter Verfassung. Bei den Straßenbauarbeiten hatte er kräftige Muskeln und eine gebräunte Haut bekommen. Fotografien aus jener Zeit zeigen einen optimistisch dreinschauenden jungen Mann, der allerdings schon als Heranwachsender eine leicht gebückte Haltung hat. Er hat langes Haar, das bis in den Nacken fällt. Sein offener Hemdkragen ist nach der Bohemien-Mode jener Zeit auf dem Kragen des Jacketts ausgebreitet. Der Dichter Juliusz Słowacki, den Karol bewunderte, war stets auf diese betont lässige Art gekleidet. In Polen sprach man vom »poetischen Stil« oder »Słowacki-Stil«.

In den schriftlichen und mündlichen Erinnerungen Johannes Pauls II. an die Wadowicer Zeit deutet nichts darauf hin, daß Polen und die Welt am Rande eines Krieges standen, als er seinen Schulabschluß machte. Mag sein, daß Wadowice zu weit von den Zentren des politischen Geschehens entfernt war und daß seine Bürger – wie die meisten Polen – einfach nicht glauben wollten, daß ein Krieg bevorstand.

Daß das nationalsozialistische Deutschland für Polen eine Gefahr darstellte, wollte die römisch-katholische Kirche beider Länder nicht wahrhaben. Pius XI. hatte zwar am Palmsonntag des Jahres 1937 seine Enzyklika »Mit brennender Sorge« herausgegeben, in der Hitlers Rassentheorie verurteilt wurde, aber er hatte damit nichts bewirkt. Der Text der Enzyklika mußte heimlich nach Deutschland gebracht werden, doch es ist nicht bekannt, ob er auch in den Kirchen verlesen wurde. Es gibt auch keinen Beleg dafür, daß er in der Marienkirche von Wadowice erwähnt wurde, in der Karol Wojtyła den Gottesdienst besuchte. Falls Pius XI. Befürchtungen hatte, daß die Nazis einen Krieg auslösen würden, so ließ er jedenfalls bis zum Frühjahr des Jahres 1938 in der Öffentlichkeit nichts davon verlauten.

Als in Wadowice bekannt wurde, daß deutsche Truppen am 12. März 1938 in Österreich einmarschiert waren und den »Anschluß« des Landes ans Deutsche Reich vollzogen hatten, führte man weiterhin ein ruhiges Leben. In der Zeit, als Galizien zum Habsburgerreich gehörte, hatten Leutnant Wojtyła und viele andere seiner Generation in der österreichischen Armee gedient und am Ersten Weltkrieg teilgenommen. Doch die Menschen haben ein kurzes Gedächtnis.

4

Karol Wojtyła senior und sein achtzehnjähriger Sohn zogen im August 1938 in die kleine Untergeschoßwohnung des grauen Hauses in der Tyniecka Straße in Krakau, die am Westufer der Weichsel entlangführt. Das Haus mit der Nummer 10 gehörte Lolek Wojtyłas Onkel mütterlicherseits, einem Gerbermeister namens Robert Kaczorowski. Er hatte es nach dem Ersten Weltkrieg gebaut und dabei gebrauchte Ziegelsteine sowie alte Fensterrahmen und Türen verwendet, um Geld zu sparen. Es ist jedoch ein solides und ordentlich aussehendes Gebäude mit einem ziegelgedeckten Giebeldach und zwei Kaminen. Im Erdgeschoß und im ersten Stock gibt es je zwei Fenster zu dem schönen, großen Garten hin, der entlang der Straße Blumenbeete und hohe Bäume hatte.

Der damals einundfünfzigjährige Junggeselle Kaczorowski und seine ebenfalls unverheirateten Schwestern Rudolfina und Anna bewohnten das Erdgeschoß und den ersten Stock, zu dem eine Außentreppe hochführt. Unter dieser Treppe befindet sich der Eingang zum Untergeschoß. Die Wohnung der Wojtyłas bestand aus zwei kleinen Zimmern, einer engen Küche und einer Toilette.

Die Kaczorowskis waren die einzigen nahen Verwandten der Wojtyłas in Krakau; sie verlangten vermutlich nur eine geringe Miete, denn der Leutnant verfügte neben seiner kargen Pension über keinerlei Einkünfte, und Karol verdiente während seines ersten Jahres in Krakau kein Geld. Die beiden Familien lebten jedoch völlig getrennt voneinander. Die Kaczorowskis wurden von Wojtyła später in seinen mündlichen und schriftlichen Erinnerungen nicht genannt, und auch diejenigen, die ihn häufig in jenem Haus besucht hatten, erwähnten sie nicht. Dabei lebte der Onkel noch bis 1962, als Wojtyła schon Bischof war.

Das Haus hat eine hervorragende Lage, und sein Erscheinungsbild hat sich nicht verändert. Jenseits der Tyniecka Straße strömt die Weichsel dahin, die bald darauf einen Bogen macht und nach Norden fließt. An der Straße beginnt die ruhige Vorstadt Dębniki, in der es viele Grünflächen und Gehölze gibt; die Dębniki-Brücke verbindet sie mit der Krakauer Innenstadt, die gleich jenseits des Flusses liegt. Wenn Karol Wojtyła vom Ufer aus nach rechts schaute, konnte er auf dem Burgberg Wawel die aus dem 13. Jahrhundert stammende Residenz und die aus dem 14. Jahrhundert stammende Kathedrale sehen. Hinter dem Burgberg erhebt sich der Turm der barocken Peter-und-Paul-Kirche. Zu seiner Linken konnte er in der Ferne den spitzen Turm der Marienkirche erkennen.

Krakau hat 60 katholische Kirchen, und die Wojtyłas wurden im Laufe der Zeit mit allen vertraut. Kurz vor ihrer Ankunft war im Stadtteil Dębniki die Pfarrkirche der Salesianer geweiht worden, die von der Wohnung der Wojtyłas aus in wenigen Minuten zu erreichen war; Karol Wojtyła ging dort jeden Morgen zur Sechs-Uhr-Messe.

Krakau, das damals 250 000 Einwohner zählte, war ein wichtiges kulturelles und geistiges Zentrum und ein bedeutender Industriestandort. Die im Jahr 1364 gegründete Jagiellonische Universität ist die älteste des Landes. Dort hatten die meisten Professoren und der überwiegende Teil der Studentenschaft eine »fortschrittliche« Einstellung. Später gelang es rechtsgerichteten Gruppierungen, an der Universität Fuß zu fassen. Die Juden, deren Bevölkerungsanteil sich auf etwa zwanzig Prozent belief, waren ein wichtiger Faktor im Leben der Stadt, als Akademiker ebenso wie als Ladenbesitzer im Stadtteil Kazimierz.

In Krakau war es etwas ganz Normales, daß der aus dem Hinterland stammende Karol Wojtyła, der Enkel von Kleinbauern und Sohn eines pensionierten Berufssoldaten, an der Jagiellonischen Universität von den Studenten als Gleicher unter Gleichen aufgenommen wurde. Zusammen mit seinem Bruder stellte er die erste Generation der Wojtyłas dar, die eine akademische Ausbildung erhielt.

Es spielte keine Rolle, daß Karol Wojtyła sehr arm war und in groben Tuchhosen und einer zerknitterten schwarzen Jacke – der einzigen, die er besaß – zu den Vorlesungen erschien. Seine Schuhe waren dank der Bemühungen seines Vaters in einem passablen Zustand. Karol Wojtyła trug jedoch immer ein sauberes Hemd. Für Kleidung interessierte er sich nicht – auch nicht als er Bischof und Kardinal wurde.

Aufgrund seines hervorragenden Abiturs konnte er sich an der Universität immatrikulieren, aber es ist unklar, ob er ein Stipendium erhielt oder von den Studiengebühren befreit wurde. Für die Gebühren hätte sein Vater nicht aufkommen können, da seine Pension nur für das Nötigste ausreichte. Abends aß Karol Wojtyła meist mit seinem Vater, der die Mahlzeiten zubereitete, doch das Mittagessen nahm er in der Mensa oder bei seinen neuen Freunden ein.

Die Hauptgebäude der Jagiellonischen Universität stehen in der Altstadt. Von dort ist es nicht weit zum Marktplatz mit der Statue von Adam Mickiewicz, zur Marienkirche und zu den Tuchhallen. In Krakau waren Straßen nach Mickiewicz, Słowacki und all den anderen Dichtern und Schriftstellern benannt, die für Karol Wojtyła am Beginn dieses neuen Lebensabschnitts Vorbilder darstellten.

Da Wojtyła aufgrund seiner literarischen Interessen Polonistik studierte, gehörte er der Philosophischen Fakultät an. Seine Religiosität bildete sich zwar immer stärker heraus, doch gibt es keine Anhaltspunkte dafür, daß er zu diesem Zeitpunkt daran dachte, Priester zu werden. Er schloß sich der Universitätssektion der Marianischen Bruderschaft an, nahm an der Messe teil und empfing die Kommunion, doch der einzige Priester, mit dem er gelegentlich zusammentraf, war Pfarrer Figlewicz.

Unter den fünf Fakultaten der Universität war die Philosophische Fakultät die größte. Sie hatte 72 Professoren und besaß neben verschiedenen philologischen Fachrichtungen Abteilungen für Mathematik, Physik, Chemie, Astronomie, Geographie, Zoologie, Psychologie, Pädagogik und Philosophie.

Dem Seminar für Polonistik gehörten einige der größten Kapazitäten dieser Fachrichtung an. Die Studentinnen waren dort eindeutig in der Mehrheit; eine von ihnen war Halina Królikiewicz, mit der Karol Wojtyła in Wadowice auf der Bühne gestanden hatte. Einer ehemaligen Studentin zufolge »mied er als Kommilitone die Gesellschaft von Frauen nicht, doch er suchte sie auch nicht«.

Bei der Einschreibung für das akademische Jahr 1938/39 wählte Wojtyła eine außerordentlich große Zahl ganz unterschiedlicher akademischer Veranstaltungen aus. Sie erlauben interessante Rückschlüsse auf seine Persönlichkeit und seine Interessen. Und so sieht die Liste aus: »Das Theater und die dramatische Dichtung Polens seit der Mitte des 18. Jahrhunderts«; »Analyse der Dramentheorie«; »Romane, Memoiren und Briefe von Stanisław Brzozowski«; »Die Literatur des polnischen Mittelalters«; »Übungen in Altpolnischer Literatur«; »Interpretation der Dramen Stanisław Wyspiańskis« (eines bekannten Stückeschreibers und Malers); »Russisch für Anfänger«; »Interpretation zeitgenössischer Lyrik«; »Polnische Geschichte und Geographie«; »Humor, Komik und Ironie und ihre Rolle in der Literatur«; »Polnische Literaturgeschichte«; »Grammatik des kirchlichen Altslawisch«; »Einführung in die russische Literatur« sowie »Der Charakter literarischer Überlieferungen«.

Als Teilnehmer an einer Veranstaltung von Stanisław Pigon, dem beliebtesten Literaturprofessor der Universität, erklärte sich Wojtyła bereit, ein Referat über ein Thema zu schreiben, das – nach Pigons Worten – nicht leicht sein würde und gute Französischkenntnisse voraussetzte. In der darauffolgenden Woche legte Wojtyła eine umfangreiche Studie über »Madame de Staël als Theoretikerin der Romantik« vor, offenbar seine erste schriftliche Arbeit an der Universität. Er hatte im Haus eines Freundes mehrere Monate lang privaten Französischunterricht erhalten.

Wojtyła besuchte auch regelmäßig externe Veranstaltungen, deren Themen andere Richtungen seiner Weiterentwicklung andeuten. Kurz nach Beginn seines Studiums hörte er einen Vortrag über die Legende des heiligen Alexius und einen weiteren über die philosophischen Schulen christlicher Ethik in Deutschland einschließlich der Philosophie Max Schelers – ein Thema, das ihn zeitlebens beschäftigen sollte.

Wie üblich schloß Wojtyła auch in Krakau rasch Freundschaften. Zwei seiner Kommilitonen kannte er von früher: Halina Królikiewicz und Jerzy Bober, mit dem er im Sommer im Arbeitsbataillon gedient hatte. Seine besten neuen Freunde waren Juliusz Kydryński, der ein Jahr jünger als Karol und Sohn eines Polonistikprofessors war, Wojciech Żukrowski, der das Jurastudium aufgab, um sich der Literatur zu widmen, sowie die späteren Schriftsteller Tadeusz Kwiatkowski (er heiratete Halina) und Tadeusz Hołuj.

Kydryński war damals Wojtyłas engster Freund; er führte ihn in die Krakauer Intellektuellen- und Künstlerkreise ein. Kydryński begeisterte sich ebenfalls für das Theater und die Literatur und war im Jahr zuvor im Słowacki-Theater als Komparse aufgetreten.

Kydryński – er ist 1994 verstorben – beschrieb Wojtyła einmal so: »Ein kräftig gebauter, aber nicht sehr großer junger Mann, mit einem herzlichen, entwaffnenden Lächeln ... Er hatte ein breites, eher rundes als ovales Gesicht, dichtes, dunkelblondes Haar, das zurückgekämmt und unfachmännisch geschnitten war, sowie graublaue Augen, die oft nachdenklich und ernst dreinschauten, aber dennoch eine starke Lebensfreude widerspiegelten.« Kydryński fügte hinzu: »Er hatte einen Sinn für Humor und eine umgängliche Art, die alle, die mit ihm in Berührung kamen, dazu brachte, ihn zu mögen und, nach näherer Bekanntschaft, zu schätzen, außerdem hatte er einen ausgeprägten Sinn für Kameradschaft... Und dennoch war er viel ernster als wir, ein bißchen in sich gekehrt, als dächte er immer über Probleme nach, die über unseren Horizont hinausgingen ...«

Kydryński wohnte mit seiner verwitweten Mutter und einem Bruder in der Felicjanek Straße; Wojtyła besuchte ihn oft und wurde bald wie ein Familienmitglied behandelt. Er nannte Kydryńskis Mutter »Mama«, und sie machte ihm oft Rühreier, sein Lieblingsgericht.

Durch Kydryński lernte Wojtyła Leon und Irena Szkocki kennen, deren Villa ein wichtiger Mittelpunkt des kulturellen Lebens der Stadt war. Szkocki arbeitete bei einer Versicherungsgesellschaft, seine Frau war Lehrerin; ihre Villa »Unter den Birken« war ein Treffpunkt für Schriftsteller, Künstler und Musiker.

Das Ehepaar Szkocki fand sofort Gefallen an Karol Wojtyła und behandelte ihn ebenfalls wie ein Familienmitglied. Wie viele der anderen Stammgäste nannte er Irena Szkocka »Babcia« (Großmutter). Die Tochter Zofia war Pianistin und spielte für die Gäste oft Bach und Chopin; ihr Mann war Musikwissenschaftler. Wojtyła lernte dort auch die

Französischlehrerin Jadwiga Lewaj kennen, die in der Villa wohnte. Sie gab ihm bald Privatstunden in Französisch.

Von Juliusz Kydryński war Wojtyła sehr angetan. In einem Brief an seinen Mentor Kotlarczyk beschrieb er ihn als »einen wilden *Homo theatralis*, einen Seelenverwandten« und fügte hinzu: »Wir halten Symposien ab, bei denen wir Gedichte und Dramen lesen. Er kennt den gesamten ›Bogumil‹ von Norwid auswendig und viele Abschnitte von ›Wyzwolenie‹ ... Wir sind sehr enge Freunde geworden.«

Durch seine neuen Freundschaften ergaben sich für Karol Wojtyła so viele Freizeitaktivitäten, daß man sich in Anbetracht seines gewaltigen Vorlesungspensums fragen muß, wann er überhaupt noch Zeit zum Schlafen fand. Er schloß sich dem Studententheater »Studio 39« an, der literarischen Sektion des Zirkels für polnische Philologie, der Vereinigung der Freunde der polnischen Sprache und der Gesellschaft für brüderliche Hilfe an der Jagiellonischen Universität. Die Gesellschaft für brüderliche Hilfe war für Studentenwohnungen zuständig, wurde jedoch schon von Rechtsextremen beherrscht, als Wojtyła ihr beitrat. Aus Gründen, die unerfindlich bleiben, wurde er 1939 zum Vorsitzenden gewählt. Wojtyła hatte eine Abneigung gegen die Rechten; einige Monate zuvor hatte er zusammen mit anderen Mitgliedern des Zirkels für polnische Philologie gegen Versuche von Rechtsextremen opponiert, die jüdischen Studenten von der Universität auszuschließen.

Von seinen Freunden und Kommilitonen wurde Karol Wojtyła ungeachtet seines Hanges zum Einzelgängerischen und seines religiösen Engagements als ein ruhiger, angenehmer junger Mann geschätzt. Er leistete ihnen in den Bars und Cafés von Krakau zwar nie Gesellschaft, doch wie zuvor im Gymnasium von Wadowice wurde Karol Wojtyła samt seinen Eigenarten akzeptiert und respektiert. Am meisten trug dazu seine etwas distanzierte Haltung bei. Eine ehemalige Kommilitonin schrieb: »Wenn Karol Wojtyła in einer Vorlesung saß, starrte er den Professor immer mit einer ungeheuren Konzentration an, als wolle er alles in sich aufnehmen.« Diese Angewohnheit hat er als Papst beibehalten.

Ab und zu spöttelten Karol Wojtyłas Freunde ein wenig über seine religiöse Hingabe. Die Schauspielerin Danuta Michałowska, die zu seinen Kommilitoninnen gehörte, schrieb: »Zum Scherz heftete man eines Tages ein Kärtchen an sein Pult, auf dem zu lesen stand: ›Karol Wojtyła, Heiliger in Ausbildung‹« Das habe ihm aber nichts ausgemacht.

Im Rückblick auf jene Zeit ist es schwer verständlich, wie Wojtyła und seine Freunde bestimmte weltpolitische Vorgänge ignorieren konnten, obwohl sie auf vielen Ebenen aktiv und auch politisch interessiert waren. Zwischen dem 27. September und 2. Oktober 1938 hatten Wojtyła und andere als Mitglieder der Akademischen Legion der Universität eine militärische Grundausbildung erhalten. Vom darauffolgenden Monat an war er als Student vom regulären Militärdienst befreit.

Diese Ausbildung hatte zufälligerweise unmittelbar nach der Unterzeichnung des Münchner Abkommens stattgefunden, in dem die Abtretung des Sudetenlandes an Deutschland festgelegt wurde. Und wie beim Anschluß Österreichs ans Deutsche Reich im Frühjahr 1938 gibt es keinerlei Anzeichen dafür, daß das Münchner Abkommen auf Wojtyła, seinen Vater und seine Kommilitonen besorgniserregend gewirkt hätte.

Der Spanische Bürgerkrieg war seit dem Juli 1936 im Gange. Während linke Studenten der Jagiellonischen Universität die republikanische Seite unterstützten, zeigte die Gruppe um Wojtyła, soweit sich feststellen läßt, kein besonderes Interesse. Einer von seinen Altersgenossen sagte später, die Polen seien in Krakau und anderswo so von ihrer eigenen militärischen Stärke und der Überlegenheit der Franzosen und Briten gegenüber den Deutschen überzeugt gewesen, daß niemand die tödliche Gefahr erkannte, und die jungen Leute schon gar nicht.

An der Philologischen Abteilung widmeten sich die Polonisten ganz der Poesie. Sie gehörte in Polen und insbesondere im Krakau der Vorkriegszeit zu den beliebtesten Literaturgattungen. Viele begeisterten sich für moderne Strömungen, doch in den Hervorbringungen der neuen Generation kamen die romantische Schwärmerei und der Messianismus wieder deutlich zum Vorschein. Die polnischen Traditionen wurden wieder zum Leben erweckt.

Karol Wojtyła selbst benutzte die Literatur dazu, mit angestauten Emotionen fertig zu werden – mit allem, was er seit der Zeit im Gymnasium vor seinen Freunden und Bekannten geheimgehalten hatte. Nun widmete er sich ganz der Lyrik und dem Drama, und seine Produktivität war erstaunlich.

Sein literarisches Schaffen vor seinem einundzwanzigsten Lebensjahr, auch bevor er mit sechsundzwanzig Jahren Priester wurde, ist für das Verständnis seines philosophischen, theologischen, politischen und sozialen Denkens als Oberhirte der römisch-katholischen Kirche durchaus von Belang.

Die erstaunlich kraftvolle Lyrik seines frühen Erwachsenenalters nimmt mit ihrer mystischen Hingabe und dem Gehorsam gegenüber den überkommenen Lehren der Kirche seinen philosophischen und theologischen Konservatismus vorweg. Sie zeigt auch, wie stark Wojtyłas polnischer Patriotismus war, der wiederum für seine Weltanschauung bestimmend war – vor allem seit als er als Papst auf der Bühne der internationalen Politik eine wichtige Rolle spielt. Leider ist der größte Teil seines literarischen Schaffens nur auf Polnisch erhältlich.

Um so viel zu schreiben, muß der junge Karol Wojtyła oft auf einen Teil seiner Nachtruhe verzichtet haben. Dank seines außerordentlichen Konzentrationsvermögens gelang es ihm bald, jeden verfügbaren Augenblick zum Schreiben (und zum Beten) zu nutzen. Diese Methode behielt er als Priester, Bischof, Kardinal und Papst bei. Er schrieb während des Gebets in seiner Kapelle, er schrieb bei Dienstreisen in Polen im Auto, und auf seinen Reisen als Papst schrieb er im Flugzeug. Schon in Krakau zeigte sich, daß er über eine erstaunliche Energie und ein großes Maß an körperlicher, geistiger und seelischer Kraft verfügte.

Wojtyła schrieb über einen Zeitraum von vierzig Jahren hinweg Gedichte, von 1938 bis zu seiner Einsetzung als Papst im Jahr 1978. Nach seinen Angaben hat er damit aufgehört, als er das Amt antrat; er gab jedoch bekannt, daß er der Verfasser zahlreicher Gedichte, Epen, Dramen und Artikel ist, die in den langen Jahren in Krakau unter mindestens vier Pseudonymen veröffentlicht worden sind.

Es ist allerdings möglich, daß sich Johannes Paul II. etwas mißverständlich ausdrückte, als er sagte, er schreibe im Vatikan keine Gedichte mehr. Es gibt Grund zu der Annahme, daß das letzte Gedicht, das von ihm stammt, erst nach Beginn seines Pontifikats fertiggestellt wurde.

Es handelt sich dabei um »Stanisław«, eine Hymne an den zum Märtyrer gewordenen Bischof von Krakau, mit dem er sich so sehr identifiziert. Im Gegensatz zu den meisten anderen Gedichten weist dieses kein Entstehungsdatum auf. Es wurde der Krakauer katholischen Monatsschrift »Znak« (Das Zeichen) für die Ausgabe August/September 1979 zur Verfügung gestellt, unmittelbar nach der ersten polnischen Pilgerreise von Johannes Paul II. Das Gedicht erschien unter dem Namen Stanisław Andrzej Gruda, einem seiner Pseudonyme, und wurde 1987 in einen Sammelband mit seinen Gedichten und Dramen aufgenommen.

Es hatte insgeheim etwas Bedeutungsvolles, daß »Stanisław« das letzte Gedicht war, das Wojtyła veröffentlicht hat, und daß er es in seine endgültige Form brachte, als er der »geraden Linie« vom Grab des heiligen Stanislaus zum Grab Petri, wie er sich einmal ausdrückte, schon gefolgt war.

In Krakau ahnte kaum jemand, daß das Oberhaupt der Erzdiözese eifrig dichtete. Bevor Wojtyła zum Papst gewählt wurde, kannten lediglich einige Freunde und eine kleine Zahl von Redakteuren den wahren Namen des Verfassers. Der Großteil von Karol Wojtyłas literarischem Schaffen – seine Gedichte, Dramen, Artikel, Predigten und Homilien – wurde Ende der achtziger Jahre mit seiner Genehmigung auf Polnisch veröffentlicht. Nach seinen eigenen Angaben sind jedoch einige der frühen Gedichte nicht mehr auffindbar, und es ist denkbar, daß er einige andere bewußt zurückhält.

Obwohl Karol Wojtyła schon lange vor seiner Entscheidung für das Priesteramt Gedichte schrieb, hat sein gesamtes poetisches Schaffen einen eindeutig religiösen und philosophischen Charakter. Marek Skwarnicki, der beste Kenner des poetischen Schaffens von Karol Wojtyła, ist der Meinung, daß dieser bereits während seiner Schulzeit Gedichte schrieb.

Am Samstag, dem 15. Oktober 1938, kurz nach Beginn seines Studiums, las Karol Wojtyła zusammen mit acht Kommilitonen bei einem »Literarischen Abend« im »Blauen Zimmer« des katholischen Gemeindehauses in Krakau eigene Gedichte vor. Die Veranstaltung hatte man mit Zeitungsanzeigen und Plakaten angekündigt, wobei Wojtyłas Name groß herausgestellt worden war.

Die Beteiligten erhielten für die Veranstaltung 18 Zlotys. Sie marschierten zum Marktplatz der Altstadt, um das Geld in einer Bar zu verjubeln. Wojtyła sagte jedoch, er fühle sich nicht wohl; ihm sei nicht nach Alkohol und Feiern zumute. Jerzy Bober, einer der jungen Dichter, erzählte: »Ich gab Lolek zwei Zlotys und sagte in sarkastischem Ton: ›Damit kannst du Bonbons kaufen, Lolek.‹ Karol blieb ganz ruhig, nahm lächelnd die Münzen und rief: ›Also, auf Wiedersehen, Jungs!‹«

Karol Wojtyła schrieb unermüdlich weiter. Im Laufe eines Jahres entstand ein Gedichtzyklus, der als »Renesansowy Psałterz« (Renaissance-Psalter) bekannt ist; er enthält »Das weiße Grab« sowie Psalmen, Balladen und Sonette. Er schrieb außerdem ein Drama mit dem Titel »David«; das Manuskript ist verschollen.

Das beeindruckendste und gelungenste Werk Wojtyłas aus jener Zeit ist die Hymne »Magnificat«. Er schrieb sie im Frühjahr und Sommer des Jahres 1939, kurz vor dem Ausbruch des Zweiten Weltkrieges.

Am Gründonnerstag des Jahres 1939 besuchte Karol Wojtyła in der Wawel-Kathedrale die zeremonielle Fußwaschung, die von Erzbischof Sapieha vorgenommen wurde. Ein Freund erzählte: »Danach stand er eine ganze Weile tief in Gedanken am Grabmal von König Jagiello. Dann betete er in der Batory-Kapelle lange vor dem Allerheiligsten.«

Mitte Mai schloß sich Wojtyła einer studentischen Pilgerreise zur Schwarzen Madonna von Tschenstochau an.

Man kann aber nicht sagen, daß er unablässig arbeitete und sich gar kein Vergnügen gönnte. Er war auf seine Art recht gesellig. Nach den Prüfungen im Juni 1939, mit denen das akademische Jahr abgeschlossen wurde, feierten die Polonisten im Haus der Eltern einer Kommilitonin. Die ehemalige Studentin Maria Bobrownicka berichtete dazu folgendes: »Es gab Wein, und wir tanzten zur Musik des Plattenspielers. Karol Wojtyła tanzte genauso wie alle anderen auch, aber mit jemandem zu reden war ihm doch wichtiger.« Das war das zweite und vermutlich letzte Mal, daß Wojtyła tanzte.

Ebenfalls im Juni veranstaltete das »Studio 39« im Renaissancehof des Collegium Maius acht abendliche Aufführungen der musikalischen

Karol Wojtyła (ganz rechts) im Juli 1939 bei der militärischen Ausbildung in der Akademischen Legion.

Komödie »Der Ritter im Mond«. Die Darsteller trugen pittoreske, auf die Tierkreiszeichen verweisende Masken; Wojtyła spielte den Taurus – der Stier ist sein Sternzeichen – und hatte viel Spaß dabei.

Den Monat Juli verbrachte Karol Wojtyła im Sommerlager der Akademischen Legion in dem Dorf Ożomla, nicht weit von Lemberg. Er war zwar vom regulären Militärdienst befreit, mußte jedoch an gelegentlichen Übungen teilnehmen. Ożomla wurde von Ukrainern bewohnt, und die Angehörigen der Akademischen Legion beteiligten sich am Bau einer Schule, um die angespannten Beziehungen zu verbessern, die schon seit langem zwischen Polen und Ukrainern herrschten. Wojtyła fand aber auch Zeit, in einem See zu schwimmen und »mit großer Begeisterung« Fußball zu spielen (so sein befehlshabender Offizier). Johannes Paul II. besitzt noch einige Fotos, auf denen zu sehen ist, wie er das Gewehr präsentiert, wie er einem Unteroffizier Meldung erstattet und wie er zu Abend ißt. Eine weitere Aufnahme zeigt ihn bei der Arbeit an der Schule, mit nacktem Oberkörper, um den Hals das Skapulier.

Während des Sommers ahnte man in Krakau und im gesamten Polen noch kaum etwas von der herannahenden Katastrophe. Als die Tschechoslowakei im März von den Nazis besetzt worden war, hatte es bei den Krakauern seltsamerweise keine Reaktionen gegeben.

Am 5. und 6. August feierte die polnische Armee in Krakau den 25. Jahrestag der Aufstellung der ersten Abteilung von Marschall Piłsudskis Legionen. Marschall Edward Śmigły-Rydz, der damalige starke Mann Polens, nahm eine Militärparade ab und empfing von den »Kindern von Krakau« eine hölzerne Kanone sowie eine Puppe in der Uniform einer Lazaretthelferin. An beiden Abenden mußten die Schauspieler des »Studio 39«, unter ihnen Karol Wojtyła, für die Militärs den »Ritter im Mond« aufführen.

Am 30. August 1939 ging Karol Wojtyła befehlsgemäß ins Hauptquartier der Akademischen Legion, um die Uniform zurückzugeben, die er bei den Bauarbeiten getragen hatte. Man sagte ihm, der Sommer sei vorüber, und er werde sie nicht mehr brauchen.

5

Am Freitag, dem 1. September 1939, ging Karol Wojtyła wie an jedem ersten Freitag im Monat den steilen Weg zur Wawel-Kathedrale hinauf, um zu beichten und die heilige Kommunion zu empfangen. In der Morgendämmerung waren deutsche Truppen von Westen, Süden und Norden her nach Polen einmarschiert; dieser Blitzkrieg sollte zum Beginn des Zweiten Weltkrieges werden. Im Laufe des Morgens gab es in Krakau die ersten Luftangriffe; sie lösten in der Stadt Panik und Chaos aus.

Pfarrer Figlewicz, der auf dem Burgberg wohnte, traf in der Kathedrale keine Amtsbrüder und keine Meßdiener an. Er befürchtete schon, die Messe nicht feiern zu können, aber dann erblickte er Karol Wojtyła. Karol hatte auf seine unerschütterliche Art ungeachtet der Luftangriffe die Dębniki-Brücke überquert und den Weg zur Kathedrale zurückgelegt, weil er, wie Pfarrer Figlewicz es ausdrückte, »seine religiösen Verpflichtungen genauestens einhielt«. Figlewicz war auch der Beichtvater von Wojtyła.

Als sie mit der Messe begannen, fand ein weiterer Luftangriff statt. Pfarrer Figlewicz schrieb später: »Diese erste Messe zu Kriegszeiten vor dem Altar des gekreuzigten Christus, bei der Sirenen heulten und Bomben explodierten, ist in meinem Gedächtnis haften geblieben... Ob sich der jetzige Heilige Vater wohl noch daran erinnert?«

Nach der Messe ging Wojtyła zur Wohnung der Kydryńskis, um nach seinen Freunden zu sehen. Offenbar war ihm nicht eingefallen, daß sein Vater in der Tyniecka Straße in größerer Gefahr schwebte, weil der wichtigste Radiosender Krakaus im Stadtteil Dębniki stand; dieser Sender stellte ein strategisches Ziel dar. Die Kydryńskis waren wohlauf; »Mama« befürchtete jedoch, daß das Gebäude zerstört werden könnte, und beschloß deshalb, die kostbarste Habe der Familie, zu der das Bettzeug und die warme Kleidung zählten, in die am Weichselufer gelegene Villa der Szkockis zu schaffen.

Juliusz Kydryński lieh sich von einem Nachbarn einen Handwagen und machte sich zusammen mit Karol auf den Weg zu der Villa. Gleich darauf setzten die deutschen Flugzeuge ihr Bombardement fort, und die beiden suchten in einem Haus an der Kościusko Straße Deckung. Kydryński berichtete darüber nach dem Krieg: »Als wir die Tür ein Stück weit öffneten und nach oben schauten, sahen wir am blauen, wolkenlosen Himmel die silbernen Stukas, die die Stadt ungestört überflogen und immer mehr Bomben abwarfen... Bald brach ein solches Chaos aus, daß wir es nicht mehr wagten, die Tür zu öffnen.«

Juliusz Kydryński fuhr fort: »Wir standen in dem Haus, das bis in die Grundmauern bebte; Karol war absolut ruhig und zeigte nicht die geringste Furcht. Wir redeten nicht miteinander. Wir standen einander gegenüber, Karol an einer Wand, ich an einer anderen. Falls Karol in dieser Zeit betete, so geschah es ganz unmerklich, ohne daß er sich bekreuzigte. Er stand ganz ernst und still da.« Nach einer halben Stunde kehrten die beiden mit dem Karren an ihren Ausgangspunkt zurück.

Am folgenden Tag kamen Karol und sein Vater zu dem Schluß, daß Krakau bald von den vorrückenden deutschen Truppen eingenommen werden würde. (Sie besetzten die Stadt am 6. September.) Die beiden meinten, es wäre klüger, nach Osten zu fliehen, weil Polen dort vielleicht eine Verteidigungslinie aufbauen würde. Sie konnten nicht ahnen, daß die Sowjetunion im Rahmen des am 23. August unterzeichneten Deutsch-sowjetischen Nichtangriffspakts und des geheimen Zusatzabkommens am 17. September in Ostpolen einmarschieren würde.

Die beiden Wojtyłas flohen zusammen mit Zehntausenden per Bus, Lkw und Pferdekarren über 140 Kilometer weit bis nach Rzeszów, wo sie eine Rast einlegten. Doch bevor sie das Ufer der San erreichten, kehrten sie um. Wie Karol Wojtyła seinem Freund Mieczysław Kotlarczyk schrieb, mußten sie nach Krakau zurückkehren, weil sein Vater »den beschwerlichen Treck nicht länger ertrug... Er war sehr erschöpft.«

In Krakau erlebten die Wojtyłas die brutale Realität der deutschen Besatzung. An dem Tag, an dem die Stadt eingenommen wurde, setzten die Deutschen eine Gruppe bedeutender Bürger als Geiseln fest; ihnen drohte der Tod, falls es Krakau an »Gehorsam« fehlen ließ. Ein Bischof, zwei bekannte Priester sowie zwei Professoren der Jagiellonischen Universität gehörten zu den Geiseln. Die Deutschen ließen rasch erkennen, was sie mit dem besiegten Polen und der besetzten Stadt Krakau vorhatten.

Die nach dem Versailler Vertrag an Polen abgetretenen Gebiete sowie Danzig, das Gebiet um Lodz und das nach Osten vergrößerte Ostoberschlesien wurden in das Deutsche Reich eingegliedert; im restlichen Polen (bis hin zur Bug-Linie, an der die sowjetischen Truppen ihren Vormarsch beendet hatten) wurde ein Generalgouvernement gebildet, das seinen Sitz in Krakau hatte.

Generalgouverneur wurde Hans Frank, der Präsident der Akademie für Deutsches Recht. Er residierte in der Burg auf dem Wawel. Wie Frank vor Parteileuten bekanntgab, hatte er von Hitler den Auftrag bekommen, »die Verwaltung der eroberten Ostgebiete zu übernehmen, mit dem Sonderbefehl, diesen Bereich als Kriegsgebiet und Beuteland rücksichtslos auszupowern, es in seiner wirtschaftlichen, sozialen, kulturellen, politischen Struktur sozusagen zu einem Trümmerhaufen zu machen«.

Schon am 26. Oktober 1939 wurde für die gesamte polnische Bevölkerung im Alter zwischen 18 und 60 eine Arbeitsdienstpflicht eingeführt; davon ausgenommen waren diejenigen, die einer für die Allgemeinheit nützlichen Beschäftigung nachgingen. Die Arbeitsdienstpflicht bedeutete nichts anderes als Zwangsarbeit beim Straßen- und Eisenbahnbau sowie in der Landwirtschaft.

Dann kam die Kirche an die Reihe. Erzbischof Sapieha durfte in der Kathedrale auf dem Wawel am 29. Oktober zum letztenmal die Messe feiern, dann wurde das Gotteshaus für die Gläubigen geschlossen. Der Generalgouverneur erlaubte lediglich, daß zwei Priester mittwochs und sonntags die Messe lasen. Pfarrer Figlewicz war einer davon; er berichtete: »Wir feierten die Messe frühmorgens in der leeren Kirche, unter deutscher Bewachung.«

Das am Burgberg gelegene Priesterseminar der Krakauer Erzdiözese wurde geschlossen, das Gebäude von einer SS-Abteilung übernommen, die den Generalgouverneur zu beschützen hatte. Einige Bischöfe wollten die Wiedereröffnung der theologischen Seminare erreichen. Ihnen wurde mitgeteilt, in Polen seien Kirche und Nation ein und dasselbe, doch nun werde eine Trennung durchgeführt – mit dem Ziel, die Kirche zu zerschlagen. Später erlaubten die Deutschen, daß einige Seminare wiedereröffnet wurden, jedoch unter der Voraussetzung, daß Theologie und andere »Hochschulfächer« nicht unterrichtet wurden und die Seminaristen nur geistliche und liturgische Unterweisungen erhielten; dadurch sollte verhindert werden, daß die Seminaristen Priester werden konnten.

Viele Kirchen wurden geschlossen. Während der fünfeinhalb Jahre andauernden deutschen Besatzung wurden 1932 Priester, 850 Mönche und 289 Nonnen umgebracht. Die meisten katholischen Feiertage durften nicht begangen werden, und die öffentliche Verehrung der Schwarzen Madonna, der polnischen Schutzheiligen, war verboten.

Dann sollte das Kultur- und das Bildungswesen Polens zerschlagen werden – nach der Devise, die Hitler am 17. Oktober 1939 bei einer Besprechung mit höheren Militärs ausgegeben hatte: »Es muß verhindert werden, daß eine polnische Intelligenz sich als Führungsschicht aufmacht. In dem Lande soll ein niederer Lebensstandard bleiben; wir wollen dort nur Arbeitskräfte schöpfen.«

Am 6. November, dem Beginn des neuen akademischen Jahres, wurden die Professoren der Jagiellonischen Universität und der Bergbauakademie sowie Krakauer Gelehrte von der Besatzungsmacht ins Collegium Novum eingeladen, wo angeblich ein deutscher Gastredner einen Vortrag halten sollte. Alle 186 Gelehrten und Professoren, die sich dort versammelten, wurden verhaftet und ins Konzentrationslager Sachsenhausen transportiert. Die Universität selbst wurde geschlossen.

Später wurden die meisten der Professoren wieder freigelassen, nachdem Lucjana Frassati-Gawrońska, die Gattin eines polnischen Diplomaten der Vorkriegszeit, bei Mussolini interveniert hatte, mit dem sie befreundet war. Sie hatte während eines Besuches in Krakau vom Schicksal der Professoren erfahren, und Mussolini hatte sich direkt an Hitler gewandt.

Die Zerstörung der polnischen Kultur durch die Nationalsozialisten ging jedoch weiter. Am 11. November fand im Słowacki-Theater die letzte Vorstellung statt. Danach benutzten die Deutschen das Theater für ihre Zwecke.

Am 16. Dezember verfügte der Generalgouverneur per Dekret die Beschlagnahmung aller polnischen Kunstsammlungen, auch der Kirchenschätze. Frank ließ aus der Wawel-Kathedrale Gobelins und sakrale Kunstgegenstände in seine Residenz schaffen. Der Marienaltar des Veit Stoß, eines der bedeutendsten Schnitzwerke der Spätgotik, wurde aus der Marienkirche entfernt und nach Deutschland transportiert.

Im Mai 1940 teilte Papst Pius XII. dem Botschafter Dino Alfieri, einem hochrangigen italienischen Diplomaten, in einem Privatgespräch mit, in Polen geschähen »schreckliche Dinge«, gegen die er sich wenden müsse. Doch weder der Papst noch der Heilige Stuhl äußerten während des Zweiten Weltkriegs öffentlich Kritik an den Naziverbrechen.

Der unter deutscher Besatzung in Krakau lebende Karol Wojtyła wußte natürlich nicht, welche Haltung Pius XII. damals einnahm und was ihn dazu bewog. Als Johannes Paul II. hingegen dürfte er mit der Haltung des Vatikans in der Zeit des Zweiten Weltkriegs genauestens vertraut sein, und er hat wohl seine eigenen Schlußfolgerungen daraus gezogen. Zwar würde der jetzige Papst niemals einen seiner Amtsvorgänger öffentlich kritisieren, sein Handeln während seines eigenen Pontifikats zeigt jedoch, daß er von der Verantwortung der Kirche eine ganz andere Auffassung hat. Johannes Paul II. hat gegen das grausame Geschehen im früheren Jugoslawien, in der früheren Sowjetunion, im Nahen Osten, in Somalia, in Ruanda und anderen Ländern protestiert, außerdem gegen Menschenrechtsverletzungen, extremen Nationalismus und Antisemitismus in allen Teilen der Welt.

Johannes Paul II. praktiziert auf religiösem und politischem Gebiet eine Art »aggressiver Toleranz«. Er verurteilt Menschenrechtsverletzungen, wo immer sie auch stattfinden. Er hält in prinzipiellen Dingen nichts von Kompromissen, weder bei seinen theologischen und moralischen Grundpositionen noch bei den Menschenrechten und Freiheitsrechten. Für ihn bilden alle diese Positionen ein zusammenhängendes Ganzes.

Als der junge Karol Wojtyła mit den Schrecken der deutschen Besatzung konfrontiert wurde, war Pius XII. offenbar bereit, sich mit der abstoßenden Realität der deutschen Politik abzufinden. Er wollte die Einheit der Katholiken um jeden Preis erhalten und vermied es, sich Hitler zum Feind zu machen. Bald nachdem Eugenio Pacelli am 2. März 1939 zum Papst gewählt worden war, schrieb er dem Führer einen freundlichen Brief. Als die Deutschen ein paar Wochen danach Prag und die übrige Tschechoslowakei besetzten, schwieg Pius XII., obwohl es unter der dortigen Bevölkerung viele Katholiken gab. Er schwieg, als die Deutschen den katholischen Prälaten Josef Tiso zum »Präsidenten« der verselbständigten Slowakei machten, und als dort die Verfolgung von Juden und Zigeunern begann.

Der Grund für das Schweigen des Papstes liegt darin, daß Pius XII. die Doktrin von der »Unparteilichkeit« des Heiligen Stuhles befolgte, die Papst Benedikt XV. während des Ersten Weltkrieges praktiziert hatte. Die Doktrin, bei deren Ausarbeitung Pacelli beteiligt gewesen war, basierte auf der Überlegung, daß die Kirche keine der kriegführenden Parteien unterstützen sollte, weil es auf beiden Seiten Katholiken gab.

Obwohl es immer mehr Beweise für Greueltaten in allen von den Deutschen besetzten Gebieten gab, sagte Pius XII. gegenüber Edoardo Senatro, einem Journalisten der offiziellen Vatikanzeitung »L'Osservatore Romano«, der Kritik für angebracht hielt: »Sie dürfen nicht vergessen, lieber Freund, daß es in der deutschen Wehrmacht Millionen von Katholiken gibt. Möchten Sie diese in einen Gewissenskonflikt stürzen?«

Kardinal Domenico Tardini, einer der beiden Unterstaatssekretäre des Vatikans, beschrieb Pius XII. im Jahr 1959 bei einem Vortrag in Rom wie folgt: »Pius war seiner Natur nach sanftmütig und recht furchtsam. Er besaß nicht das Temperament eines Kämpfers. Darin unterschied er sich von seinem Vorgänger Pius XI., der zumindest nach außen hin an Auseinandersetzungen Gefallen fand. Pius XII. hingegen litt sichtlich darunter.«

Johannes Paul II. riskiert es beispielsweise bei seinem Kampf gegen Maßnahmen zur Geburtenbeschränkung, daß er weltweit eine große Zahl von Katholiken verärgert oder gar verliert. Ihm geht es um Prinzipielles, und er betont, daß sich in dieser Angelegenheit kein echter Gewissenskonflikt ergeben kann, da die Empfängnisverhütung eindeutig von Übel ist.

Andrea Riccardi, ein angesehener italienischer Kirchenhistoriker, weist in seinem Buch »Il Potere del Papa« (»Die Macht des Papstes«) darauf hin, daß es von seiten Pius XII. keinen öffentlichen Protest gab, als die Souveränität des Vatikans durch die von deutschen Soldaten unterstützten italienischen Faschisten verletzt wurde; diese drangen in das Lombardische Seminar und in die Abtei St. Paul ein, um nach Juden zu suchen, die sich dort versteckt hatten. Nur wenige hundert Meter vom Apostolischen Palast entfernt wurden Juden deportiert; außerdem habe der Papst »die systematische Vernichtung des polnischen Volkes, das besonders enge Bindungen zum Heiligen Stuhl hatte, unbeachtet gelassen«.

Im Gegensatz dazu trug Monsignore Angelo Roncalli, der damalige apostolische Gesandte in der Türkei, auf dem Balkan zur Rettung Tausender von Juden bei, indem er für falsche katholische Geburtsurkunden sorgte und auf dem Balkan sowie in Osteuropa bei Regierungen, die von Deutschland gestützt wurden, zugunsten der Juden intervenierte. Roncalli wurde als Johannes XXIII. der Nachfolger von Pius XII.; er leitete das auf Liberalisierung bedachte II. Vatikanische Konzil ein. Karol Wojtyła, der an dem Konzil als Bischof teilnahm, arbeitete am Entwurf der Deklaration »Nostra Aetate« (»In unserer Zeit«) mit, in der auch stand, daß der Tod Jesu Christi den Juden nicht zur Last gelegt werden dürfe.

Im besetzten Krakau wartete Karol Wojtyła ungeduldig auf den Beginn des neuen Semesters. In der Zwischenzeit besuchte er Vorlesungen über polnische Etymologie von Professor Kazimierz Nitsch, die schon drei Wochen vor Beginn des regulären Studienbetriebs angefangen hatten. Nitsch gehörte zu den Professoren, die am 6. November ins Konzentrationslager deportiert wurden.

Mitte September waren die Krakauer Theater noch in Betrieb. Karol Wojtyła besuchte nicht nur die Vorstellungen, sondern bewarb sich auch als Statist. Er mußte dringend Geld verdienen. Sein Vater erhielt nach dem Zusammenbruch Polens die Rente nicht mehr, die ihr einziges Einkommen gewesen war. Karol Wojtyła fand jedoch weder beim Theater eine Arbeit, noch konnte er an der Universität eine Beschäftigung als Tutor erhalten.

Im Oktober trafen sich die Polonisten. Bei Zusammenkünften in der Wohnung der Kydryńskis lasen Wojtyła und einige seiner Kommilitonen aus den großen Werken der polnischen Literatur. Wojciech Żukrowski, ein weiterer engerer Freund, war wieder in der Stadt; er hatte als Soldat am Krieg teilgenommen, war aus einem deutschen Kriegsgefangenenlager geflohen und hielt sich in der Tyniecka Straße auf, fünf Häuser von den Wojtyłas entfernt.

In einem Brief an Kotlarczyk in Wadowice schrieb Karol Wojtyła, das Leben in Krakau bestehe aus Schlangestehen nach Brot, der Suche nach Zucker und Kohlen sowie aus Lektüre. Er denke viel über sein Land nach, blicke aber auch nach vorn.

Weihnachten verbrachten die Wojtyłas allein in ihrer kleinen Wohnung. In einem weiteren Brief an Kotlarczyk schrieb Karol, die Feiertage seien »sehr traurig« gewesen. Obwohl Wadowice außerhalb des Generalgouvernements lag, ging die lebhafte Korrespondenz weiter, bis es Kotlarczyk und seiner Frau im Juni 1941 gelang, nach Krakau zu fliehen. Ihre Briefe wurden von Freunden mitgenommen, denen die Reise von Krakau nach Wadowice bisweilen gestattet wurde. Für Karol Wojtyła war in dieser Zeit Kotlarczyk neben seinem Vater die wichtigste Person; Kotlarczyk war sein intellektueller und kultureller Mentor, dem er alle seine Ideen, Pläne und Träume anvertrauen konnte.

Wojtyła konnte keine Arbeit finden, und ein reguläres Studium war nach der Schließung der Universität nicht mehr möglich, aber er war dennoch aktiver denn je. Ende Dezember schrieb er Kotlarczyk: »Ich bin vollauf beschäftigt. Es gibt Leute, die jetzt vor Langeweile sterben. Ich gehöre nicht zu ihnen. Ich umgebe mich mit Büchern, errichte aus den schönen Künsten und dem Wissen Schutzwälle. Ich arbeite. Hältst Du es für möglich, daß ich beinahe zuwenig Zeit habe? Ich lese, schreibe, lerne, bete und kämpfe mit mir selbst. Manchmal verspüre ich eine schreckliche Bedrückung, Traurigkeit, Niedergeschlagenheit…«

Während der letzten Monate des Jahres 1939 und bevor Wojtyła im Jahr 1940 eine ganztägige Arbeit suchen mußte, war sein literarisches Schaffen erstaunlich umfangreich und von beachtlicher Qualität. Er schrieb zahllose Gedichte sowie drei Dramen und übersetzte Sophokles' »König Ödipus« aus dem Griechischen in »verständliches Polnisch«. Das hatte ihm Juliusz Osterwa geraten, der damals Polens größter Schauspieler und Regisseur war. Osterwa hatte Wojtyła durch Kydryński kennengelernt. Der Schauspieler war der Meinung, daß alle großen Dramen so präsentiert werden sollten, daß »selbst Köchinnen alles verstehen können«; er schuf mit seinen Übersetzungen von »Antigone« und »Hamlet« entsprechende Beispiele.

Von den drei Dramen über biblische Themen, die Wojtyła in dieser Zeit schrieb, war »David« das erste und wohl das schwächste; möglicherweise hat er das Manuskript vernichtet. »Hiob« und »Jeremia« schrieb er von Hand und tippte sie später auf einer geliehenen Schreibmaschine säuberlich ab. Die Stücke blieben erhalten, und Johannes Paul II. erlaubte kurz nach seiner Wahl ihre Veröffentlichung in Polen.

Wojtyła beschrieb »Hiob« in einem Brief an Kotlarczyk als »ein neuartiges Stück, der Form nach griechisch, dem Geiste nach christlich, in dem es wie in jedem Drama um das Leiden geht«. Er erzählte, daß das Stück aus seiner Beschäftigung mit dem Alten Testament entstanden sei. Die zentrale Botschaft sei, daß »Leiden nicht immer Bestrafung ist« und daß der Opfertod Christi die »Bedeutung des Leidens« zeige. Hier klingt das mystische Thema St. Stanisław an, auf das Wojtyła als Papst noch oft zurückkam, auch nach dem Attentat auf ihn sowie nach seiner schweren Erkrankung und den verschiedenen Unfällen.

Karol Wojtyła teilte Kotlarczyk mit, das Stück habe den Leuten, denen er es vorgelesen habe, sehr gefallen, weil es sehr zu Herzen gehe und sehr dramatisch und anschaulich sei.

Der Einfall für »Jeremia« sei ihm plötzlich, wie eine Offenbarung, bei der Lektüre von Jeremias Prophezeiungen gekommen, teilte Wojtyła seinem Freund mit. Der Held dieses Dramas in drei Akten ist Piotr

Skarga, der große jesuitische Hofprediger des 17. Jahrhunderts, der sich während der Gegenreformation seinem Orden widersetzt und seine eigene »Vision« von Polen erlebt hatte.

Als Vorbild für Wojtyłas Pater Piotr diente aber auch die gleichnamige Gestalt in Adam Mickiewiczs Drama »Dziady«, einem überaus mystischen, religiösen und patriotischen Werk, das 1831 nach der Niederschlagung des polnischen Aufstands gegen die russischen Besatzer entstanden war. Mickiewiczs Priester erzählt in seiner Gefängniszelle von seiner »Vision«; dieser lange, gefühlsbetonte Monolog gilt als der Ursprung der polnischen Literaturtradition des Messianismus, welcher das Martyrium Polens mit dem Martyrium Christi vergleicht und zur moralischen Erneuerung aufruft.

Wojtyłas eigener im Entstehen begriffener Mystizismus läßt sich in diesem Drama erkennen, das er im Alter von knapp zwanzig Jahren schrieb. Auch in dieser Hinsicht hat der heutige Papst seine Wurzeln im Krakau der Kriegszeit.

6

Einer der wichtigsten Augenblicke im Leben von Karol Wojtyła war an einem kalten Samstagnachmittag im Februar 1940 in der Pfarrkirche der Salesianer unweit der Tyniecka Straße. Sein Mystizismus erhielt dadurch eine völlig neue Dimension, und der Weg zum Priesteramt wurde nicht zuletzt damit vorgezeichnet.

Dieser Moment kam, als Karol Wojtyła in der Pfarrkirche bei einer wöchentlichen Diskussion über religiöse Angelegenheiten mit einem unscheinbaren vierzigjährigen Schneider namens Jan Leopold Tyranowski zusammentraf. Er wurde bald zu Karol Wojtyłas Mentor auf religiösem und geistlichem Gebiet, so wie Kotlarczyk sein Mentor für das Theater und die Literatur war. Wenn man Wojtyłas Entwicklung betrachtet, steht es außer Frage, daß Tyranowski und Kotlarczyk neben seinem Vater den größten Einfluß auf ihn ausübten.

Mieczysław Maliński, ein Krakauer Priester und Schriftsteller, der Wojtyła seit dem Beginn des Krieges kennt, sagte, der Übergang von Kotlarczyk zu Tyranowski habe für Karol keine große Umstellung bedeutet. Maliński beschrieb Tyranowski als »einen Visionär, einen Propheten, den die Vorstellung von Polens Größe umtrieb«. Er fügte hinzu: »Kotlarczyk brachte Karol bei, daß das Gute durch das Schöne bewirkt werden muß; von Tyranowski erfuhr er, daß das Priesteramt Menschen noch schneller zum Guten hinführen kann. Er ließ sich von Tyranowski überzeugen, und von da führte ein gerader Weg zum Priesteramt.«

In einer Würdigung Tyranowskis, die 1949 nach dessen Tod veröffentlicht wurde, beschrieb ihn Wojtyła – der damals schon Priester war – als einen »Apostel« und einen »wirklich frommen Menschen«. An keiner Stelle des umfangreichen Textes kam er direkt darauf zu sprechen, daß Tyranowski ihn zum Priesteramt hingeführt hatte, doch er brachte dies zum Ausdruck, als er schrieb: »Er bewies, daß man nicht nur von Gott lernen, sondern auch durch Gott leben kann.«

Wojtyła und Maliński stimmen darin überein, daß Tyranowski eine seltsame Person war, die einem zuerst Widerwillen und Argwohn einflößte. Der kleine, grauhaarige Mann bot ein wenig anziehendes Erscheinungsbild. Wenn er redete, benutzte er die sprachlichen Klischees des Katechismus, und sein Polnisch war mit archaischen Redewendungen gespickt, die den jungen Leuten auf die Nerven gingen. Tyranowski, der Sohn eines Schneiders, war von Beruf Buchhalter, arbeitete aber zusammen mit seinem Vater und seinem Bruder in der Schneiderwerkstatt, die sie in ihrer dunklen Wohnung in der Różana Straße im Stadtteil Dębniki betrieben. Tyranowski meinte, er hätte mehr Ruhe und mehr Gelegenheit, sich zu konzentrieren und zu beten, wenn er zu Hause als Schneider arbeitete. Er war überdies ein Einzelgänger, der überzeugt war, daß seine Lebensaufgabe darin bestand, Gott und den Glauben anderen Menschen näherzubringen, insbesondere jungen Leuten. Manche Jugendliche hielten Tyranowski anfangs für einen bigotten Frömmler.

Als die Salesianer im ersten Jahr der deutschen Besatzung eine Gruppe junger Leute aus der Gegend zu einer vorösterlichen Freizeit in ihre Pfarrkirche einluden, ergab sich für Tyranowski die Gelegenheit, seinen Mitmenschen Gott näherzubringen. Da die Freizeit ein Erfolg gewesen war, baten die Salesianer einen Priester, der an der Universität tätig gewesen war, für die zwanzig bis dreißig jungen Leute im Alter zwischen sechzehn und fünfundzwanzig Jahren, die an der Freizeit teilgenommen hatten, allwöchentlich religiöse Zusammenkünfte abzuhalten. Tyranowski erschien trotz seines Alters zu einer der ersten Begegnungen und zeigte großes Interesse, sich aktiv zu beteiligen. Als die Salesianer vorschlugen, Gebetszirkel des »Lebendigen Rosenkranzes« einzuführen, um die Jugend noch stärker in das kirchliche Geschehen zu integrieren, erklärte sich Tyranowski bereit, diese Gebetszirkel zu organisieren.

Da Tyranowski bei der Suche nach möglichen Teilnehmern so weit ging, daß er Fremde auf der Straße anhielt und ihnen sehr persönliche

Fragen stellte, waren Pfarrer Maliński und andere der Ansicht, der hartnäckige Sonderling sei ein Gestapo-Spitzel. In der Besatzungszeit hatte die Bevölkerung sich angewöhnt, Unbekannten auf bohrende Fragen keine Antwort zu geben, doch der eifrige Schneider schien das übersehen zu haben.

An einem Samstag im Februar traf Wojtyła bei einer Zusammenkunft des »Lebendigen Rosenkranzes« erstmals mit Tyranowski zusammen; sie schlossen bald Freundschaft, und es entwickelte sich eine Lehrer-Schüler-Beziehung.

Wojtyła schrieb später, was Tyranowski verkündet habe, sei ihm schon aus dem Katechismus, aus Büchern und Predigten bekannt gewesen; seine Stärke habe darin gelegen, »im wahrsten Sinne des Wortes an unseren Seelen zu arbeiten«.

Neben den Zusammenkünften kamen Wojtyła und andere Mitglieder des »Lebendigen Rosenkranzes« einmal wöchentlich einzeln mit Tyranowski zusammen, meist in der engen Wohnung des Schneiders. Die Schüler sollten dabei ihre religiösen Betätigungen in der vorangegangenen Woche mit dem Lehrer durchsprechen, und zwar anhand von Notizen, die sie jeden Abend anfertigten. Tyranowski war der Meinung, daß dies für die Charakterbildung erforderlich sei.

Tyranowski und Wojtyła machten am Weichselufer oft gemeinsame Spaziergänge und diskutierten über Gott, die Menschen und die Religion. Als Wojtyła eine Beschäftigung gefunden hatte, begleitete Tyranowski ihn oft auf dem einstündigen Marsch zur Arbeit, um mit ihm zu reden. Er besuchte ihn vor der Ausgangssperre auch gelegentlich zu Hause, wo sie gemeinsam die Bibel lasen und sich unterhielten.

Tyranowski war vor allem ein Mystiker und ein Asket. Wojtyła schrieb, man habe annehmen dürfen, daß er seinen Körper kasteite. Tyranowski führte Karol Wojtyła zu dem profunden Mystizismus hin, der über ein halbes Jahrhundert hinweg für sein Leben bestimmend sein sollte. Tyranowskis Vorbilder waren Johannes vom Kreuz und Theresia von Avila, die großen spanischen Mystiker. Sie seien nicht nur seine Vorbilder gewesen, schrieb Wojtyła, »sondern sie ermöglichten es ihm, sich selbst zu entdecken; sie erklärten und rechtfertigten sein eigenes Leben«.

Im Grunde beschrieb Wojtyła damit seine eigenen Erfahrungen. Daß er später Johannes vom Kreuz zum Thema seiner Doktorarbeit machte, geht zweifellos auf Tyranowskis Einfluß zurück. Das mystische Verständnis des Leidens als Geschenk Gottes kam bei Tyranowski auf dramatische Weise zum Ausdruck. Er zog sich im Alter von 47 Jahren eine Infektionskrankheit zu und war ein Jahr lang bettlägerig. Er hatte schreckliche Schmerzen; ein Arm mußte amputiert werden. Drei Tage vor seinem Tod im März 1947 ertaubte er völlig.

Wojtyła schrieb, Tyranowski habe diesen Tod ersehnt und im Gebet erfleht. Sein Freund sei trotz der unablässigen Schmerzen immer heiter gewesen und habe ein strahlendes Lächeln gezeigt. Ein Jahr vor seinem Tod hatte Tyranowski mit Genugtuung erleben dürfen, daß sein Freund Priester wurde, doch als er starb, hielt sich sein Schüler in Rom auf.

Zu Tyranowskis Vermächtnis gehörten nicht nur Johannes vom Kreuz und Theresia von Avila; sein Einfluß brachte es auch mit sich, daß Wojtyła schon früh den Wunsch hatte, in ein Kloster einzutreten und ein kontemplatives Leben zu führen. Obwohl ihm dieser Wunsch versagt blieb, übte das klösterliche Leben stets eine starke Anziehungskraft auf ihn aus.

Im besetzten Krakau war Karol Wojtyła auf der Suche nach einer Arbeit, um sich und seinen Vater ernähren zu können. Im August 1940 fand er in einem Restaurant eine Beschäftigung als Austräger. Doch die Deutschen trieben jetzt arbeitsfähige Polen zu Tausenden zusammen und setzten sie im Reich als Zwangsarbeiter ein. Als kräftiger, gesunder Zwanzigjähriger war Wojtyła gefährdet, und er konnte es sich nicht leisten, auch noch als Austräger in Krakau umherzulaufen.

Der einzige Schutz gegen die Zwangsarbeit war eine Kennkarte, die bestätigte, daß der Inhaber des Ausweises in einem kriegswichtigen Betrieb tätig war. Ein Betrieb dieser Art war die chemische Fabrik Solvay, die die Deutschen übernommen und in »Ostdeutsche Chemiewerke« umbenannt hatten. Dort wurde Ätznatron hergestellt, ein Bestandteil von Sprengstoffen.

Den Kalkstein, der bei der Herstellung von Ätznatron benötigt wurde, gewann die Fabrik in einem großen Kalksteinbruch in der Nähe des südlich von Dębniki gelegenen Dorfes Zakrzówek. Große losge-

Zimmers, das er bei den Kydryńskis bewohnte. Er ging jeden Tag zur Messe.

Der Tod des Vaters war der schwerste Verlust, den Karol Wojtyła bis dahin ertragen mußte. Die meisten seiner Freunde sind der Ansicht, daß der Verlust des Vaters bei seiner Entscheidung für das Priesteramt eine maßgebliche Rolle spielte.

Pfarrer Maliński berichtete, Wojtyła sei jeden Tag nach der Arbeit zum Militärfriedhof gegangen, um am Grab seines Vaters zu beten. Maliński sagte, er habe sich um Wojtyła Sorgen gemacht, weil er einen verstörten Eindruck gemacht habe; er habe jedoch sein inneres Gleichgewicht wiedererlangt, vermutlich durch Jan Tyranowskis Einfluß. Maliński fügte hinzu: »Wenn Tyranowski nicht gewesen wäre, dann wäre Wojtyła nicht Priester geworden, und ich auch nicht... Das heißt nicht, daß er Druck ausgeübt hätte. Er zeigte uns einfach einen neuen Weg.«

Nach dem Tod des Vaters wurde Tyranowski offenbar Wojtyłas wichtigster spiritueller Ratgeber. Bis in Karol Wojtyła der Entschluß herangereift war, Priester zu werden, sollten jedoch noch eineinhalb Jahre vergehen.

Am 8. Mai 1962 erläuterte Wojtyła als Bischof bei einer Ansprache vor Seminaristen in Krakau seine Entscheidung für das Priesteramt. Er dachte an die Kriegszeit zurück und sagte: »Mit Stolz und mit Dank gegenüber Gott erinnere ich mich daran, daß ich vier Jahre lang Arbeiter sein durfte. In dieser Zeit kamen die zündenden Einfälle zu den wichtigsten Problemen meines Lebens, und ich schlug den Weg ein, der zu meiner Berufung führte.«

Wojtyła fügte hinzu: »Es wäre ungerecht, wenn ich in diesem Augenblick Jan Tyranowski unerwähnt ließe... Er verstand es, auf junge Menschen einen gewaltigen Einfluß auszuüben. Ich weiß nicht, ob ich meine Berufung ihm verdanke; auf jeden Fall kam sie in dem von ihm geschaffenen Klima zustande, in der Ergriffenheit vor dem Mysterium des übernatürlichen Lebens.«

Johannes Paul II. bemerkte später: »Nach dem Tod meines Vaters... wurde ich mir allmählich meines wahren Weges bewußt. Ich arbeitete in einem Betrieb und widmete mich, insoweit es die Schreckenszeit der

Besatzung erlaubte, meinen Neigungen zur Literatur und zum Theater. Meine Berufung zum Priester bildete sich in dieser Umgebung heraus als eine innerliche Tatsache von unbezweifelbarer, absoluter Klarheit. Im Herbst des darauffolgenden Jahres wußte ich, daß ich berufen war.«

Wojtyła arbeitete weiterhin im Kalksteinbruch und traf regelmäßig mit seinen Schauspielfreunden zusammen. Er tippte außerdem bei den Kydryńskis den Text von »Hiob« und »Jeremia« ab und überreichte Juliusz Kydryńskis Mutter je ein Exemplar als Zeichen des Dankes für ihre Gastfreundschaft.

In Krakau führte sich die Besatzungsmacht immer schlimmer auf. Am 3. März fingen die Deutschen an, die Juden zusammenzutreiben. Der jüdische Stadtteil Kazimierz wurde in ein Getto verwandelt. In der westlichen Vorstadt Płaszów entstand ein Konzentrationslager für Juden. In Wadowice wurden die Synagoge und der jüdische Friedhof zerstört; die jüdische Bevölkerung wurde in ein Getto gesperrt. Wojtyła erfuhr, daß das Haus der Familie Kluger jetzt als örtliches Gestapo-Hauptquartier diente.

Am 23. Mai führte die Gestapo in der Pfarrkirche der Salesianer in Dębniki eine Razzia durch, bei der dreizehn Priester verhaftet und deportiert wurden; sie kamen in Konzentrationslagern um. Als sich Wojtyła in den siebziger Jahren als Kardinal in der Kirche von Dębniki aufhielt, sagte er: »Ich werde nie den Tag vergessen, an dem wir, die jungen Gemeindemitglieder, erfuhren, daß alle oder fast alle Priester der Pfarrei und das salesianische Lehrpersonal verhaftet und bald darauf in Konzentrationslager deportiert worden waren.« Jan Tyranowski hielt sich am Tag der Razzia in der Kirche auf; er nahm an einer Chorprobe teil. Als die Gestapo-Leute die Verhaftungen vornahmen, ließen sie den Chor unbehelligt.

Zum Krieg der Nazis gegen die Kirche gehörte die Deportation einer Anzahl hoher kirchlicher Würdenträger. Erzbischof Juliusz Nowowiejski aus Płock starb im Mai 1941 in einem Konzentrationslager; dasselbe Schicksal erlitt sein Weihbischof Leon Wetmański. Erzbischof Michał Kozal aus Włocławek wurde in Dachau umgebracht. Und der Vatikan schwieg weiterhin.

Im Frühjahr erhielt Wojtyła im Kalksteinbruch eine leichtere Beschäftigung. Dies hatte er dem Geschäftsführer in Zakrzówek zu verdanken, einem unter Polen aufgewachsenen Deutschstämmigen namens Krauze, der sich bemühte, den jungen Intellektuellen zu helfen, die für ihn arbeiteten. Wojtyła hatte nun die Aufgabe, dem bejahrten Vorarbeiter Franciszek Łabuś zur Hand zu gehen, der im Steinbruch die Sprengungen durchführte. Wojtyła hatte in den Bohrlöchern den Sprengstoff und die Zündschnüre anzubringen. Łabuś nahm die Zündung vor. Bei Sprengungen gingen die beiden hinter Felsvorsprüngen in Deckung. Einer der Vorteile dieser Arbeit war, daß sich Wojtyła und Łabuś die meiste Zeit in einer Hütte aufhalten konnten. Dort war es warm, und Karol hatte überdies Zeit zum Lesen.

Der alte Łabuś hatte Wojtyła sehr gern. Viele Jahre danach erzählte er: »Karol war so jung, als er dort arbeitete. Er hat mir so leid getan, weil er eigentlich für diese Arbeit nicht taugte... Er hatte ganz zarte Hände. Ich sagte einmal zu ihm: ›Du solltest lieber Priester werden.‹ Da lächelte er nur... Später sagte er mir, daß er tatsächlich Priester geworden sei.«

Der Vorarbeiter warnte Wojtyła und seinen Freund Wojciech Żukrowski aber auch, wenn nur ein Gramm Sprengstoff fehle, kämen sie nach Auschwitz. Die Deutschen führten genau Buch über die Sprengstoffvorräte, damit nichts davon zur Untergrundbewegung gelangte.

Żukrowski gehörte tatsächlich der Untergrundarmee Armia Krajowa (AK) an und stahl aus dem Kalksteinbruch Ammoniak und Dynamitstangen für die Guerillaeinheiten. Ihm zufolge war Wojtyła nicht bereit, am bewaffneten Kampf gegen die Nazis teilzunehmen; er sei der Meinung gewesen, die Polen hätten 1939 ihr möglichstes getan, um die Eindringlinge abzuwehren – »der Rest ist in Gottes Hand, und die Vorsehung lenkt unser Schicksal«, habe er gesagt.

Alle Untergrundaktivitäten wurden aus Sicherheitsgründen von einzelnen Zellen ausgeführt. Żukrowski erzählte Wojtyła nie, daß er der Widerstandsorganisation angehörte, obwohl sie miteinander befreundet waren.

Daß Wojtyła sich der Untergrundbewegung nicht anschloß, betrachteten Żukrowski und andere militante Nazigegner nicht als ein

Zeichen von Feigheit. Sie sahen ein, daß der »kulturelle Widerstand« gegen die Deutschen, die einen Kulturkampf gegen die Polen führten, ebenfalls wichtig war. Dazu gehörte das polnische Untergrundtheater in Krakau, für das sich Wojtyła stark engagierte. Żukrowski hat darauf hingewiesen: »Man konnte auch nach Auschwitz kommen, weil man an diesem Theater mitmachte... Wenn man beispielsweise mit einer Aktentasche voller Bühnenmaterial erwischt wurde, konnte die Gestapo sagen: ›Aha, du arbeitest im Steinbruch und konspirierst mit einer geheimen Theatergruppe.‹«

Für Wojtyła brachte der Sommer des Jahres 1941 zwei erfreuliche Entwicklungen. Zuerst kam sein Mentor Kotlarczyk mit seiner Frau aus Wadowice nach Krakau, und dann wurde er aus dem Steinbruch in die Fabrik in Borek Fałęcki versetzt, wo die Arbeitsbedingungen wesentlich besser waren.

Wojtyła stellte den Kotlarczyks die Wohnung in der Tyniecka Straße zur Verfügung, und einige Monate später zog er dort selbst wieder ein. Von nun an lebte er in ständigem Kontakt mit seinem Freund und erhielt von ihm in intellektueller und künstlerischer Hinsicht wertvolle Anregungen. Wojtyła ging zur Tages- oder Nachtschicht in die Ätznatronfabrik, und Kotlarczyk verdiente seinen Lebensunterhalt als Straßenbahnschaffner.

Kotlarczyks Erscheinen beflügelte die jungen Schauspieler. Bei einem Treffen am 22. August, das in der elterlichen Wohnung zweier Schauspielerinnen stattfand, wurde das »Rhapsodische Theater« geboren. Ihm gehörten neben Kotlarczyk, Wojtyła, Kydryński und Żukrowski auch Halina Królikiewicz, Danuta Michałowska und die anderen theaterbegeisterten jungen Leute der Vorkriegszeit an. Ihr Theater des Wortes begann sofort mit den Vorbereitungen für eine Aufführung von Słowackis Versepos »Geist-König«. Wojtyła übernahm die tragische Rolle des König Bolesław.

Die Premiere fand am 1. November 1941 in der besagten Wohnung statt. Die Vorstellung mußte vor Beginn der Ausgangssperre zu Ende sein. Da es unter den gegebenen Umständen weder Kulissen noch Kostüme gab, beschränkten sich die schwarzgekleideten Schauspieler darauf, das Werk mit verteilten Rollen zu sprechen. Brennende Kerzen auf einem Klavier, auf dem ein Mitglied der Gruppe Chopin spielte, waren die einzige Dekoration. Aus dem Zusammenwirken der ernsten Stimmen, der ergreifenden Musik und des flackernden Kerzenlichts entstand ein tiefbewegender Gesamteindruck.

Wojtyła spielte nicht den Bischof Stanisław, sondern den König, und er gab dieser Rolle eine überraschende Auslegung. Er zeigte den König nicht als Mörder, sondern als reumütigen Flüchtling, der seinen Niedergang beklagte und vor der »Leere der Seele« warnte.

In der nächsten Vorstellung – während des Zweiten Weltkriegs gab es insgesamt vier – spitzte Wojtyła seine Darstellung des Königs noch mehr zu und zeigte ihn als einen armen, unglücklichen Mann, der seine Sünden beichtet. Unter Wojtyłas Schauspielerkollegen gab es Kritik an dieser Interpretation, aber er blieb dabei. Er war der Ansicht, daß seine Darstellungsweise das moralische Dilemma im Leben des Königs am besten zum Ausdruck bringe.

Das »Rhapsodische Theater« trat bald mit der im Untergrund arbeitenden »Unia« in Verbindung, dem kulturellen Arm des bewaffneten Widerstands. Die »Unia« betonte das christliche Denken und wurde von Erzbischof Sapieha, der bei allen Untergrundoperationen mitwirkte, aktiv unterstützt.

»Unia« war von Jerzy Braun gegründet worden, einem bekannten Dichter und Dramatiker, der an die große literarische Tradition des Messianismus anknüpfte. Wojtyła trat zusammen mit anderen der »Unia« bei und legte den feierlichen Treueschwur ab auf »die Union des Menschen mit dem Menschen, die Union der Nationen mit den Nationen und die Union aller Menschen mit Christus«.

Diese Vorstellungen paßten zu Wojtyłas rudimentärer Sozialphilosophie, und sie bildeten eine Grundlage für die Überlegungen, die er später als Gelehrter, Priester und Papst ausarbeitete. Die Gedanken der »Unia« brachten traditionelle Vorbehalte gegen den Kapitalismus zum Ausdruck; sie tauchten nach dem Zusammenbruch des Kommunismus in den scharfen Stellungnahmen des Papstes gegen den wilden Kapitalismus und das Konsumdenken des neuen Zeitalters wieder auf.

An seinem neuen Arbeitsplatz hatte Wojtyła Gelegenheit, in relativ ruhiger Umgebung zu lesen und zu beten. Die Fabrik war allerdings doppelt so weit von seiner Wohnung entfernt wie der Steinbruch; der Fußmarsch dauert fast zwei Stunden. In den folgenden drei Jahren bestand seine Aufgabe darin, mit Lauge gefüllte Holzeimer von den Kalköfen im Hof zur sogenannten »Wäscherei« im ersten Stock zu schaffen, wo Verunreinigungen ausgewaschen wurden. Wojtyła mußte außerdem Proben der Flüssigkeit im Labor abgeben. Diese Beschäftigung war viel leichter als die Arbeit im Steinbruch, und er mußte sich nicht so oft im Freien aufhalten. Seine Freunde wurden ebenfalls versetzt. Juliusz Kydryński war an der Pforte der Fabrik tätig, und Wojciech Żukrowski arbeitete als Mechaniker.

Wojtyła zog die Nachtschicht vor (manchmal machten sie wegen des langen Anmarsches Doppelschichten), weil es um diese Zeit ruhiger zuging und er mehr Zeit für sich hatte. Seine früheren Arbeitskollegen berichteten, daß er bei jeder Gelegenheit gebetet habe.

Er las auch religiöse Schriften, wenn es gerade nicht viel zu tun gab. Eines der ersten Bücher, das er in der Fabrik durcharbeitete, war die Anfang des 18. Jahrhunderts entstandene »Abhandlung über die ehrfürchtigste Anbetung der allerheiligsten Jungfrau Maria« von Louis Marie Grignon de Montfort, einem asketischen bretonischen Priester, der später von der Kirche heiliggesprochen wurde. Dieses Buch war Wojtyłas erste Einführung in die Mariologie.

Als Erzbischof erzählte Wojtyła einmal einer Gruppe Krakauer Priester: »Ich hatte zuerst Schwierigkeiten hinsichtlich der Verehrung der Jungfrau Maria und der Anbetung Jesu … Ich beschäftigte mich lange mit der ›Abhandlung‹, die mir so vorsorglich in die Hände geraten war. Ich las das Buch immer wieder und kam oft auf einzelne Abschnitte zurück … Doch nach einigen Monaten des Studiums bildete sich bei mir eine Haltung zu diesem Thema heraus.«

Ein anderes Buch, das Wojtyła mit großem Interesse las, war die »Ontologie oder Allgemeine Metaphysik« des Pfarrers Kazimierz Wais, einem bedeutenden Philosophen und Theologen. Das war Wojtyłas Einführung in die Metaphysik. Er brauchte jedoch fast zwei Monate, um sich damit vertraut zu machen, weil ihm – nach seinen eigenen Worten – die nötige humanistische, philosophische und literarische Ausbildung fehlte.

Das ständige Beten half Karol Wojtyła sowohl bei seiner inneren Entwicklung als auch in seinem beschwerlichen Alltag. Er betete auf dem Weg zur Arbeit in der Pfarrkirche in Dębniki; er betete in der Fabrik; nach der Arbeit betete er in der Nähe der Fabrik in der kleinen, alten Holzkirche von Borek Falęcki; er betete am Grab seines Vaters, und zu Hause betete er ebenfalls. Die meisten seiner Arbeitskollegen brachten ihm Respekt, Bewunderung und Zuneigung entgegen. Sie nannten ihn »unser Student« und »unser kleiner Priester«; oft sagten sie zu ihm, er solle eine Pause einlegen, er habe schon genug getan.

Stefania Kościelniakowa, die in der Werkskantine arbeitete, erinnerte sich, daß ihr Vorgesetzter einmal auf Karol zeigte und zu ihr sagte: »Dieser gottesfürchtige Junge ist gebildet und sehr begabt; er schreibt Gedichte, und jetzt schreibt er etwas über die heilige Theresa ... Er hat keine Mutter, und er ist sehr arm ... Gib ihm ein größeres Stück Brot, denn außer dem, was er hier in der Fabrik bekommt, hat er nichts zu essen.« Stefania Kościelniakowa fügte hinzu: »Ich schnitt nachmittags das Brot für den Abend, und ich legte für ihn immer ein größeres Stück beiseite.«

Wojtyła fand weiterhin Zeit für das »Rhapsodische Theater«, für Gespräche mit Kotlarczyk und Tyranowski und für Zusammenkünfte mit anderen Krakauer Intellektuellen. Er kannte die meisten Mitarbeiter der von Żukrowski und Kwiatkowski herausgegebenen »Literarischen Monatsschrift«. Sie zog die besten Schriftsteller Krakaus an, unter ihnen Jerzy Turowicz, der damals Anfang dreißig war und enge Verbindungen zur Kirche hatte. Wojtyła und Turowicz lernten sich damals nur kurz kennen, doch sie trafen nach dem Krieg wieder zusammen, und Turowicz sollte im Leben Wojtyłas noch eine große Rolle spielen.

7

Am Sonntag, dem 24. Mai 1942, traf Karol Wojtyła, der gerade zweiundzwanzig geworden war, in Tschenstochau ein. Das Ziel der zweitägigen akademischen Pilgerreise war die Schwarze Madonna. Er hatte vor dem Krieg an großen Wallfahrten teilgenommen; jetzt erlaubten die Deutschen nur kleinen Gruppen den Zutritt. Wojtyła war mit einem Dutzend junger Männer angereist, unter ihnen sein Freund Wojciech Żukrowski.

Zwei Tage zuvor hatte Karol Wojtyła in Stanisław Wyspiańskis Drama »Wesele« die Hauptrolle gespielt. Die Aufführung hatte in der Wohnung eines Freundes stattgefunden. In der ersten Maiwoche hatte Wojtyła erleichtert aufgeatmet, als sein Freund Juliusz Kydryński nach dreiwöchiger Haft aus einem Krakauer Gefängnis entlassen wurde. Er selbst war bei einer Razzia der Gestapo in einem Café in der Innenstadt verhaftet worden, obwohl er den Ausweis bei sich hatte, in dem ihm eine kriegswichtige Tätigkeit bescheinigt wurde. Dank des Ausweises wurde er schließlich wieder auf freien Fuß gesetzt, während die meisten anderen Männer, die mit ihm verhaftet worden waren, nach Auschwitz deportiert wurden. Fünfundzwanzig von ihnen wurden an einem sonnigen Maitag von einem Erschießungskommando an der »Todesmauer« umgebracht.

In Tschenstochau betete die Gruppe in der Kapelle, wo das Bild der Schwarzen Madonna ihretwegen von seiner Hülle befreit worden war. Die Studenten schworen der Madonna einen Eid, in dem sie gelobten: »Am Vorabend der unausweichlichen Konfrontation mit unserem Feind, die trotz des blindwütigen Terrors mit seiner Niederlage enden wird, stehen wir, die akademische Jugend Polens, unbeugsam zur Verteidigung des Geistes bereit im Glauben an eine bessere Zukunft, und wir leisten unseren Eid auf dem Leuchtenden Berg in Erwartung des Urteils der Vorsehung.«

Als Wojtyła wieder in Krakau war, widmete er sich nach der Arbeit in der Fabrik den Proben und Aufführungen der Theatergruppe. An einem Septemberabend wurde in der Tyniecka Straße ein Stück von Norwid geprobt. Danach sagte Wojtyła zu Kotlarczyk, er solle ihm keine Rollen für zukünftige Aufführungen des »Rhapsodischen Theaters« geben; er habe nämlich vor, in ein geheimes theologisches Seminar einzutreten und Priester zu werden.

Kotlarczyk versuchte stundenlang, Wojtyła von diesem Schritt abzuhalten. Er berief sich auf die Heiligkeit der Kunst, erinnerte Wojtyła an die biblische Ermahnung, das Talent nicht zu vergeuden, und bat ihn, seine Entscheidung zu überdenken. Viele Jahre danach sagte Johannes Paul II. bei einem Besuch in Krakau: »Kotlarczyk glaubte, daß das ›Lebendige Wort‹ und das Theater meine Berufung seien, doch der Herr im Himmel hielt das Priesteramt für meine Berufung, und wir waren auch dieser Meinung.«

Pfarrer Maliński erzählte, Wojtyła habe sich endgültig entschieden, als er Anfang September zur Wawel-Kathedrale gegangen sei, um zu beichten. Maliński sagte, er habe Wojtyła auf dem Weg zur Kathedrale begleitet und habe dann in einem Vorraum gewartet, als Wojtyła sich bei Pfarrer Figlewicz, seinem Beichtvater, aufgehalten habe. Als Wojtyła nach der langen Unterredung wieder erschienen sei, habe er gesagt: »Ich möchte dir mitteilen, daß ich mich entschieden habe, Priester zu werden. Ich habe es mit Pfarrer Figlewicz besprochen.«

Manche Historiker bezweifeln diese Darstellung, weil lediglich Priester wie Figlewicz, die eine besondere Genehmigung vorweisen konnten, den Wawel betreten durften. Wie dem auch sei, Wojtyłas Wunsch, in ein Priesterseminar einzutreten, wurde umgehend Erzbischof Sapieha mitgeteilt. Er war gerade dabei, für die Erzdiözese Krakau ein geheimes Seminar einzurichten, an dem Lehrkräfte aus der Theologischen Abteilung der Universität mitwirkten. Die Leitung hatte Pfarrer Jan Piwowarczyk, ein bekannter Theologe, Schriftsteller und Journalist. Wojtyła gehörte zu den zehn Kandidaten, denen Sapieha die Genehmigung für das erste akademische Jahr des Untergrundstudiums erteilte.

Das Seminar begann im Oktober 1942 mit dem Unterricht an geheimgehaltenen Orten. Bis auf Wojtyła wohnten alle Studenten auf dem Land und arbeiteten als Hilfskräfte in Pfarreien. Sie wurden einzeln unterrichtet, und die meisten von ihnen wußten bis zum Ende des Krieges nicht, wer sonst noch diese Ausbildung erhielt. Gleichzeitig wurde eine Untergrunduniversität eingerichtet; die insgesamt 800 Studenten wurden von Professoren, die der Deportation entronnen waren, in einer Reihe von Fächern unterrichtet.

Obwohl Wojtyła von der Kirche aufgrund seines Seminaristen-Status als Kleriker betrachtet wurde, änderte sich an seinem Leben nach außen hin wenig. Er arbeitete weiterhin in der Fabrik und machte am »Rhapsodischen Theater« noch sechs Monate lang mit. Als Wojtyła sich auf den Eintritt in das Seminar vorbereitete, wurde er auf seine Bitte hin aus seiner Mitgliedschaft bei »Unia« entlassen.

Wojtyła nahm nun zusätzlich zu all seinen anderen Verpflichtungen unter großen Risiken das Studium im Untergrundseminar auf. Wenn ein Untergrundseminarist gefaßt wurde, drohte ihm die Deportation in ein Konzentrationslager oder die Erschießung. Mindestens fünf Jugendliche, die an einer von den Deutschen genehmigten Einrichtung, an der nur »praktische« liturgische Themen erlaubt waren, heimlich Theologie studiert hatten, wurden bei Razzien verhaftet und starben in Auschwitz. Ein Kleriker namens Szczęsny Zachuta, der Theologie studierte und einer Untergrundorganisation angehörte, die Juden auf die katholische Taufe vorbereitete, wurde verhaftet und erschossen. Und kurz nach der Gründung des Untergrundseminars wurde dessen Rektor, Pfarrer Piwowarczyk, unter dem Vorwurf inhaftiert, er habe illegale Flugblätter gedruckt. Er wurde nach einem mehrmonatigen Gefängnisaufenthalt wieder freigelassen.

Als Kleriker und Kandidat für das Priesteramt durfte Karol Wojtyła verschiedene liturgische Funktionen ausüben. So durfte er die Taufe vornehmen, bei Eheschließungen den Segen erteilen, Sterbenden die letzte Wegzehrung geben und bei Gottesdiensten und Gebeten den Gläubigen vorstehen. Da er ein geheimer Kleriker war, hat er diese Handlungen während seiner Seminarzeit vermutlich nicht öffentlich vorgenommen. Und selbstverständlich trug er kein kirchliches Gewand.

Wojtyła erhielt jedoch bald Gelegenheit, sich direkt an der Liturgie zu beteiligen. Er und ein weiterer Seminarist namens Franciszek Konieczny wurden eingeladen, morgens bei der Messe zu assistieren, die Erzbischof Sapieha in seiner Privatkapelle abhielt. Wojtyła und Konieczny kannten einander, doch keiner von beiden wußte, daß der andere ebenfalls dem Untergrundseminar angehörte. Wojtyła hatte den Erzbischof seit dessen Besuch in Wadowice im Jahr 1938 nicht mehr gesehen, doch Sapieha erkannte ihn offenbar wieder. Wojtyła und Konieczny wirkten zwei Jahre lang bei der Messe des Erzbischofs mit.

Wojtyła stand bei Tagesanbruch auf und ging zum Erzbischöflichen Palais in der Franciszkańska Straße zur Messe, die um 6 Uhr 30 begann. Den Tag über arbeitete er in der Fabrik. Nach der Arbeit besuchte er das Grab seines Vaters. Zu Hause angekommen, ging er seinem Theologiestudium nach und besprach mit Kotlarczyk Theaterangelegenheiten. Manchmal ging Wojtyła nach der Nachtschicht zur Messe des Erzbischofs. Er hatte sich außerdem bereit erklärt, seinem Freund Maliński Latein beizubringen, da dieser ebenfalls Priester werden wollte.

Ende November nahm Wojtyła an den Gedenkfeiern zum 400. Geburtstag des Mystikers und Kirchenlehrers Johannes vom Kreuz teil. Wojtyła interessierte sich besonders für dessen Lyrik und lieh sich die Werke des spätbarocken Dichters aus der Bibliotheca Carmelitana des Krakauer Karmeliterklosters. Er besuchte auch Pater Józef Prus, den Ordensprovinzial der Karmeliter, und brachte seinen Wunsch vor, dem Orden beizutreten. Die Karmeliter nahmen jedoch während des Krieges keine Novizen auf. Pater Prus hatte überdies Zweifel, ob die Deutschen einem gesunden jungen Mann wie Karol erlauben würden, eine kriegswichtige Beschäftigung aufzugeben und Mönch zu werden; er schlug Wojtyła vor, nach dem Krieg noch einmal vorzusprechen.

Am darauffolgenden Tag spielte Wojtyła eine der Hauptrollen in Mickiewiczs patriotischer Versdichtung »Pan Tadeusz«. Als Wojtyła in der Wohnung, in der die Aufführung stattfand, langsam die Beichte des Mönches Robak sprach, ertönte von der gegenüberliegenden Straßenseite ein von den Deutschen installierter Lautsprecher. Obwohl der Krieg insbesondere in der Sowjetunion einen für das nationalsozialistische Regime ungünstigen Verlauf nahm, war von neuen »Siegen« die

Rede. Tadeusz Kwiatkowski erzählte, Wojtyła habe nicht innegehalten und im selben leisen, ruhigen Ton weitergesprochen, so als hörte er das Dröhnen des Lautsprechers nicht.

Wojtyłas Abschiedsvorstellung am »Rhapsodischen Theater« fand im März 1943 statt. Von da an widmete er sich nach der Arbeit ganz seinem Theologiestudium. Die Mitwirkung bei der allmorgendlichen Messe im Erzbischöflichen Palais brachte ihn Sapieha immer näher.

Als das Jahr 1944 kam, machte sich in Krakau und in Polen eine optimistische Stimmung breit. Die Vereinigten Staaten waren in den Krieg eingetreten; die Alliierten hatten ganz Nordafrika erobert und landeten am 22. Januar in Italien; im Osten rückten die Sowjets auf breiter Front vor. Als das Warschauer Getto nach der Erhebung der Juden im April 1943 zerstört worden war, hatte stille Trauer geherrscht; die Untergrundorganisationen in und um Krakau bemühten sich, Juden vor den Nazis zu verstecken.

Als Wojtyła sich am Nachmittag des 23. Februar 1944 nach einer Doppelschicht in der Fabrik auf dem Nachhauseweg befand, wurde er von einem vorbeifahrenden deutschen Militärlastwagen gestreift und zu Boden geworfen. Er schlug mit dem Kopf auf der scharfen Kante des Gehsteigs auf und verlor das Bewußtsein. Wojtyła hätte sterben können, wenn ihn Józefa Florek nicht aus einem Straßenbahnwagen, der die verlassene Straße entlangfuhr, entdeckt hätte. Die Frau sprang aus der Straßenbahn und lief zu Wojtyła hin. Sie war der Meinung, er sei tot. In diesem Moment hielt ein deutsches Wehrmachtsfahrzeug an. Ein Offizier untersuchte Wojtyła und stellte fest, daß er noch lebte. Der Offizier wies Józefa Florek an, aus einem Graben etwas Wasser zu holen und das Blut abzuwaschen; daraufhin hielt er einen Lastwagen an und befahl dem Fahrer, den Verletzten in ein Krankenhaus zu schaffen. Wojtyła hat den Namen des deutschen Offiziers nie erfahren. Er schickte aber Józefa Florek ein Dankschreiben.

Im Krankenhaus in der Kopernikusstraße stellte man fest, daß Wojtyła eine Gehirnerschütterung erlitten hatte. Er war etwa neun Stunden lang bewußtlos gewesen und hatte in potentieller Lebensgefahr geschwebt. Als Johannes Paul II. fünfzig Jahre danach an diesen Unfall zurückdachte, sagte er, daß er trotz der langen Bewußtlosigkeit am

Leben geblieben sei, habe er der Vorsehung zu verdanken. Als der Papst von einem Gast gefragt wurde, ob es eine Parallele zwischen dem Attentat auf dem Petersplatz im Jahr 1981 und dem Unfall in Krakau gebe, antwortete er: »Ja, in beiden Fällen griff die Vorsehung ein.«

Wojtyła wurde nach zwei Wochen aus dem Krankenhaus entlassen, mußte sich jedoch mehrere Wochen lang erholen. Er zog in das neue Heim seiner alten Bekannten Irena Szkocka, die er »Großmutter« nannte. Die Deutschen hatten die Villa der Szkockis beschlagnahmt, diese hatten jedoch in der Szwedzka Straße in Dębniki ein komfortables Haus ausfindig machen können.

Wojtyła verbrachte im Juli seinen Sommerurlaub bei Adam Biela, dem Gemeindepfarrer der kleinen Stadt Raciborowice, der ebenfalls aus Wadowice stammte. Als Wojtyła nach Krakau zurückkehrte, brach der Warschauer Aufstand aus. Am 6. August, dem »Schwarzen Sonntag«, kam es in Krakau zu Massenverhaftungen, weil die Deutschen mit einer Erhebung rechneten. Annähernd 8000 Männer und Jugendliche wurden festgenommen. Manche von ihnen kamen später frei, andere wurden in Gefängnisse und Konzentrationslager gesteckt.

Die Verhaftungswelle erreichte auch Dębniki. Dort drangen Soldaten und Polizisten in Häuser ein, packten die Männer und schafften sie fort. Wojtyła und Kotlarczyk hielten sich gerade zu Hause auf, und Frau Kotlarczyk bat die beiden Männer, sich im Garten hinter Büschen zu verstecken. »Doch mein Flehen war umsonst«, erzählte sie später. »Karol kniete nieder und fing an zu beten. Schließlich drangen die Deutschen in das zweigeschossige Haus ein und kontrollierten die oberen Zimmer... Aus irgendeinem Grund ließen sie unsere Untergeschoßwohnung außer acht. Karol betete dort immer noch auf Knien, und mein Mann saß regungslos am Tisch.«

Wegen der Verhaftungswelle entschloß sich Sapieha, die Seminaristen in seinem Palais in Sicherheit zu bringen. Er ließ ihnen mitteilen, sie sollten sofort ins Erzbischöfliche Palais kommen. Mikołaj Kuczkowski, ein junger Priester aus Wadowice, der im Palais tätig war, sollte Wojtyła abholen. Kuczkowski ging zu ihm und bat Irena Szkocka, ihn und Wojtyła sicherheitshalber zu begleiten. Es war eine seltsame Prozession: Die bejahrte Irena Szkocka ging voraus und paßte auf, ob keine deutschen Patrouillen in der Nähe waren; dann kam Kuczkowski in seiner Soutane, und einige Meter hinter ihm Wojtyła. Dieser betrat das Palais als letzter der Seminaristen; er trug seine Arbeitshose aus grobem Drillich, ein offenes Hemd und Holzschuhe. Zwei dicke Hefte hatte er unter den Arm geklemmt. Wojtyłas Freund Maliński, der auch in das Untergrundseminar eingetreten war, wurde ebenfalls aufgefordert, in das Palais zu kommen.

Der Erzbischof beschloß, daß sich die Seminaristen (es waren insgesamt sieben) bis zum Ende des Krieges in seinem Palais aufhalten sollten. Er wies sie an, Soutanen zu tragen, damit sie wie Kleriker aussahen. Es war das erste Mal, daß Wojtyła ein priesterliches Gewand trug. Die Seminaristen konnten sich von nun an ganz dem Studium widmen. Sie schliefen auf eisernen Bettgestellen, die in der Empfangshalle im Erdgeschoß standen. Auf die Straße durften sie nicht gehen, denn der Krieg war noch nicht vorüber. Jan Tyranowski schlich sich manchmal in das Palais, um Wojtyła und andere Freunde zu besuchen.

Seit Wojtyła im Palais lebte, ging er nicht mehr zur Arbeit in die Fabrik. Die Deutschen stellten Nachforschungen an; zuerst gingen Schreiben an seine Adresse in der Tyniecka Straße, dann erschien die Polizei. Erzbischof Sapieha wies daraufhin Pfarrer Figlewicz an, den Geschäftsführer Kułakowski zu bitten, Wojtyła aus der Namensliste der Belegschaft zu streichen. Das verstieß zwar gegen die Vorschriften, aber Kułakowski tat es dennoch. »Ich würde für den Erzbischof durchs Feuer gehen«, sagte er.

Am 11. November 1944 hielt Erzbischof Sapieha die Tonsurzeremonie Wojtyłas ab; sie fand auf seinen Wunsch hin in der Privatkapelle statt. (Das Schneiden der Tonsur symbolisierte den Eintritt in den Stand des Klerikers; Papst Paul VI. schaffte diese Zeremonie im Jahr 1972 ab.)

Am 17. Januar 1945 las Pfarrer Figlewicz in der Wawel-Kathedrale die letzte Messe der Kriegszeit. In der Nacht flohen die deutschen Besatzer aus Krakau; am Morgen des 18. Januar zogen sowjetische Truppen in die Stadt ein.

Das Seminar des Erzbischofs brauchte nun keine Geheimhaltung mehr. Es wurde in die Gebäude am Fuß des Wawels verlegt, in denen

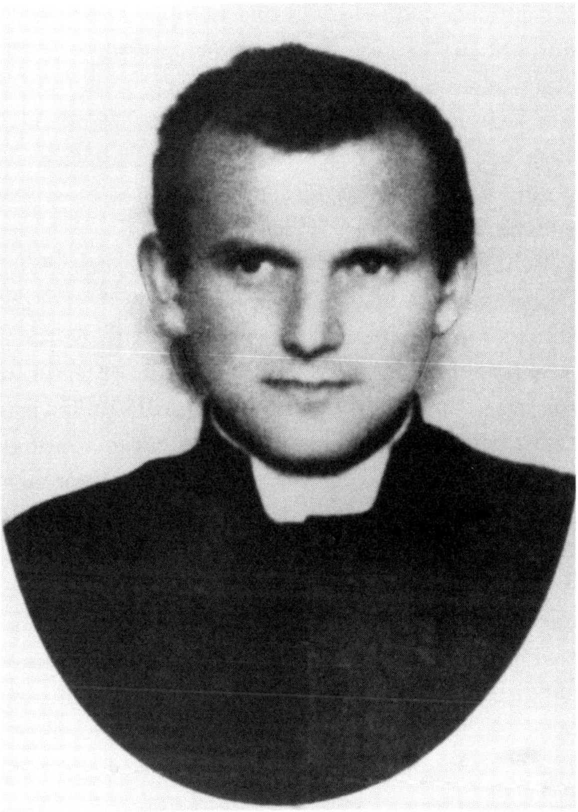

Der Papst als junger Seminarist im Jahr 1944.

das Priesterseminar ursprünglich untergebracht gewesen war. Das Seminar war wieder Teil der Theologischen Fakultät der Universität. Karol Wojtyła befaßte sich jetzt eingehend mit Johannes vom Kreuz; er lernte Spanisch, um dessen Werke im Original lesen zu können. Im April bekam er an der Theologischen Fakultät eine Stelle als Assistent (mit Vergütung) und hielt Seminare in Dogmengeschichte ab. Er stand kurz vor seinem fünfundzwanzigsten Geburtstag.

Wojtyła dichtete aber auch wieder. Während des Aufenthalts im Palais des Erzbischofs hatte er »Das Lied vom verborgenen Gott« geschrieben, ein langes, kontemplatives Gedicht. Es wurde in den Jahren 1946 und 1947 in vier Folgen in der »Stimme von Karmel«, der Monatszeitschrift der Karmeliter, anonym veröffentlicht.

Wojtyła bewarb sich bei diesem Orden erneut um Aufnahme. Seine Bitte trug er Mitte 1945 im Karmeliterkloster in Czerna bei Krakau Pater Leonard Kowalówka vor, den er flüchtig kannte. Erzbischof Sapieha wollte jedoch nicht zulassen, daß Wojtyła Mönch wurde. Er teilte ihm mit, daß die Kirche nach den Verlusten während des Krieges Diözesanpriester brauchte. Sein Zögling blieb daraufhin im Seminar.

Wojtyła schrieb sich für das nächste Semester ein, und zwar mit einem umfangreichen Pensum, zu dem neben der Theologie und Liturgie auch kanonisches Recht sowie ein moraltheologischer Kurs über das »Recht auf Leben« gehörten. Dieser Kurs sollte ihm während der schwierigsten Jahre seines Pontifikats eine Grundlage liefern.

Am 21. Dezember 1945 erhielt Wojtyła vom Erzbischof die niederen Weihen eines Exorzisten und Akolythen (sie wurden ebenfalls im Jahr 1972 abgeschafft). Das Weihnachtsfest verbrachte er bei Pfarrer Stanisław Czartoryski, einem Freund, in einer Pfarrei in den Bergen.

Während sich Karol Wojtyła auf das Priesteramt vorbereitete, vollzogen sich im befreiten Polen gewaltige Umwälzungen. Hohe Funktionäre der polnischen Kommunisten, die sich während des Krieges in Moskau aufgehalten hatten, drängten an die Macht. Sie waren im Gefolge der siegreichen sowjetischen Streitkräfte zurückgekehrt, zu denen auch eine unter sowjetischem Kommando stehende polnische Armee gehörte. Einer ihrer jungen Offiziere war Leutnant Wojciech

Jaruzelski, der später Polens Präsident wurde. Die antikommunistische Untergrundarmee war von den Deutschen während des Warschauer Aufstandes weitgehend vernichtet worden, und die prosowjetischen Kräfte hatten deshalb keine ernstzunehmenden politischen Gegner.

Im Februar 1945 erzwang die Konferenz von Jalta die Schaffung einer Koalitionsregierung, in der die Kommunisten das Übergewicht hatten; sie stellten den Präsidenten und den Ministerpräsidenten. Stanisław Mikołajczyk, der Chef der Bauernpartei, wurde zum stellvertretenden Ministerpräsidenten ernannt.

Die Koalitionsregierung übernahm am 27. Juni 1945 die Macht und setzte den Prozeß der Vergesellschaftung in Gang. Die Nation war gespalten. Viele junge Idealisten unterstützten die neue Ordnung, weil sie glaubten, diese werde in Polen für Gerechtigkeit und für einen wirtschaftlichen Aufschwung sorgen. Das ähnelte dem, was Karol Wojtyła nach der Niederlage des Jahres 1939 in den Briefen an seinen Freund Kotlarczyk angedeutet hatte und was die christliche »Unia« Anfang der vierziger Jahre befürwortet hatte – ohne damit dem Marxismus-Leninismus das Wort zu reden. Wojtyła hatte 1941 in einem Brief an Kotlarczyk sogar vor »der roten Fahne und einem irrealen internationalen Humanismus« gewarnt, der »mit dem Polentum nichts gemein hat, bis auf die Sprache«.

Krakau wurde von den neuen Machthabern als »schwarze«, »reaktionäre« und »klerikal-besitzbürgerliche« Stadt betrachtet, und damit hatten sie nicht ganz unrecht. Am 3. Mai 1946 – dem Nationalfeiertag zum Gedenken an die Verkündung der ersten geschriebenen freiheitlichen Verfassung Polens im Jahr 1791 – rebellierten Krakauer Studenten gegen die Regierung und die Polnische Vereinigte Arbeiterpartei (wie die Umschreibung für die kommunistische Partei lautete). Sicherheitskräfte schossen auf die Studenten, und es gab mehrere Verletzte.

Was Karol Wojtyła von der politischen Entwicklung hielt, läßt sich nicht rekonstruieren. Tatsache ist, daß die Kirche, auch der inzwischen zum Kardinal ernannte Sapieha, sich vorsichtig in Opposition zur Regierung begaben.

Unter Pius XII. sprach der Vatikan dauernd von der Bedrohung Europas durch den Kommunismus und forderte die totale Konfrontation. Doch das polnische Episkopat, das mit dem Kommunismus leben und die Kirche des Landes schützen mußte, ging vorsichtiger und diplomatischer vor, selbst als es direkt angegriffen wurde. Die neuen Machthaber kündigten zum Beispiel im September 1945 das Konkordat zwischen Polen und dem Heiligen Stuhl; als Begründung wurde angegeben, der Vatikan habe während des Krieges unter Verletzung des Konkordates einen Deutschen zum Bischof der Diözese Danzig ernannt.

Dadurch, daß Wojtyła diese Entwicklungen verfolgte, erwarb er einen politischen Erfahrungsschatz, den er später benötigen sollte.

Karol Wojtyła bestand alle theologischen Examen mit Auszeichnung und hatte auf dem Weg zum Priesteramt nur noch den letzten Abschnitt zurückzulegen. Im Frühjahr 1946 schrieb er einen Essay über den Glauben bei Johannes vom Kreuz. Die Arbeit war in einer schwerfälligen Sprache abgefaßt – ein Problem, das bei Wojtyłas theologischen Texten noch öfter auftauchen sollte. In einer Nachbemerkung räumte Wojtyła ein, daß »die Analyse fehlerhaft ist« und daß »diese Analyse der Texte ungenügend ist«, da manche von ihnen »nicht dazu dienen können, die Gültigkeit der vorgebrachten These zu beweisen«. Wojtyła war also fähig, Selbstkritik zu üben.

Am 13. Oktober 1946 wurde Wojtyła von Kardinal Sapieha zum Subdiakon geweiht – dieses Amt wurde von Paul VI. ebenfalls abgeschafft – und eine Woche später zum Diakon. Am diesem 20. Oktober beantragte Wojtyła in aller Form seine Einsetzung in das Sakrament des Priesteramtes; er bestätigte, daß er sich der Verpflichtungen, die ihm auferlegt würden, bewußt sei und daß er dabei aus »völlig freiem Willen« handele.

Am 1. November, an Allerheiligen, wurde Karol Wojtyła von Kardinal Sapieha in dessen Privatkapelle zum Priester der römisch-katholischen Kirche geweiht. An diesem Tag gedachten die Einwohner Krakaus der Opfer des Konzentrationslagers Auschwitz, deren Asche zur Beisetzung auf den Rakowiecki-Friedhof gebracht wurde.

Der Kardinal hatte es eilig, Wojtyła zum Priester zu weihen, weil er ihn zur Fortsetzung des Studiums nach Rom schicken wollte. Sapieha hatte einen scharfen Blick und einen Instinkt für Begabungen, außerdem ein sehr gutes Gedächtnis.

Wojtyła durfte seine erste Messe in der Krypta der Wawel-Kathedrale feiern, umgeben von den Sarkophagen polnischer Könige und Helden. Pfarrer Figlewicz stand ihm zur Seite. Wojtyła las drei »stille« Messen für die Seelen seiner Mutter, seines Vaters und seines Bruders. Sie fanden am 2. November statt und wurden von allen Mitgliedern des »Rhapsodischen Theaters« besucht. Später gab es im Haus eines Freundes einen Empfang. Mit seinem römischen Kragen und seiner Soutane war Pfarrer Wojtyła eine beeindruckende Erscheinung.

Seine nächste Messe feierte er in der Kirche von Dębniki in Anwesenheit des freudestrahlenden Jan Tyranowski. Die Stelle an der Universität gab Wojtyła auf. Am 11. November taufte er die Tochter der Kwiatkowskis in deren Haus. Im Register der Annakirche ist vermerkt, daß die Taufe von »Carolus Wojtyła Neopresbyter« vorgenommen wurde.

Am 15. November 1946 nahm der Priester Karol Wojtyła zusammen mit einem Kleriker namens Stanisław Starowiejski einen Zug nach Kattowitz; dort stiegen sie in den Fernreisezug, der sie nach Rom brachte.

ZWEITER TEIL

Priester Karol Wojtyła: Seelsorger, Schriftsteller und Wissenschaftler

8

Die Reise von Krakau nach Rom brachte den sechsundzwanzigjährigen Priester Karol Wojtyła aus der polnischen Provinz in die legendäre Ewige Stadt, die nicht nur ein Quell geistlicher Gelehrsamkeit, sondern auch ein Mittelpunkt der politischen Auseinandersetzungen der Nachkriegszeit war. Daran hatte der weise Kardinal Sapieha gedacht, als er seinen Zögling drängte, im Ausland weiterzustudieren.

Die eineinhalb Jahre, die Wojtyła in Italien verbrachte, sollten für seine zukünftige Laufbahn eine überaus wertvolle Grundlage darstellen. Sein Weg zum päpstlichen Amt nahm im Dezember 1946 am Belgischen Kolleg in der Via del Quirinale 26 seinen Anfang, das in der Nähe des Quirinals, des Amtssitzes des italienischen Staatspräsidenten, lag.

Die meisten polnischen Theologiestudenten wohnten während ihres Aufenthalts in Rom im Polnischen Kolleg an der Piazza Remuria, doch wurden dort nur Studenten der jesuitischen Gregoriana aufgenommen. Da der konservativ denkende Sapieha die eher liberal eingestellten Jesuiten ablehnte, ließ er Wojtyła am Angelicum der Dominikaner studieren. Dieser Gegensatz war Teil einer ideologischen und theologischen Auseinandersetzung, die auf verschiedenen Ebenen der Kirche ausgetragen wurde und die in der Nachkriegszeit in eine neue Phase eintrat. Daß Sapieha dem Angelicum den Vorzug gab, vertrug sich im übrigen gut mit Wojtyłas Neigung zur thomistischen Philosophie, die die Dominikaner dort lehrten.

Wojtyła und Starowiejski gingen nach ihrer Ankunft in Rom zuerst zu dem unweit der Ponte Sisto in der Via Pettinari gelegenen Haus der Pallottiner. Diesem Haus stand Pater Turowski vor, ein Pole, der die Neuankömmlinge herzlich empfing. Die beiden verbrachten dort fast einen Monat; sie machten jeden Tag den beträchtlichen Fußmarsch zum Angelicum und lernten dabei die Schönheit und den Charme der Stadt kennen.

Sapieha bat den polnischen Primas Kardinal Hlond, dafür zu sorgen, daß die beiden Studenten in dem kleinen Belgischen Kolleg wohnen durften. Hlond war wegen einer Audienz mit Pius XII. nach Rom gekommen; er erklärte sich bereit, Wojtyła zu empfangen und das Problem zu besprechen. Im Anschluß daran nahm Hlond mit dem Rektor des Belgischen Kollegs, Maximilien de Fürstenberg, Verbindung auf.

Das Belgische Kolleg war damals in einem schönen vierstöckigen Gebäude untergebracht, zu dem ein Garten gehörte. (Das Haus wurde 1972 verkauft, und das Kolleg siedelte in ein anderes Stadtviertel über.) Nur zweiundzwanzig studierende Priester und Seminaristen wohnten im Kolleg, darunter fünf Amerikaner. Die Mahlzeiten wurden von belgischen Nonnen serviert. Wojtyła fing an, Italienisch und Englisch zu lernen, und mit Hilfe der belgischen Kommilitonen und Nonnen konnte er bei seinem Französisch Fortschritte erzielen. Deutsch sprach er bereits, und Spanisch hatte er in Krakau gelernt. Bei gelegentlichen Basketballspielen auf dem Hinterhof beeindruckte er seine Mitbewohner mit seinen Fähigkeiten.

Monsignore Robert W. Schiefen aus Rochester war einer der Amerikaner, die im Kolleg wohnten. Er und Thomas Larkin, der jetzt Bischof im Ruhestand ist, gaben Wojtyła Englischunterricht. Schiefen erzählte, als sie Wojtyła zum Spaß einige »unanständige« Wörter beigebracht hätten, habe er lachend auf Englisch gesagt: »Oh, you're pulling my leg!« (»Ihr wollt mich wohl auf den Arm nehmen?«) Wojtyła sei so »begierig« gewesen, die Sprache zu lernen, daß er genau aufpaßte, was die Amerikaner bei den Mahlzeiten untereinander redeten.

Schiefen sagte, das Kolleg sei sehr spartanisch eingerichtet gewesen. Toiletten seien erst von der britischen Armee eingebaut worden, als diese das Gebäude nach der Befreiung Roms benutzte. Bei Wojtyłas Eintreffen im Jahr 1946 habe es im Kolleg keine Duschen gegeben; erst etwa ein Jahr später seien welche installiert worden. Im Winter sei es dort sehr kalt, im Sommer fürchterlich heiß gewesen. Die Bewohner hätten kleine Einzelzimmer gehabt, die lediglich mit einem Bett, einem

Schreibtisch und einem Stuhl ausgestattet waren. Und das Essen sei »fürchterlich« gewesen.

Das Angelicum war nur einige hundert Meter vom Belgischen Kolleg entfernt. Auf dem Weg dorthin ging Wojtyła die Via del Quirinale hinunter, wobei er an der von Bernini stammenden Jesuitenkirche S. Andrea al Quirinale vorbeikam. Diese Barockkirche war wichtig für ihn, denn in ihr wurden die sterblichen Überreste von St. Stanisław Kostka aufbewahrt, eines polnischen Jesuiten, der 1568 während seines Noviziats an Malaria verstorben war. St. Stanisław ist der Schutzheilige der polnischen Jugend, und die Pfarrkirche in Dębniki trägt seinen Namen.

Wojtyła hielt sich jeden Tag in dieser Kirche auf und ging dann auf der Via 24 Maggio weiter bis zum Largo Angelicum. An diesem Platz erhebt sich der Hügel, auf dem die Universität steht. Nur drei Häuserblocks weiter befindet sich die Piazza Venezia.

Die Hochschule trug damals die Bezeichnung Istituto Internationale Angelicum. Heute hat sie den Rang einer päpstlichen Universität und heißt zu Ehren des Thomas von Aquin Università S. Tommaso d'Aquino. Vom Hauptgebäude aus hat man eine herrliche Aussicht auf das Forum Romanum und die Kirchen und Paläste im Stadtzentrum.

Kurz nach seiner Wahl sagte Johannes Paul II., die Erinnerung an seine erste Begegnung mit der Ewigen Stadt sei in ihm noch sehr lebendig. »Ich kam, nachdem ich zum Priester geweiht worden war, im Spätherbst des Jahres 1946 hier an, um mein Studium fortzusetzen«, erzählte er. »Aus der Geschichte, der Literatur und der gesamten christlichen Tradition hatte ich eine bestimmte Vorstellung von Rom. Über viele Tage hinweg ging ich kreuz und quer durch die Stadt, die damals eine Million Einwohner hatte, doch für die Vorstellung von Rom, die ich mitgebracht hatte, fand ich zuerst keine umfassende Bestätigung. Das kam erst allmählich. Es geschah insbesondere nach der Besichtigung der Katakomben – des Rom der ersten Christen, des Rom der Apostel, des Rom der Märtyrer, des Rom, das am Anbeginn der Kirche und in der Anfangszeit jener großartigen Kultur existierte, die wir ererbt haben.«

Karol Wojtyła hat jedoch in der Öffentlichkeit nie etwas von seiner Begegnung mit dem damals fast einundsiebzigjährigen Papst Pius XII. erwähnt. Sie ergab sich bei einer Privataudienz für Studenten des Belgischen Kollegs, die Rektor de Fürstenberg arrangiert hatte. Die Privataudienz dauerte wohl nur ein paar Minuten, und Pacelli sagte vermutlich während der zehn oder fünfzehn Sekunden währenden persönlichen Begegnung nichts Denkwürdiges. Pius XII. waren Besucher immer etwas unbehaglich, und Wojtyła küßte wahrscheinlich nur den Ring des Papstes. Für einen jungen polnischen Pfarrer war es jedoch etwas Ungewöhnliches, mit dem Papst in Privataudienz zusammenzutreffen. Und es war auch das erstemal, daß Wojtyła das Allerheiligste des Vatikans betrat.

Wojtyła betete Sonntag morgens meist in der Pfarrkirche in Garbatelli, einem ärmlichen Arbeiterviertel nahe der Basilika S. Paolo fuori le Mura. Im März 1947, gleich nach Ostern, fuhr er zusammen mit Starowiejski nach San Giovanni Rotondo bei Neapel. Sie nahmen dort an einer Messe teil, die der bekannte Pater Francesco Forgione Pio feierte. Dieser weißbärtige Kapuzinermönch hatte einen Ruf als Wundertäter; seit dem Ersten Weltkrieg waren bei ihm an den Händen, Füßen und Lenden immer wieder Stigmata erschienen.

Tausende und Abertausende von Gläubigen warteten vor der Casa Sollievo della Sofferanza (Haus der Erlösung vom Leiden) darauf, bei Padre Pio die Beichte abzulegen. Der Kapuzinermönch sei nach Wojtyłas Beichte vor diesem niedergekniet, wird behauptet; er habe vorausgesagt, daß Wojtyła auf den Stuhl Petri berufen werde und daß auf ihn ein Attentat verübt werde. Weder Johannes Paul II. noch der Vatikan haben jemals zu diesem Gerücht Stellung genommen.

Als Bischof hat Wojtyła angeblich an Padre Pio im Jahr 1962 die schriftliche Bitte gerichtet, für eine krebskranke Krakauer Wissenschaftlerin, eine Mutter von vier Kindern, zu beten; eine Woche später habe er Padre Pio über die plötzliche Genesung der Frau berichtet und ihm für die Gebete gedankt. Die beiden Briefe sind Teil des Dossiers, das im Vatikan wegen einer möglichen Seligsprechung des Mönchs angelegt wurde. Am 1. November 1974, dem 30. Jahrestag seiner Priesterweihe, kehrte Wojtyła nach San Giovanni Rotondo zurück und feierte die Messe in der kleinen Kirche, die dort zum Gedenken an Padre Pio in den Fels gehauen worden war. Er verbrachte mit drei ihm besonders nahestehenden polnischen Prälaten drei Tage, in denen er betete und Erinnerungen nachhing. Das Zusammentreffen mit dem Kapuzinermönch war für Wojtyła ein bedeutsamer mystischer Augenblick gewesen.

Im Jahr 1974 gingen Wojtyła und Starowiejski nach ihrem Besuch in San Giovanni Rotondo in das etwa 70 Kilometer östlich von Rom gelegene Subiaco. Dort befindet sich die Höhle, in der St. Benedikt von Nursia im 5. Jahrhundert drei Jahre lang in der Einsamkeit meditiert haben soll, bevor er den Benediktinerorden gründete. St. Benedikt gehört zu den Gestalten der Kirche, die Johannes Paul II. am meisten verehrt.

Wojtyła nutzte seinen Italienaufenthalt zu Besuchen anderer heiliger Stätten sowie von Kirchen, Klöstern und Museen. Er war im Assisi des heiligen Franziskus, im Monte Cassino der Benediktiner und im Siena der heiligen Katharina; außerdem besuchte er Capri, Neapel, Florenz, Mailand und Venedig. Er entdeckte auch das Kloster Mentorella, das polnische Patres im Jahr 1857 auf dem Monte Guadagnolo gegründet hatten. Wenige Tage nach seiner Wahl zum Papst machte er dort einen weiteren Besuch.

In Karol Wojtyłas Privatleben hat es immer wieder Tragödien und Leid gegeben. In seinem öffentlichen und kirchlichen Leben ist es ihm jedoch von Anfang an geglückt, Beziehungen zu knüpfen und Freundschaften zu schließen, die sich als überaus wichtig und nützlich erweisen sollten. Im Laufe der Zeit ergaben sich aus den Beziehungen neue Beziehungen, führten Freundschaften zu neuen Freundschaften, und schließlich entstand ein beachtliches Geflecht. Wojtyłas Persönlichkeit spielte in diesen Beziehungen eine wichtige Rolle, doch hatte er auch das Glück, zur richtigen Zeit am richtigen Ort zu sein.

Bis zu seinem Tod im Jahre 1951 war Kardinal Sapieha Wojtyłas wichtigster Gönner. Sapieha hatte Wojtyłas Laufbahn vorbereitet, und er achtete darauf, daß sein Schützling vorankam. Als der achtzigjährige Kardinal im Jahr 1947 in Rom weilte, nahm er sich die Zeit, Wojtyła im Belgischen Kolleg zu besuchen.

Das Belgische Kolleg und das Angelicum waren Orte, an denen Wojtyła dauerhafte Freundschaften schloß. De Fürstenberg, der Rektor des Kollegs, wurde 1967 Kardinal – zur selben Zeit, als sein ehemaliger Zögling Wojtyła von Paul VI. den roten Kardinalshut erhielt. Drei der konservativen Professoren des Angelicums, nämlich der Ire Michael Browne, der Italiener Aloiso Ciappi und der Franzose Pierre-Paul Philippe, wurden ebenfalls Kardinäle. Mit ihnen blieb Wojtyła noch lange nach dem Abschluß seiner Studien in Verbindung.

Pfarrer Marcel Uylenbroeck, der sich ebenfalls im Belgischen Kolleg aufgehalten hatte, machte Wojtyła bei einem gemeinsamen Sommerurlaub mit dem belgischen Amtsbruder Joseph Cardijn bekannt. Cardijn gründete später die Jeunesse Ouvrière Chrétienne (JOC) und wurde von Paul VI. zum Kardinal ernannt, was allgemein überraschte, weil Cardijn bis dahin lediglich Priester gewesen war. Uylenbroeck war schon damals Cardijns engster Mitarbeiter, und für Wojtyła sollte sich die Verbindung nach Belgien eines Tages als sehr wichtig erweisen.

Die in theologischer Hinsicht wohl bedeutsamste Beziehung, die Wojtyła in Rom knüpfte, war die Bekanntschaft mit Réginald Garrigou-Lagrange, einem französischen Dominikaner, der am Angelicum Professor für Dogmatik war. Der asketische, dem Mystizismus verbundene Garrigou war eine Autorität auf dem Gebiet der Moraltheologie und galt als einer der großen Theologen des Jahrhunderts. Der damals einundsechzigjährige Gelehrte nahm Wojtyła in seine Obhut und wurde dessen Mentor.

Der als »Réginald der Unbeugsame« bekannte Garrigou-Lagrange war ein bedeutender Vertreter des Thomismus; er trug dazu bei, daß Wojtyła diese vielschichtige Philosophie und Theologie genauestens kennenlernte. Die thomistische Lehre ist die auf Thomas von Aquin zurückgehende Philosophie und Theologie. Leo XIII., ein sehr aufgeklärter Papst, verpflichtete die Geistlichkeit im Jahr 1879 in seiner Enzyklika »Aeterni Patris« auf die Lehren des Thomas von Aquin; damit reagierte er auf die »modernistischen« Trends der damaligen Zeit.

Garrigou-Lagrange war außerdem ein führender Spezialist auf dem Gebiet der mystischen Theologie des Johannes vom Kreuz; er sorgte im

Angelicum dafür, daß Wojtyła seine Doktorarbeit über den spanischen Heiligen schreiben konnte. Dieses Thema hatte Wojtyła seit seinem ersten Zusammentreffen mit Jan Tyranowski fasziniert. Garrigou-Lagrange war ein großer Denker, den Johannes Paul II. als seinen bedeutendsten Lehrer betrachtet. Ein weiteres Mitglied des Lehrkörpers des Angelicums, an das er sich gern erinnert, ist der polnische Dominikanerpater Jacek Woroniecki, der sein Metaphysik-Professor war.

Als Pfarrer Wojtyła Ende 1946 aus seinem verwüsteten Land in Rom eintraf, hatte sich Italien noch nicht vom Zweiten Weltkrieg erholt. Die Stadt Rom, die während der neunmonatigen deutschen Besatzungszeit von den Alliierten bombardiert worden war, hatte zwei Jahre zuvor ihre Befreiung erlebt. In großen Teilen Italiens herrschte jedoch weiterhin Hunger, und die politische Situation war chaotisch. Die entscheidende Frage war, ob Italien eine Demokratie werden oder ob die starke kommunistische Partei an die Macht kommen würde.

Die Kirche war unter Pius XII. tief in diese Auseinandersetzung verwickelt, aber auch in sich zerrissen. Im Vatikan gab es einerseits Kräfte, die der Meinung waren, der Kommunismus könne am besten durch demokratische Parteien besiegt werden, andererseits gab es ein Lager, das die Rettung in einer weit rechtsstehenden katholischen Partei erblickte, die möglicherweise eine Diktatur herbeigeführt hätte. Natürlich ging es dabei auch um die Rolle der Kirche in der italienischen Politik.

Für Wojtyła, dessen Heimatland gerade unter die Kontrolle der Kommunisten geriet, waren die italienischen Auseinandersetzungen mit dem Kommunismus und die Rolle der Kirche sehr lehrreich. In Rom konnte Wojtyła beobachten, wie sich der Antagonismus der beiden großen Blöcke weltpolitisch entwickelte; dies unterschied sich von der Situation in Osteuropa, wo die Kommunisten in erster Linie durch die militärische Unterstützung der Sowjets an die Macht gekommen waren. Die Lektionen, die er in Rom lernte, sollten für ihn in Polen als Bischof und als Kardinal nützlich sein. In der schwierigen Konfrontation zwischen der polnischen Kirche und den kommunistischen Machthabern wurde Wojtyła zur Schlüsselfigur.

Wie er bald lernte, war die theologische Dimension ein überaus wichtiges Element in der politischen Auseinandersetzung. Sein Mentor Garrigou-Lagrange befaßte sich damit, und Wojtyła mußte sich später selbst damit beschäftigen, als er nach Lösungen für die Krisen einer sich rasch wandelnden Welt suchte. Im Rom der Nachkriegszeit konnte Wojtyła das Zusammenspiel von Theologie und Politik erstmals beobachten. Als er mehr als drei Jahrzehnte später nach Rom zurückkehrte, konnte er sofort unter Beweis stellen, daß er mit der theologisch-politischen Dimension vertraut war.

Wojtyła hatte bei seinem ersten Aufenthalt in Rom Gelegenheit, die beiden wesentlichen Merkmale Pius XII. sowie die Stärken und Schwächen des Papsttums zu erkennen. Pacellis erstes wesentliches Merkmal war seine Überzeugung, daß eine totale Machtkonzentration erforderlich sei. Der Papst hatte sich beispielsweise nach dem Tod von Kardinal Luigi Maglione geweigert, für die zweitwichtigste Position im Vatikan einen neuen Staatssekretär zu ernennen. Maglione hatte in der italienischen Politik und in der Weltpolitik demokratische Lösungen stärker befürwortet als Pius XII., und er war für manche neuen Vorstellungen aufgeschlossen gewesen, die der Papst als gefährlich liberal betrachtete.

Nach dem Tod Magliones im Jahr 1944 übte Pius XII. vierzehn Jahre lang das Amt des Staatssekretärs selbst aus. Wojtyła kam als Papst nie auf diesen Gedanken. Am Heiligen Stuhl ist der Staatssekretär sowohl für innerkirchliche Angelegenheiten als auch für die Außenpolitik und die diplomatischen Belange zuständig. Wojtyła war sich jedoch als Papst sehr wohl bewußt, daß eine subtile und kluge Machtkonzentration von Vorteil ist; dies zeigte sich in seiner Abneigung gegen zu sehr auf Unabhängigkeit bedachte Staatssekretäre und Präfekten der Kurienkongregationen.

Ein weiteres Merkmal war Pacellis Neigung zu einsamen Entscheidungen. Er beriet sich selten mit seinen Kardinälen und Erzbischöfen und vermied es, mit Fremden zusammenzutreffen. Diese Haltung war Wojtyła völlig fremd. Er war sich überdies der Gefahren bewußt, welche eine Isolation höchster Entscheidungsträger mit sich bringt; als Bischof, Erzbischof und Kardinal in Krakau und als Papst in Rom umgab er sich stets mit Menschen, deren Ansichten und Ideen ihm von Nutzen sein konnten.

Wojtyła war immer ein hervorragender Zuhörer und ein Meister im Schweigen; er versteht es, seinen Gesprächspartnern den Eindruck zu vermitteln, daß er von ihren Gedanken sehr angetan ist.

Mitte der vierziger Jahre trat die theologisch-politische Dimension kirchlicher Angelegenheiten durch die Schriften katholischer Denker in Frankreich deutlich zutage. In Rom kam es dadurch zu erheblichen Konflikten. Einer der bedeutendsten dieser Denker war Jacques Maritain, ein katholischer Philosoph von großem Ansehen, der Ende 1945 von General Charles de Gaulle zum französischen Botschafter am Heiligen Stuhl ernannt wurde und bis 1948 in Rom blieb.

Maritain war als Thomist in theologischer Hinsicht konservativ eingestellt; als Politiker war er jedoch ein Liberaler, der die demokratischen Entwicklungen in Europa, Lateinamerika und anderen Teilen der Welt unterstützte. 1936 hatte er in seinem Buch »Humanisme Intégral« eine stärkere Öffnung der Kirche gefordert; 1943 hatte er im amerikanischen Exil »Christianisme et Démocratie« geschrieben. Maritain verkündete das »Neue Christentum« in seiner politisch-theologischen Dimension und war – lange vor Jean-Paul Sartre – einer der Väter der Existenzphilosophie.

Maritains »Neues Christentum« befürwortete einen »Dritten Weg« zwischen dem westlichen Liberalismus und dem sowjetischen Kommunismus; dieser Gedanke fand unter den katholischen Intellektuellen der Nachkriegszeit viele Anhänger. In den Schriften Wojtyłas, die er in den späten vierziger Jahren nach seinem Aufenthalt im Westen, in seiner Zeit in Krakau sowie während seines Pontifikats verfaßte – auch nach dem Zusammenbruch des Kommunismus –, findet man viele vom »Dritten Weg« beeinflußte Ansichten, obgleich Wojtyła diesen Begriff tunlichst vermeidet.

Erzbischof Giovanni Battista Montini, der spätere Papst Paul VI., der mit Maritain eng befreundet und damals ein sehr einflußreicher vatikanischer Unterstaatssekretär war, stand dem »Neuen Christentum« ebenfalls aufgeschlossen gegenüber. Das stand im Einklang mit seinen Bemühungen, in Italien zwischen der extremen Rechten und dem Kommunismus eine starke christlich-demokratische Partei aufzubauen. Montini sagte einmal zu Maritain, die Rolle der Kirche in der krisengeschüttelten Nachkriegszeit sei »nicht die einer politischen, sondern die einer geistlichen Macht«, welche »Einheit und Freiheit« garantiere.

Nach seiner Wahl im Jahr 1963 setzte sich Paul VI. – wie sein Vorgänger Johannes XXIII. – nachdrücklich für die Menschenrechte ein, und er trug später entscheidend dazu bei, daß Karol Wojtyła in der kirchlichen Hierarchie aufstieg.

Eine weitere aus Frankreich stammende Strömung war die »Neue Theologie«, die in einer Zeit um sich greifender Säkularisierung eine modernere Einstellung der Kirche gegenüber den Problemen der Welt und gegenüber ihren eigenen Gläubigen forderte. Impulse für die »Neue Theologie« kamen interessanterweise von thomistischen Gelehrten der Dominikaner und von Jesuiten. Die führenden thomistischen Dominikaner in dieser Bewegung waren die Theologen Marie-Dominique Chem (ein früherer Zögling des Angelicums) und Yves Congar, die sich stark von dem erzkonservativen Garrigou-Lagrange unterschieden. Bei den betreffenden Jesuiten handelte es sich um Henri de Lubac, einen Professor für Fundamentaltheologie, und Jean Daniélou, der im Krieg Flieger gewesen war und dann Historiker wurde.

Was sie gemein hatten, war die Forderung nach einer größeren Beteiligung der Priester am Leben der Menschen in ihren Pfarreien und Diözesen. Sie wollten, daß die Kirche Teil der zeitgenössischen Wirklichkeit wurde und die Menschen durch ein Eintreten für ihre Belange an sich band. Die Vorstellung vom »Arbeiterpriester«, die damals in Frankreich und Belgien erstmals umgesetzt wurde, entstammt der »Neuen Theologie«. Pfarrer Wojtyła interessierte sich stark für sie.

Sorge bereitete ihm jedoch gleichzeitig, daß sich sein Mentor Garrigou-Lagrange mit ungezügelter Wut gegen die »Neue Theologie« und das »Neue Christentum« wandte. Kurz bevor Wojtyła ans Angelicum kam, veröffentlichte Garrigou-Lagrange einen Artikel, in dem er die vier Hauptvertreter des neuen katholischen Denkens beschuldigte, sie hätten die Philosophie Thomas von Aquins entstellt wiedergegeben, als sie den traditionellen Thomismus mit dem Etikett »theologischer Imperialismus« versehen und protestantische und orthodoxe Theologen zum Dialog eingeladen hätten. Der amerikanische Kirchengeschichtler George Huston Williams, der an der Harvard-Universität Theologieprofessor ist, schrieb später, die neuen Ideen hätten im Angelicum »zu größter Verwirrung geführt«.

Der zweiundsiebzigjährige Pius XII., der zuletzt die Enzyklika »Mediator Dei« veröffentlicht hatte, war mit Garrigou-Lagranges Verurteilung der neumodischen Ideen aus Frankreich einig und kritisierte das »Arbeiterpriester«-Experiment. Paul VI. hingegen ernannte Daniélou und de Lubac zu Kardinälen. Zum verworrenen Verlauf der Kirchengeschichte der Nachkriegszeit gehört die Tatsache, daß diese beiden Jesuiten später ins konservative und autoritäre Lager überwechselten.

Von historischer Bedeutung für die Kirche (und für Wojtyła selbst von Belang) war eine Entscheidung, die Pius XII. kurz nach dem Ende des Zweiten Weltkrieges getroffen hatte: Die Kurie, an der bis dahin die Italiener ein starkes Übergewicht gehabt hatten, sollte im Kardinalskollegium und bei wichtigen Kongregationen internationalisiert werden. Der Papst, der sogar den New Yorker Kardinal Spellman als Staatssekretär in Erwägung gezogen hatte, ernannte in Westeuropa und in den USA weitere Kardinäle und öffnete die Tür für Kardinäle aus der Dritten Welt, insbesondere aus Lateinamerika und Afrika.

Am 3. Juli 1947 bestand Pfarrer Wojtyła sein Examen. Bei der mündlichen Prüfung in Latein erhielt er von den vier Prüfern die Höchstnote.

Einige Tage danach fuhr er zusammen mit seinem Freund Stanisław Starowiejski mit der Bahn nach Marseille, der ersten Station ihres Studienurlaubs in Frankreich, Belgien und Holland. Kardinal Sapieha hatte ihnen empfohlen, diese Reise zu unternehmen – er finanzierte sie auch –, damit sich Wojtyła mit den »Pastoralmethoden« in diesen Ländern, insbesondere bei den dort beschäftigten polnischen Arbeitern, vertraut machen konnte. Starowiejski gehörte immer noch dem niederen Klerus an, aber Sapieha wollte, daß Wojtyła Gesellschaft hatte.

In Marseille ging Wojtyła zu den Docks, um Jacques Loew zu treffen, einen französischen Dominikaner, der zu den Gründern der Arbeiterpriester-Bewegung »Mission de France« gehörte. Loew war vom protestantischen zum katholischen Glauben konvertiert und hatte zuerst als Schauermann gearbeitet; er war nun Kaplan der Hafenarbeiter von Marseille. Er machte auf Wojtyła, der in der Arbeitermission Peter und Paul sein Gast war, einen tiefen Eindruck.

In einem Artikel, der am 6. Mai 1949 in der Krakauer Wochenzeitung »Tygodnik Powszechny« veröffentlicht wurde, schrieb Wojtyła: »Pfarrer Loew kam zu dem Schluß, daß heutzutage das weiße Habit selbst nichts mehr aussagt. Er beschloß, sich mit seinen Schutzbefohlenen gleichzustellen. Da er unter Arbeitern lebte, entschied er sich, einer der ihren zu werden. Nach einiger Zeit wurde er auch der Pastor seiner Kollegen.«

Wojtyła berichtete dann seinen polnischen Lesern, Kardinal Emmanuel Célestin Suhard, der Erzbischof von Paris, habe geweint, als er aus dem Buch »La France, Pays de Mission?« von Pfarrer Henri Godin, einem der Initiatoren der Arbeiterpriester-Bewegung, die bittere Wahrheit über die kritische Situation der französischen Kirche erfahren habe. Daß Wojtyła von der Arbeiterpriester-Bewegung beeindruckt war, wird verständlich, wenn man bedenkt, daß er drei Jahre zuvor selbst Arbeiter gewesen war, der sich zum Gebet auf den Boden der Fabrik niederkniete und, von Brennöfen umgeben, die Mysterien des Evangeliums entdeckte. Wojtyła fühlte sich ganz zu Hause, als er mit Pfarrer Loew zusammentraf, und auch als er in Paris, Brüssel und Charleroi ähnliches erlebte. Es war eine Fortsetzung seiner Zeit im Kalksteinbruch und in der Fabrik in Krakau, als er selbst so etwas wie ein Arbeiterpriester gewesen war.

In Paris, wo er sich im Polnischen Seminar in der Rue des Irlandais aufhielt, besuchte er die in einem Arbeitervorort gelegene Gemeinde von Pfarrer Michonneau, der ebenfalls ein wichtiges einschlägiges Buch geschrieben hatte. Im belgischen Kohlenrevier von Charleroi verbrachte Wojtyła mehrere Wochen als Gastseelsorger unter polnischen Arbeitern. Starowiejski schrieb: »Karol fühlte sich bei seinen ›Gemeindemitgliedern‹ schon ganz zu Hause; sie veranstalteten eine schöne Abschiedsfeier für ihn.« In Brüssel besuchte Wojtyła seinen Studienkollegen Uylenbroeck, der jetzt Generalsekretär der in Belgien besonders aktiven »Jeunesse Ouvrière Chrétienne« war.

Nachdem er die sozialen Experimente der Kirche in Frankreich und Belgien kennengelernt hatte, kam Wojtyła, wie er in seinem Zeitungsbeitrag schrieb, zu dem Schluß, »apostolische Arbeit« dieser Art sei für die französische Kirche die richtige Methode, »ihre Nichtgläubigen zu erreichen«, da »die intellektuelle Kreativität der Katholiken die Gesellschaft allein nicht umgestalten wird«. Seine nächste Schlußfolgerung auf der Grundlage der Erfahrungen seiner Reise lautete: »Es ist abzusehen, daß in naher Zukunft eine neue Art von Apostolat in allen Gesellschaftsschichten unabdingbar werden wird; in manchen wird es darum gehen, neuzeitliche Gottlose zu bekehren, in anderen, die ›Repaganisierung‹ zu verhindern.« Folglich müsse die Liturgie der jeweiligen Umgebung angepaßt werden. »Die Liturgie der Vorortgemeinden von Paris oder Marseille ist sicher nicht die Liturgie der großen Benediktinerabteien. Sie muß für das heutige Proletariat verständlich sein. Sie muß es überzeugen.« Wojtyła fügte hinzu, um diese Bemühungen zum Erfolg zu führen, seien Laienapostel unabdingbar. Diesen Standpunkt vertrat er auch später, insbesondere nach seiner Wahl zum Papst.

Das Zusammentreffen mit der Arbeiterpriester-Bewegung war ein weiterer wichtiger Wendepunkt in Wojtyłas Leben. Neben den Jahren, in denen er selbst Arbeiter gewesen war, hatten auch die Erfahrungen in Frankreich und Belgien einen starken Einfluß auf seine Einschätzung der Beziehung der Kirche zu den katholischen Arbeitern; für sein Verständnis der sozialen Lage der Arbeiter waren diese Erfahrungen ebenfalls von großer Wichtigkeit. Sie sollten in seiner Philosophie der sozialen Gerechtigkeit ihren Niederschlag finden, auch in seinen Predigten und Homilien und später in seinen Enzykliken.

Obwohl Johannes XXIII. die Arbeiterpriester-Bewegung Ende der fünfziger Jahre praktisch verboten hatte, sprach Wojtyła stets lobend von ihr. Als Johannes Paul II. sich Anfang der achtziger Jahre an seine Erfahrungen in Frankreich zurückerinnerte, sagte er: »Ich habe von all diesen Besuchen und Begegnungen einen Respekt für die apostolischen Bemühungen mitgebracht, sogar eine gewisse Bewunderung für diese Priester, die mit äußerster Entschlossenheit entchristianisierte Milieus aufsuchten. Einige von ihnen betätigten sich als Arbeiterpriester, um so in der Arbeiterklasse präsent zu sein, die der Kirche verlorengegangen war.«

Obwohl Wojtyła sich dessen zum damaligen Zeitpunkt wohl kaum bewußt war, gehörte zu denjenigen, die das Experiment »Mission de France« verfolgten, auch der päpstliche Nuntius in Frankreich, Monsignore Roncalli. Er wurde 1958 der Nachfolger von Pius XII. Als Johannes XXIII. berief er das II. Vatikanische Konzil ein, das sich mit den sozialen Aspekten der Kirche in der modernen Welt befaßte.

Sosehr sich Wojtyła auch für sein Studium in Rom und die Verhältnisse in Westeuropa interessierte, dachte er doch stets an Polen und an die Belange seines Heimatlandes. In einem Brief aus Brüssel schrieb er seinem Freund Kotlarczyk: »Ich lese die Bibel jeden Tag auf polnisch, oft laut.« Ein paar Monate danach schrieb er aus Rom an Helena Szkocka: »Ich halte meine geistige Verbindung mit der Heimat durch Nachdenken, Gebete und Lektüre aufrecht, erfahre jedoch sehr wenig von denen, die mir nahestehen.«

Wojtyła und Starowiejski kehrten Ende Oktober nach Rom zurück. Sie hatten viel gesehen und erlebt. Sie hatten auf dem Weg von Marseille nach Paris einen Abstecher nach Lourdes gemacht; in Frankreich, Belgien und Holland hatten sie auch die großen Kunstmuseen besucht. Wo immer sie hingingen, wurden sie gastfreundlich aufgenommen. Starowiejski schrieb etwas erstaunt, sie hätten in Holland und Belgien für Unterkunft und Verpflegung kein Geld gebraucht. »Unsere Bekannten ermöglichten diese Pilgerreise durch ihre große Gastfreundschaft.«

In der ersten Novemberwoche immatrikulierte sich Wojtyła am Angelicum für sein zweites und letztes akademisches Jahr. Er begann mit der Abfassung seiner Dissertation über Johannes vom Kreuz, bei der Garrigou-Lagrange als Doktorvater fungierte.

An Heiligabend sangen Wojtyła und Starowiejski zusammen mit den anderen Bewohnern des Belgischen Kollegs französische, flämische und englische Weihnachtslieder. Wojtyła trug außerdem einen Akt von »Er kam ins Heilige Land« vor, einem Stück des belgischen Autors Adam Bunsch. Über Bruder Albert, den Helden des Stückes, schrieb Wojtyła gerade selbst ein Drama.

In thematischer Hinsicht ähnelten sich die Dissertation über Johannes vom Kreuz und das Stück über Bruder Albert. Beide waren Märtyrer. Beide Arbeiten fußten auf dem Mystizismus und der thomistischen Lehre; sie betonten den »thomistischen Personalismus«, der Wojtyła besonders zusagte.

Der Lehre des Thomas von Aquin zufolge gibt es zwei Ursprünge des Wissens, nämlich die Mysterien des christlichen Glaubens und die Wahrheiten der menschlichen Vernunft. Die Offenbarung und den Glauben hielt Thomas von Aquin für den wichtigeren der beiden Ursprünge. Ihm zufolge besteht das Wesen der Offenbarung darin, daß sie der Menschheit Mysterien bringt, die geglaubt werden müssen, auch wenn sie nicht verstanden werden. Diese Vorstellung bildet die Grundlage des thomistischen Mystizismus.

Offenbarung und Vernunft standen für Thomas von Aquin jedoch nicht im Widerspruch, weil sie letztlich auf *einer* absoluten Wahrheit beruhen, die von Gott stammt. Der Thomismus akzeptiert außerdem die Metaphysik des Aristoteles; ihn betrachtete Thomas von Aquin bei der Frage nach dem Wirken der menschlichen Vernunft als seinen geistigen Lehrmeister. Für das menschliche Verhalten und die Entscheidung zwischen Tugenden und Lastern ist Thomas von Aquin zufolge die christliche Ethik bestimmend.

Ein zeitgenössisches Beispiel dieser Theologie und Philosophie liefert Johannes Paul II. mit seinem Standpunkt, daß alle künstlichen Formen der Empfängnisverhütung Verstoße gegen die natürliche Ordnung darstellen, die aus ethischen Gründen, welche dem Glauben und der *einen* absoluten Wahrheit entstammen, abgelehnt werden müssen. Er besteht darauf, daß der Glaube über das menschliche Vernunftdenken hinausgeht – welches beispielsweise behaupten mag, daß eine Geburtenbeschränkung für das demographische Gleichgewicht erforderlich sei – und daß Katholiken Entscheidungen auf der Grundlage ihres Gewissens treffen müssen. Der Papst lehrt, daß sich die Katholiken dabei gegen die nicht-natürliche Empfängnisverhütung entscheiden müssen, weil diese nach dem aus der Bibel abgeleiteten Naturgesetz verwerflich sei.

Deshalb gibt es keine absolut freie Gewissensentscheidung, wie Johannes Paul II. im Jahr 1993 in seiner Enzyklika »Veritatis Splendor« betonte.

In der Theologie hat es vielfältige Interpretationen des Thomismus gegeben. Als Wojtyła im Angelicum mit seiner Dissertation beschäftigt war, entschied er sich für den thomistischen Personalismus und blieb ihm sein ganzes Leben lang treu. Im Jahr 1961 erläuterte er in einer Vorlesung für Philosophiestudenten der katholischen Universität in Lublin, der thomistische Personalismus gehe von dem Grundsatz aus, »daß das individuelle Wohlergehen einer Person grundsätzlich dem Gemeinwohl unterzuordnen ist, daß diese Unterordnung die Person aber keinesfalls entwerten oder vernichten darf«. Wojtyła betonte, die Freiheit des Gewissens sei ein Grundrecht des Menschen, doch müsse diese Freiheit mit der christlichen Lehre im Einklang stehen. Kritiker des Papstes sind dagegen der Meinung, daß das »Gemeinwohl« und die absolute Wahrheit allein von der Kirche definiert werde und daß die Kirche den Katholiken keine wirklich freien Gewissensentscheidungen erlaube.

Als Wojtyła am Angelicum studierte, stand diese Hochschule im Zeichen der aristotelisch-thomistischen Philosophie und Metaphysik, doch der mystische Zugang zur Theologie wurde ebenfalls akzeptiert. Diesen Weg schlug Wojtyła bei seiner Dissertation »Die Frage des Glaubens bei Johannes vom Kreuz« ein.

Daß dieser spanische Heilige selbst ein Dichter war – »Cántico espiritual« und »Llama de amor viva« sind seine großartigsten mystischen Werke –, mag Wojtyłas Entscheidung beeinflußt haben. In seiner 280 Seiten langen, ganz auf Latein abgefaßten Dissertation beschreibt Wojtyła die »ekstatische Agonie« der nach Glauben suchenden Seele und ihre »dunklen Nächte« der Verzweiflung. Er kommt zu dem Schluß, daß Johannes vom Kreuz gezeigt habe, daß Kontemplation und Gebet als »eine mystische Erfahrung« zu wahrem Glauben und zu »innerem Einssein mit Gott« führen. Wojtyła merkt jedoch an, daß für ein Einssein des Geistes mit Gott ein Glaube erforderlich sei, der »von Liebe genährt und durch die Gaben des Heiligen Geistes erleuchtet ist, insbesondere durch Weisheit und Vernunft«.

Wojtyłas Dissertation wurde am 19. Juni 1948 mit höchstem Lob angenommen. Den Doktortitel bekam er jedoch nicht, weil Dissertationen nach den Regeln des Angelicums gedruckt vorgelegt werden mußten, bevor es zu einer Verleihung des Doktorgrades kommen konnte. Der arme polnische Priester Wojtyła hatte aber kein Geld, um die Druckkosten bezahlen zu können.

Wojtyła kehrte schon am 15. Juni 1948 nach Krakau zurück. Das Land, das er hinter sich ließ, war optimistisch gestimmt. Die lähmende Furcht vor dem Kommunismus war gewichen, als es der Democrazia Cristiana in der historischen Wahl vom 18. April mit massiver Unterstützung des Heiligen Stuhls – und auch der USA – gelungen war, die Koalition aus Kommunisten und Sozialisten eindeutig zu schlagen. Doch das Polen, das Pfarrer Wojtyła bei seiner Heimkehr vorfand, bewegte sich genau in die entgegengesetzte Richtung.

9

Um die Jahrhundertmitte verschwand Osteuropa hinter dem Eisernen Vorhang.

In Polen war die Koalitionsregierung schon bald gescheitert; Stanisław Mikołajczyk, der Führer der oppositionellen Volkspartei, der zeitweise der Regierung angehört hatte, war nach England geflohen. Die Kommunistische und die Sozialistische Partei fusionierten – unter sowjetischem Druck – 1948 zur Vereinigten Polnischen Arbeiterpartei (PZPR).

Mit Ausnahme der Tschechoslowakei, wo die bestehende Kommunistische Partei im Februar 1948 in einem unblutigen Staatsstreich die Macht übernommen hatte, versteckten sich in Osteuropa alle an der Macht befindlichen kommunistischen Parteien hinter euphemistischen Benennungen. Und alle von Kommunisten regierten Staaten Osteuropas erhielten die euphemistische Bezeichnung »Volksrepublik«.

An der Spitze der PZPR stand Bolesław Bierut, ein altgedienter Kommunist; er übernahm auch das Amt des polnischen Staatspräsidenten. In Ungarn, Ostdeutschland, Rumänien und Bulgarien wurden ebenfalls kommunistische Regierungen etabliert. Unter Marschall Tito entzog sich Jugoslawien im Jahr 1948 der sowjetischen Vorherrschaft.

Polen unterschied sich jedoch weiterhin vom übrigen Osteuropa. Selbst von den polnischen Kommunisten wurde keine solche Schrekkensherrschaft ausgeübt, wie es sie in anderen Ländern des Ostblocks gab, wo die Regimes Schauprozesse durchführten, um jede Form von Opposition auszulöschen. Die polnische Regierung unternahm auch nicht den Versuch einer umfassenden Verstaatlichung der Landwirtschaft, sondern beschränkte sich im Bodenreformgesetz von 1946 auf die Enteignung der landwirtschaftlichen Betriebe über 50 Hektar, von denen bis 1954 etwa sechs Millionen Hektar auf etwa eine Million Landarbeiter und Kleinbauern verteilt wurden.

Zwischen der Staatsmacht und dem Volk wurde stets eine Art Dialog oder zumindest eine Verbindung aufrechterhalten. Dies beruhte auf den Besonderheiten der polnischen Gesellschaft, den alten politischen Traditionen der Nation und vor allem auf der Stärke des polnischen Katholizismus. Keine andere osteuropäische Nation war so dominant katholisch.

Ein solcher Dialog fand auch zwischen dem Regime und der Kirche statt. Dabei bemühten sich beide Seiten, ungeachtet der bestehenden fundamentalen Gegensätze, im Gespräch zu bleiben. Auch im Rückblick ist es erstaunlich, daß diese Beziehung relativ gut funktionierte – bis hin zu dem Zeitpunkt, als Karol Wojtyła zum Papst gewählt wurde. Und was sich danach zwischen dem polnischen Papst und den polnischen Kommunisten entwickelte, stellt ein ebenso erstaunliches Kapitel der neuesten Geschichte dar.

Als Karol Wojtyła im Jahr 1948 in seine Heimat zurückkehrte, machte die polnische Kirche tiefgreifende Veränderungen durch. Am 23. Oktober starb Kardinal August Hlond, der polnische Primas, im Alter von siebenundsechzig Jahren, und am 12. November ernannte Pius XII. den siebenundvierzigjährigen Bischof Stefan Wyszyński zu dessen Nachfolger sowie zum Erzbischof von Gnesen und Warschau. Die alte Stadt Gnesen in Westpolen und Warschau bildeten eine besondere Erzdiözese, der immer der Primas, das Oberhaupt der polnischen Kirche, vorstand.

Wyszyńskis Ernennung zum Primas beinhaltete mehr als einen Generationswechsel. Die Kirche entsprach damit auf ihre Art dem neuen Polen. Hlond war ein typischer Prälat des quasi-feudalen Polen der Vorkriegszeit gewesen und war nach dem deutschen Einmarsch geflohen; Wyszyński war ein Gelehrter mit wachem gesellschaftlichem Bewußtsein, ein in politischen Dingen versierter Mann und ein Kriegsheld. Er hatte in kanonischem Recht promoviert, hielt häufig Vorlesungen über sozialökonomische Themen und war der Vorsitzende der Universität Christlicher Arbeiter sowie der Organisator der Christlichen Union Junger Arbeiter.

Wie alle polnischen Kirchenmänner jener Zeit war Wyszyński ein entschiedener Gegner des Kommunismus, genauso wie er zuvor ein Gegner des Nationalsozialismus gewesen war und den extremen Nationalismus bekämpft hatte. Im Gegensatz zur Mehrheit seiner Generation war er jedoch ein scharfer Kritiker der Auswüchse des Kapitalismus. Diese Einstellung, mit der Wyszyński in der polnischen Kirche nicht allein stand, kommt heutzutage auch bei Johannes Paul II. zum Ausdruck.

Wyszyński verurteilte den Kommunismus als »eine verdrehte Darstellung des Wesens der Gesellschaft«; er proklamiere »eine falsche Vorstellung von Befreiung«. Den Einfluß des Kommunismus führte er jedoch auf die Missetaten des Kapitalismus zurück. Wyszyński schrieb: »Sie reden über die Ausbreitung des Kommunismus, aber sie wollen nicht einsehen, daß der Grund für dessen Anwachsen nicht so sehr in der bolschewistischen Propaganda zu suchen ist, sondern darin, daß den Menschen Arbeit, Brot und ein Dach über dem Kopf fehlt.« In den dreißiger Jahren hatte Wyszyński über hundert Aufsätze und Artikel geschrieben, um seine Ansichten zu gesellschaftlichen Fragen an die Öffentlichkeit zu bringen.

Karol Wojtyła, der Wyszyńskis damalige Veröffentlichungen nicht kannte, nahm als neunzehnjähriger Student in seinen Briefen an Mieczysław Kotlarczyk zu den sozialen Ungerechtigkeiten in Polen fast genauso Stellung.

Während des Krieges hatte Wyszyński die meiste Zeit im Untergrund gelebt. Er war bei bewaffneten Partisaneneinheiten Kaplan gewesen, hatte an der Untergrunduniversität in Warschau gelehrt und war an einer Einrichtung für Blinde als Priester tätig gewesen.

Im Jahr 1946 war Wyszyński Bischof von Lublin geworden, dem Sitz der Katholischen Universität. Mit fünfundvierzig war er damals der jüngste polnische Bischof.

In der Reaktion des Regimes auf die Ernennung Wyszyńskis zum Primas trat die Zwiespältigkeit der Beziehungen zur polnischen Kirche zutage. Einen Monat nach der Ernennung erhob Aleksander Zawadzki, ein hoher Parteifunktionär, in einer Rede den Vorwurf, ein Teil des Klerus mißbrauche seine kirchliche Stellung zu staatsfeindlichen Aktionen.

Offenbar war dies bei einigen Priestern der Fall, doch der Hauptzweck der Rede bestand darin, eine Grundlage für die immer schärfer werdenden Maßnahmen gegen die Kirche zu schaffen.

Von eher unbedeutenden polizeilichen Schikanen abgesehen, wurde jedoch kein ernsthafter Versuch unternommen, die feierliche Amtseinsetzung Wyszyńskis in Gnesen und Warschau zu behindern. Dort wurde er auf den Straßen von zahllosen Gläubigen willkommen geheißen. Anderswo in Osteuropa erging es der Kirche sehr viel schlechter.

In Warschau signalisierte Wyszyński dem Regime bald darauf, daß er daran interessiert sei, zu einem Modus vivendi zu gelangen und eine Art Übereinkommen auszuhandeln. Er war darauf bedacht, für die Kirche und die Religionsausübung in Polen ein gewisses Maß an Freiheit sicherzustellen, zumal der staatliche Druck ständig zunahm.

Im März 1949 teilte die Regierung dem polnischen Episkopat mit, daß Priester in vielen Fällen mit »verschiedenen kriminellen, staatsfeindlichen Gruppen« zusammengearbeitet hätten, die »Agenten des anglo-amerikanischen Imperialismus« seien. Anderswo in Osteuropa wäre auf den Vorwurf der Unterstützung des »anglo-amerikanischen Imperialismus« eine umfassende Säuberung der gesamten Kirchenleitung gefolgt, doch in Polen wurden derartige Angelegenheiten vorerst noch mit mehr Feingefühl behandelt.

Der Heilige Stuhl trug dazu bei, daß die Situation für den neuen Primas noch schwieriger wurde. Pius XII., der weiterhin als Staatssekretär fungierte, hatte deutschen Bischöfen im Februar 1948 einen Brief geschrieben, in dem er sein Bedauern ausdrückte über die »Ungerechtigkeiten«, die die Deutschen nach dem Krieg erleiden mußten, sowie über die Vertreibung von zwölf Millionen Deutschen aus den Gebieten östlich der Oder und Neiße.

Der Papst schien weiterhin eine Schwäche für die Deutschen zu haben. Sein Sendschreiben löste in Polen laute Proteste aus und war Wasser auf die Mühle der Kommunisten, die es bei ihrer antikirchlichen Propaganda einsetzten. Im Warschauer Vertrag vom Dezember 1970 stellten die Bundesrepublik Deutschland und die Volksrepublik Polen fest, daß die Oder-Neiße-Linie die westliche polnische Staatsgrenze bildet. Bis dahin weigerte sich der Heilige Stuhl, in ehemals deutschen Diözesen Bischöfe der polnischen Kirche auf Dauer zu ernennen; dies führte in einem Zeitraum von über zwanzig Jahren zu weiteren Spannungen zwischen der Kirche und dem Warschauer Regime.

Wyszyński ließ sich von diesen Problemen nicht abschrecken und schlug die Schaffung einer »gemischten Kommission« vor, die alle in der Beziehung zwischen Kirche und Staat auftauchenden Probleme frühzeitig bereinigen sollte. Das Regime akzeptierte den Vorschlag mit überraschender Bereitwilligkeit, obwohl es mit den »Patriotischen Priestern« bereits eine Organisation gebildet hatte, die ihr bei den Katholiken Unterstützung einbringen sollte. Es dauerte ein Jahr, um zwischen der Kirche und der Regierung ein Abkommen auszuhandeln, das ihre Beziehungen regelte. Das Dokument wurde am 14. April 1950 unterzeichnet. Die Verhandlungen waren unterbrochen worden, als die Regierung die katholische Hilfsorganisation Caritas übernommen hatte und drei Jesuitenpriester verhaftet worden waren.

Es war das erste Abkommen, das die Kirche und die kommunistischen Machthaber als gleichberechtigte Verhandlungspartner schlossen. Der wichtigste Passus lautete: »Das Prinzip, daß der Papst die kompetente und höchste kirchliche Autorität ist, bezieht sich auf Angelegenheiten des Glaubens, der Moral und der kirchlichen Jurisdiktion; auf allen anderen Gebieten wird das Episkopat vom polnischen Staatsinteresse geleitet.« Das Abkommen war praktisch ein Ersatz für das Konkordat zwischen Polen und dem Heiligen Stuhl, das die Regierung 1945 aufgekündigt hatte.

Wyszyński wurde insbesondere vom Vatikan kritisiert, weil er das Abkommen unterzeichnet hatte. Er war jedoch der Auffassung, daß unter den obwaltenden Umständen eine Verständigung nötig war, um das Überleben der polnischen Kirche (und damit der Kultur und nationalen Eigenart Polens) zu sichern. Diese Einschätzung hatte bis zum Ende der kommunistischen Herrschaft in Polen Bestand. Das Abkommen von 1950 bildete später eine Grundlage für die Geheimdiplomatie Johannes Pauls II. Selbst als Bischof und als Kardinal zog Wojtyła bei seinen Konfrontationen mit den Kommunisten aus diesem Dokument seinen Nutzen.

Damit die staatliche Seite die Einrichtung einer dauerhaften kirchlichen Jurisdiktion des polnischen Episkopats in den ehemals deutschen Gebieten unterstützte, wurde die Verpflichtung eingegangen, den Klerus zu instruieren, er solle »durch seine pastorale Arbeit... unter den Gläubigen die Achtung vor den Gesetzen und Vorrechten des Staates fördern«. Wyszyński war der Meinung, wichtige Konzessionen erreicht zu haben. So hatte das Regime den Fortbestand der Katholischen Universität in Lublin genehmigt, den Religionsunterricht in der Schule garantiert, den Fortbestand eines katholischen Pressewesens erlaubt und sich verpflichtet, öffentliche Gottesdienste, Prozessionen und Wallfahrten stattfinden zu lassen.

In den folgenden vier Jahrzehnten kam es zwischen beiden Seiten immer wieder zu scharfen Konflikten; der Staat übte starken Druck auf die Kirche aus, und das Abkommen wurde von den Kommunisten fortwährend verletzt. Erstaunlicherweise brach die Verbindung jedoch nie ganz ab, auch dann nicht, als Wyszyński im Jahr 1953 verhaftet wurde und als die Kirche allmählich an Selbständigkeit gewann.

Nach seiner Rückkehr aus Rom wohnte Wojtyła zuerst in der alten Wohnung in der Tyniecka Straße und wartete auf seinen ersten pastoralen Auftrag. Bis zum 8. Juli 1948, als die Instruktionen eintrafen, hatte er Gelegenheit, seine Freunde wiederzusehen.

Mit Kardinal Sapiehas persönlicher Billigung erhielt Wojtyła eine Stelle als Kaplan in der ärmlichen Pfarrgemeinde von Niegowici, das etwa fünfzig Kilometer östlich von Krakau an der Straße nach Tarnów lag. Zur Pfarrgemeinde gehörten dreizehn Dörfer an beiden Ufern der Raba. Das im Jahr 1049 gegründete Niegowici war eines der ältesten Dörfer Polens, lag aber in kirchlicher Hinsicht in der tiefsten Provinz. Seine kleine, von hohen Birken umgebene Holzkirche war im Jahr 1788 geweiht worden. Wojtyła traf am 28. Juli in dem Häuschen ein, das er mit Kaplan Kazimierz Ciuba teilen sollte. Beide unterstanden dem Gemeindepfarrer Kazimierz Buzała und sollten sich vor allem der Seelsorge und dem Religionsunterricht widmen.

In Niegowici gab es kein fließendes Wasser, keine Kanalisation und keine Elektrizität; die Zustände waren so primitiv wie in allen galizischen Dörfern. Kurz bevor Wojtyła dorthin versetzt worden war, hatte eine Überschwemmung in der gesamten Region Verwüstungen angerichtet; in und um Niegowici waren Häuser und Straßen schwer beschädigt worden. Die meisten von Wojtyłas Krakauer Freunden waren der Meinung, der alte Kardinal wolle ihn unverständlicherweise bestrafen; daß er in diese Dorfpfarrei gelangt war, sei für seine Priesterlaufbahn, die eben erst ihren Anfang genommen hatte, eine Sackgasse – insbesondere nach seinen akademischen Erfolgen am Angelicum.

Wojtyła zeigte jedoch nie ein Zeichen von Enttäuschung. Es ist fraglich, ob ihm bekannt war, daß Pfarrer Buzała von Sapieha sehr geschätzt wurde und daß einige der bedeutendsten Priester der Krakauer Erzdiözese in Niegowici gedient hatten. Dem Kardinal kam es offenbar darauf an, daß Wojtyła eine pastorale Grundausbildung erhielt.

Der junge Geistliche ging mit ungeheurer Energie und viel Begeisterung an seine Arbeit. Er war in vier Dörfern für den Religionsunterricht an der Grundschule zuständig; er las jeden Morgen die Messe, assistierte bei der sonntäglichen Messe, nahm die Beichte ab, machte Krankenbesuche, nahm Trauungen und Taufen vor. Zusammen mit seinem Amtsbruder Ciuba gründete Wojtyła den Gebetszirkel »Lebendiger Rosenkranz«. Er organisierte eine Theatergruppe und führte mit Laiendarstellern im katholischen Gemeindehaus zwei Stücke auf.

Wie üblich fand Wojtyła bald Freunde und Bewunderer. Er besuchte die Dörfer mit dem Pferdekarren oder zu Fuß, war immer ansprechbar und gut gelaunt. Wenn er auf dem Pferdekarren die holprigen Straßen entlangfuhr, las er meist ein Buch; wenn er zu Fuß unterwegs war, betete er. Als einer alten Witwe das Bettzeug gestohlen worden war, brachte er ihr sein Bettzeug und schlief auf dem bloßen Bettgestell.

Als Wojtyła von Gemeindemitgliedern um Rat gefragt wurde, wie sie den 50. Jahrestag von Pfarrer Buzałas Priesterweihe am besten feiern könnten, schlug er eine Sammlung zum Bau einer neuen Kirche in Niegowici vor. Die Gemeinde willigte ein, und im Jahr 1958 konnte Wojtyła als eben ernannter Bischof das neue Backsteingebäude einweihen.

Karol Wojtyła als Seelsorger
in der Pfarrgemeinde Niegowici (1948).

Über den Kontakt zu jungen Leuten freute sich Wojtyła ganz besonders, und dies war auch im weiteren Verlauf seines Lebens so. Er organisierte Gesprächskreise und sang an kalten Winterabenden mit den Jugendlichen Weihnachtslieder.

Mieczysław Maliński, der mehrmals in Niegowici war, hat Wojtyłas Beschreibung eines typischen winterlichen Besuchstages überliefert: »Du trägst die Soutane, einen Überzieher, das Meßgewand und das Birett und gehst auf Trampelpfaden durch den Schnee. Doch der Schnee setzt sich an der Soutane fest; er taut während des Aufenthalts in Gebäuden und gefriert wieder, wenn du im Freien bist. Um deine Beine bildet sich eine Glocke, die immer schwerer wird und dich beim Gehen behindert. Wenn es Abend wird, kannst du kaum noch ein Bein vor das andere setzen. Du mußt jedoch weitergehen, weil du weißt, daß Menschen auf dich warten ...«

Wojtyła warnte Maliński auch vor den Gefahren, die Priestern im dauernden Umgang mit ihren Gemeindemitgliedern drohen: »Die Beichte hat mit der Person zu tun, die vor dem Gitter kniet... Du kannst das nicht mit einer glatten Redewendung abtun. Du mußt einen Dialog beginnen, mußt die Angelegenheit ernst nehmen und herzliche Anteilnahme zeigen. Die Beichte ist die Krönung unserer apostolischen Tätigkeit... Und es geht darum, ob wir die apostolischen Werte bewahren können. Wenn ein Priester nicht von einem tiefen inneren Leben erfüllt ist, wird er sich unmerklich in einen Büroangestellten verwandeln, und sein Apostolat wird zu einer pfarramtlichen Büroroutine, bei der es nur darum geht, mit Alltagsproblemen fertig zu werden.«

Wojtyła erzählte Maliński, dieses Phänomen sei ihm in Frankreich aufgefallen, und er sei von dem »aufrichtigen Experiment« der Arbeiterpriester sehr beeindruckt gewesen. Dieses Experiment beschäftige ihn immer noch; er schreibe gerade einen Artikel darüber und hoffe, ihn veröffentlichen zu können.

Anfang Januar 1949 nahm Wojtyła an einem freien Tag den Zug nach Krakau und ging dort zur Wiślna Straße. In dem alten Eckgebäude unweit des Erzbischöflichen Palais stieg er die knarrende Treppe zum ersten Stock hinauf und betrat das Redaktionsbüro der katholischen

Wochenzeitung »Tygodnik Powszechny«. Den säuberlich zusammengefalteten Artikel hatte er in einem Umschlag unter dem Arm. Der Chefredakteur Jerzy Turowicz erinnerte sich an den »etwa dreißigjährigen Priester, der den ersten Artikel über die Mission de France brachte«. (In Wirklichkeit war Wojtyła damals achtundzwanzig.) Die beiden waren sich im Krieg einmal im Hause eines Freundes begegnet. »Wir fanden seinen Artikel über das Apostolat unter Arbeitern sehr interessant und setzten ihn sofort auf die erste Seite«, erzählte Turowicz. Das war der Anfang einer dreißig Jahre währenden Zusammenarbeit und der Beginn einer lebenslangen Freundschaft.

In jenem Winter kam Wojtyła noch einmal nach Krakau, um an der Theologischen Fakultät der Jagiellonischen Universität die Prüfung für den Magistergrad in Theologie abzulegen. Die Universität hatte sich bereit erklärt, die Teilnahme am Untergrundseminar, das Jahr an der wiedereröffneten Theologischen Fakultät und das Studium am Angelicum zu berücksichtigen und Wojtyła zu der Prüfung zuzulassen. Er erzielte hervorragende Noten und erhielt den Magistergrad.

Einen Monat danach verlieh ihm die Theologische Fakultät auf der Grundlage einer erweiterten Fassung seiner Dissertation über Johannes vom Kreuz den Doktorgrad der Theologie. (In Krakau war es nicht erforderlich, die Dissertation gedruckt vorzulegen.) Der Moraltheologe Władysław Wicher, der das Konzentrationslager Sachsenhausen überlebt hatte, lobte Wojtyła dafür, daß er »die psychologischen Aspekte der Glaubenserfahrung« aufgezeigt habe.

Wojtyła stellte seine eigene christliche Moral in Niegowici unter Beweis, als er sich weigerte, einen sechsjährigen Jungen zu taufen, den eine Frau aus dem Nachbardorf Dąbrowa zu ihm gebracht hatte. Die Frau hatte Wojtyła erzählt, der Junge sei ein jüdisches Kind, das sie aufgezogen habe, nachdem die Mutter im Krakauer Getto gestorben war.

Auf Fragen von Wojtyła räumte die Frau ein, daß in den Vereinigten Staaten Verwandte des Jungen lebten, unter ihnen eine Großmutter. Wojtyła war der Meinung, daß es »illoyal« und unmoralisch wäre, das Kind zu taufen. Er sagte, das Kind müsse zu seinen Verwandten nach Amerika geschickt werden. Der Junge fuhr dann im Juni an Bord des polnischen Linienschiffes *Batory* nach New York.

Am 17. März 1949 wurde Karol Wojtyła nach siebenmonatigem Dienst aus Niegowici abberufen. Kardinal Sapieha war zu dem Schluß gekommen, daß sein Zögling die pastorale Grundausbildung zufriedenstellend absolviert hatte und daß es Zeit für ihn war, den nächsten Schritt in seiner Laufbahn zu unternehmen.

Der Kardinal hatte für Wojtyła eine Stelle an der Florianskirche in Krakau vorgesehen. Das aus dem 12. Jahrhundert stammende Gotteshaus gehörte zu den ältesten Kirchen der Stadt. Als Wojtyła dort Ende April seinen Dienst antrat, stellte er fest, daß die Florianskirche von vielen Universitätsstudenten besucht und von bestimmten Bevölkerungsschichten bevorzugt wurde.

Sapieha war der Meinung gewesen, daß Wojtyła nach seinem Pastoralaufenthalt auf dem Lande mit gehobenen städtischen Kreisen in Berührung kommen sollte und daß er mit seinen Hochschulerfahrungen gut in dieses akademische Milieu passen würde. Der Kardinal war der Überzeugung, daß die katholische Kirche angesichts der Vergesellschaftungsbemühungen des Regimes die Aufgabe hatte, Studenten und Intellektuelle an sich zu ziehen und ihnen ein Zuhause zu bieten.

Für Wojtyła war die Stelle ideal. Seine akademischen Interessen waren dort ebenso nützlich wie seine Freude am Umgang mit jungen Leuten. Er hatte genug Freiheit, um Pastoralmethoden neuer Art anzuwenden, und er kam mit der kulturellen und intellektuellen Elite Krakaus in Verbindung. Die Florianskirche brachte ihn in dieser neuen Phase seiner Laufbahn einen bedeutenden Schritt voran.

Daß die studentische Jugend mit der Kirche in Verbindung kam, war für den Kardinal auch unter politischen Aspekten von Bedeutung. Trotzdem – und obwohl die Krakauer Intellektuellen politisch stark engagiert waren – gibt es in Wojtyłas Schriften und in seinen öffentlichen und privaten Äußerungen aus der damaligen Zeit keinen Hinweis darauf, daß er irgendeine politische Richtung unterstützt hätte. Daran war an sich nichts Ungewöhnliches, denn die Krakauer Gesellschaft konnte Wojtyła sehr wohl als einen priesterlichen Gelehrten betrachten. Es gehörte jedoch gleichzeitig zum Verhaltensmuster einer Person, die als »unpolitisch« gelten wollte. Dieses Verhaltensmuster sollte sich für die absehbare Zukunft als recht nützlich erweisen. Wojtyła verstand sich auf die Kunst, politisch unauffällig zu sein.

Tadeusz Kurowski, der Gemeindepfarrer von St. Florian, war selbst ein Gelehrter; er hatte Wojtyła in der Kriegszeit am Untergrundseminar unterrichtet. In seiner Kirche war Wojtyła der Studentenkaplan, während Czesław Obtułowicz für die Oberschüler zuständig war.

Im Umgang mit Intellektuellen, Künstlern und Studenten verstand es Wojtyła, sich und seiner Kirche einen immer größer werdenden Freundes- und Bekanntenkreis zu erschließen. Dieses »Wojtyła-Milieu«, wie es später genannt wurde, blieb auch nach seiner Wahl zum Papst bestehen.

Wojtyła versah in der Pfarrkirche seinen Dienst und widmete sich daneben seinen Aufgaben bei den Studenten: besondere Gottesdienste und Andachten, Vorträge und Diskussionen in der Sakristei der Florianskirche sowie Besuche in den Studentenwohnheimen und Studentenbuden. Er ging mit Studenten ins Theater und ins Kino, spielte Schach mit ihnen und nahm sie auf Bergtouren mit.

Hunderte von Studenten und Studentinnen kamen in die Florianskirche, wenn Wojtyła vorösterliche Exerzitien abhielt oder bei besonderen Anlässen predigte. Er stellte einen Chor für Gregorianischen Gesang zusammen, und seine Bemühungen wurden in der Florianskirche am 5. Mai 1951 mit einer von Studenten gesungenen Gregorianischen Messe gekrönt.

In seiner zweieinhalbjährigen Dienstzeit an der Florianskirche war Wojtyła stets voller Tatkraft. Er entwickelte neue Ideen, um auch die Eltern der Studenten ins kirchliche Geschehen einzubeziehen.

Kardinal Sapieha, Wojtyłas wichtigster Gönner und Förderer, starb am 23. Juli 1951 im Alter von fünfundachtzig Jahren. Zehntausende weinten in den Straßen von Krakau, als sich der Trauerzug zur Wawel-Kathedrale hinaufbewegte. Karol Wojtyła war untröstlich. Offenbar hatte der Kardinal jedoch Erzbischof Eugeniusz Baziak, der aus Lemberg hergekommen war, um ihm zur Seite zu stehen und in der Erzdiözese seine Nachfolge zu übernehmen, den Auftrag erteilt, sich um Wojtyłas Zukunft zu kümmern.

Erzbischof Baziak, der die Erzdiözese Krakau nur zeitweilig verwaltete, kam diesem Auftrag nach. Am 11. November 1951 wies er Wojtyła an, sich für zwei Jahre vom priesterlichen Dienst beurlauben zu lassen und an seiner Habilitation zu arbeiten. Wojtyła ersuchte darum, beide Aufgaben gleichzeitig wahrnehmen zu dürfen. Baziak lehnte dies jedoch ab; er teilte Wojtyła mit, nicht mit dem Studium zusammenhängende Vorhaben müßten einzeln genehmigt werden. Der Erzbischof erlaubte Wojtyła jedoch, in der Katharinenkirche die Messe zu lesen und in der Florianskirche den Kontakt mit den Studenten aufrechtzuerhalten. Bei seiner neuen Aufgabe hatte Wojtyła Zeit für seine persönlichen Neigungen. Schon zuvor hatte er wieder Gedichte geschrieben, an einem neuen Drama gearbeitet und Aufführungen des »Rhapsodischen Theaters« besucht, an dem sein Freund Kotlarczyk immer noch Regie führte. Wegen seiner Kurzsichtigkeit trug Wojtyła jetzt eine Hornbrille. Aus seiner Zeit als Priester, Bischof und Kardinal in Krakau gibt es Tausende von Fotos, auf denen er mit Brille abgebildet ist. Es gibt jedoch keine Aufnahmen von öffentlichen Auftritten Johannes Pauls II., die ihn mit Brille zeigen.

Wojtyła zog aus dem Pfarrhaus von St. Florian in die unterhalb der Wawel-Burg gelegene Wohnung des bekannten Theologen Ignacy Różycki, der an der Jagiellonischen Universität eine Professur hatte. Auch dies war von Erzbischof Baziak angeordnet worden. An seiner Habilitationsschrift arbeitete Wojtyła meist zu Hause. Seine Freundschaften mit Intellektuellen pflegte er auch bei kurzen Urlaubsaufenthalten in den Karpaten, bei denen Skifahrten, Wanderungen und Radtouren gemacht wurden.

Das »Lied von der spiegelnden Wasseroberfläche«, Wojtyłas erstes bedeutendes Gedicht der Nachkriegszeit, wurde im Mai 1950 von seinem neuen Freund Jerzy Turowicz in »Tygodnik Powszechny« veröffentlicht. Es erschien unter dem Pseudonym Andrzej Jawień, das Wojtyła bei dieser Gelegenheit erstmals benutzte.

Das Gedicht ist ein lyrisches Gebet, das die Suche nach Gott und dem Glauben in den Tiefen des Wassers besingt. Es gründet auf den – im Johannesevangelium enthaltenen – Worten Jesu am Brunnen Jakobs an eine samaritische Frau: »Wer von diesem Wasser trinkt, den wird wieder dürsten; wer aber von dem Wasser trinken wird, das ich ihm gebe, den wird in Ewigkeit nicht dürsten.« Das Gedicht ist vom selben Geist getragen wie Wojtyłas Reflexionen über die »dunklen Nächte« des Johannes vom Kreuz, in denen dieser nach dem Glauben strebte. Es führt zu der Entdeckung, daß das Wasser des Brunnens Gott widerspiegelt, und schließt mit den Worten: »Ich werde nicht fähig sein, Dich ganz in mich aufzunehmen, aber ich möchte, daß Du auf der spiegelnden Wasseroberfläche bleibst als Blätter und Blumen von oben ...«

Das »Lied von der spiegelnden Wasseroberfläche« dürfte mit seiner schlichten Sprache eines von Wojtyłas gelungensten und eindringlichsten Gedichten sein. Turowicz veröffentlichte in »Tygodnik Powszechny« sowohl Gedichte als auch Prosa von Karol Wojtyła. Außer ihm wußten nur wenige, daß der Jawień der Gedichte mit dem Wojtyła der Artikel identisch war.

Über einen Zeitraum von fünf Jahren hinweg, der mit seinem Dienstantritt in der Florianskirche endete, hatte Wojtyła an einem Dreiakter mit dem Titel »Bruder unseres Gottes« gearbeitet. Dieses Stück ist sein interessantestes und sowohl unter sozialen als auch religiösen Aspekten sein wichtigstes Werk. Es wurde erst Ende 1979 veröffentlicht und ist weithin unbekannt geblieben.

Da Wojtyła durch seine Arbeit als Schauspieler und Regisseur mit dem Theater eingehend vertraut war, war er auch ein kompetenter Stückeschreiber. Er hat ein Ohr für die Sprache, auch für umgangssprachliche Wendungen; seine Dialoge sind flüssig und wirken natürlich. Die Regieanweisungen, die Angaben zum Ort der Handlung sowie die Szenenwechsel sind vollkommen professionell.

Als Wojtyła am Entwurf seines Dramas arbeitete, hatte die kommunistische Machtübernahme in Polen bereits stattgefunden – angeblich im Namen der sozialen Gerechtigkeit. Er wollte offenbar zeigen, daß die Armen im Westen und in der Dritten Welt vom Kapitalismus unterdrückt werden; was er dem entgegensetzte, war eine *christliche* Sozialrevolution.

»Bruder unseres Gottes« ist die wahre Geschichte des bohemienhaften Krakauer Malers Adam Chmielowski. Er erlebte um die Jahrhundertwende eine religiöse Offenbarung und widmete sich fortan den

Armen und Elenden der Stadt. Er nannte sich Bruder Albert und gründete einen religiösen Orden, der unter dem Namen Albertinische Franziskaner oder Albertinische Brüder und Schwestern bekannt wurde. Deren Bestreben war es, den Armen und Obdachlosen Unterkünfte zur Verfügung zu stellen.

Bruder Albert war für Wojtyła ein ausgezeichneter Protagonist. Er war nicht nur ein Mann Gottes, ein Intellektueller und Künstler, sondern auch ein polnischer Patriot; er hatte 1863 am Aufstand gegen Rußland teilgenommen und dabei ein Bein verloren. In den ersten Jahren des 20. Jahrhunderts war Bruder Albert mit seinem weißen Bart und seinem Holzbein auf den Straßen Krakaus eine bekannte Gestalt gewesen; er war mit einem Handwagen durch die Stadt gezogen und hatte Altkleider und Lebensmittel für seine »Gäste« gesammelt. Er starb 1916 im Alter von einundsiebzig Jahren und wurde in der Krakauer Karmeliterkirche beigesetzt. Im Jahr 1963 enthüllte Wojtyła dort eine Gedenktafel für Bruder Albert. Als Papst sprach er ihn im Jahr 1989 heilig.

In seinem Stück zeigt Wojtyła zuerst, wie der Maler den Hungrigen und Heimatlosen in seiner Krakauer Wohnung Unterkunft gewährt. Der Maler sagt zu seinen Freunden: »Wir dürfen es nicht zulassen, daß sich eine Menschenmasse in Nachtlagern zusammendrängt, ein fast tierisches Leben führt und nichts als Hunger und Furcht empfindet...«

Die göttliche Erleuchtung, daß er sich den Notleidenden widmen muß, weil diese nicht nur Mitleid verdienen, sondern ein Recht auf ein einigermaßen erträgliches Leben haben, erhält der Maler bei einer Begegnung mit einer Person ohne Namen. Zuerst wird er bei einem seiner Besuche im verdreckten städtischen Obdachlosenasyl verhöhnt und verspottet; daß er »gnädigerweise« Kleidung und Lebensmittel herbeischaffe, sei herablassend und entwürdigend. Die namenlose Person, der er dann begegnet, erinnert stark an Jan Tyranowski.

Eine andere Gestalt spottet über die Almosen der Reichen: »Da eine Münze, dort eine Münze, für das Recht, seelenruhig Millionen besitzen zu dürfen: Bankguthaben, Wälder, Bauernhöfe, Pfandbriefe, Aktien... Und das bedeutet für andere, wie ein Tier zu schuften, zehn, zwölf oder sechzehn Stunden am Tag, für einen roten Heller und für die Hoffnung auf einen zweifelhaften Trost, der nichts ändert. Im Laufe der Jahrhunderte hat sich bei den Menschen eine mächtige, herrliche Wut aufgestaut, eine schöpferische Wut...«

Diese Wut ist ein durchgehendes Thema des Stückes. Eine Gestalt, die »Der Sprecher« heißt, sagt den Heimatlosen im Asyl: »Auch für euch gelten die Menschenrechte.«

Er fährt fort: »Ich bin hierhergekommen, um das, was in euch schlummert, zu wecken. Ich weiß, daß ihr alle das gleiche denkt wie ich. Aber keiner traut sich, es laut zu sagen. Warum ist das so? Wieso bietet ihr nicht die Kraft auf, die in euch steckt? Warum laßt ihr euch von der Armut niederschmettern und unterdrückt euer berechtigtes Aufbegehren? Warum verharrt ihr in stillem Zorn?«

»Fürchtet euch nicht!« ruft »Der Sprecher«. »Laßt euren Zorn zum Vorschein kommen...« Die – von Jesus stammenden – Worte »Fürchtet euch nicht!« sollte Johannes Paul II. etwa dreißig Jahre danach in seiner ersten an die ganze Welt gerichteten Ansprache verwenden.

Nach einer Reihe von Jahren erfährt Bruder Albert, daß in der Krakauer Innenstadt die Strom- und Gasversorgung unterbrochen worden ist, daß viele die Arbeit niedergelegt haben, um sich Demonstrationen anzuschließen.

»Das Pulver ist dort angesammelt worden«, sagt Bruder Albert, »und es war nur noch ein Funke nötig. Ich habe es seit langem gewußt. Es mußte geschehen. Ich kannte den Zorn! Den großen Zorn! Den gerechten Zorn!... Dieser Zorn muß explodieren, besonders dann, wenn er so groß ist!«

Im Mittelpunkt von Wojtyłas Drama steht die religiöse Erfahrung der Erleuchtung. Das Stück enthält aber auch eine nachdrückliche Rechtfertigung der von einem christlichen Ethos getragenen Revolution. Als Wojtyła in der unmittelbaren Nachkriegszeit »Bruder unseres Gottes« schrieb, konnte er nicht ahnen, daß ein Jahrzehnt später mit fast denselben Worten Aufrufe zum revolutionären Handeln im Namen Gottes und der sozialen Gerechtigkeit in Lateinamerika von römisch-katholischen Priestern ergehen sollten, die die neue »Theologie der Befreiung« predigten.

Als Papst sollte Wojtyła später Elemente dieser Theologie ablehnen, die ihm marxistisch erschienen. Als Priester im Polen der fünfziger Jahre lernte er allmählich die Zerstörungen kennen, die marxistische Kräfte in der Kirche seines Heimatlandes anrichteten.

10

Am 20. Januar 1951, neun Monate nach der Unterzeichnung des Abkommens zwischen Regierung und Kirche, wurde Czesław Kaczmarek, der Bischof der Diözese Kielce, von der Geheimpolizei unter dem Vorwurf des Landesverrats und der Spionage festgenommen. Erst nach zwei Jahren Haft wurde er dann vor Gericht gestellt und zu zwölf Jahren Gefängnis verurteilt.

Mit der Verhaftung Kaczmareks leitete das Regime eine Verfolgungs- und Einschüchterungskampagne gegen die polnische Kirche ein. Diese Kampagne erreichte jedoch nie das Ausmaß des antikirchlichen – und sonstigen – Terrors in anderen osteuropäischen Ländern. Ihr Ziel schien eher die Beherrschung als die Zerstörung kirchlicher Strukturen in Polen zu sein, und beide Seiten hielten sogar in schlimmen Zeiten ihren Dialog aufrecht.

Erzbischof Wyszyński wurde im Februar 1951 eine Romreise zu einer Audienz bei Pius XII. gestattet; dies war der erste Rombesuch des Primas seit seiner Ernennung. Vor seiner Abreise und nach seiner Rückkehr konferierte Wyszyński in Warschau etwa drei Stunden lang mit Präsident Bierut.

Im Vatikan hatte der Primas Gelegenheit, dem extrem konservativ eingestellten Unterstaatssekretär Kardinal Tardini mitzuteilen, daß sein Vorwurf, polnische Bischöfe hätten dem Kommunismus gegenüber eine zu weiche Haltung, unangebracht war. Wyszyński bemühte sich, Tardini und dem Papst die Verhältnisse hinter dem Eisernen Vorhang zu erklären und die Vorkehrungen zu erläutern, die er zum Schutz der Kirche getroffen hatte.

Ein Jahr danach hielt Wyszyński bei einer Diskussion mit Journalisten diesen Hinweis für angebracht: »Das Martyrium ist zwar immer eine Gnade und eine Ehre, aber ich betrachte es angesichts der gegenwärtigen Notlage des katholischen Polen als eine letzte Zuflucht.« Er fügte hinzu: »Ich möchte, daß meine Priester am Altar, auf der Kanzel und im Beichtstuhl sind – nicht im Gefängnis.«

Das Regime behinderte damals die Glaubensausübung nicht und ließ die meisten großen Prozessionen und Wallfahrten unbehelligt, auch die zur Schwarzen Madonna von Tschenstochau. Dort hielt der Primas am Himmelfahrtsfest des Jahres 1952 eine Predigt über die Menschenrechte und die Rechte der Kirche.

In Krakau konnte Kaplan Wojtyła ungestört seinen pastoralen Verpflichtungen nachgehen, selbst als das Regime seine Kampagne mit der Verhaftung einzelner kirchlicher Würdenträger verstärkte. Einer von ihnen war Tadeusz Kurowski, der Gemeindepfarrer von St. Florian. Es ist nicht bekannt, daß Wojtyła öffentlich gegen die immer weiter um sich greifende Verfolgung polnischer Geistlicher protestiert hätte. Der Primas in Warschau verurteilte das Vorgehen des Regimes.

Es ist nicht ganz klar, wieso die Kampagne gerade zu jenem Zeitpunkt durchgeführt wurde. Manche Historiker sind der Meinung, Bierut und seine Bundesgenossen, zu denen auch der Innenminister und Sicherheitschef Jakub Berman gehörte, hätten dieses Vorgehen wegen der Scharfmacher in ihrem eigenen Parteiapparat und wegen der Sowjetunion für notwendig erachtet. Die sowjetische Parteizeitung »Prawda« zum Beispiel ritt ständig Attacken gegen Wyszyński. Zudem war im Juni 1950 der Koreakrieg ausgebrochen, durch den sich der Ost-West-Konflikt verschärfte.

Die Gruppe um Bierut mag zu dem Schluß gekommen sein, daß gelegentliche Verhaftungen kirchlicher Würdenträger der Preis dafür seien, daß es keinen umfassenden Feldzug gegen die Kirche gab und daß der Dialog mit dem Primas und dessen Beratern fortgeführt wurde. Diese Politiker waren sich wohl im klaren darüber, daß eine direkte Konfrontation mit der Kirche angesichts der Stärke des polnischen Katholizismus katastrophale Folgen gehabt hätte. Und in gewisser Hinsicht befanden sich beide Seiten in einer vergleichbaren Lage: Während Wyszyński Pius XII. gegenüber Rechenschaft ablegen mußte, mußte Bierut Stalin gegenüber Rechenschaft ablegen.

Die Verhaftungen und Einschüchterungsmaßnahmen gingen weiter. Antoni Słomkowski, der Rektor der Katholischen Universität in Lublin, wurde Anfang 1951 verhaftet, doch der Universitätsbetrieb blieb weitgehend verschont. In der Diözese Włocławek, in der Wyszyński nach dem Krieg seine erste Stelle innegehabt hatte, wurden im Frühjahr 1951 neun Priester inhaftiert.

Im Jahr 1952 trat eine erhebliche Verschlimmerung der Situation ein. Die polnische Kirche und das Regime gerieten in der Auseinandersetzung um das Ernennungsverfahren für Bischöfe in eine Sackgasse; die Hauptstreitpunkte waren die Diözesen Krakau und Kattowitz. Die Kirche bestand auf dem kanonischen Recht des Papstes, Bischöfe aus Listen auszuwählen, die ihm der Primas vorlegte. Das Regime beanspruchte ein Vetorecht und konnte sich schließlich durchsetzen.

Das Regime konnte Bischöfe, die ihm nicht genehm waren, aus dem Amt entfernen, notfalls mit Gewalt. Einige wurden auch verhaftet. In Kattowitz wurden Bischof Stanisław Adamski und zwei Weihbischöfe aus ihren Ämtern entfernt. In Krakau ließ das Regime im November 1952 sogar Erzbischof Baziak sowie den Weihbischof Stanisław Rospond verhaften.

Um das formelle Weiterbestehen der Erzdiözese zu sichern, wählte die Krakauer Kirchenführung im Dezember Bischof Franciszek Jop aus Sandomierz zum zeitweiligen Stellvertreter Baziaks. Das Regime akzeptierte diese Wahl, weil die Prozedur seinen Regeln entsprach: Der Papst hatte bei Jops Versetzung nicht mitgewirkt.

Die katholische Kirchengemeinde in Krakau reagierte auf die Festnahme Baziaks mit Erschütterung. Von Karol Wojtyła, der an seiner Habilitationsschrift arbeitete, gab es jedoch keine öffentliche Äußerung zu diesem Thema. Er fuhr kurz danach mit Freunden in die Tatra zu seinem ersten Skiaufenthalt im Hochgebirge.

Bald darauf bekam der Primas persönlich die feindselige Haltung des Regimes zu spüren. Am 29. November, zwei Wochen nach der Verhaftung von Baziak und Rospond, erfuhr Wyszyński, daß ihn Pius XII. zum Kardinal ernannt hatte. Zweifellos sollte dies dazu dienen, das Prestige der polnischen Kirche angesichts des kommunistischen Ansturms zu stärken (seit Sapiehas Tod gab es in Polen keinen Kardinal). Das

Regime weigerte sich aber, dem Primas einen Paß auszustellen, den er benötigte, um den Kardinalspurpur in Rom aus der Hand des Papstes empfangen zu können.

Verärgert waren die Machthaber auch wegen Wyszyńskis Widerstand gegen die neue Verfassung der Volksrepublik Polen, die von kommunistischen Experten entworfen worden war. Er hatte dagegen protestiert, daß die Kirche nicht als öffentliche Einrichtung anerkannt wurde und der Verfassungstext keine Garantie für ihre freie Betätigung enthielt. Angesichts des weltweit akzeptierten Prinzips der Trennung von Kirche und Staat nahm Wyszyński damit eine juristisch fragwürdige Position ein. Die allgemein gehaltenen Aussagen der Verfassung über die freie Glaubensausübung genügten Wyszyński nicht; er fühlte sich verpflichtet, für die Rechte der Kirche zu kämpfen und setzte alle Mittel ein, die ihm zur Verfügung standen. Er erreichte jedoch wenig. So wurde die Zeitung »Tygodnik Powszechny« von der Zensur daran gehindert, ein Memorandum des Episkopats zum fraglichen Thema zu veröffentlichen. Und am 22. Juli 1952 wurde die Verfassung vom Parlament gebilligt.

Im Jahr 1953 verschlimmerte sich die Situation noch mehr. Im Januar wurden vier Priester und drei Laienhelfer der Erzdiözese Krakau vor ein Militärgericht gestellt; ihnen wurde vorgeworfen, in Zusammenarbeit mit dem amerikanischen Geheimdienst CIA Spionagetätigkeiten und subversive Aktivitäten ausgeübt sowie illegalen Handel mit ausländischen Währungen getrieben zu haben. Unter dem kommunistischen Regime war dies der erste große Schauprozeß gegen den polnischen Klerus. Am Ende des fünftägigen Prozesses wurden Pfarrer Józef Lelito und zwei der Laienhelfer zum Tode verurteilt; die Urteile wurden jedoch nicht vollstreckt. Die übrigen Angeklagten erhielten lange Gefängnisstrafen.

Stalin starb am 5. März 1953. Wer darauf hoffte, daß die Lage sich nun entspannen werde, wurde enttäuscht. Es kam zu einer Kontroverse, als die – von der Krakauer Erzdiözese finanzierte – Zeitung »Togydnik Powszechny« sich weigerte, einen Nachruf auf Stalin zu veröffentlichen. Jerzy Turowicz und die anderen Redakteure waren der Meinung, wenn man über Stalin nichts Gutes sagen könne, sei es besser, gar nichts zu sagen.

Die Zensoren des Regimes verhängten daraufhin ein Erscheinungsverbot, das bis zu dem Zeitpunkt gelten sollte, an dem die Redaktion sich bereit erklärte, einen lobenden Nachruf auf Stalin zu veröffentlichen. Drei aufeinanderfolgende Ausgaben wurden konfisziert. In der dritten war ein Interview abgedruckt, das Turowicz mit Primas Wyszyński geführt hatte; die Redakteure gewannen daraus den Eindruck, daß es unter den gegebenen Umständen zwecklos war, sich für ein Fortbestehen des Blattes einzusetzen. Zum selben Zeitpunkt verlangte die Regierung als Voraussetzung für ein weiteres Erscheinen der Zeitung die Entlassung des Chefredakteurs Turowicz sowie eines weiteren leitenden Redakteurs. Als diese Forderung abgelehnt wurde, legte die Geheimpolizei den Zeitungsbetrieb still und verschloß die Redaktionsräume. Bald danach erschien das Wochenblatt wieder unter seinem alten Namen; die Regierung hatte es der regimetreuen katholischen Organisation »PAX« übergeben, die mit den ebenfalls regimetreuen »Patriotischen Priestern« in Verbindung stand.

»PAX« verfügte über einen eigenen Zeitungs- und Buchverlag, der während der folgenden drei Jahre der einzige offiziell genehmigte Publikationsort des Katholizismus in Polen sein sollte. Bedauerlicherweise waren viele katholische Intellektuelle bereit, für »PAX«-Publikationen zu schreiben; sie sagten zu ihrer Rechtfertigung, es sei besser, dort gedruckt zu werden als gar nicht. Zu den »PAX«-Mitgliedern gehörte Tadeusz Mazowiecki, der damals ein bekannter Linkskatholik war und im Jahr 1989 der erste postkommunistische Ministerpräsident Polens wurde. Als sich Mazowiecki 1991 um das Präsidentenamt bewarb, unterstützten Vatikankreise seinen Gegenkandidaten Lech Wałęsa, der die Wahl gewann.

Karol Wojtyła, der in »Tygodnik Powszechny« zahlreiche Artikel und Gedichte veröffentlicht hatte, schrieb keine Beiträge mehr, als das Wochenblatt unter neuer Leitung stand. Vorher waren von ihm noch ein langes Gedicht sowie drei Artikel erschienen: »Instinkt« und »Liebe und Ehe« im Jahr 1952 sowie Anfang 1953 »Die religiöse Erfahrung der Reinheit«.

Die Artikel bildeten den Anfang seiner eingehenden Beschäftigung mit der christlichen Sexualethik. Im ersten Beitrag vertrat Wojtyła die Auffassung, um der »ethischen Reinheit« willen müsse der Sexualtrieb der Fortpflanzung und dem Fortbestehen der menschlichen Spezies dienen. Von daher sei es ethisch vertretbar, daß der Sexualtrieb bei der Verfolgung seiner richtigen Ziele Lust bereite. Wojtyłas nächster Kernpunkt war, daß die Liebe zwischen Mann und Frau auch für die »ethisch reine« Sexualität die Voraussetzung bilde; die Liebe müsse jedoch durch die Ehe geheiligt werden.

Im Verlauf der immer schärfer werdenden antikirchlichen Kampagne wurde Bischof Kaczmarek – wie schon erwähnt – zwei Jahre nach seiner Verhaftung zu einer Gefängnisstrafe von zwölf Jahren verurteilt. Das Urteil erging am 22. September 1953. Drei Tage danach wurde Kardinal Wyszyński in seiner Residenz in Warschau von der Geheimpolizei verhaftet. Nach einer nächtlichen Fahrt wurde Wyszyński im Kapuzinerkloster Rywałd unter polizeilicher Bewachung interniert.

An dem Abend, als der Primas verhaftet wurde, ging für Wojtyła in den Karpaten ein zehntägiger Aufenthalt, an dem auch Studenten teilnahmen, zu Ende. Dabei hatte er zum erstenmal bei einem Ausflug eine Messe im Freien gefeiert. Zuvor hatte Wojtyła mit neun Studenten auf der Brahe eine fünftägige Paddelbootfahrt unternommen.

Das Jahr über hatte er sich mit seiner Habilitationsschrift befaßt und Vorträge zu den Themenkreisen Familie und Sexualität gehalten. Das Thema seiner Habilitationsschrift lautete: »Möglichkeiten der Entstehung einer christlichen Ethik in Anlehnung an das ethische System von Max Scheler«. Die 175 maschinengeschriebene Seiten umfassende Arbeit wurde vom Rat der Theologischen Fakultät der Jagiellonischen Universität am 12. Dezember 1953 einstimmig gebilligt. Ein Titel konnte Wojtyła aber nicht verliehen werden, weil das Erziehungsministerium in Warschau der Universität die Genehmigung verweigerte. Das Regime sah es nicht gern, daß Priester hohe akademische Grade erhielten.

Max Scheler, dessen Philosophie Wojtyła untersucht hatte, war ein Vertreter der Phänomenologie Edmund Husserls. Eine enge Mitarbeiterin Husserls war die jüdische Gelehrte Edith Stein, die zum Katholi-

Karol Wojtyła während einer Paddelbootfahrt 1955.

zismus konvertierte und unter dem Namen Theresa Benedikta vom Kreuz Nonne wurde. Sie wurde im Konzentrationslager Auschwitz ermordet. Johannes Paul II. sprach sie kurz nach seiner Wahl zum Papst selig.

Wojtyła kam in seiner Arbeit zu dem Ergebnis, daß Schelers ethisches System keine geeignete Grundlage für die christliche Ethik darstelle. Trotz des großen Respekts, den er für Scheler hege, seien dessen Ideen im gegebenen Zusammenhang nicht akzeptabel. Scheler habe Gott nicht ausdrücklich als »das exemplarische Wesen« anerkannt und die Rolle des Gewissens in der Moralität des Menschen nicht ausreichend berücksichtigt.

Als die Arbeit an der Habilitationsschrift hinter ihm lag, dozierte Wojtyła zunächst an der Theologischen Fakultät der Jagiellonischen Universität. Im Oktober 1954 schloß die Regierung jedoch die Theologische Fakultät; sie wurde Teil der Theologischen Abteilung der Warschauer Universität, die dem Regime gegenüber wesentlich gefügiger war. Wojtyła erklärte sich daraufhin bereit, an den Seminaren in Krakau, Kattowitz und Tschenstochau katholische Sozialethik zu unterrichten und gelegentlich an der Katholischen Universität in Lublin sowie in der Florianskirche und im Konvent der Ursulinerinnen in Krakau Vorträge zu halten. Dadurch war er ständig unterwegs.

Wojtyła muß in jeder Beziehung ein höchst ungewöhnlicher Lehrer gewesen sein. Pfarrer Romuald Waldera, der einst am Krakauer Seminar studierte, weiß folgendes zu berichten:

»Er erschien in einem Aufzug zum Unterricht, der sich von dem eines typischen Krakauer Professors stark unterschied. Statt eines respektablen schwarzen Hutes hatte er eine lederne Fliegermütze auf dem Kopf. Über seiner Soutane trug er einen dunkelgrünen Mantel aus einem Stoff, der wohl für eine Decke gedacht gewesen war... In der Pause ging er nach oben in die Kapelle und kniete dort auf dem harten Fußboden nieder, obwohl genügend gepolsterte Prie-dieux dastanden. Beim Dozieren ging er vor uns auf und ab; zwischendurch blieb er stehen und schaute uns an, weil er sicher sein wollte, daß wir verstanden hatten, was er uns zu erklären versuchte. Bei den Prüfungen hatten wir den Eindruck, daß er litt. Er nahm seine Brille ab, rieb sich die Stirn und stellte langsam eine Frage nach der anderen. Eine Zensur gab er erst nach langem Nachdenken …«

Im Jahr 1955 fuhr Wojtyła mit seinem dichtgedrängten Programm fort. Er dozierte im Frühjahr in Krakau und Lublin, unternahm Anfang August mit Studenten eine Gebirgstour, fuhr von Ende August an mit dreizehn Studenten drei Wochen lang in Kanus auf der Drau und machte anschließend von Krakau aus eine Radtour zur Schwarzen Madonna von Tschenstochau. Nach seiner Rückkehr hielt er Vorlesungen über Sozialethik und Moraltheologie.

11

Das Jahr 1956 sollte für Polen wie auch für Karol Wojtyła einen Wendepunkt darstellen.

Zuerst wurde er Anfang Februar zu einem Vortrag vor Novizinnen in einen Konvent in der galizischen Kleinstadt Szymanów eingeladen. Wojtyła teilte den Nonnen mit, daß er mit dem Zug aus Krakau um 18 Uhr 30 eintreffen werde, und diese schickten eine Pferdekutsche zum Bahnhof, die ihn abholen sollte. Doch es gab einen Temperatursturz, und die Züge hatten Verspätung. Den Rest der Geschichte erzählt die Oberin:

»Die Pferdekutsche, die den Konvent um 17 Uhr 30 verlassen hatte, kam um 23 Uhr unverrichteter Dinge zurück. Wie sich später herausstellte, legte der Priester um 2 Uhr morgens den ganzen Weg vom Bahnhof zum Konvent bei 25 Grad Kälte zu Fuß zurück. Als er das Tor des Konvents erreichte, war dieses verschlossen. Eine halbe Stunde lang ging er um das Gebäude herum und klopfte an alle Türen, bis Schwester Idalia ihn schließlich hörte. Da alle Türschlösser des Gebäudes zugefroren waren, führte sie unseren armen Gast vom angrenzenden Haus aus über den Dachboden zu seinem Zimmer. Unser Gast war zum Glück nicht verärgert, und alles verlief sehr zufriedenstellend.«

Die restliche Winterzeit und das Frühjahr über hielt Wojtyła Vorlesungen und leitete Diskussionen, ging in der Tatra Skilaufen und unternahm mit Studenten Wanderungen. Als das Wetter wärmer wurde, machte er Kajakfahrten.

Er hielt sich in Krakau auf, als es am 28. Juni in der Industriestadt Posen zu Arbeiterunruhen und Zusammenstößen mit den Sicherheitskräften kam. Es war die härteste Konfrontation, die das Regime seit seinem Machtantritt erlebt hatte. Zehntausende von Arbeitern verlangten höhere Löhne und bessere Lebensbedingungen; sie marschierten zum Freiheitsplatz in der Innenstadt und sangen dabei patriotische Weisen und Kirchenlieder.

Die Polizei und die Armee gingen gegen die erboste Menge vor und schossen auf sie. Während des dreitägigen Aufstands wurden vierundfünfzig Menschen getötet und über zweihundert verletzt. Daß Sicherheitskräfte der »Volksrepublik« unter der arbeitenden Bevölkerung ein Blutbad anrichteten, hatte es in Polen noch nie gegeben.

Von Juli bis Oktober verschärften sich die Spannungen. Unterstützt von oppositionellen Intellektuellen und einem Großteil der Öffentlichkeit in den Städten, sagten kommunistische Liberale den an der Macht befindlichen Vertretern eines harten Kurses den Kampf an. (Ein kommunistischer Liberaler zu sein, war zu jenem Zeitpunkt und auch später nichts Widersprüchliches.) Es kam sogar so weit, daß das gesamte kommunistische Herrschaftssystem in Frage gestellt wurde. Und damit wurde die militärische Macht der Sowjetunion herausgefordert.

Bolesław Bierut, der polnische Präsident und Generalsekretär der PZPR, den der Heilige Stuhl wegen der Verhaftung von Primas Wyszyński exkommuniziert hatte, war im März 1956 gestorben. Sein Nachfolger als Parteichef wurde der unbedeutende Edward Ochab. Als neue politische Kraft Polens tauchte Władysław Gomułka auf, eine relativ gemäßigte, aber umstrittene kommunistische Führungsfigur. Er war acht Jahre zuvor als Generalsekretär entmachtet worden und hatte seitdem unter Hausarrest gestanden. Gomułka wurde nun als Retter der Nation gefeiert, und Mitte Oktober traten die Entwicklungen in eine entscheidende Phase.

Als Moskau es untersagt hatte, die Hardliner zu entfernen und durch Gomułka zu ersetzen, gelang es kommunistischen Liberalen, General Wacław Komar zum Befehlshaber von Spezialeinheiten der Sicherheitskräfte zu machen, die auch über Panzerfahrzeuge verfügten. Komar, selbst ein kommunistischer Liberaler, hatte mehrere Jahre im Gefängnis verbracht und war bereit, seine Truppen im Falle eines Einmarsches gegen die Sowjets einzusetzen.

Am 19. Oktober traf Nikita Chruschtschow, der Erste Sekretär der KPdSU, mit Spitzenfunktionären in Warschau ein. Er mußte zu seiner

Empörung feststellen, daß Gomułka kurz zuvor wieder in seine alte Position eingesetzt worden war. Bei dem eintägigen Treffen im Präsidentenpalais kam es zu erbitterten Auseinandersetzungen zwischen Chruschtschow und Gomułka; der sowjetische Parteichef bezeichnete Polen als eine »Bedrohung für das ganze sozialistische Lager« und bestätigte Berichte, daß sowjetische Truppen Stützpunkte in Südwestpolen, Ostdeutschland und der Sowjetunion verlassen hatten und auf Warschau vorrückten.

Gomułka teilte Chruschtschow daraufhin mit, daß er erst nach dem Abzug der sowjetischen Truppen zu Verhandlungen bereit sei; er warnte ihn, daß die Polen notfalls kämpfen würden. General Komar hatte seine Einheiten inzwischen in Abwehrstellung gebracht. Ein gepanzerter sowjetischer Verband stoppte hundert Kilometer westlich von Warschau, als er auf Komars Panzer stieß. Chruschtschow muß schließlich erkannt haben, daß er einen Krieg mit Polen riskierte und daß die Gefahr einer umfassenderen Konfrontation bestand. Um 2 Uhr morgens gab er nach.

Chruschtschow flog nach Moskau zurück, die sowjetischen Truppen wurden abgezogen, und Gomułka blieb an der Macht. Das einzige Zugeständnis war, daß die Sowjets ihre Stützpunkte in Polen behalten durften und daß das Land weiterhin dem Warschauer Pakt angehörte. Es war ein Triumph für Polen und für die dortigen liberalen Kräfte. Der neue Volksheld Gomułka kündigte an, die Kommunisten würden »ihren Platz an der Spitze des Demokratisierungsprozesses einnehmen«. Polen begab sich auf einen Weg, der vierzehn Jahre später zur Entstehung der Gewerkschaftsbewegung »Solidarität« und schließlich zum Ende der kommunistischen Herrschaft führen sollte.

Nach dem »Polnischen Oktober« öffneten sich die Gefängnistore. Liberale Journalisten und Schriftsteller konnten wieder publizieren, und die Polen waren überzeugt, daß die Demokratisierung ihren Anfang genommen hatte. Die neue Freiheit wirkte sich sogleich auf die Kirche aus.

Schon am 26. Oktober schickte Gomułka hochrangige Abgesandte zum Konvent der Schwestern von Nazareth in Komańcza. Sie baten

Kardinal Wyszyński, sofort nach Warschau zurückzukehren und sein Amt als Primas sowie alle seine anderen kirchlichen Aufgaben wieder aufzunehmen. Gomułka brauchte Wyszyński und die Kirche dringend, um die Situation im Lande zu stabilisieren. Auch er hatte erkannt, daß Polen ohne eine Mitarbeit der katholischen Kirche und ihrer Gläubigen nicht regiert werden konnte.

Selbst die Männer, die Wyszyński drei Jahre zuvor verhaften ließen, waren sich dessen bewußt gewesen und hatten die Verbindungen nie ganz abgebrochen. Das im südöstlichen Polen gelegene Komańcza war der vierte Internierungsort Wyszyńskis und stellte gegenüber den früheren eine deutliche Verbesserung dar. Der Primas war ein Jahr vor dem »Polnischen Oktober« dorthin verlegt worden, als die kommunistische Obrigkeit allmählich einsah, daß der Kampf gegen die Kirche irgendwie ein Ende finden mußte. Der Kardinal konnte sich in dem Städtchen frei bewegen. Er durfte Briefe und Zeitungen empfangen; Besuche von Verwandten und hohen kirchlichen Würdenträgern waren gestattet. Im Konvent wohnte er nicht in einer Zelle, sondern in einem Zimmer. Das Regime gab bekannt, für das Wohlergehen des Kardinals sei fortan das Episkopat zuständig.

Daß die Kraft des polnischen Katholizismus ungebrochen war, konnten die Kommunisten allein daran erkennen, daß sich am 26. August 1956 eine Million Polen bei der Schwarzen Madonna von Tschenstochau versammelt hatten.

Die Verhandlungen über die Rückkehr des Primas führten Gomułkas Stellvertreter Zenon Kliszko und der neue Erziehungsminister Władisław Bieńkowski. Wyszyński erklärte, er sei zur Rückkehr bereit, vorausgesetzt, daß alle in Gefängnissen einsitzenden Bischöfe und Priester freikämen und Bischöfe, die aus ihren Diözesen entfernt worden waren, wiedereingesetzt würden; außerdem müsse das Dekret des Jahres 1953, das dem Regime das Recht gab, Bischöfe zu ernennen, aufgehoben werden. Dieser Punkt sollte für die Zukunft Karol Wojtyłas von entscheidender Bedeutung sein.

Kennzeichnend für die polnischen Kommunisten und die polnische Kirche war ihre realistische Einschätzung der Gegebenheiten. Gomułka und Wyszyński bildeten darin keine Ausnahme. Die Bedingungen des

Primas wurden deshalb recht schnell akzeptiert, und schon am 28. Oktober kehrte Wyszyński unter dem Jubel einer großen Menschenmenge in seine Warschauer Residenz zurück. Wyszyński mahnte alle an den neuen Entwicklungen Beteiligten sogleich zu Ruhe und Besonnenheit.

Am selben Tag wurde Kardinal Mindszenty in Budapest von antikommunistischen Aufständischen, die die ungarische Hauptstadt eingenommen hatten, aus dem Gefängnis befreit. Doch diesmal gab Chruschtschow nicht nach. Der ungarische Aufstand wurde von sowjetischen Panzern blutig niedergewalzt. Am 4. November bat Mindszenty in der amerikanischen Botschaft um Asyl; er hielt sich dort bis zum Jahr 1971 auf.

In Krakau wurden Erzbischof Baziak und Weihbischof Rospond wieder in ihre Ämter eingesetzt. Die Wochenzeitung »Tygodnik Powszechny« erschien wieder, mit Jerzy Turowicz als Chefredakteur; die regimetreuen »PAX«-Journalisten standen auf der Straße.

Karol Wojtyła hatte während der Oktoberkrise an der Katholischen Universität in Lublin gelehrt und sich wie sonst auch zur politischen Entwicklung nicht öffentlich geäußert. In der Woche, in der die Konfrontation ihren Höhepunkt erreichte, behandelte er das Thema Mutterschaft aus moraltheologischer Sicht.

Ende 1956 wurde die Katholische Universität in Lublin Wojtyłas wichtigster akademischer Betätigungsort. Er erhielt den Lehrstuhl für Ethik als Nachfolger des Dominikanerpaters Feliks Bednarski; der thomistische Gelehrte hatte am Angelicum in Rom eine Professur übernommen.

Mit sechsunddreißig Jahren Lehrstuhlinhaber an der bedeutendsten katholischen Hochschule in Osteuropa zu werden, war für Wojtyła eine große Auszeichnung. Er brach seine Verbindungen mit Krakau jedoch nicht ab, sondern behielt seine dortige Wohnung und pendelte zwischen den beiden Orten, wobei er jedesmal eine zwölfstündige nächtliche Bahnfahrt hinter sich bringen mußte.

Bei seinen Studenten und Kollegen an der Katholischen Universität war Wojtyła bald sehr beliebt. Die Studenten bewunderten seine Gelehrsamkeit und sein pädagogisches Geschick. Wie ein Student in seinem Tagebuch festhielt, erschien er meist in einer abgetragenen Soutane, einer olivgrünen Hose und unförmigen Schuhen. Wenn Wojtyła eine Vorlesung hielt, war der Lehrsaal Nr. 33 des alten Klosters, in dem die Universität untergebracht war, meist brechend voll. Sie hatten das Gefühl, daß Wojtyła für sie nicht nur ein Professor, sondern auch ein Freund war. Er war immer gesprächsbereit, half gern mit einer kleinen Anleihe aus – die man nicht zurückzuzahlen brauchte – und war ein Beichtvater für Dinge, die die Studenten anderen Priestern nicht anvertrauen wollten. Sie nannten ihn »Onkel«.

Auch auf seine Professorenkollegen wirkte Wojtyła vertrauenerweckend. Jerzy Kłoczowski, ein Historiker an der Katholischen Universität – mit dem Wojtyła zu verschiedenen Theorien über das Martyrium des heiligen Stanislaus lange Diskussionen führte –, erzählte von einem Freund, der einmal in einer tiefen persönlichen Krise steckte. »Meine Frau und ich kamen zu dem Schluß, daß es am besten wäre, wenn Wojtyła mit ihm reden würde«, sagte Kłoczowski. Sein Freund »saß dann mit Wojtyła ein oder zwei Stunden hinter verschlossenen Türen zusammen, und er weiß bis heute, daß ihm dieses Gespräch bei seinen schwierigen Problemen sehr geholfen hat. Ich glaube, das hat mit Wojtyłas Menschlichkeit zu tun, mit seiner Bereitschaft, die Probleme anderer ernst zu nehmen.«

Während des Jahres 1957 und der ersten Hälfte des Jahres 1958 widmete sich Wojtyła seinem Lehrstuhl für Ethik und hielt daneben in Krakau eine Reihe von Vorlesungen. Darüber hinaus arbeitete er an Artikeln, Gedichten und einem Buch und machte mit Studenten Wanderungen und Kajakfahrten.

In dieser Zeit verfaßte er auch einen wichtigen Essay über das »Decretum Gratiani«, die von Gratianus stammende Quellensammlung des damals geltenden kanonischen Rechts. Der zu Beginn des 12. Jahrhunderts tätige Gratianus schuf damit eine wichtige Grundlage für das Kirchenrecht. Obwohl Wojtyła kein Experte in kanonischem Recht war, wurde seine Studie von Fachleuten in Polen, Frankreich und im Vatikan gelobt. Die Beschäftigung mit Gratianus führte dann während seines Pontifikats dazu, daß er bei den Vorarbeiten zum neuen kanonischen Recht persönlich mitwirkte.

Zwischen November 1957 und März 1958 hielt Wojtyła als Kaplan des Gesundheitsdienstes der Jagiellonischen Universität dreizehn Ethikvorträge für Ärzte. Dabei betonte er insbesondere, daß die Kirche »kontinuierlich wiedergeboren« werde und daß Laien dabei eine wichtige »autonome Rolle« spielen müßten. Wegen ihrer Universalität lebe die Kirche »in allen Lebensbereichen«. Wojtyła fügte hinzu: »Der Papst beispielsweise wendet sich immer wieder an Vertreter verschiedener Fachgebiete, spricht mit ihnen über Angelegenheiten, die ihn beschäftigen, und versucht, auf diesen Gebieten kompetent zu sein.«

Im Rahmen eines Berichts von einer nationalen Ärztekonferenz in Tschenstochau, an der er teilgenommen hatte, befaßte sich Wojtyła eingehend mit der Frage, wie ein Arzt mit den Problemen von Frauen umgehen sollte, die eine Abtreibung verlangten. Er war der Meinung, daß Ärzte und Gemeindepfarrer zusammenarbeiten sollten, um Frauen Unterstützung zu gewähren, die ihr Kind austrugen. Daß Wojtyła Ärzte ersuchte, von Abtreibungen abzuraten, war für einen polnischen katholischen Priester etwas Selbstverständliches. In Polen war die Abtreibung auf Verlangen legal; sie wurde in dem wirtschaftlich schwachen Land weithin praktiziert. Das Neue an Wojtyłas Haltung – als Lehrer der Sozialethik – war seine Ansicht, die Gesellschaft habe Mutter und Kind gegenüber Verpflichtungen, wenn eine schwangere Frau sich entschloß, ihr Kind auszutragen. Er schrieb dazu einmal:

»Ein Gynäkologe aus einer westpolnischen Kleinstadt schilderte, wie er bei der Ausübung seines Berufs versucht, Frauen von einer beabsichtigten Schwangerschaftsunterbrechung abzubringen. Er führt dabei alle Argumente ins Feld, die ihm das medizinische Wissen, die menschliche Erfahrung und der Glaube bieten. Er versucht auch auf eine sehr humane Weise, den Frauen zu helfen, die nach der Entscheidung gegen eine Abtreibung in Not geraten sind ... In Tschenstochau wurde darüber diskutiert, wie man für Hilfsangebote sorgen könnte. Es hieß, der Arzt müsse mit dem Gemeindepfarrer zusammenarbeiten; beide müßten Hilfe, einschließlich materieller Unterstützung, für Mütter organisieren, die aus sogenannten ›sozialen Gründen‹ eine Abtreibung in Erwägung ziehen. Dies ist eine erste Überlegung, mit der man sich in Zukunft noch weiter befassen muß ...«

Wojtyła sagte in seinem Bericht, die Ärzte seien außerdem verpflichtet, junge Menschen auf die Ehe vorzubereiten. Er appellierte an die Ärzte, Kurse abzuhalten; Priester seien zwar zur Unterstützung bereit, doch seien diese nicht in der Lage, jungen Menschen auf allen Gebieten des Ehelebens kompetente Ratschläge zu geben. In dieser Hinsicht betrete der Mediziner pastorales Terrain.

In einem seiner Vorträge sagte Wojtyła, Ärzte seien in zunehmendem Maß eine »Kampftruppe« der Kirche. Er wies darauf hin, daß Christus über die Beziehung zwischen Gott und dem Menschen folgendes gesagt hat: »Wer nicht für mich ist, der ist gegen mich.«

Als der Druck des Regimes auf die Kirche nachließ, erhielt die Katholische Universität vom Erziehungsministerium die Genehmigung, Wojtyła für seine Habilitationsschrift über Max Scheler den Doktorgrad zu verleihen. Er erhielt jedoch keinen Paß für seine geplante Reise nach Belgien, Frankreich und in die Schweiz; dort hatte er sich mit akademischen Forschungsarbeiten über Sexualethik vertraut machen wollen. Das Ministerium hatte seinem Reiseantrag zugestimmt, doch die Sicherheitsdienste verweigerten ihm die Ausstellung des Passes.

In den Jahren 1957 und 1958 schrieb Wojtyła einen Essay über Liebe und Verantwortung. Zwei Jahre danach erschien eine erweiterte Fassung in Buchform. Dieses Thema sollte zusammen mit Fragen des Ehe- und Familienlebens zu der fundamentalen Soziallehre des Pontifikats von Johannes Paul II. werden.

Im Jahr 1958 schrieb Wojtyła außerdem einen 218 Schreibmaschinenseiten umfassenden Text mit dem Titel »Katholische Sozialethik«; er wurde in »Tygodnik Powszechny« veröffentlicht. Unter dem Pseudonym Andrzej Jawień erschien der Artikel »Das Drama des Wortes und der Geste«, der sich mit dem »Rhapsodischen Theater« befaßte. Sechzehn Aufsätze über »Elementare Ethik« erschienen unter seinem eigenen Namen, außerdem ein langes mystisches Gedicht über Simon von Kyrene, der einst gezwungen wurde, das Kreuz Jesu zu tragen.

Anfang Juli ging Wojtyła mit Freunden und Studenten in das Gebiet von Bieszczady im Südosten Polens. Frische Gebirgsluft, viel Bewegung und Gespräche im vertrauten Kreis waren genau das, was er nach seiner anstrengenden Tätigkeit brauchte.

In seiner Sommerresidenz Castel Gandolfo widmete sich der stark gealterte, schwerkranke Papst Pius XII. mit letzter Energie seinen Amtsgeschäften. Auf seinem Schreibtisch lagen unter anderem die Ernennungsurkunden von sechs Weihbischöfen in Polen, die dazu beitragen sollten, die Kirche nach der kommunistischen Unterdrückung wieder aufzubauen. Weihbischöfe durfte der Papst in Polen wieder ernennen; bei Diözesanbischöfen und Erzbischöfen lag der Fall anders.

Eine der zu besetzenden Stellen war in der Erzdiözese Krakau; der dortige Weihbischof Rospond war im Februar gestorben. Am 8. Juli 1958 unterzeichnete Pius XII. die Ernennung Karol Wojtyłas zum Titularbischof von Ombia und Weihbischof von Krakau. Die Ernennung war von entscheidender Bedeutung für Wojtyłas Zukunft wie auch für die Zukunft der römisch-katholischen Kirche. Es war die letzte große historische Tat von Pius XII.

Die Vorbereitungen für episkopale Ernennungen sind in der Regel ein streng gehütetes Geheimnis der Kirche, da es unter den echten oder vermeintlichen Anwärtern zu persönlichen Rivalitäten kommen kann und die Auswahl unter den Kandidaten innerhalb eines Episkopats oft sehr schwierig ist. Und in Polen konnten Ernennungen überdies Auswirkungen auf die Beziehungen zum Regime haben.

Der Vorschlag, Wojtyła zum Weihbischof von Krakau zu machen, mußte von Erzbischof Baziak gekommen sein, dem Oberhaupt der dortigen Kirche. Was in dieser Angelegenheit sonst noch in Erfahrung gebracht werden konnte, beruht auf den Erinnerungen der wenigen Menschen, die das Geschehen persönlich mitverfolgt hatten und Anfang der neunziger Jahre noch am Leben waren.

Baziaks Entscheidung kam für den Krakauer Klerus überraschend. Sosehr man Wojtyłas Leistungen als Gelehrter und sein Talent als Priester schätzte und bewunderte, so fehlte ihm andererseits jegliche Verwaltungserfahrung (die Verwaltung der Diözese gehört zu den Aufgaben eines Weihbischofs), und seine Pastoralerfahrung beschränkte sich auf die sieben Monate in Niegowici und die zwei Jahre als Kaplan an der Florianskirche. Der Achtunddreißigjährige war überdies recht jung für dieses Amt, insbesondere im Hinblick auf die polnische Tradition: Wyszyński war bei seiner Ernennung fünfundvierzig gewesen. Diejenigen, die mit Baziak näheren Umgang hatten, waren der Meinung, der Erzbischof habe immer noch die Anweisung ausgeführt, die er von Kardinal Sapieha kurz vor dessen Tod erhalten hatte: daß er sich um Wojtyłas Zukunft kümmern solle.

Was Sapieha mit seinem Schützling letztlich vorhatte, ist nicht bekannt. Es ist durchaus möglich, daß er sich Wojtyła als Kardinal oder gar als Primas von Polen vorstellen konnte. Baziak, der den jungen Wojtyła ebenfalls bewunderte, hatte den Krakauer Klerus schon im Jahr 1951 in Erstaunen versetzt, als er den Kaplan von der Florianskirche abberief, damit dieser sich seinen Studien widmen konnte. Das wirkte damals etwas unverständlich, doch der Erzbischof verfolgte offenbar einen genau vorbedachten Plan.

Jedenfalls ebnete Baziak mit seiner Empfehlung, Wojtyła zum Weihbischof zu machen, den Weg, der schließlich zum Amt des Papstes führte. Stanisław Stomma, der Sapieha, Baziak und Wojtyła seit Mitte der vierziger Jahre kannte, ist der Meinung: »Wenn Wojtyła von Baziak nicht zum Bischof ausersehen worden wäre, hätte er den Rest seines Lebens als ein bedeutender Professor der Katholischen Universität in Lublin verbracht – er wäre niemals Papst geworden.«

Als nächstes hatte der Primas seine Zustimmung geben müssen. Ernennungsvorschläge für Bischöfe werden dem Heiligen Stuhl normalerweise von den nationalen Episkopaten zugeleitet, und der Primas hatte natürlich mehr als nur eine Nominierung erhalten; es dürften bis zu acht Namen gewesen sein. Wyszyński hatte vermutlich von Wojtyła gehört, aber er war wohl nie mit ihm zusammengetroffen. Baziaks Empfehlung hatte jedoch Gewicht, und der Primas, der selbst ein Gelehrter war, mag von Wojtyłas Referenzen beeindruckt gewesen sein.

Obwohl die Zustimmung des Regimes bei der Nominierung von Weihbischöfen nicht mehr erforderlich war, teilte Wyszyński den staatlichen Stellen höflichkeitshalber mit, welche Namen er für die sechs Weihbischofstellen nach Rom übermitteln wollte. Notfalls hätte die Regierung eine Nominierung durch politischen Druck verhindern können. Doch Wojtyła stellte offenbar kein Problem dar. Er wurde als gänzlich unpolitisch eingeschätzt.

Karol Wojtyła unternahm in der letzten Juliwoche mit einer Jugendgruppe eine ausgedehnte Kajakfahrt auf dem San, die ihn von dem an der sowjetischen Grenze gelegenen Przemyśl nach Leżajsk brachte. Er kehrte am 1. August nach Krakau zurück, um im Benediktinerkloster in Tyniec viertägige Exerzitien abzuhalten.

Monsignore Bolesław Filipiak, der Abgesandte des Primas, kehrte gerade mit den Ernennungen aus Castel Gandolfo zurück, als Wojtyła sich auf den Weg ins nordpolnische Seengebiet machte. Dort besuchte er ein von der Katholischen Universität eingerichtetes Ferienlager für Studenten.

Am 18. August, drei Tage nach Mariä Himmelfahrt, erhielt Wojtyła im Pfarrhaus von Święta Lipka einen Anruf aus dem Büro des Primas in Warschau. Man teilte ihm mit, daß er zum Weihbischof ernannt worden war und daß ihn Kardinal Wyszyński umgehend sprechen wolle.

Wie Wojtyła auf diese Nachricht reagierte, ist nicht bekannt. Die Studenten trugen ihn dann auf den Schultern zu dem Bus, der ihn nach Warschau bringen sollte.

Von den Urlaubsaufenthalten gebräunt und in eine geliehene Soutane gekleidet, stattete Wojtyła am nächsten Morgen dem Primas in dessen Residenz seinen Besuch ab. Dann kaufte er eine Fahrkarte für den Nachtzug nach Krakau, wo er Erzbischof Baziak seine Aufwartung machen wollte. Da er den Rest des Tages zur freien Verfügung hatte, ging er zum Konvent der Ursulinerinnen am Weichselufer. Pfarrer Jan Zieja, einer seiner Freunde, berichtete später über diesen Besuch:

»Es begann damit, daß ein unbekannter, wie ein Priester gekleideter Mann, der sich dann auch wirklich als Priester herausstellte, am frühen Abend an das Tor des Konvents klopfte. ›Darf ich zum Beten in die Kapelle gehen?‹ fragte er. Er wurde in die Kapelle geführt und allein gelassen. Als er nach geraumer Zeit noch nicht zurückgekommen war, schaute eine der Schwestern in der Kapelle nach. Er lag ausgestreckt auf dem Boden. Die Schwester zog sich ängstlich und achtsam zurück. ›Er scheint große Probleme zu haben‹, dachte sie. ›Vielleicht tut er Buße.‹ Nach einer Weile schaute die Schwester noch einmal nach. Der Priester lag immer noch am Boden. Inzwischen war es Abend geworden. Die Schwester ging zu dem betenden Mann hin und fragte ihn schüchtern: ›Hochwürden, möchten Sie vielleicht mit uns zu Abend essen?‹ Der Unbekannte erwiderte: ›Mein Zug nach Krakau geht erst um Mitternacht. Wenn Sie gestatten, bleibe ich hier. Ich habe mit dem Herrn viel zu bereden ...‹«

Von Krakau aus fuhr Wojtyła für ein paar Tage zu dem Lager in Święta Lipka zurück. Obwohl er noch nicht geweiht worden war, wurde er zu einer Konferenz des polnischen Episkopats eingeladen, die in der ersten Septemberwoche im Kloster der Schwarzen Madonna in Tschenstochau stattfand. Danach war er einer der Vorsitzenden einer Konferenz polnischer Theologieprofessoren, bei der er auch einen Vortrag hielt. Gegen Ende September ging er ins Kloster Tyniec zu besonderen Exerzitien.

Am 28. September 1958 wurde Karol Wojtyła in der Wawel-Kathedrale zum Bischof geweiht. Bei der Zeremonie war das Gotteshaus bis auf den letzten Platz besetzt; vor der Kathedrale hatte sich eine große Menschenmenge versammelt. Wie üblich hatte Wojtyła seine eigenen Vorstellungen, wie die Zeremonie durchgeführt werden sollte; er meinte, ihr langwieriger Verlauf sollte der versammelten Gemeinde erläutert werden. Der eher traditionalistische Erzbischof Baziak, der die Weihe vollzog, sprach sich jedoch dagegen aus. Wojtyła setzte aber eine kurze Mitra auf und nicht die höhere und majestätischere, der die meisten Bischöfe den Vorzug gaben.

Pfarrer Maliński sah Wojtyła kurz vor Beginn der Zeremonie in der Kathedrale: »Er stand mit gesenktem Kopf da; sein Gesicht war sehr angespannt, fast traurig.« Wojtyła schwor der Heiligen Schrift Treue und gelobte dem Papst Gehorsam; dann streckte er sich vor dem Altar aus und wurde mit geweihten Ölen gesalbt; nach der Handauflegung erhielt er seinen Bischofsring. Sein Gesicht hellte sich auf. Als er nach der Hymne »Veni, creator spiritus« die Kathedrale verließ, winkte er seinen Freunden vergnügt zu.

Als seinen offiziellen Wahlspruch wählte Bischof Wojtyła »Totus Tuus« (»Ganz Dein«); dieses Motto stammt von Louis Marie Grignon de Montfort, dem bretonischen Heiligen. Es stand von nun an in der rechten oberen Ecke eines jeden Schreibens, das Karol Wojtyła verfaßte.

Papst Pius XII. starb am 9. Oktober 1958 im Alter von zweiundachtzig Jahren. Er hatte sein Amt neunzehneinhalb Jahre lang ausgeübt; das war das längste Pontifikat seit Pius IX., der zweiunddreißig Jahre lang Papst gewesen war.

Am 28. Oktober 1958, einen Monat nach Karol Wojtyłas Bischofsweihe, wurde der aus Venedig stammende Kardinal Angelo Giuseppe Roncalli zum Papst gewählt; er nannte sich Johannes XXIII. Das neue Oberhaupt der katholischen Kirche begann schon bald mit den Vorbereitungen für das II. Vatikanische Konzil, bei dem Bischof Wojtyła eine wichtige Rolle spielen sollte.

DRITTER TEIL

Bischof Wojtyła und das II. Vatikanische Konzil

12

Schon am 25. Januar 1959, drei Monate nach seiner Amtseinsetzung, gab Johannes XXIII. seine Pläne für die Durchführung des II. Vatikanischen Konzils bekannt, das als 21. Ökumenisches Konzil stattfinden sollte. Ende Mai wurde der Krakauer Bischof Wojtyła von der päpstlichen Vorbereitungskommission gebeten, seine Themenvorschläge vorzulegen. Ähnliche Aufforderungen ergingen an 2594 römisch-katholische Bischöfe und Kardinäle in der ganzen Welt, die die »Konzilsväter« sein würden; 76 Prozent von ihnen machten Empfehlungen.

Wojtyła schickte seine Vorschläge am 3. Oktober nach Rom und war damit einer der ersten. Er bereitete sich schon damals auf eine aktive Teilnahme an den Sitzungen vor, die am 11. Oktober 1962 beginnen sollten.

Johannes XXIII. hatte gleich nach seinem Amtsantritt erkannt, daß ein Konzil für die Kirche angesichts der tiefgreifenden Veränderungen der modernen Welt dringend erforderlich war. Der neue Papst sprach von einem »Aggiornamento« und meinte damit den Versuch der Anpassung der katholischen Kirche und ihrer Lehre an die Verhältnisse des modernen Lebens. Er hoffte darauf, daß das Konzil dazu beitragen würde, die Einheit des Christentums wiederherzustellen, indem es die Differenzen zwischen den christlichen Kirchen im ökumenischen Geist beilegte, daß es weltweit für Religionsfreiheit eintreten würde und daß zwischen der römisch-katholischen Kirche, ihren Bischöfen und ihren Gläubigen eine neue, wahrhaft menschliche Beziehung entstehen würde.

Für den jungen Bischof Wojtyła, der sich über die Stärkung der Morallehre des Katholizismus oft Gedanken gemacht hatte, eröffnete das II. Vatikanische Konzil ein willkommenes Betätigungsfeld. Er arbeitete in seinem neuen Büro im erzbischöflichen Palais in der Franciszkańska Straße und in seinem neuen bischöflichen Wohnsitz in der Kanoniczna Straße 21 an seinen »Animadversiones« (»Bemerkungen«) zur Tagesordnung des Konzils. Durch seinen akademischen Hintergrund und seine ungewöhnlichen seelsorgerlichen Erfahrungen sowie durch seine vielfältigen Interessengebiete – von der Geschichte und der Sozialethik bis hin zur Ehe und Sexualität – war er bestens qualifiziert für eine aktive Teilnahme am bevorstehenden Konzil.

Wojtyła konnte zum erstenmal in einer komfortablen Umgebung arbeiten. Sein neues Zuhause war geräumig. Zur Bischofswohnung gehörte auch eine Privatkapelle, was einem dem Gebet so ergebenen Mann sehr zustatten kam. Stefania Adelajda Wojtyła, die Halbschwester seines Vaters, führte ihm den Haushalt. Da Karol Wojtyła neben den neuen Amtspflichten all seine bisherigen Aufgaben, Verpflichtungen und Interessen beibehielt, hatte er mehr Arbeit denn je.

Der neue Weihbischof war sogar so aktiv, daß er schon nach einem halben Jahr den Zorn der kommunistischen Obrigkeit zu spüren bekam. Das Regime, das ihn zuvor nicht beachtet hatte, war jedoch plötzlich der Meinung, daß er einen schlechten Einfluß auf die polnische Gesellschaft ausübe.

Im Oktober zelebrierte er für Juristen und dann für Studenten eine Messe; dabei hielt er gehaltvolle Predigten. Im November las er in zwei Kirchen, die ihm besonders am Herzen lagen, feierliche Messen, nämlich in St. Stanisław in Dębniki und in der Pfarrkirche von Wadowice. In Krakau zelebrierte er eine Messe, in der er Gott um die Seligsprechung von Bruder Albert bat, und eine weitere für die Redakteure der Wochenzeitung »Tygodnik Powszechny«; mit ihnen sprach er auch über Probleme mit der Zensur. Im Dezember besuchte er als Bischof erstmals Auschwitz und hielt eine Predigt bei studentischen Exerzitien.

Anfang Januar 1959 brachte Wojtyła bei einer Zusammenkunft der apostolischen Kommission des Episkopats die Probleme von »Tygodnik Powszechny« zur Sprache und warnte vor dem gefährlichen Einfluß, den »Materialismus, Positivismus, Liberalismus und Existentialismus« auf junge Leute ausübten. Später las er eine Messe für Krankenschwestern und eine für Ärzte. Im Februar hielt er an der Katholi-

bens und der Moral lehrt. Sie sollen beispielsweise nicht wissen, welches Konzept der aufgeklärten Mutterschaft die Kirche als mit dem Naturgesetz vereinbar akzeptiert... Doch wenn sie dies nicht wissen dürfen, und wenn Pfarrer nicht das Recht haben, darüber zu sprechen, wie kann dann von Gewissens- und Glaubensfreiheit die Rede sein?«

Wojtyła schloß mit der Bemerkung, der gegen ihn erhobene Vorwurf, er habe diejenigen kritisiert, die offizielle Richtlinien befolgten, sei »eine Verleumdung«.

Durch diesen Vorfall änderte sich Wojtyłas Einstellung zur politischen Situation in Polen. Er wurde zu einer Gestalt des öffentlichen Lebens und zögerte von da an nicht, mit Worten und Taten dafür einzutreten, daß die Rechte der Kirche und die Rechte seiner Landsleute unangetastet blieben.

Im März 1959 mußte sich Bischof Wojtyła nicht nur mit den erwähnten Anschuldigungen auseinandersetzen, er litt auch unter starken körperlichen Beschwerden und Schmerzen. Wojtyła hatte hohes Fieber, war völlig erschöpft und klagte über Lymphknotenschwellungen am Hals und am Nacken. Er ließ den Arzt Dr. Stanisław Kownacki kommen, mit dem er befreundet war. Der besorgte Erzbischof Baziak beschwor Kownacki, Wojtyła die bestmögliche Behandlung angedeihen zu lassen. Eine Blutuntersuchung zeigte, daß Wojtyła sich mit Mononukleose infiziert hatte, einer infektiösen, auch als Drüsenfieber bekannten Viruskrankheit. Um sicherzustellen, daß Komplikationen, etwa eine Gehirnhautreizung, nicht zu befürchten waren, punktierte Dr. Kownacki Wojtyłas Rückgrat und entnahm zerebrospinale Flüssigkeit für eine Biopsie.

Ende der fünfziger Jahre war dies eine komplizierte und schmerzhafte Prozedur, und Wojtyła litt sehr darunter. Später erzählte er Professor Swieżawski, seinem an der Katholischen Universität tätigen Freund: »Die Viruskrankheit war in chirurgischer Hinsicht viel schlimmer als der ›Unfall‹.« (Damit meinte Wojtyła die Verletzungen, die ihm bei dem Attentat des Jahres 1981 zugefügt worden waren.) Während der Knochenmarksextraktion bemitleidete Wojtyła Dr. Kownacki, weil sich dieser »so abmühen mußte bei dem Versuch, die Nadel durch den harten Knochen zu stoßen«.

Um sich von dem Drüsenfieber zu kurieren, sollte Wojtyła auf ärztliche Anweisung viel frische Luft und Bewegung bekommen – im Sommer und im Winter mindestens zwei Wochen lang. Er war natürlich erfreut, daß er auf ärztlichen Rat hin zum Kajakfahren und Skilaufen gehen sollte. Wenn er im Winter keine zwei Wochen Urlaub machen konnte, ging er jeweils einen Tag lang in die Berge (darüber führte er genau Buch, bis insgesamt 14 Tage beisammen waren). Pfarrer Maliński sagte zu Wojtyła, nun habe er eine »wissenschaftliche Rechtfertigung« für die Urlaubsaufenthalte, die er so liebte. Und jeden Morgen machte Wojtyła in seinem Schlafzimmer ein paar Minuten lang gymnastische Übungen (diese Angewohnheit behielt er im Vatikan bei).

Zu welchem Zeitpunkt Wojtyła endgültig geheilt war, ist nicht bekannt. Nach Aufzeichnungen der Krakauer Erzdiözese fehlte er oft wegen Krankheit (1961 den ganzen Dezember und auch im Herbst 1963). Wojtyła hatte aber allem Anschein nach eine eiserne Konstitution, die es ihm erlaubte, sich sowohl in der Hitze des Tieflands als auch in der Kälte des Hochlands aufzuhalten, wenn es darum ging, mit den Menschen zu sprechen.

Und das tat Bischof Wojtyła tagein und tagaus in Krakau und in anderen Städten und Dörfern der Erzdiözese. Die leicht gebückte Gestalt in der abgetragenen, aber sauberen Soutane wurde in der ganzen Gegend zu einem vertrauten Anblick. Der Weihbischof betrachtete Priester und Gemeindemitglieder durch seine Hornbrille, stellte Fragen, gab Ratschläge und nahm Anteil an allem, was in der Kirchengemeinde geschah.

Pfarrer Kuczkowski, der zuvor bei der Kurie tätig war, berichtete, die Gemeindepfarrer ländlicher Gegenden hätten zuerst Zweifel gehabt, ob Wojtyła als Gelehrter imstande sei, mit den Leuten, die er während einer Visite kennenlernte, Kontakt herzustellen. Diese Gemeindepfarrer hätten jedoch bald erkannt, daß der Weihbischof mit den Leuten reden konnte und daß diese ihn verstanden. Dennoch habe es, so Kuczkowski, »immer eine unsichtbare Grenze zwischen ihm und den Priestern gegeben«. Er habe im Verlauf seiner Visiten mit ihnen gegessen, geplaudert und gescherzt, »doch eines mochte er nicht: Er wollte es nicht mitanhören, wenn kritische Bemerkungen über einen anderen Priester gemacht wurden«.

Pfarrer Obtułowicz zufolge, der mit Wojtyła Kaplan an der Florianskirche gewesen war und später an der Kathedrale der für Pastoralarbeit zuständige Kanonikus wurde, studierte Wojtyła vor jeder Visite sorgfältig die Berichte über die Kirchengemeinden, die ihm die Priester zugesandt hatten. Er habe sich dann an Ort und Stelle umgeschaut und das, was er sah, mit dem verglichen, was er gelesen hatte.

Da Erzbischof Baziak wegen seines Alters und seines schlechten Gesundheitszustandes nicht reisen konnte, war Wojtyła allein für die Gemeindevisiten in der gesamten Erzdiözese zuständig. Wie Obtułowicz betonte, ging es dabei nicht nur darum, rasch eine Pfarrei nach der anderen zu inspizieren; insbesondere in größeren Orten seien längere Aufenthalte erforderlich gewesen, um sich mit der Situation vertraut zu machen. Wojtyła habe sich manchmal eine ganze Woche in einer Pfarrgemeinde aufgehalten und an allen Aktivitäten teilgenommen.

Der Weihbischof verlangte auch, daß ihn jeder Priester der Erzdiözese mindestens einmal im Jahr besuchte und ihn über die jeweilige Pfarrei auf den neuesten Stand brachte.

Pfarrer Michał Jagosz, der Wojtyła gut kannte, sagte, da dieser bei seinen Visiten mit Menschen aus allen Bevölkerungsschichten zusammengetroffen sei, habe er darauf geachtet, von allen verstanden zu werden, und er sei auch mitteilsamer geworden. Jagosz betonte außerdem: »Die Menschen merkten, daß Wojtyła gewillt war, für Menschenrechte einzutreten, insbesondere für Leute, die ihren Arbeitsplatz bei staatlichen Stellen nicht deswegen verlieren wollten, weil sie gläubige Katholiken waren, und die sicher sein wollten, daß keine Konsequenzen zu befürchten waren, wenn sie mit einem Kind zur heiligen Kommunion gingen oder kirchlich heirateten.«

Wojtyła habe darauf bestanden, daß dies keine Privilegien, sondern »normale Rechte« der Menschen seien, ebenso wie die Teilnahme an Prozessionen und anderen Formen der Glaubensausübung. Da das Regime sich gesträubt habe, in neu entstandenen Pfarrgemeinden Baugenehmigungen für Kirchen zu erteilen, habe Wojtyła zum Beispiel beschlossen, die Messe an Heiligabend nicht in der angenehm warmen Wawel-Kathedrale zu zelebrieren. Er sei statt dessen zu den Plätzen gegangen, an denen Kirchen errichtet werden sollten, und habe Messen im Freien abgehalten. Damit habe Wojtyła das Regime herausgefordert und in Verlegenheit gebracht.

Obwohl die Priester in Polen traditionsgemäß mit »Pater« angeredet wurden, hatten die Kommunisten die Staatsbediensteten angewiesen, zumindest in der Öffentlichkeit die Anrede »Herr« zu verwenden. Wojtyła instruierte seine Priester, lauten Protest zu erheben, wenn es dazu kam. »Manchmal wirkte dies, manchmal auch nicht«, sagte Pfarrer Jagosz. »Es ging jedoch ums Prinzip; wir wollten ihnen zeigen, daß wir uns nicht so einfach mit allem abfanden.«

Zu Beginn der sechziger Jahre beschäftigte sich Wojtyła eingehend mit dem Sakrament der Ehe und schrieb zu diesem Thema das Buch »Liebe und Verantwortung« sowie das Stück »Vor dem Juwelierladen«. In seinem Buch »Liebe und Verantwortung«, das 1962 erschien, behandelt er die Sexualität auf der Basis der christlichen Ethik. Wojtyła schreibt darin aus religiöser und sexualwissenschaftlicher Sicht über die Aufhebung »sexueller Scham« durch die Liebe, über sexuelle Störungen und über die Unberührtheit. Er behandelt die Problematik der Empfängnisverhütung und des Schwangerschaftsabbruchs und spricht sich für die Gleichberechtigung von Mann und Frau in der Ehe aus. Zum Thema Orgasmus schreibt er:

»Vom Gesichtspunkt der Liebe und der Selbstlosigkeit muß man verlangen, daß beim Geschlechtsakt nicht der Mann als einziger die höchste Steigerung erreicht, sondern daß diese unter Anteilnahme der Frau errungen wird, nicht aber auf deren Kosten. Das ist in dem Prinzip eingeschlossen, daß dort, wo zur Liebe gezwungen wird, die Liebe zum Partner ausgeschlossen ist! Die Sexualkundler stellen fest, daß die Erregungskurve der Frau anders verläuft als die des Mannes. Sie steigt und fällt flacher. Vom anatomischen Standpunkt her wird die Erregung der Frau in gleicher Weise wie die des Mannes hervorgerufen. Das Zentrum befindet sich im Rückenmark, wenngleich ihr Körper mit mehr erogenen Zonen ausgestattet ist, was eine Art Ausgleich für die langsamere Erregungsfähigkeit darstellt. Der Mann muß dieser unterschiedlichen Reaktion Rechnung tragen, und zwar nicht auf egoistische, sondern auf selbstlose Weise.«

Wojtyłas »Liebe und Verantwortung« wurde ein Bestseller. Die polnische Neuausgabe des Jahres 1985 hatte – noch unter dem Kommunismus – eine Auflage von 50 000 Exemplaren. Das Buch erschien in englischer, französischer, spanischer, italienischer, deutscher, portugiesischer, schwedischer und japanischer Übersetzung.

Das Stück »Vor dem Juwelierladen« wurde unter dem Pseudonym Andrzej Jawień erstmals in der Krakauer Monatsschrift »Znak« abgedruckt; es trägt den Untertitel »Eine Meditation über das Sakrament der Ehe, die sich gelegentlich in ein Drama verwandelt«. Als Wojtyła Papst geworden war, wurde das Stück ins Italienische übersetzt und als Hörspiel gesendet. Hollywood produzierte schließlich eine kitschige Filmversion mit Burt Lancaster in der Hauptrolle.

Wojtyłas Verhältnis zur kommunistischen Staatsgewalt wurde immer gespannter. Der »Polnische Oktober« des Jahres 1956 erwies sich als trügerisch: Gomułka verwandelte sich allmählich in einen moskauhörigen Hardliner. Die meisten Liberalisierungen wurden wieder zurückgenommen. Das Regime nahm seine Kampagne gegen die Kirche wieder auf, wenn auch in abgeschwächter Form; statt der Verhaftungen und Prozesse gab es ständig Behinderungen.

Wojtyła verwendete eine fein abgestimmte Strategie. Er gebärdete sich weder öffentlich noch privat als glühender Antikommunist, doch weigerte er sich, staatlichen Stellen gegenüber klein beizugeben. Er setzte sich unspektakulär, aber entschlossen für die Rechte der Kirche ein, wie er es schon in seinem Brief an den Nationalrat getan hatte. Wojtyła war in Einzelfällen bereit, einen vernünftigen Kompromiß zu schließen, doch in Grundsatzfragen lehnte er Kompromisse ab. Darin unterschied er sich von Primas Wyszyński, und dies sollte immer stärker zutage treten.

Wojtyła ging seinen Aktivitäten nach, ohne auf die Warnungen des Regimes zu achten, aber auch ohne die Staatsgewalt zu provozieren. So hielt er im Oktober 1959 vor katholischen Intellektuellen im Kloster der Schwarzen Madonna in Tschenstochau einen Vortrag und eine

Predigt. Im Mai 1960 nahm er in Breslau an einer Konferenz über »Pastoralarbeit mit kreativen Individuen« teil. Im Juli 1960 wurde er der Schirmherr von »Tygodnik Powszechny«.

In dieser Eigenschaft legte der Weihbischof zumindest einem Besucher gegenüber große Unvoreingenommenheit an den Tag. Der bekannte linkskatholische Journalist und Schriftsteller Andrzej Micewski, der einst der regimetreuen »PAX«-Bewegung angehört hatte, wollte von Wojtyła die Erlaubnis bekommen für eine Mitarbeit bei »Tygodnik Powszechny«. Er war dort wegen seiner linken Vergangenheit nicht willkommen gewesen.

Micewski erzählte, Wojtyła habe ihn rundheraus gefragt: »Haben Sie mit dem Sozialismus gebrochen?« Er habe ihm geantwortet: »Nein. Ich glaube nämlich, daß der Sozialismus reformiert werden kann.« Daraufhin habe Wojtyła gesagt: »Wissen Sie, ich bin da anderer Meinung, aber ich freue mich, daß Sie mir ehrlich gesagt haben, daß Sie mit dem Sozialismus noch nicht ganz gebrochen haben. Ich glaube, Sie werden für ›Tygodnik‹ schreiben können.«

Anläßlich des zwanzigjährigen Bestehens des »Rhapsodischen Theaters« zelebrierte Wojtyła im September 1961 in der Wawel-Kathedrale eine Messe. Anschließend besuchte er im »Rhapsodischen Theater« die Premiere von Adam Mickiewiczs »Die Totenfeier«, eines patriotischen und auch antirussischen Stückes, in welchem Polens Martyrium mit der Kreuzigung Christi gleichgesetzt wird. Am nächsten Tag schrieb er für »Tygodnik Powszechny« eine Besprechung, die unter dem Autorenkürzel »A.J.« erschien.

Im Januar 1962 sprach Wojtyła in der Annakirche über die neue päpstliche Enzyklika »Mater et Magistra«. Ein Woche danach wurde er vom Episkopat zum nationalen Kaplan der »Kreativen Intelligentsia« ernannt. Wojtyła wußte, welch wichtige Rolle die Intellektuellen im politischen Leben Polens spielten; in den Jahren des Kampfes und in der Übergangszeit war er stets ihr Verbündeter. Er behielt seinen Lehrstuhl für Ethik an der Katholischen Universität, obwohl er nur ein paarmal im Jahr nach Lublin kommen konnte, um eine drei- oder vierstündige Vorlesung abzuhalten; im Anschluß daran mußte er sofort wieder nach Krakau zurückreisen.

Der nächste Wendepunkt in Wojtyłas Leben kam, als Erzbischof Baziak am 15. Juni 1962 starb. Am folgenden Tag wurde Wojtyła von den Kapitelmitgliedern der Erzdiözese zum neuen Kapitelvikar gewählt; dadurch wurde ihm praktisch die Führung der Krakauer Kirche übertragen. Wojtyła war erst einen Tag vor Baziaks Tod von einer Reise nach Warschau zurückgekehrt, bei der er zum erstenmal in einem Flugzeug gesessen hatte.

Nach Baziaks Tod hatte Wojtyła in Polen keinen Gönner mehr. Der Primas war offensichtlich nicht daran interessiert, diese Rolle zu übernehmen. Wojtyła war nun auf sich gestellt, doch er war selbstbewußt und freute sich über seine neuen Amtsbefugnisse. Er wollte sie zum Nutzen der Kirche einsetzen.

Mitte September wurde der Weihbischof von einer ländlichen Visite zurückgerufen, als das Regime den Versuch unternahm, die in der Innenstadt gelegenen Gebäude des Krakauer Priesterseminars zu übernehmen und der Pädagogischen Hochschule anzugliedern. Wojtyła ließ sich von seinem Fahrer sogleich zur regionalen Parteizentrale der PZPR bringen und wandte sich an deren Ersten Sekretär Lucjan Motyka. Es war das erstemal, daß ein polnischer Bischof aus eigener Initiative einen kommunistischen Funktionär aufgesucht hatte.

Diese Begegnung führte zu einem Kompromiß, den die Kommunisten zuvor stets abgelehnt hatten. Motyka und Wojtyła kamen überein, daß die Pädagogische Hochschule den dritten Stock des Hauptgebäudes übernehmen und das Priesterseminar die übrigen Räumlichkeiten behalten sollte.

Dies war Karol Wojtyłas diplomatisches Debüt. Er fügte jedoch noch eine theatralische Note hinzu: Zwei Wochen danach führte er die Lehrkräfte und Studenten des Seminars in einem feierlichen Schweigemarsch zu einem nahegelegenen Seminargebäude und weihte dieses der Jungfrau Maria.

Als nächstes sollte er sich am Heiligen Stuhl der Diplomatie befleißigen und auf einer Bühne neuer Art agieren.

13

Nach vierzehneinhalb Jahren kam Karol Wojtyła wieder nach Rom, jetzt als Bischof, Moralphilosoph und Konzilsvater, der voller Ideen steckte, wie er zur Erneuerung der römisch-katholischen Kirche beitragen könnte. Und zum erstenmal nach vierzehneinhalb Jahren hatte Wojtyła die bedrückenden Verhältnisse im kommunistischen Polen hinter sich gelassen und spürte wieder die belebende intellektuelle und kulturelle Atmosphäre Roms und der westlichen Welt.

Zusammen mit Kardinal Wyszyński, der die polnische Delegation anführte, und zehn weiteren Bischöfen traf Wojtyła am 6. Oktober 1962 mit dem Zug aus Wien kommend in Rom ein. In Wien war Wojtyła mit Kardinal König zusammengetroffen, der zu den einflußreichsten und anregendsten kirchlichen Persönlichkeiten in Europa gehörte. Das war der Beginn einer Beziehung, die für Wojtyłas kirchliche Karriere äußerst wichtig sein sollte.

Etwa fünfundzwanzig der sechzig polnischen Bischöfe hatten Pässe für die Reise nach Rom beantragt, doch waren fünfzehn dieser Anträge abgelehnt worden. Da Primas Wyszyński das einzige polnische Mitglied der Zentralen Vorbereitungskommission des Konzils war, konnten die Behörden wohl nicht umhin, ihm einen Paß auszustellen.

Daß Wojtyła reisen durfte, war alles andere als selbstverständlich. Er hatte die Machthaber durch seine unabhängige Haltung verärgert, war aber andererseits der erste Bischof gewesen, der aus eigener Initiative direkt mit einem hohen Parteifunktionär verhandelt hatte. Dem Regime, das immer nach einer Möglichkeit Ausschau hielt, die polnische Kirche zu spalten, mochte dies interessant erschienen sein.

Der Krakauer Bischof war das jüngste, doch zweifellos nach Wyszyński das wichtigste Mitglied der polnischen Delegation; er war auch der intelligenteste und für die Aufgaben des Konzils am besten vorbereitete polnische Teilnehmer. Daß er umfangreiche Vorarbeiten treffen konnte, hatte er Freunden zu verdanken, die an den richtigen Stellen saßen. Anfang Januar 1962 hatte der Vatikan ein geheimes Dokument nach Warschau geschickt: eine Broschüre mit den über vierzig Themenbereichen, die zur Diskussion anstanden. Die Vorbereitungskommission hatte diese Themenbereiche aus den Antworten auf die Anfragen zusammengestellt, die im Jahr 1959 an die 2594 Bischöfe ergangen waren. Nur die wichtigsten Persönlichkeiten der jeweiligen nationalen Episkopate sollten die Broschüre erhalten.

In Polen sollte das Dokument lediglich in die Hände von Kardinal Wyszyński, Erzbischof Baziak und vier Bischöfen gelangen, die der polnischen Vorbereitungskommission angehörten. Wojtyła, der immer noch Weihbischof war, zählte nicht zu diesem Kreis. Auf mysteriöse Weise tauchte jedoch eines Tages ein Exemplar auf seinem Schreibtisch auf. Es war ihm bei seinen Vorbereitungen für das Konzil eine große Hilfe.

In Rom wurden Wojtyła und andere jüngere Bischöfe im Polnischen Institut (Istituto Polacco) untergebracht, einem fünfstöckigen Eckhaus an der schmalen Via Pietro Cavallini unweit des Tiber und der Ponte Cavour. Kardinal Wyszyński und andere hohe polnische Würdenträger wohnten im Polnischen Kolleg (Collegio Polacco), einer großen, von Zypressen umgebenen Residenz an der Piazza Remuria auf dem Aventin. Wojtyła hatte im Istituto Polacco ein kleines Appartement mit Blick auf die Via Pietro Cavallini. Von dort war es nur ein fünfzehnminütiger Fußmarsch zum Petersdom, wo die Konzilssitzungen stattfanden.

Während Wojtyłas langer Abwesenheit hatte in Rom eine neue Blütezeit begonnen; Armut herrschte lediglich in den Vierteln, in denen Arbeiter wohnten. Auf der Via della Conciliazione staute sich der Verkehr; unzählige Touristen und Pilger drängten zum Petersplatz, bis dieser während der sieben Wochen dauernden ersten Sitzungsperiode des II. Vatikanischen Konzils abgesperrt wurde.

In der ersten Woche seines Aufenthaltes in Rom beriet sich Wojtyła mit einflußreichen und gutinformierten Freunden; daneben fing er mit

Hilfe seiner polnischen Bekannten an, Kontakte zu Persönlichkeiten der Kurie und zu anderen Bischöfen zu knüpfen, die aus allen Kontinenten eintrafen. Er sprach immer noch nicht fließend Italienisch; seine französischen, englischen, spanischen und deutschen Sprachkenntnisse waren ganz passabel. Wenige andere Bischöfe waren des Lateinischen so mächtig wie Wojtyła, deshalb kam diese Sprache als Lingua franca der kirchlichen Würdenträger nur bedingt in Frage.

Am 8. Oktober wurde Wojtyła zusammen mit der polnischen Delegation von Johannes XXIII. in den päpstlichen Gemächern des Vatikans empfangen. Wojtyła stellte zu seiner Genugtuung fest, daß sein alter Freund Andrzej Maria Deskur als Pressesekretär des Konzils eine strategisch wichtige Stelle innehatte. Deskur, der viele Jahre danach selbst Kardinal wurde, war schon seit 1952 in Rom tätig; er und Wojtyła kannten sich seit dem Herbst des Jahres 1945, als sie das Krakauer Priesterseminar besucht hatten.

Deskur war der Sproß eines alten, wohlhabenden Adelsgeschlechts, das aus Frankreich stammte und ursprünglich den Namen Descourt trug. Wie schon in Polen, verfügte Deskur auch in Rom über ausgezeichnete Verbindungen. Er besaß neben einem juristischen Studienabschluß einen Doktorgrad in Theologie, hatte die Pontifikale Akademie für Diplomatie besucht und beherrschte mehrere Sprachen. Für das Dickicht der Kurienpolitik war er der geeignete Führer.

Deskur erzählte, daß er in der Woche vor der Konzilseröffnung mit Wojtyła bei Spaziergängen durch die vatikanischen Gärten besprochen habe, »welche großen Probleme jetzt auftauchen und welche Trends sich aus dem Konzil ergeben könnten«. Er habe auch in der Kurie verlauten lassen, daß Wojtyła eine Person sei, die man kennenlernen sollte.

»Auf einmal wollten alle meine Bekannten mit diesem Bischof Wojtyła zusammentreffen«, berichtete Deskur. »In Rom gab es nämlich viele, die den alten Kardinal Sapieha gekannt hatten. Sie wollten seinen Nachfolger kennenlernen, und Wojtyła war das ja praktisch schon.« Einer davon war der alte, partiell erblindete Kardinal Alfredo Ottaviani, der Präfekt des Heiligen Offiziums – welches später die Bezeichnung Kongregation für die Glaubenslehre erhielt –, der überaus mächtige Aufpasser des Vatikans auf theologischem und ideologischem Gebiet. In der sehr konservativ eingestellten Kurie war Ottaviani die bei weitem konservativste Führungsfigur. Während des Konzils war er der Hauptgegner aller Reformbemühungen.

Deskur erzählte, Wojtyła sei schon bald so bekannt gewesen, daß bei der Zusammenstellung der Kommissionen immer wieder nach ihm gefragt wurde; Wojtyła und Jean-Marie Lustiger – der spätere Erzbischof von Paris – seien bei den Kommissionen und Unterkommissionen am begehrtesten gewesen. (Johannes Paul II. ernannte Lustiger siebzehn Jahre danach zum Kardinal.)

Wojtyła freundete sich auch mit einem polnischen Landsmann an, nämlich mit Monsignore Władysław Rubin, dem Rektor des Polnischen Kollegs; er war einer der Sekretäre der Vorbereitungskommission. Rubin war ebenfalls ein ausgezeichneter Ratgeber und blieb bis zu seinem Tod ein enger Freund von Wojtyła.

Wojtyła besuchte auch Pater Garrigou-Lagrange, seinen Lieblingsprofessor am Angelicum. Der Gelehrte, einer der Berater des Konzils, gab ihm weitere Einblicke in die bevorstehenden Debatten.

Professor George Hunston Williams von der Harvard-Universität, der als geladener protestantischer »Beobachter« am Konzil teilnahm, berichtete, Wojtyła habe an einer Diskussion über die Kirche in Osteuropa teilgenommen, nachdem die polnische Delegation um die Entsendung eines Vertreters gebeten worden war. Wojtyłas Englisch sei zwar noch etwas holprig gewesen, doch sei er von dem Krakauer Bischof sehr beeindruckt gewesen.

Vor Beginn des Konzils herrschte in Rom eine gespannte Atmosphäre. Jeder wußte, daß große Veränderungen bevorstanden. Unter den Konzilsvätern gab es Konservative, Progressive und Gemäßigte. Diese Bezeichnungen waren aber im Grunde irreführend, weil sie von jedem Bischof anders ausgelegt wurden und es dabei ganz auf das jeweilige Thema ankam.

Wie schon bei so vielen anderen Gelegenheiten, war Wojtyła zu Beginn des Konzils nicht leicht einzuordnen. Professor Williams bezeichnete ihn als einen »progressiven Konservativen«, was wohl zutreffend sein mochte. Wojtyłas Stellungnahmen beim Konzil zeigten, daß seine Haltung zu einzelnen Fragen nicht immer von vornherein feststand. Im Rom der damaligen Zeit war er in mancher Hinsicht ein Konservativer, in anderen Bereichen wiederum ein Progressiver – wie er es auch jetzt als Papst ist.

Beim Konzil stand er progressiv eingestellten Theologen, Intellektuellen und Reformern näher als eingeschworenen Konservativen wie Kardinal Ottaviani. Die Gelehrten, die ihn am meisten beeindruckten, waren die *periti* (Experten); zu ihnen gehörten der deutsche Jesuit Karl Rahner, der französische Jesuit Jean Daniélou, der französische Dominikaner Yves Congar und der Schweizer Theologe Hans Küng. (Als Papst brach er jedoch mit Küng, weil er dessen Widerspruch gegen die von ihm vertretenen Kirchenlehren nicht hinnehmen wollte.)

Das Konzil wurde am 11. Oktober 1962 feierlich eröffnet, und während seines ganzen Verlaufs glänzte Bischof Wojtyła durch seine Aktivität. Wie üblich fand er aber auch Zeit für ungewöhnliche Nebenbeschäftigungen.

Der Tag begann für ihn um 6 Uhr 45 mit einer Messe im Polnischen Institut. Dann ging er zum Petersdom, wo die Sitzungen um 9 Uhr mit einer feierlichen Messe eröffnet wurden. Um die 2860 Konzilsväter sowie die über 150 Auditoren, Experten und Beobachter unterzubringen, war ein 2000 Quadratmeter großer Abschnitt der riesigen Basilika in eine Konferenzhalle verwandelt worden.

Beiderseits des breiten Mittelgangs waren Aufbauten mit je zehn Sitzreihen errichtet worden für die 108 Kardinäle, neun Primate, fünf Patriarchen, 543 Erzbischöfe, 2171 Bischöfe, 179 Ordensoberen und 93 Äbte. Rang und Dienstalter bestimmten die Sitzordnung: Die Kardinäle saßen unten in den vorderen Reihen, die Bischöfe weiter oben, und zwar ohne eine Trennung nach Nationalitäten. Eine so große und so internationale Versammlung der Geistlichkeit hatte es in der Geschichte der römisch-katholischen Kirche noch nie gegeben.

Wojtyłas Platz war in der Nähe des Eingangs. Am ersten Tag sah er von dort, wie Johannes XXIII. auf der *Sedia gestatoria*, dem altertümlichen Thronsessel, hereingetragen wurde und wie Kardinal Eugène Tisserant, der Vorsitzende des Kardinalskollegiums, die Eröffnungsmesse zelebrierte.

Bischof Wojtyła (2. Reihe rechts) beim II. Vatikanischen Konzil im Petersdom (1962).

Fast sieben Wochen lang hörte sich Wojtyła die auf Lateinisch gehaltenen Ansprachen an – vor allem die Teilnehmer aus dem angelsächsischen Sprachraum hatten ihre Mühe damit –, bis er selbst am 7. November an die Reihe kam. Sein Latein war ausgezeichnet.

Wojtyła betete meist in einer der Seitenkapellen, bevor er zu seinem Platz ging. Im Saal nutzte er sein erstaunliches Konzentrationsvermögen und schrieb Gedichte, während er den Rednern aufmerksam zuhörte. In der Krakauer Erzdiözese hatte Wojtyła schon manche in Erstaunen versetzt, indem er aufmerksam seine Post durchging und gleichzeitig eine Diskussion verfolgte, bei der er den Vorsitz führte; am Schluß überraschte er dann die Anwesenden mit einer genauen Zusammenfassung der vorangegangenen zwei- oder dreistündigen Debatte und gab seine Entscheidungen oder Empfehlungen bekannt. Die Ursulinerin Emilia Ehrlich, die ihm in der Erzdiözese Englisch beibrachte, verblüffte er dadurch, daß er dem Unterricht folgte und gleichzeitig eine Rede oder eine Predigt schrieb. Schwester Emilia Ehrlich ist jetzt im Vatikan eine seiner Sekretärinnen.

Während der ersten Sitzungsperiode des Konzils schrieb Wojtyła einen siebenteiligen Gedichtzyklus, der den schlichten Titel »Die Kirche« trägt. Zu einem großen Teil geben diese Gedichte wieder, was Wojtyła im Petersdom sah und hörte; sie tragen Titel wie »Die Wand«, »Der Boden« oder »Die Krypta«. Das rätselhafteste von ihnen ist der Neunzeiler »Der Neger«; es ist das einzige Gedicht in diesem Zyklus, das von einem bestimmten Menschen handelt.

Wojtyła wendet sich in dem Gedicht an seinen »lieben Bruder«; in ihm spürt er »den gewaltigen Kontinent, in welchem Flüsse plötzlich versiegen... und wo die Sonne den Körper verbrennt wie ein Hochofen das Erz«. In »Der Neger« kommt Wojtyłas starkes Interesse für Afrika und für die Dritte Welt im allgemeinen erstmals zum Ausdruck. Die afrikanische Kirche ist bekanntlich eine der ältesten der Christenheit. In den neunziger Jahren sah Johannes Paul II. in ihr die Zukunft des Katholizismus und unternahm große Anstrengungen, den Kontinent zu evangelisieren.

Während des ersten Sitzungsmonats des Konzils kam es zur Kubakrise. Die Sowjetunion stationierte Atomraketen auf Castros Insel und brachte damit die Welt an den Rand eines globalen Krieges. Am 25. Oktober appellierte Johannes XXIII. an John F. Kennedy und Nikita Chruschtschow, sie sollten alles in ihrer Macht Stehende tun, um den Frieden zu bewahren.

Daß Bischof Wojtyła eine öffentliche Erklärung zu der Krise abgegeben hätte, ist nicht bekannt; dies wurde auch nicht von ihm erwartet. Er war jedoch zu diesem Zeitpunkt schon stark mit dem Thema »Die Kirche in der modernen Welt« beschäftigt, bei dem es auch um den Weltfrieden ging. Seinen eigenen Frieden fand Wojtyła in dem 60 Kilometer von Rom entfernten, auf dem Monte Guadagnolo gelegenen Marienheiligtum Mentorella, einem der ältesten Wallfahrtsorte Italiens. Diese Gegend wurde später zu einem seiner bevorzugten Wandergebiete.

Wojtyła ergriff während der ersten Sitzungsperiode des Konzils zweimal das Wort und unterbreitete den Konzilsvätern zwei Texte. Dabei stellte er die Vielfältigkeit seiner Interessengebiete unter Beweis: In seiner Ansprache vom 7. November behandelte er Fragen der Liturgie, in seinen Schriftstücken hingegen befaßte er sich mit »gesellschaftlichen Kommunikationsmitteln« – den Medien – und mit der Struktur der Kirche. Schon als ein hinter dem Eisernen Vorhang lebender Weihbischof hatte Wojtyła begriffen, welch große Bedeutung die Medien für die Verbreitung der christlichen Botschaft haben.

Die Fragen der Liturgie, denen sich Wojtyła in seiner Ansprache zuwandte, hatten neben dem theologischen auch einen politischen Hintergrund. Der hierzu vorgelegte Entwurf befürwortete grundlegende Änderungen im Ritus der Messe; sie sollte vereinfacht und so für die Gläubigen verständlicher werden. Dem widersetzten sich die von Kardinal Ottaviani angeführten Konservativen.

Wojtyła ging es dabei nicht nur darum, daß die Messe statt auf Latein in der jeweiligen Landessprache gefeiert wurde und der Priester der Gemeinde zugewandt war, statt ihr, wie die Tradition es verlangte, den Rücken zuzuwenden und den Blick auf den Altar zu richten. Wie die katholische Liturgie den nicht-europäischen Kirchen angepaßt werden sollte, war angesichts einer sich rasch verändernden Welt eine viel wichtigere Frage.

Diese Frage, bei der es um die Dritte Welt und die »Inkulturation« ging, hatte Wojtyłas Interesse geweckt. Insbesondere afrikanische Bischöfe verlangten, daß neben der den Vorschriften Roms entsprechenden Messe auch bestimmte traditionelle Formen des Gottesdienstes erlaubt sein sollten. Einen solchen kulturellen Regionalismus zu untersagen, würde dazu führen, daß sich die Gläubigen, die sich zum Beispiel afrikanischen Traditionen verbunden fühlten, von der katholischen Kirche abwendeten.

Als im Jahr 1994 in Rom die afrikanische Bischofssynode stattfand, mußte sich Johannes Paul II. mit viel umfassenderen Formen der »Inkulturation« auseinandersetzen, so auch mit der Frage, ob nach Stammesbräuchen vorgenommene Heiraten neben kirchlichen Eheschließungen erlaubt sein sollten. Die meisten Teilnehmer sahen in der »Inkulturation« eine Voraussetzung für den Erfolg der Evangelisationsbemühungen der katholischen Kirche in Afrika, wo sie mit den sich rasch ausbreitenden islamischen und evangelikalen Sekten wetteiferte.

Die erste Sitzungsperiode des Konzils endete am 8. Dezember 1962. In der darauffolgenden Woche wurde Wojtyła in Krakau wieder mit der polnischen Wirklichkeit konfrontiert. Als das neue Jahr anfing, ging es dann auch um die Nachfolge des verstorbenen Erzbischofs Baziak. Als Kapitelvikar war Wojtyła praktisch amtierender Erzbischof, aber dies bedeutete keineswegs, daß er das Amt auf Dauer bekommen würde. In diese äußerst komplizierte und delikate Angelegenheit waren die Krakauer Kirche, Primas Wyszyński, das kommunistische Regime und der Heilige Stuhl involviert.

Der Ausgang dieser Angelegenheit spielte auch für Wojtyłas fernere Zukunft eine wichtige Rolle. Er war unterdessen Gastgeber von Kardinal König, der für sein zukünftiges Wirken ebenfalls von großer Bedeutung sein sollte.

Der Wiener Kardinal, dem ein Visum für Polen mehrfach verweigert worden war, hatte nun die Einreisegenehmigung erhalten. Er hatte dem polnischen Episkopat mitgeteilt, daß er am 29. Mai in Polen eintreffen werde; er wollte von Wien aus durch die Tschechoslowakei fahren und die Grenze bei Cieszyn überqueren. Da Cieszyn zur Krakauer Erzdiözese gehörte, wurde Wojtyła rein zuständigkeitshalber informiert. Er fuhr zur Grenze, um den österreichischen Kardinal in Polen willkommen zu heißen.

Kardinal König meinte später, Bischof Wojtyła sei bei dieser Begegnung etwas befangen gewesen. »Ihm fehlte es an Selbstbewußtsein«, sagte der Kardinal. »Er kam sich immer noch wie ein junger Priester vor..., und er sprach nicht gut deutsch. Ich glaube, wir unterhielten uns auf Französisch.« König übernachtete zweimal in der Krakauer Erzdiözese und fuhr dann nach Warschau, um Primas Wyszyński zu besuchen. Da das polnische Regime und auch einige kirchliche Gruppierungen König ablehnend gegenüberstanden, schätzte er Wojtyłas entgegenkommende Haltung.

Nach Meinung des Wiener Kardinals, der lange Jahre mit Wyszyński befreundet war, stellte Wojtyła den Primas beim Vatikanischen Konzil in den Schatten. Wyszyński habe sich damals mehr mit der im Jahr 1966 bevorstehenden Tausendjahrfeier der Christianisierung Polens und mit der Möglichkeit eines Papstbesuchs befaßt. »Wyszyński hat sich nicht viel um das Konzil gekümmert«, sagte König. »Seiner Meinung nach ging es dabei nur um die westliche Welt, und für ihn war Osteuropa viel wichtiger.«

Demzufolge war Wojtyła nach außen hin fast während des gesamten II. Vatikanischen Konzils der Sprecher des polnischen Episkopats gewesen. Doch als es um Wojtyłas eigene Zukunft ging, hatte Wyszyński ein gewichtiges Wort mitzureden.

14

Die Krakauer Erzdiözese war seit dem Tod von Erzbischof Baziak ohne Oberhaupt. Auf Dauer konnte sie nicht von einem Kapitelvikar verwaltet werden, und Wojtyła war mit der Übergangslösung selbst unzufrieden. Es lag jedoch bei Wyszyński, einen Nachfolger auszuwählen.

Nach dem damals üblichen Verfahren mußte der Primas dem Regime eine Liste mit mindestens drei Namen vorlegen. Diesem wiederum stand es bei jedem der Vorschläge frei, ihn zu akzeptieren oder abzulehnen. Sobald ein Name die Billigung des Regimes erhalten hatte, übermittelte Wyszyński diesen dem Vatikan zur endgültigen Entscheidung.

Obwohl in Polen und anderswo behauptet wird, zwischen Wyszyński und Wojtyła habe eine Vater-Sohn-Beziehung bestanden, sind die mit der Situation vertrauten Personen fast einhellig der Meinung, daß der Primas Wojtyła nicht zum Erzbischof von Krakau machen wollte. Fünfzehn Jahre danach jagte ihm der Gedanke, daß Wojtyła Papst werden könnte, einen Schrecken ein; er wollte einfach nicht glauben, daß es dazu kommen würde.

Rekonstruiert man die damaligen Vorgänge wahrheitsgetreu, so zeigt sich eindeutig, daß das kommunistische Regime in Warschau aufgrund seiner Fehleinschätzung der polnischen Kirche und ihrer Persönlichkeiten für Wojtyłas Ernennung zum Erzbischof direkt verantwortlich war. Diese Ernennung wiederum führte zu Wojtyłas Erhebung zum Kardinal und schließlich zu seiner Wahl zum Papst. Es entbehrt nicht der geschichtlichen Ironie, daß Johannes Paul II. eine entscheidende Rolle bei den Verhandlungen spielte, die zuerst in Polen und danach in den anderen Ländern des Ostblocks zum Verschwinden des Kommunismus führten.

Wojtyła hatte im Laufe seines Lebens eine Reihe glücklicher Fügungen erlebt, angefangen mit Kardinal Sapiehas Gönnerrolle bis hin zu der fast beiläufigen Art, mit der Wyszyński ihn zum Weihbischof machte. Den eigentlichen Wendepunkt bildeten jedoch die geheimen Manöver des Primas und der Kommunisten um die Neubesetzung der Krakauer Erzbischofsstelle. Sie ähnelten einem Blindekuh-Spiel.

Bei der Behandlung dieser komplizierten und sehr delikaten Angelegenheit muß betont werden, daß es zwischen Wojtyła und Wyszyński nie eine offene Feindschaft gegeben hat. Möglicherweise wußte Wojtyła zum damaligen Zeitpunkt nicht einmal, daß Wyszyński gegen ihn eingestellt war. Er legte jedenfalls dem Primas gegenüber immer absolute Loyalität und größten Respekt an den Tag, auch und gerade nach seiner Wahl zum Papst.

Nach Wyszyńskis Rückkehr von der ersten Sitzungsperiode des Konzils war klar, daß er nun, sieben Monate nach Baziaks Tod, eine Entscheidung nicht mehr länger hinausschieben konnte. Er handelte schließlich, indem er eine Kandidatenliste vorbereitete, deren Namen dem Regime nacheinander vorgelegt werden sollten. Wojtyłas Name tauchte jedoch erst ganz am Schluß auf, und es dauerte ein ganzes Jahr, bis das Problem gelöst war. Zu fragen bleibt, wieso der Primas alles daransetzte, Wojtyłas Aufstieg zu verhindern.

Zuallererst ging es dabei um ein Generationenproblem. Der neunzehn Jahre ältere Wyszyński war im geteilten Polen unter russischer Herrschaft geboren worden. Der Schriftsteller Andrzej Micewski, der auch als Geheimer Rat des Primas tätig war, hat dazu bemerkt: »Wojtyła wuchs nicht in Gefangenschaft auf. Er wuchs in einem normalen Polen auf, und im Gegensatz zu Wyszyński war die nationale Frage für ihn kein zentrales Thema. Für Wojtyła war der universelle Katholizismus die zentrale Frage.« Micewski wollte damit sagen, daß der Primas noch um Polens bloßes Vorhandensein fürchten mußte, während Wojtyła sich damit beschäftigte, was für ein Polen existierte und wie es der Kirche dort und anderswo erging.

Von daher wird verständlich, daß Wyszyński befürchtete, die Sowjetunion könnte unter einem Vorwand in Polen intervenieren und die Unabhängigkeit des Landes wieder zunichte machen, und daß er deshalb dem kommunistischen Regime Polens gegenüber stets auf Kompromisse und nicht auf Konfrontation bedacht war. Als Bischof Wojtyła sich genötigt sah, politisch Stellung zu nehmen, verwendete er eine Strategie, bei der es je nach den Umständen zu einem Kompromiß oder zu einer Konfrontation kommen konnte. Wyszyński bezweifelte jedoch, daß Wojtyła in seinem Umgang mit dem Regime soviel Entgegenkommen walten lassen würde, wie er es als Primas von Anfang an getan hatte.

Stefan Swieżawski, der Philosophieprofessor und *perito* (Experte) des Vatikanischen Konzils, hat dazu angemerkt: »Wyszyński war immer bestrebt, einen Kompromiß zu erreichen und Brücken zwischen dem Staat und der Kirche zu bauen.« Gegen den Intellektuellen Wojtyła hatte Wyszyński eine gewisse Abneigung. »Er fürchtete sich möglicherweise vor ihm«, meinte ein kirchlicher Würdenträger, der beide gut kannte. Der Primas war zwar ein studierter Kirchenrechtler und ein um soziale Gerechtigkeit bemühter Gelehrter, doch war er argwöhnisch gegenüber dem progressiveren jüngeren Intellektuellentypus innerhalb und außerhalb der Kirche, der sich mit Gedichten und mit dem Theater beschäftigte. Und dafür war Wojtyła ein Musterbeispiel.

Stanisław Stomma, der im Parlament der links der Mitte stehenden, aber nicht mit der Kirche verbundenen katholischen Gruppierung »Znak« angehörte, ist der Meinung, daß Wyszyński »Intellektuellen und Literaten nicht traute«. Und Wojtyła sei ein »zu politischer Literat« gewesen.

Für Wyszyński sei die polnische Landbevölkerung das Salz der Erde gewesen, sagte Stomma, und der Primas habe oft betont, er wolle ein Episkopat, das entsprechend ausgerichtet sei. Wyszyński habe auch befürchtet, daß Wojtyła aufgrund seiner Unerfahrenheit von verschiedenen Kräften »manipuliert« werden könnte.

Ein mit den Vorgängen vertrauter Krakauer Priester drückte sich noch deutlicher aus: »Der Primas meinte, daß diejenigen, die er für hohe Positionen benannte, mittelmäßig sein sollten, und Wojtyła war das offenkundig nicht.«

Das war der Stand der Dinge, als Wyszyński endlich der Regierung die Nominierungen für den Posten des Krakauer Erzbischofs vorlegte.

Nach dem geltenden Verfahren hatte die Regierung jeweils drei Monate Zeit für ein Antwort. Gab es keinen Widerspruch gegen die Nominierung, dann durfte angenommen werden, daß sie genehmigt war. Im Falle eines Widerspruchs mußte ein weiterer Name vorgelegt werden.

Der Primas nannte jeweils einen Namen, und sechs davon wurden hintereinander abgelehnt. Um wen es sich handelte, ist nach wie vor geheim. Wyszyński schlug schließlich Wojtyła vor, und diese Empfehlung ging nach Ablauf der Widerspruchsfrist auch an den Vatikan. Stanisław Stomma, der zwischen dem Episkopat und dem Regime inoffiziell vermittelte, ist der Meinung, daß der Primas, der keine plausiblen Optionen mehr gehabt habe, von der Krakauer Kirche und den dortigen katholischen Intellektuellen immer mehr gedrängt worden sei, Wojtyła zu benennen. Stomma zufolge waren viele polnische Bischöfe nach dem Vatikanischen Konzil von Wojtyła sehr beeindruckt; dies habe ebenfalls eine Rolle gespielt. Zu denen, die Wyszyński drängten, Wojtyła zu nominieren, habe auch Professor Swieżawski gehört.

Stomma berichtete, am Beginn der Verhandlungen habe ihn Zenon Kliszko zu sich gerufen, der Sprecher des Sejm und zweitwichtigster Mann des kommunistischen Apparats, der für die Beziehungen zur Kirche zuständig war. Kliszko habe ihn gefragt, wer wohl der beste Kandidat für Krakau sei.

»Ich teilte ihm ohne Wenn und Aber mit, Wojtyła sei der beste und einzig in Frage kommende Kandidat«, erzählte Stomma. Ohne Namen zu nennen, habe ihn Kliszko informiert, es gebe eine ganze Anzahl von Nominierungen; er wisse aber, daß Wojtyła am Schluß der Liste auftauchen werde. Stomma zufolge wollte Kliszko den Primas hinhalten und schließlich dazu zwingen, Wojtyła vorzuschlagen.

Dies führt zu der Frage, wieso die Kommunisten Wojtyła den Vorzug gaben. Stomma ist der Meinung, Kliszko habe Bischöfe gewollt, die gegenüber dem Regime nicht feindselig eingestellt waren. »Er meinte, daß Wojtyła apolitisch sei, daß er die Politik nicht mochte, nicht in sie hineingezogen werden wollte und lieber bei der Pastoralarbeit bleiben würde«, sagte Stomma. Die Machthaber schienen die Beschuldigungen vergessen zu haben, die sie im Jahr 1959 gegen Wojtyła gerichtet hatten. Daß dieser im September 1962 den Krakauer Parteisekretär Motyka aufsuchte, hat nach Stommas Meinung das Regime beeindruckt. Kliszko habe auch gehofft, er könne Wyszyński und Wojtyła gegeneinander ausspielen und so die allgemeine Praxis der Spaltung der Kirche fortsetzen.

Wie sich herausstellen sollte, befanden sich die Kommunisten in einem fatalen Irrtum, als sie Wojtyłas Nominierung billigten. Stomma sagte: »Als Wojtyła das Amt in Krakau übernommen hatte, erwies er sich als ein hartnäckiger Erzbischof, der die Souveränität der Kirche entschlossen verteidigte.« Kliszko sei »enttäuscht und verärgert« gewesen, daß Wojtyła die Erwartungen nicht erfüllte, die das Regime in ihn gesetzt hatte.

Pfarrer Andrzej Bardecki, ein Kirchenhistoriker und Redakteur bei »Tygodnik Powszechny«, ist überzeugt, daß zwei Männer Wojtyłas eigentliche Wegbereiter zum Papstthron waren: Erzbischof Baziak, der ihn 1958 zum Weihbischof ernannte, und der kommunistische Spitzenfunktionär Zenon Kliszko, der 1963 seine Nominierung als Erzbischof genehmigte. Ohne diese beiden wäre Wojtyła nicht Kardinal und auf keinen Fall Papst geworden.

Am 30. Dezember 1963 wurde Karol Wojtyła von Paul VI. zum Erzbischof und Metropoliten von Krakau ernannt. Am 3. März 1964 fand in der Wawel-Kathedrale die feierliche Amtseinführung statt. Der neue Erzbischof war dreiundvierzig Jahre alt.

Papst Johannes XXIII. war am 3. Juni 1963 gestorben, sechs Monate nach der Veröffentlichung seiner Enzyklika »Pacem in Terris« (»Friede auf Erden«), der ersten bedeutenden Bemühung des Heiligen Stuhls zur Beendigung des Kalten Krieges. Im März hatte Johannes XXIII. Alexis Adschubej empfangen, den Schwiegersohn Chruschtschows und Chefredakteur der sowjetischen Regierungszeitung »Iswestija«; dies war das erste öffentliche Zusammentreffen zwischen einem Papst und einem hohen sowjetischen Funktionär. Es führte zur Freilassung des ukrainischen Erzbischofs Josef Slipyi aus einem sibirischen Arbeitslager; diese Geste der Sowjets gegenüber dem Heiligen Stuhl war für die benachbarte polnische Kirche von besonderem Interesse.

Der siebenundsechzigjährige Kardinal Montini aus Mailand, der einst als vatikanischer Diplomat in Polen tätig gewesen war, wurde am 21. Juni 1963 zum Papst gewählt und nahm den Namen Paul VI. an. Er war es, der Wojtyłas Ernennung zum Erzbischof unterzeichnete. Der neue Papst setzte die Ostpolitik des Vatikans in erweitertem Umfang fort und schlug einen Kurs ein, den Johannes Paul II. zum Abschluß bringen sollte. Paul VI. wurde zu Wojtyłas neuem und bedeutendstem Gönner.

Wojtyła versäumte wegen eines Drüsenfiebers die Eröffnung der zweiten Sitzungsperiode des Vatikanischen Konzils und traf erst am 7. Oktober 1963 in Rom ein. Wyszyński war mit dreiundzwanzig polnischen Bischöfen vorausgereist; der Krakauer Weihbischof Julian Groblicki hatte allerdings keinen Paß erhalten. Wojtyła begegnete am 16. Oktober während einer Audienz für die polnische Delegation erstmals dem neuen Papst, doch war dies eine rein zeremonielle Angelegenheit. Wyszyński hingegen hatte im Verlauf des Herbstes mehrere private Zusammenkünfte mit Paul VI.

Obwohl Wojtyła während dieser Sitzungsperiode nur einmal das Wort ergriff, leistete er einen wichtigen Beitrag zu der Deklaration, die später als »Lumen Gentium« (»Licht der Völker«) erscheinen sollte; sie befaßte sich mit der Modernisierung der Kirche und ihrer Liturgie und war das wichtigste Dokument des II. Vatikanischen Konzils. Insbesondere konnte Wojtyła die Konzilsväter davon überzeugen, daß das Kapitel über das »Volk Gottes« dem Kapitel über die Hierarchie vorausgehen sollte; in seinem schönen Latein trug er vor, die Hauptaufgabe der Kirche sei es, für die Menschen da zu sein. Diese Aussage kennzeichnete die Philosophie und Theologie der Kirche nach der Erneuerung.

Die Sitzungsperiode endete am 4. Dezember mit der Verabschiedung der Deklarationen über die heilige Liturgie und die gesellschaftliche Kommunikation. An letzterer hatte Wojtyła ein besonderes Interesse. Noch stärker interessierte er sich für die Ökumene und die Religionsfreiheit; zu diesen miteinander verknüpften Themen legte er einen schriftlichen Kommentar vor.

Am 5. Dezember reiste Wojtyła mit einer Gruppe von Bischöfen zu einem zehntägigen Besuch ins Heilige Land. Der Aufenthalt war für ihn ein bewegendes Erlebnis, das einen tiefen Eindruck hinterließ und sich auf die Einstellung zum Nahen Osten auswirkte, die er als Papst hatte.

Wojtyła beschrieb die Reise in einem ausführlichen Brief an die Priester der Krakauer Erzdiözese. Darin betonte er: »Wir waren der Meinung, da wir im Konzil an der Erneuerung der Kirche arbeiteten, müßten wir uns Jesus dort zuwenden, wo Er geboren wurde, wo Er gelebt und gelehrt, gehandelt und dann gelitten hat und gekreuzigt wurde, wo Er auferstand und zum Himmel auffuhr.«

Der Brief war eine Reisebeschreibung, welche die besuchten Stätten mit der biblischen Geschichte in Beziehung setzte, angefangen mit dem Auszug des »auserwählten Volkes« aus Ägypten. Wojtyła schilderte den Flug »bei schönem, sonnigem Wetter« über die im Alten Testament erwähnte Wegstrecke »von der ägyptischen Wüste zum Ufer des Roten Meeres... zum Berg Sinai und wieder durch die Wüste«. Er verbrachte die erste Nacht in Bethlehem in der Krypta an der Geburtsstätte Jesu, wo die Gruppe von Mitternacht bis 5 Uhr 30 eine Messe zelebrierte.

Die Teilnehmer besuchten die Tempelmauer in Jerusalem und fuhren dann ans Ufer des Toten Meeres und nach Galiläa; die Nacht verbrachten sie auf dem Berg Tabor. Die Bischöfe kehrten nach Jerusalem zurück und folgten dort dem Kreuzweg Jesu; auf Golgatha legten sie ihre Bischofsinsignien an die Stelle, an der das Kreuz gestanden hatte. Wojtyła wies in seinem Brief darauf hin, daß die Basilika auf Golgatha von römisch-katholischen, russisch- und griechisch-orthodoxen sowie armenischen Christen betreut werde. Er fügte hinzu: »Auf den ersten Blick empfindet man dies nicht als störend, doch weiß man, daß sich dahinter die Spaltung der Christenheit verbirgt, die dem Wunsch Jesu sosehr zuwiderläuft.«

Im Jahr 1964 verbrachte der Erzbischof viel Zeit damit, die Arbeit des Vatikanischen Konzils den Priestern und den Mitgliedern der Kirche zu erläutern. Bei einer Zusammenkunft im Wallfahrtsort Kalwaria Zebrzydowska wies Wojtyła einen Priester, der eine diesbezügliche Frage gestellt hatte, darauf hin, daß »die römische Kurie Bischöfen keine Anweisungen erteilt; diese werden vom Papst geleitet, der die Kurie zur

Lenkung der gesamten Kirche einsetzt«. Darin zeigt sich das strenge, monarchische Rollenverständnis, das Wojtyła als Papst gegenüber den Bischöfen und gegenüber der Kurie praktizieren sollte.

Die dritte Sitzungsperiode des Konzils wurde am 14. September 1964 eröffnet. In den darauffolgenden sieben Wochen entfaltete Wojtyła eine ungeheure Aktivität. Als Erzbischof nahm er im Petersdom einen Platz ein, der näher am Altar war. In seinen Ansprachen behandelte er die Ökumene, die Religionsfreiheit, das Laienapostolat und den Entwurf einer Deklaration über die Kirche in der modernen Welt. Die als »Gaudium et Spes« (»Freude und Hoffnung«) bekanntgewordene Deklaration zählt zusammen mit »Lumen Gentium« zu den wichtigsten Errungenschaften des Konzils.

Wojtyła hielt jedoch den ursprünglichen Entwurf des Dokuments für unzureichend, weil darin den Katholiken – und auch den Nichtgläubigen – auf autoritäre Weise ein Wertesystem für zwischenmenschliche Beziehungen vorgeschrieben werde. Er meinte, die Kirche müsse sich mit den Menschen auseinandersetzen. Bei seiner Rede vor den Konzilsvätern erhielt Wojtyła erstmals die Gelegenheit, seine Sozialphilosophie einem weltumspannenden Forum vorzutragen. »Die moderne Welt ist neu im Guten wie auch im Bösen«, sagte er. »Sie birgt neue Werte in sich, aber auch neue Krisen. Sie ist eine Welt der neuen Zusammengehörigkeit der Menschen und Nationen, aber gleichzeitig eine Welt, die für jeden einzelnen und für ganze Gesellschaften auf eine neue Weise bedrohlich und gefährlich ist. Es ist eine Welt des Fortschritts und des Luxus, in welcher gleichzeitig die Mehrheit der Menschheit Hunger leidet.«

Karol Wojtyła blieb auch hier seinen Grundsätzen treu; die Thematik seiner Rede des Jahres 1964 tauchte in den achtziger und neunziger Jahren in päpstlichen Enzykliken und Ansprachen erneut auf. Im Auftrag des polnischen Episkopats schlug Wojtyła dem Konzil grundlegende Änderungen der Deklaration »Gaudium et Spes« vor. Das Konzil machte ihn zum Mitglied der Zentralen Unterkommission, die sich mit der Deklaration befaßte, und er befand sich nun in der Gesellschaft der angesehensten progressiven Theologen der Welt. Für die bedeutenden Persönlichkeiten der Kirche war Wojtyła von nun an als Konzilsvater ein Begriff, und sein Freundes- und Bekanntenkreis wuchs von Tag zu Tag.

Wojtyła war außerdem der einzige Konzilsteilnehmer, der sich bei seinen Reden im Petersdom an die »ehrwürdigen Väter, Brüder und Schwestern« wandte und damit die Anwesenheit weiblicher Zuhörer berücksichtigte. Die Kontroverse wegen seiner Haltung zur Gleichberechtigung der Frauen in der Kirche kam erst viel später.

Als die dritte Sitzungsperiode des Konzils am 21. November zu Ende war, machte Wojtyła mit mehreren polnischen Bischöfen eine kurze Sizilienreise und stattete dann dem Heiligen Land einen weiteren Besuch ab. Nach seiner Rückkehr nach Rom hatte er am 30. November seine erste Privataudienz bei Paul VI. Sie bildete den Anfang einer langen, außergewöhnlichen Beziehung. Der Papst erinnerte sich eingangs an seine fünfundvierzig Jahre zurückliegende Zeit in Polen. Dann sagte er zu Wojtyła: »Als Bischöfe haben wir unser wichtigstes pastorales Aufgabengebiet bei den Priestern, Arbeitern und Studenten.« Der Erzbischof teilte Paul VI. mit, daß er vor seinem Theologiestudium mehrere Jahre lang Arbeiter gewesen war.

Der Papst sei darüber erfreut gewesen, sagte Wojtyła später. Paul VI. schickte ihm ein Pallium, eine weiße Schulterbinde aus Lammwolle, die von Erzbischöfen bei besonderen Anlässen getragen wird; das war eine große Ehre und ein Zeichen, daß ihm der Papst wohlgesonnen war.

In Krakau sprach der Erzbischof bei seiner weihnachtlichen Predigt in der Stefanskirche über Religionsfreiheit: »In der Gesellschaft muß es ein Klima der Religionsfreiheit geben, ein Klima des Respekts vor dem Gewissen und den Überzeugungen der Menschen.«

Im Winter und Frühjahr des Jahres 1965 reiste Wojtyła wegen der Inanspruchnahme durch das Konzil ständig zwischen Krakau und Rom hin und her. Er widmete sich insbesondere dem Entwurf des Dokuments »Die Kirche in der modernen Welt«. Am 14. September nahm Wojtyła an der Eröffnung der vierten und letzten Sitzungsperiode des II. Vatikanischen Konzils teil und blieb bis zum Abschlußtag, dem 8. Dezember. Er war diesmal fast drei Monate lang von Krakau abwesend. Die einzige Unterbrechung seiner Konzilsarbeit bildete eine eintägige Reise nach Paray-le-Monial in Frankreich zu einer Pontifikalmesse.

Die letzte Sitzungsperiode des Konzils entwickelte sich zu einer Schlacht zwischen den Progressiven und Konservativen um die Religionsfreiheit und um die Beziehungen der Kirche zu nichtchristlichen Religionen, insbesondere zu den Juden. Der österreichische Kardinal König und der deutsche Kardinal Bea waren die Vorkämpfer der Religionsfreiheit; Erzbischof Wojtyła agierte als Strategieplaner und Organisator. Kardinal Ottaviani vom Heiligen Offizium war der Hauptgegner; er erklärte pathetisch: »Das Wahre und das Falsche können nicht gleich behandelt werden, und sie können nicht dieselben Rechte haben.«

Dennoch wurden Erklärungen über Religionsfreiheit gebilligt, unter ihnen das Dokument »Nostra Aetate« (»In unserer Zeit«), in dem es um die Beziehungen zu nichtchristlichen Religionen ging. Der vierte Abschnitt bildete für die Kirche einen geschichtlichen Durchbruch; dort wurde festgehalten, daß die Juden nicht generell für die Kreuzigung Jesu verantwortlich gemacht werden können. Wojtyła, der zu den Verfassern zählte, berief sich fortan bei all seinen Gesten gegenüber den Juden und dem Staat Israel auf »Nostra Aetate«.

Wojtyła gehörte überdies zu den Bischöfen, die dazu beitrugen, daß es zu keiner förmlichen Verurteilung des Kommunismus durch das Konzil kam. Er war der Ansicht, daß die großen ideologischen Konflikte der Welt durch Verurteilungen nicht entschärft werden können und neue Wege gefunden werden müßten, um dauerhafte Lösungen zu erreichen.

Um diese Zeit entwickelte Paul VI. gegenüber Moskau und den osteuropäischen Kommunisten eine neuartige Politik. Die Situation war dermaßen komplex, daß Wojtyła als polnischer Erzbischof eine Verbesserung der Beziehungen zum Kommunismus im Rahmen einer konstruktiven, langfristigen Diplomatie befürworten und gleichzeitig die kommunistischen Machthaber seines Heimatlandes wegen der Behandlung der dortigen Kirche attackieren konnte. Dieses Vorgehen blieb dem Westen immer unverständlich. Genausowenig begriff man dort, daß die interessanteste junge Persönlichkeit der Kirche, die aus dem II. Vatikanischen Konzil hervorging, ein polnischer Erzbischof namens Karol Wojtyła war. Das mag der Grund dafür sein, daß die Wahl von Johannes Paul II. eine solche Überraschung darstellte.

Noch bevor das Konzil zu Ende war, geriet Wojtyła in eine für ihn schmerzliche öffentliche Kontroverse. Er hatte zusammen mit Erzbischof Bolesław Kominek und Bischof Jerzy Stroba einen an das deutsche Episkopat gerichteten Aufruf entworfen, der mit den Worten schloß: »Wir vergeben und bitten um Vergebung.« Das Dokument, das während des Konzils in Zusammenarbeit mit mehreren deutschen Bischöfen vorbereitet worden war, befaßte sich auch mit der tragischen Vorgeschichte der polnisch-deutschen Beziehungen und brachte Verständnis für das Leid zum Ausdruck, das den Deutschen widerfahren war.

Der am 18. November 1965 im Namen des polnischen Episkopats herausgegebene Aufruf löste einen Proteststurm aus. Das Regime erlaubte die Veröffentlichung des Textes nicht; es begann mit einer wütenden Kampagne gegen die Bischöfe unter dem Motto »Wir werden nicht vergessen, und wir werden nicht vergeben«.

Am 22. Dezember veröffentlichten Krakauer Zeitungen einen offenen Brief von Arbeitern der chemischen Fabrik Solvay an Wojtyła. Diese erklärten, sie seien von dem Aufruf der Bischöfe zutiefst schockiert; sie brachten ihr Erstaunen darüber zum Ausdruck, daß der Krakauer Erzbischof an der Ausarbeitung mitgewirkt hatte. »Niemand hatte den polnischen Bischöfen den Auftrag erteilt, zu Angelegenheiten Stellung zu nehmen, die in den Zuständigkeitsbereich anderer Institutionen fallen«, fuhren die Verfasser fort. Sie erinnerten Wojtyła daran, daß »Tausende von polnischen Priestern« in Auschwitz umgebracht worden waren und daß die Deutschen in Polen »bestialische Maßnahmen der biologischen Vernichtung« durchgeführt hatten. Der Brief schloß mit dem Ausdruck »tiefen Bedauerns« über das Vorgehen ihres ehemaligen Arbeitskollegen Wojtyła.

Es ist möglich, daß der Brief von kommunistischer Seite verfaßt worden war; er war jedenfalls Wasser auf die Mühlen der antikirchlichen Propaganda. Zwei Tage danach verfaßte der betrübte, aber kämpferische Erzbischof ein langes Sendschreiben an die Arbeiter – das aber von der Krakauer Presse nicht veröffentlicht wurde. Darin stand: »Sie hätten das nicht geschrieben, wenn Sie sich mit dem Text des Aufrufs und der Antwort der deutschen Bischöfe vertraut gemacht hätten.«

Der Erzbischof teilte den Arbeitern mit, der Aufruf gründe »auf den tiefsten Prinzipien der christlichen Ethik«; die deutschen Bischöfe wiederum hätten »Gott und dann uns um Vergebung für die Sünden ihrer Nation gebeten«. Wojtyła zeigte auch, daß er erzürnt war: »Ich beantworte Ihren Brief ... als einer, dem Unrecht angetan wurde. Mir wurde Unrecht getan, indem man mich öffentlich anklagte und verleumdete, ohne daß man sich die Mühe gemacht hätte, die Tatsachen und die Beweggründe zu eruieren. Als wir während der Besatzung zusammenarbeiteten, hatten wir viele Gemeinsamkeiten – vor allem die Achtung vor dem Gewissen, der Persönlichkeit und der Würde eines Menschen. Dies lernte ich zu einem großen Teil von den Arbeitern bei Solvay – doch in Ihrem Brief finde ich dieses Grundprinzip nicht.«

Am 26. Dezember 1965 sprach Wojtyła in einer Predigt über den Aufruf; er verlas dabei die Briefe und ging auf sie ein. Doch bevor das Jahr zu Ende war, gab es auch erfreuliche Nachrichten. In Rom hatte Paul VI. die Bischofssynode geschaffen. Sie sollte eine kollegiale Institution sein, die in regelmäßigen Abständen im Geist des Vatikanischen Konzils zusammentrat; zu ihrem Generalsekretär hatte der Papst Bischof Rubin ernannt, mit dem Wojtyła befreundet war. Nun hatte der Krakauer Erzbischof eine direkte Verbindung ins Innerste der römischen Kurie.

In Polen, wo die Politik der Kommunisten undurchschaubar und die Partei in sich gespalten war, hatten die Machthaber überraschend in der Krakauer Trabantenstadt Nowa Huta, dem Zentrum der Stahlindustrie in der Region, den Bau einer Kirche genehmigt. Das erste Gesuch war neun Jahre zuvor gestellt worden; in der Zwischenzeit hatte der 20 000 Mitglieder zählenden Pfarrgemeinde nur eine kleine Kapelle zur Verfügung gestanden. Wojtyła hatte sich für den Bau einer Kirche in Nowa Huta eingesetzt, seit er Bischof geworden war.

Im Juli 1965 hatte Wojtyła erstmals mit dem kommunistischen Spitzenfunktionär Zenon Kliszko konferiert, der seine Nominierung für das Amt des Erzbischofs gebilligt hatte. Und Wojtyłas erstaunliche literarische Produktivität hielt an. Nach dem Gedichtzyklus, den er während des I. Vatikanischen Konzils verfaßt hatte, schrieb er 1964 den Essay »Reflexionen über die Vaterschaft« und 1965 ein Gedicht über seine Pilgerreise ins Heilige Land; in »Tygodnik Powszechny« erschienen lange, reportagehafte Briefe aus Rom über das Konzil, und dazuhin schrieb er ein dickes Buch mit dem Titel »An den Quellen der Erneuerung« über die Leistungen des Konzils.

Das tausendjährige Jubiläum des Christentums in Polen, das im ganzen Jahr 1966 gefeiert wurde, führte erneut zu Spannungen zwischen der Kirche und dem kommunistischen Regime. Die große Wallfahrt zur Schwarzen Madonna von Tschenstochau, an der Millionen von Polen teilnahmen, blieb zwar unbehelligt, doch ließ die Polizei nicht zu, daß eine gerahmte Kopie des Marienbildes in einem Festzug durch ganz Polen getragen wurde.

Primas Wyszyński hatte gehofft, Paul VI. werde Polen aus Anlaß der Tausendjahrfeier einen Besuch abstatten, doch das Regime hatte sich dagegen ausgesprochen. Die Kommunisten legten nicht den geringsten Wert darauf, daß der Papst das Land auf dem Höhepunkt der religiösen und patriotischen Begeisterung besuchte. Wenn Paul VI. gekommen wäre, hätte man ihn eingeladen, in Tschenstochau die große Jubiläumsmesse zu zelebrieren. Das polnische Episkopat beauftragte Wojtyła, die Messe am Sonntag, dem 3. Mai, zu feiern. Der Erzbischof überbrachte dabei die Segenswünsche von Paul VI. Neben der Messe in Tschenstochau zelebrierte Wojtyła im Laufe des Jahres im ganzen Land 53 feierliche Jubiläumsmessen (darunter auch in seiner Heimatstadt Wadowice).

Im Jahr 1966 begegnete Wojtyła dem Mann, dem er im persönlichen Umgang mehr als allen anderen vertraut: Stanisław Dziwisz. Mit ihm hat er inzwischen in Krakau sowie im Vatikan fast dreißig Jahre zusammengearbeitet. Monsignore Dziwisz ist Privatsekretär von Johannes Paul II. Er stammt aus der südlich von Krakau gelegenen Stadt Raba und ist ein hervorragender Skifahrer. Dziwisz wurde 1963 ordiniert, war in dem Bergdorf Maków Podhalański Kaplan und studierte dann in Krakau, wo er auch in der Seminarbibliothek arbeitete. Wojtyła traf dort mit ihm zusammen. Er ernannte Dziwisz zu seinem persönlichen

Kaplan, obwohl dieser noch sehr jung war. Nachdem Wojtyła zum Papst gewählt worden war, nahm er Dziwisz mit nach Rom.

Der stille, sehr intelligente Dziwisz verfügt über ein phänomenales Gedächtnis und hat Sinn für Humor. Er ist nicht nur der Privatsekretär von Johannes Paul II., sondern auch dessen engster Vertrauter und Ratgeber und damit die rechte Hand des Papstes. Johannes Paul II. vertraut ganz auf Dziwiszs Loyalität und Diskretion und überläßt ihm die Erledigung der Routinearbeit.

Der spanische Psychiater und Journalist Dr. Joaquín Navarro-Valls, der offizieller Sprecher und Direktor des Pressesaals des Heiligen Stuhls ist, hat ebenfalls unbeschränkt Zugang zum Papst und trifft häufig mit ihm zusammen. Bei Bergwanderungen während des Sommerurlaubs sind Dziwisz und Navarro-Valls – abgesehen von den Sicherheitsbeamten – oft die einzigen Begleiter des Papstes.

Wojtyła reiste im April 1967 für eine Woche nach Rom, um an den Sitzungen des Päpstlichen Rats für die Laien teilzunehmen. Der Papst hatte den Rat im Januar ins Leben gerufen und den Krakauer Erzbischof zum Berater ernannt. Am 20. April wurde Wojtyła von Paul VI. in Privataudienz empfangen. Zum zweiten Mal sprachen sie allein miteinander. Es ging dabei um Polen und die Ostpolitik.

Paul VI. hatte seine Ostpolitik vorangetrieben und am 2. Februar Nikolai Podgorny empfangen, den Vorsitzenden des Obersten Sowjets. Ende Februar hatte der Papst zwei persönliche Abgesandte nach Polen geschickt: den Staatssekretär Monsignore Agostino Casaroli und Monsignore Deskur, Wojtyłas alten Freund.

Der Heilige Stuhl und das Warschauer Regime hatten seit einiger Zeit erwogen, diplomatische Beziehungen aufzunehmen. Bis dahin unterhielt der Vatikan – von Kuba abgesehen – zu keinem kommunistischen Land diplomatische Beziehungen. Casaroli und Deskur kamen während ihres Informationsbesuchs mit polnischen Regierungsvertretern zusammen und besprachen sich ausgiebig mit Wojtyła.

Polen mochte zwar an diplomatischen Beziehungen mit dem Vatikan interessiert sein, doch das Regime machte der Kirche auch jetzt wieder Schwierigkeiten. So wurde Primas Wyszyński im Mai ein Paß verweigert, als er in Rom an der Bischofssynode teilnehmen wollte.

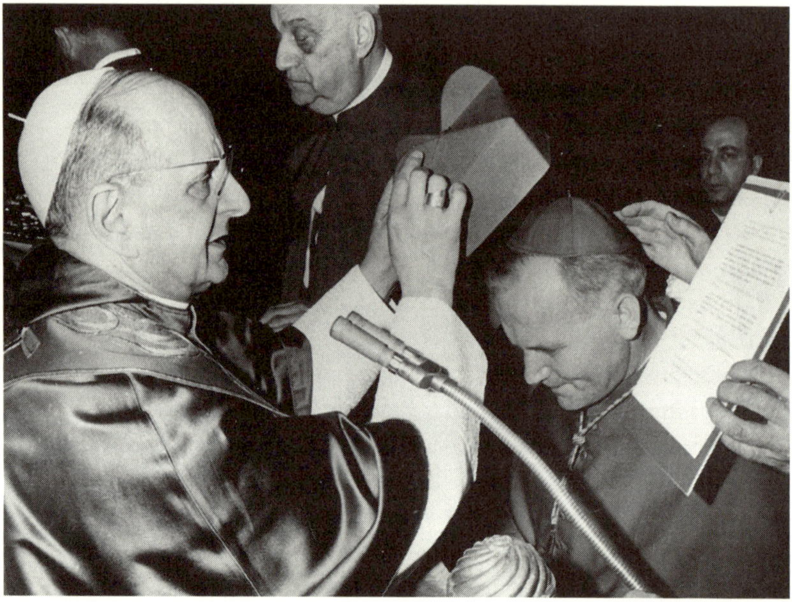

Im Juni 1967 ernennt Papst Paul VI. Erzbischof Wojtyła zum Kardinal.

Wojtyła, der ebenfalls Mitglied der Synode war und einen gültigen Paß besaß, verzichtete aus Solidarität mit Wyszyński auf die Reise. Ferner wurde von den Behörden das »Rhapsodische Theater« Mieczysław Kotlarczyks aus unbekannten Gründen geschlossen. Der Appell des Erzbischofs an Kulturminister Lucjan Motyka, mit dem er sich in Krakau wegen des Priesterseminars auseinandergesetzt hatte, das Theater wieder zu öffnen, blieb ohne Antwort.

Am 29. Mai 1967, elf Tage nach seinem siebenundvierzigsten Geburtstag, erhielt Wojtyła die Nachricht, daß Paul VI. ihn zum Kardinal erheben wolle. Die Nominierung wurde in Polen mit Überraschung aufgenommen. Wyszyński war zwar der einzige Kardinal im Land, aber es war keinerlei Druck auf den Heiligen Stuhl ausgeübt worden, in naher Zukunft einen zweiten zu ernennen. Überdies gab es andere polnische Erzbischöfe, die älter waren als Wojtyła. Doch er war offenbar derjenige, den Paul VI. favorisierte.

Am 26. Juni 1967 wurde Karol Wojtyła vom Papst zusammen mit sechsundzwanzig weiteren Kardinälen in der Sixtinischen Kapelle in Amt und Würden eingesetzt. Zu den neuen Kardinälen zählte auch John Krol aus Philadelphia, dessen Eltern in einem polnischen Dorf geboren worden waren. Am Nachmittag des folgenden Tages zelebrierte Paul VI. auf dem Petersplatz mit den neuen Kardinälen eine feierliche Messe.

15

Im Jahr 1967 schien Karol Wojtyła den Zenit seiner kirchlichen Laufbahn erreicht zu haben.

Die Ernennung zum Kardinal erfolgt auf Lebenszeit, wenngleich Kardinäle nach den vom II. Vatikanischen Konzil aufgestellten Regeln im Alter von fünfundsiebzig Jahren ihre Verwaltungstätigkeit sowie ihre pastoralen Aktivitäten einstellen müssen. Sie bleiben jedoch Mitglieder des Kardinalskollegiums und können bis zum Erreichen des achtzigsten Lebensjahres im Konklave an den Abstimmungen teilnehmen.

Für Kardinal Wojtyła bedeutete dies, daß er über die nächsten achtundzwanzig Jahre hinweg sein Amt innehaben und große kirchliche und politische Macht ausüben konnte. Da er nicht nur den Titel und das Prestige eines Kardinals hatte, sondern daneben auch noch die Funktion des Erzbischofs und Metropoliten von Krakau ausübte, war er nach Wyszyński der zweitmächtigste Kirchenführer in Polen; viele Männer der Kirche glaubten sogar, Wojtyła habe insgeheim mehr Einfluß als der Primas.

Wojtyła hatte bei den Entscheidungen des polnischen Episkopats ein gewichtiges Wort mitzureden, und er wurde von Paul VI. bei Angelegenheiten des Heiligen Stuhls immer öfter eingeschaltet. Der Kardinal war in ganz Polen bekannt. Aber er konnte nicht alles tun und sagen, was er wollte. Er setzte sich insbesondere durch die bewundernswerte Loyalität, die er gegenüber Wyszyński an den Tag legte, Grenzen, obwohl er im stillen starke Vorbehalte gegen den Primas und dessen Ideen hatte.

Glaubte Karol Wojtyła jemals, daß er der Pontifex maximus der römisch-katholischen Kirche werden würde?

Natürlich hatte er diesen Gedanken oder diese Hoffnung von anderen bei zahllosen Gelegenheiten gehört, angefangen mit Pater Pio in Italien im Jahr 1947, bis hin zu einem kleinen Mädchen in der Stadt Ludźmierz sechs Wochen nach seiner Erhebung zum Kardinal; ein Freund hielt den Vorfall in einer Schilderung fest, die in den Archiven der Krakauer Erzdiözese aufbewahrt ist: »Ein kleines Mädchen hieß den Kardinal willkommen und sagte ein Gedicht auf, in dem am Schluß die Erwartung zum Ausdruck kam, daß er Papst werden möge. Dies führte zu allgemeiner Erheiterung. Der Kardinal lachte nicht. Er beugte sich hinunter und küßte das Mädchen auf die Stirn.«

Zu jenem Zeitpunkt hatte Wojtyła geringe Aussichten, zum Papst gewählt zu werden, aber er hatte ja Zeit. Obwohl die Päpste des 20. Jahrhunderts langlebig waren – sowohl Pius XII. als auch Johannes XXIII. hatten die achtzig überschritten, als sie starben –, war Paul VI. immerhin siebzig, als er Wojtyła 1967 zum Kardinal erhob; selbst wenn er ebenfalls über achtzig werden würde – was dann auch der Fall war –, wäre Wojtyła für das päpstliche Amt immer noch sehr jung.

Das eigentliche Problem lag jedoch darin, daß ein nichtitalienischer Papst immer noch sehr schwer vorstellbar war und daß Wojtyła zumindest im Jahr 1967 trotz des ausgezeichneten Rufes, den er während des Vatikanischen Konzils erworben hatte, noch nicht das Format hatte, um in einem Konklave ein aussichtsreicher Kandidat zu sein. Er nutzte die elfjährige Kardinalszeit, um dieses Format zu gewinnen.

Wie aktiv Kardinäle sind und was sie tatsächlich erreichen, läßt sich schwer abschätzen; zur damaligen Zeit gab es jedoch kaum einen, der so unermüdlich tätig war wie Wojtyła. Und die Vielfalt seiner Aufgaben und Interessen war erstaunlich.

Für die Mitarbeiter und Helfer des Kardinals sah es fast so aus, als wäre er rund um die Uhr tätig, um die Erzdiözese mit innovativen Ideen und Projekten weiterzubringen. Wojtyła verwandelte sie in eine zumindest für polnische Maßstäbe einzigartige kirchliche Einrichtung und übernahm bei allen Bemühungen eindeutig die Initiative. Dabei ging es ihm in erster Linie darum, neue Wege zu finden, um die Menschen zum Glauben zu führen. Gleichzeitig scheute er keine Mühe, um die Erzdiözese zu einem bedeutenden geistigen und kulturellen Mittelpunkt zu machen.

Unterdessen übte das Regime weiterhin Druck auf die polnische Kirche aus. Bei der Auseinandersetzung um die Rechte der Kirche und der Gläubigen bemühte sich Wojtyła, den offenen Konflikt mit den kommunistischen Machthabern zu vermeiden. Er versuchte, über Verhandlungen und einzelne Kompromisse ans Ziel zu kommen, ohne daß er dabei prinzipielle Positionen aufgab.

Wojtyłas Strategie bestand darin, die Kommunisten mit mündlichen oder schriftlichen Protesten, die gegen vermeintliche Einschränkungen kirchlicher Rechte oder allgemeiner Menschenrechte gerichtet waren, zu zermürben. Dabei ging es auch um die katholische Erziehung und den Religionsunterricht. Der Kardinal fand bei Predigten deutliche Worte und überschwemmte die Behörden wegen der Errichtung neuer Kirchen und Priesterseminare und der Abhaltung von Wallfahrten und Prozessionen mit Petitionen und Gesuchen. Außerdem beschwerte er sich fortwährend über die Einberufung von Seminaristen zum Militärdienst.

Seltsamerweise hatten die Kommunisten falsche Vorstellungen von Wojtyła, als er im Jahr 1967 in eine kirchliche Machtposition gelangte. Obwohl er zuvor neun Jahre lang Bischof und Erzbischof gewesen war, wußten sie ihn immer noch nicht richtig einzuschätzen und begannen eine abwegige Kampagne, die darauf abzielte, zwischen ihn und Primas Wyszyński einen Keil zu treiben.

Die Einschätzung des Regimes kommt in einem Dokument der polnischen Geheimpolizei UB vom 5. August 1967 – also fünf Wochen nach Wojtyłas Erhebung zum Kardinal – zum Ausdruck, das die Überschrift »Unsere Taktik gegenüber den Kardinälen Wojtyła und Wyszyński« trägt. Das fünfseitige Dokument, das nach dem Ende der kommunistischen Herrschaft in den Archiven des UB-Hauptquartiers entdeckt wurde, ist ein aufschlußreicher Beleg für die Mentalität des Regimes:

»Um die beiden Kardinäle einzuschätzen, ist es unerläßlich, ihre Charaktermerkmale zu berücksichtigen, außerdem das soziale Umfeld, aus dem sie stammen, sowie ihren Aufstieg in der Kirchenhierarchie …

Kardinal Wyszyński wuchs in einer Familie auf, aus der zahlreiche Kirchendiener hervorgegangen waren. Der Klerus betrachtet diese

Leute als einen niederen Menschenschlag, und dieses Stigma bedrückt ihn noch heute... Er kompensierte das bei vielen Gelegenheiten dadurch, daß er es ›dem Klerus heimzahlte‹... Für seine ›wissenschaftliche Laufbahn‹ waren seine antikommunistischen Aktivitäten und antikommunistischen Schriften ausschlaggebend, die auch im Jahr 1948 bei seiner Ernennung zum Bischof eine Rolle spielten...

Der Vatikan brauchte einen Bannerträger für den antikommunistischen Kreuzzug in Polen; gleichzeitig versuchten die reaktionären Kräfte im Inland und im Exil, eine legale Opposition aufzubauen. Es gab keinen Kandidaten, der über mehr Erfahrung verfügte... Während des ›Kalten Krieges‹ festigte er seine Position – er wurde zum Anführer der antikommunistischen Front... Im letzten Abschnitt des Pontifikats von Pius XII. war er der ›Experte‹ für die Frage der Aufnahme von Beziehungen zwischen der Kirche und sozialistischen Ländern. Polen war in der damaligen Zeit das ›Testgelände‹ dafür... Das Pontifikat von Johannes XXIII. und das II. Vatikanische Konzil führten zu einer Schwächung seiner Position, die dann künstlich aufrechterhalten wurde...«

Zu Wyszyńskis politischen Standpunkten heißt es in dem Dokument: »Er vertritt die Ansicht, daß es nützlich sei, sich in bestimmten Fragen mit den staatlichen Stellen zu ›arrangieren‹. Er sucht aber auch Streit und sorgt für Zusammenstöße, weil die Kirche dadurch in den Mittelpunkt der Aufmerksamkeit gerückt wird und Leute dazu gebracht werden, für deren ›gefährdete Interessen‹ einzutreten... Im Hinblick auf die unmittelbaren Interessen der Kirche ist sein Eintreten für den seichten, emotionalen, frommen Katholizismus richtig und gewinnbringend... Seine Einschätzung der intellektuellen Elite als ›unsicheres Element‹ entspricht den polnischen Gegebenheiten. Tatsache ist, daß die überwiegende Mehrheit der Gläubigen einen seichten, emotionalen, devot frommen Katholizismus praktiziert. Die nachdenkliche Religiosität hingegen ist kennzeichnend für die dünne Schicht der intellektuellen Elite. Seit Jahrhunderten beruht die Macht der Kirche in Polen nicht auf den Eliten, sondern auf den katholischen Volksmassen.«

Kardinal Wojtyła wurde von der Geheimpolizei respektvoller behandelt: »Er ist der zehnte in einer Reihe von Krakauer Kardinälen, die aus einer Familie der Intelligentsia stammen, aus einem religiösen, aber nicht devot frommen Umfeld. Er studierte an der Jagiellonischen Universität und hatte Kontakte mit linksstehenden Jugendlichen… Während des Zweiten Weltkriegs arbeitete er in einer chemischen Fabrik in Krakau, die eine lange gewerkschaftliche Tradition besaß… Er kam in der kirchlichen Hierarchie nicht wegen einer antikommunistischen Haltung voran, sondern wegen seiner intellektuellen Leistungen; seine Werke über die katholische Moral und Ethik, so zum Beispiel ›Liebe und Verantwortung‹, wurden in viele Sprachen übersetzt…«

Die Geheimpolizei entdeckte an Wojtyła noch weitere positive Aspekte, fand aber auch vermeintliche Defizite: »Es steht außer Zweifel, daß er einer der wenigen Intellektuellen im polnischen Episkopat ist. Im Gegensatz zu Wyszyński versteht er es, sowohl der traditionellen Volksfrömmigkeit als auch dem intellektuellen Katholizismus gerecht zu werden… Er hat bisher keine offenkundig gegen den Staat gerichteten politischen Aktivitäten entfaltet. Es hat den Anschein, daß die Politik nicht seine starke Seite ist; er ist zu sehr im abstrakten Denken verfangen… Ihm fehlen Organisationstalent und Führungsqualitäten, und dies stellt bei seiner Rivalität mit Wyszyński eine Schwäche dar.«

Die Geheimpolizei zog daraus folgenden Schluß: »Der neue Katholizismus und die Koexistenz mit sozialistischen Ländern, die Wojtyła vorschlägt… entsprechen der zukünftigen Linie des Vatikans. Er befürwortet einen für die Probleme des gegenwärtigen Polens ›offenen‹ Katholizismus. Dabei hat er die Unterstützung intellektueller und reformerischer Kreise im Vatikan sowie der französischen, deutschen, holländischen und italienischen Episkopate… Durch seinen weltlichen Lebensstil findet der Kardinal Kontakt zur jungen Intelligentsia, insbesondere zu Studenten (so durch seine Teilnahme an Camping- und Kajaktouren)… Er steht unter dem Einfluß ganz anderer Kräfte und Interessengruppen als Kardinal Wyszyński. Ohne daß er es will, werden ihn diese Kräfte in einen Konflikt mit dem Primas hineintreiben.«

Als nächstes befaßte sich die Geheimpolizei mit Fragen des taktischen Vorgehens:

»Beide Kardinäle werden die Interessen der Kirche verfolgen, doch wird sich ihre unterschiedliche Sicht dieser Interessen noch stärker bemerkbar machen. Eine Spaltung des Episkopats zu erwarten, ist utopisch. Man sollte sich darauf konzentrieren, die politische Opposition des Episkopats aufzuweichen und ihr die Schärfe zu nehmen. Wojtyła wird sich auf keine offene Auseinandersetzung mit Wyszyński einlassen und wird sich auch nicht dazu drängen lassen. Bei einem eventuellen Konflikt kann er nur auf Kräfte innerhalb der Kirche zählen. Wir müssen folgende Vorgehensweise wählen: Je weniger er von uns bedrängt wird, desto schneller wird sich ein Konflikt einstellen. Früher oder später wird es zwischen den beiden Richtungen zu einem Zusammenstoß kommen..., und zwar an vielen Fronten.«

Die Geheimpolizei kam bei ihrer Analyse zu dem Schluß: »[Wojtyła] will die Krakauer Erzdiözese so weit wie möglich gegen Einmischungen von seiten des Warschauer Kardinals absichern, und wir sollten ihm dabei helfen.« Wyszyński habe auf Wojtyłas Erhebung zum Kardinal »eindeutig ablehnend« reagiert. Deshalb sollte man »in Prestigeangelegenheiten, die Wojtyłas Selbstbewußtsein stärken könnten, positiv entscheiden«, aber beachten, daß er durch jeden noch so unschuldigen Versuch, ihn in einen Konflikt mit Wyszyński zu treiben, irritiert werden könnte.

Die abschließenden Empfehlungen für den Umgang mit Wojtyła lauten: »Wir müssen die Beziehungen zwischen den beiden Kardinälen in allen Einzelheiten beobachten und je nach den Umständen flexibel reagieren... Wir müssen über diplomatische Kanäle herausfinden, wer eher die Unterstützung des Vatikans erhalten wird und ob Wojtyła Aussichten hat, Oberhaupt des polnischen Episkopats zu werden. Wir dürfen die Erzdiözese nicht zu hart anfassen, müssen aber gelegentlich ›administrative Maßnahmen‹ ergreifen, um bei Gruppierungen im In- und Ausland, die Wojtyła nicht wohlgesonnen sind, Verdachtsmomente zu zerstreuen... Wir müssen Wojtyłas Interesse an den Gesamtproblemen der polnischen Kirche fördern und ihm bei Problemen, die seine Erzdiözese betreffen, behilflich sein. Deshalb sollten wir Wojtyła zu Spitzengesprächen einladen – etwa mit Ministerpräsident Cyrankiewicz oder mit Kliszko –, bei denen allgemeine Fragen besprochen werden könnten... Und wir müssen bei jeder Gelegenheit unsere Abneigung gegen Wyszyński zum Ausdruck bringen, allerdings nicht auf eine Weise, die Wojtyła dazu zwingen könnte, sich mit Wyszyński zu solidarisieren...«

Ohne daß er etwas von der Einschätzung der Kommunisten und ihrer Strategie wußte, intensivierte Wojtyła nach seiner Erhebung zum Kardinal seinen Kampf um die Rechte der Kirche und trat dem Regime öffentlich entgegen.

Am 8. Juni 1968 sprach Wojtyła bei einer Predigt in Sandomierz über das äußerst delikate Thema der russischen Besatzung in der Zeit der polnischen Teilung im 19. Jahrhundert. »In jener schwierigen Zeit spielte die katholische Kirche eine wichtige Rolle in den polnischen Landen, als es um die Erhaltung der nationalen Einheit ging«, sagte der Kardinal. »Bischöfe und Priester ließen eine Russifizierung der Kirche nicht zu... Die Übereinstimmung zwischen der Kirche und der Nation war und ist sowohl für Polen als auch für die Kirche von fundamentaler Bedeutung.«

Wojtyłas Worte waren von besonderer Relevanz, weil es in Warschau drei Monate zuvor zwischen der Regierung und Universitätsstudenten zu einem größeren Konflikt gekommen war. Er hatte mit einer Aufführung von Adam Mickiewiczs patriotischem Stück »Die Totenfeier« seinen Anfang genommen und zu Unruhen auf den Straßen sowie auf dem Universitätsgelände geführt.

Darauf folgte eine wilde antisemitische Kampagne, die Parteichef Gomułka inszeniert hatte; praktisch alle im Staatsdienst tätigen Juden wurden entlassen, und die meisten von ihnen gingen ins Exil. Die Tatsache, daß der jüdische Bevölkerungsanteil von drei Millionen in der Vorkriegszeit auf etwa dreißigtausend zurückgegangen war, ließ Gomułkas Kampagne noch unverständlicher erscheinen.

Für Gomułkas Regime waren die Ereignisse vom März 1968 jedoch der Anfang vom Ende. Im August 1968 schickte Gomułka in voller Übereinstimmung mit der sowjetischen Politik polnische Regimenter in die Tschechoslowakei. Die Invasion, an der Truppen von fünf Staaten des Warschauer Pakts teilnahmen, beendete den »Prager Frühling« und dessen Experiment eines »Marxismus mit menschlichem Antlitz«.

Gomułkas Sturz kam im Dezember 1970, als Armee und Sicherheitskräfte in Danzig mit rebellierenden Werftarbeitern zusammenstießen, die bessere Lebensbedingungen forderten und gegen die drastischen Preiserhöhungen bei Lebensmitteln protestierten. Es war eine Wiederholung der Konfrontation des Jahres 1956 in Posen, die Gomułka als »liberalen Retter« an die Macht gebracht hatte. Panzer schossen auf Arbeiter, und es gab zahlreiche Tote. Das kommunistische Establishment reagierte auf die übliche Weise, indem es die Führungsspitze auswechselte. An Gomułkas Stelle trat der Parteifunktionär Edward Gierek, der einst in Frankreich und Belgien als Bergmann gearbeitet hatte; er verfolgte einen eher gemäßigten, moderneren Kurs.

Wojtyła erfuhr am 20. Dezember von den Veränderungen, als er in einem Krakauer Hospital einen kranken Priester besuchte und mit ihm zusammen die Rundfunknachrichten hörte. Der Kardinal schwieg eine Weile. Dann sagte er: »Gottes Wege sind wundersam ...«

In Predigten bei zwei Neujahrsmessen verurteilte Wojtyła das blutige Vorgehen in Danzig auf das entschiedenste. »Kennzeichnend für das Ausmaß der Tragödie der jüngsten Zeit ist, daß polnisches Blut von Polen vergossen wurde«, sagte er. Der Kardinal verlangte »das Recht auf Brot, das Recht auf Freiheit ... auf ein Klima wirklicher Freiheit ... der Freiheit von der Furcht, was geschehen kann, wenn man dies oder jenes tut«.

In der Ära Gierek ließ der Druck der Kommunisten auf die Kirche nicht entscheidend nach, doch das Klima verbesserte sich etwas. Und Wojtyła war in seinem Kampf mit den staatlichen Stellen immer öfter erfolgreich.

Im Jahr 1958, als er Weihbischof geworden war, hatten die Behörden in der Krakauer Erzdiözese lediglich den Bau von zwei Kirchen genehmigt, die abgebrannte Gebäude ersetzen sollten. Im Jahr 1973 ersuchte Wojtyła als Kardinal um 77 Baugenehmigungen, und siebzehn davon wurden erteilt. Im Jahr 1976 schrieb der Kardinal in einem Brief an den Vorsitzenden des Krakauer Präsidiums des Nationalrats: »Es kann nicht als normal gelten, daß katholische Bürger ihren religiösen Pflichten über lange Jahre hinweg unter freiem Himmel nachkommen müssen, frierend und durchnäßt ...«

Daß das Regime darauf bestand, Seminaristen zum Wehrdienst einzuziehen, löste bei Wojtyła große Verärgerung aus. Das Abkommen von 1950, das weiterhin Rechtskraft hatte, garantierte ihnen eine Zurückstellung bis zum Abschluß ihres Studiums. Ende der sechziger und Anfang der siebziger Jahre hatte das Regime jedoch immer wieder Seminaristen zum Wehrdienst eingezogen, vor allem in Krakau. »Weil euer Kardinal so unbeugsam ist«, bemerkte dazu ein Beamter. Wojtyła verwahrte sich dagegen und intervenierte in mindestens zwei Fällen bei Piotr Jaroszewicz, dem neuen polnischen Ministerpräsidenten. Etwa die Hälfte der Einberufenen wurde daraufhin zurückgestellt. Seminaristen, die der Einberufung nachkommen mußten, wurden im Krakauer Bahnhof vom Kardinal verabschiedet sowie von Kirchenmitgliedern, die religiöse und patriotische Lieder anstimmten. Die Polizei schaute zu, griff aber nicht ein.

Am 26. August 1973 brachte der Kardinal beim Fest Unserer Lieben Frau von Tschenstochau seine Besorgnis über »die Freiheit der polnischen Seele« zum Ausdruck, und zwar im Hinblick auf ein Gesetz zur Reform des Unterrichts, welches »den Beitrag Christi, der Kirche und der Christenheit zur polnischen Erziehung mit keinem einzigen Wort erwähnt«. Unter Hinweis auf die von der Regierung unterzeichnete internationale Konvention zur Bekämpfung von Diskriminierung in der Erziehung verlangte Wojtyła »absolute Freiheit, Religionsunterricht zu erteilen«. Er verlangte außerdem, »daß Eltern, die ihre Kinder in den Wahrheiten des Glaubens und der christlichen Moral unterweisen lassen wollen, nicht bedroht werden«.

Wojtyłas hartnäckiges Aufbegehren gegen das Regime stand im Gegensatz zu der Haltung des Großteils der polnischen Kirchenführer. Auch der Primas war in der Regel eher zur Zusammenarbeit mit dem Regime bereit. Wyszyński glaubte bis zum Schluß, daß die Kirche die Regierung unterstützen müsse, um den »sozialen Frieden« im Land zu erhalten. Wojtyła war in dieser Hinsicht wesentlich zurückhaltender, wohl weil er ahnte, daß früher oder später ein grundlegender Wandel eintreten würde.

Die unterschiedlichen Einstellungen, die während der kommunistischen Herrschaft innerhalb des polnischen Episkopats und beim Klerus im allgemeinen anzutreffen waren, sind ein wichtiger Aspekt der National- und Kirchengeschichte. Aus Unterlagen, die nach dem Zusammenbruch des Kommunismus zugänglich wurden, geht klar hervor, daß die Annahme, die polnische Kirche sei ein Monolith, eine Festung oder eine Streitmacht gewesen, völlig unzutreffend ist. Wojtyła selbst praktizierte als Kardinal weiterhin seine Doppelstrategie: Verhandlungen und Kompromisse, falls angebracht; hartnäckiger Widerstand, falls erforderlich.

Im Jahr 1994 erschien in der Krakauer Wochenzeitung »Tygodnik Powszechny« ein Artikel zum Thema »Opposition und Anpassung« der Kirche unter dem Kommunismus. Darin wurde eingeräumt, daß die Kirche nicht nur sich selbst verteidigt habe, sondern auch für die Rechte des einzelnen und für Polens geistige und kulturelle Werte eingetreten sei. Es habe aber auch Anpassung gegeben. Als Beleg dienten Zitate aus einer peinlichen, bisher unveröffentlichten Rede, die Bischof Michał Klepacz am 17. Dezember 1953 gehalten hatte. Klepacz hatte nach der Verhaftung Wyszyńskis als Oberhaupt des polnischen Episkopats fungiert. Aus Anlaß einer Treueerklärung der Bischöfe gegenüber dem Regime sagte Klepacz damals in Anwesenheit des stellvertretenden Ministerpräsidenten Józef Cyrankiewicz und anderer Spitzenfunktionäre: »... durch unseren Eid bekräftigen wir unsere Treue zur Volksrepublik Polen und versprechen, alles zu tun, was zur Entwicklung und Stärkung ihrer Macht und Sicherheit beiträgt... Als polnisches Episkopat bestätigen wir, daß dieser Eid Ausdruck der althergebrachten christlichen Lehre von den gesellschaftlichen und nationalen Pflichten eines jeden Katholiken ist... Der katholische Klerus betrachtet es als Mission und patriotische Aufgabe, sich an der kollektiven Anstrengung der ganzen Nation zu beteiligen und das Wohlergehen und die Sicherheit der ganzen Nation ... zu fördern. Dies ist gleichzeitig eine Garantie dafür, daß alle Versuche zurückgewiesen werden, religiöse Empfindungen zu anti-polnischen Zwecken zu mißbrauchen.«

16

Wojtyła hatte der religiösen Unterweisung stets große Bedeutung beigemessen, und als Kardinal entwickelte er bald einige einfallsreiche Neuerungsvorschläge. Da der Religionsunterricht an Schulen von den Kommunisten zuerst verboten und 1956 nur eingeschränkt zugelassen worden war, hatte die Kirche versucht, durch die Unterweisung in Kirchen und speziellen Katechesezentren Alternativen aufzubauen; diese Bemühungen waren jedoch meist unkoordiniert verlaufen.

In Krakau baute Kardinal Wojtyła in kurzer Zeit ein funktionierendes außerschulisches Unterrichtssystem auf, das Kindern religiöse Unterweisung erteilte. Als Lehrkräfte fungierten Geistliche wie auch Laien. Die Befugnis für dieses Projekt gab die Pastoralsynode der Krakauer Erzdiözese, die der Kardinal 1971 für einen Zeitraum von sieben Jahren einberufen hatte, um die Anweisungen und Entscheidungen des II. Vatikanischen Konzils umzusetzen. Tatsächlich verwandelte Wojtyła die Synode in eine Art Dauereinrichtung; sie stellte ihre Arbeit erst ein, als er die Stadt verließ, um sein päpstliches Amt anzutreten. Ihre Aufgabe war es, seine Hauptprojekte zu beaufsichtigen und die Verwaltung der Erzdiözese zu modernisieren. Innerhalb der polnischen Kirche war die Synode die einzige Institution dieser Art.

Mit Unterstützung der Synode und der Kommission des polnischen Episkopats für das Laienapostolat, deren Vorsitzender er war, bot Wojtyła alle verfügbaren Kräfte für die Katechese auf. Schon bald erteilten 250 Nonnen zusammen mit Laienhelfern an den verschiedensten Orten Religionsunterricht. Als die Regierung die Anmietung von Geschäftsräumen und deren Umwandlung in »Katechesehäuser« untersagte, befürwortete Wojtyła den Unterricht in Privatwohnungen. Das Regime reagierte mit Drohungen gegen die Hausbesitzer und erhöhte deren

Steuern. Der Kardinal schrieb daraufhin allen Betroffenen persönliche Briefe; darin dankte er ihnen für die Hilfe und bat sie, nicht aufzugeben. In wichtigen Situationen persönlich zu intervenieren, entsprach Wojtyłas Naturell.

Der Kardinal wies die Priester an, in ihrer Kirche eine »pastorale Stunde« für Kinder abzuhalten, wenn es in der Pfarrei keine anderen Versammlungsstätten gab.

Für Studenten initiierte Wojtyła 1969 die »Sacrosong-Bewegung«; im Rahmen dieses Experiments wurde sakrale oder religiöse Musik als eine Form der Katechese in moderner Version außerhalb der Kirche gespielt, um so die staatlichen Einschränkungen zu umgehen. »Sacrosong« scheint eine polnische Wortschöpfung zu sein, die Idee basiert jedoch auf ähnlichen Experimenten im Westen und in der Dritten Welt, bei denen Rock- und Popmusik sowie Folklore Eingang in die Pastoralarbeit fanden.

Wojtyła, der fünfzehn Jahre zuvor Gregorianische Gesänge in Krakauer Kirchen zu Gehör gebracht hatte, bezeichnete »Sacrosong« als »eine neue Ausdrucksform des Evangeliums«. Er half mit, im ganzen Land Festivals und Wettbewerbe zu organisieren und trug zur Finanzierung eines silbernen Wanderpokals bei. 1975 wurde im Dominikanertheater in Krakau eine polnische Version des Musicals »Jesus Christ Superstar« aufgeführt.

Der Kardinal widmete sich außerdem der Pastoralarbeit für Blinde und Taubstumme. Das Blindenzentrum in der Krakauer Franziskanerkirche verfügte über eine Sammlung von Schallplatten und Tonbändern mit Aufnahmen von ungefähr hundert bekannten Werken religiöser Literatur. In Krakau sowie in drei anderen Orten wurden pastorale Zentren für Taubstumme eingerichtet. Dort wurde der Katechismus in Zeichensprache unterrichtet, und im Priesterseminar wurde ein besonderer Ausbildungskurs für die Lehrkräfte abgehalten.

Um neue Priester auszubilden, hatte Wojtyła schon als Erzbischof in Krakau die Päpstliche Theologische Akademie ins Leben gerufen, die an die Stelle der vom Regime 1954 geschlossenen Theologischen Fakultät der Jagiellonischen Universität treten sollte. Als Kardinal baute er die Akademie aus. Wojtyła beschloß, sie zu einer kleinen, unabhängigen Universität zu machen, mit Abteilungen für Theologie, Philosophie und Geschichte. Die staatlichen Stellen ließen ihn gewähren.

Michał Heller, ein Wissenschaftler und Philosoph, der Wojtyła zusammen mit Józef Tischner bei der Planung der Akademie behilflich war, hat darüber berichtet, wie sie in den Gemächern des Kardinals beisammensaßen und über die Schaffung einer philosophischen Abteilung nachdachten. Wojtyła habe darauf bestanden, daß die Abteilung keine Nachahmung bestehender Einrichtungen werde, sondern »ihren eigenen Stil und ihre eigene Philosophie entwickelt«, etwa »eine Philosophie der Physik, eine Philosophie der Mathematik ...«

Sowohl Heller als auch Bischof Pieronek, der damals Assistent des Kardinals war, haben hervorgehoben, daß Wojtyła gerne zu Gesprächen und Diskussionen bereit war. »Der Kardinal war nie in Eile«, sagte Heller. »Es sah immer aus, als hätte er jede Menge Zeit zur Verfügung.«

Pieronek erinnerte sich an Wanderungen in den Bergen und auf dem Land, »bei denen wir stundenlang über alles Wichtige redeten: über die Akademie, die Synode und über Angelegenheiten der Diözese«. Pieronek ging später mit dem Kardinal und Kaplan Dziwisz auf Skiausflüge, bei denen es ebenfalls lange Unterhaltungen gab. »Man konnte Wojtyła alles sagen, was man wollte, auch ein bißchen mit ihm streiten, doch am Schluß merkte man auf einmal, daß man den von ihm vorgetragenen Gedanken zustimmte«, erzählte Pieronek.

Wojtyła verstand sich immer in erster Linie als Lehrer. Als Kardinal verwendete er viel Zeit darauf, über die christliche Ethik und Moral zu dozieren und seine Ansichten zur Sexualität kundzutun. In Predigten wandte er sich gegen die Abtreibung, die Empfängnisverhütung mit künstlichen Mitteln, den Alkoholismus und Atheismus. In Krakau gründete er ein »Institut der Familie«, das die Beratung in diesen Angelegenheiten koordinieren sollte. Dann startete er eine Aktion mit der Bezeichnung »S.O.S. Kardinal Wojtyła«, um ledigen Müttern, die von geplanten Abtreibungen doch noch Abstand genommen hatten, zu helfen; sie konnten sich nach der Entbindung maximal ein Jahr lang in einem Heim aufhalten.

Wojtyła widmete sich in seinen Predigten oft der Enzyklika »Humanae vitae«; sie war von Paul VI. am 25. Juli 1968 veröffentlicht worden und zählte zu den umstrittensten Äußerungen der Kirche seit dem Ende des Zweiten Weltkriegs. Die Tatsache, daß Wojtyła kurz nach seiner Erhebung zum Kardinal am Entwurf der Enzyklika mitarbeitete, ist der Öffentlichkeit nie mitgeteilt worden.

»Humanae vitae« ist im wesentlichen ein päpstliches Verbot der Abtreibung und der Empfängnisverhütung mit künstlichen Mitteln, etwa mit Hilfe der Pille; sie werden als Verstoß gegen die christliche Lehre angesehen. Das Verbot von Verhütungsmitteln ist der umstrittenste Aspekt der Enzyklika, weil es Katholiken das Dilemma auferlegt, entweder gegen die Lehren der Kirche zu verstoßen oder möglicherweise mehr Kinder zu bekommen, als sie sich wünschen oder sich leisten können; sexuelle Enthaltsamkeit kommt für viele als Alternative nicht in Frage. Obwohl ein statistischer Nachweis nicht möglich ist, wird – auch im Vatikan – angenommen, daß die Mehrheit der Katholiken sich nicht an dieses Verbot hält.

Die Enzyklika war das Ergebnis intensiver siebenjähriger Beratungen einer von Johannes XXIII. eingesetzten Pontifikalkommission zu Fragen der Familie, die angesichts einer sich verändernden Welt – insbesondere im Hinblick auf das rasche Bevölkerungswachstum – zu prüfen hatte, ob die Kirche ihre ablehnende Haltung in der Frage der Empfängnisverhütung überdenken sollte.

Pius XII. hatte im Jahr 1951 gegenüber einer Gruppe italienischer Hebammen über die eheliche Enthaltsamkeit gesprochen und dabei künstliche Mittel der Empfängnisverhütung abgelehnt. Die einzige von der Kirche erlaubte Form der Geburtenkontrolle ist die sogenannte Kalendermethode, bei der sich Paare während der fruchtbaren Tage der Frau des Geschlechtsverkehrs enthalten.

Die Kommissionsmehrheit unterbreitete Paul VI. am 18. Juni 1966 ihren Abschlußbericht, in dem sie darauf hinwies, daß die Ablehnung künstlicher Empfängnisverhütungsmittel »durch Vernunftüberlegungen nicht gestützt werden kann«. Sie betonte außerdem, daß sich die Bibel an keiner Stelle gegen Geburtenbeschränkung ausspricht.

Die Kommissionsmehrheit war am 3. Juni zu dieser Entscheidung gelangt. Wojtyła nahm an der entscheidenden Sitzung nicht teil. Dies wird gemeinhin damit erklärt, daß er aus Solidarität mit Primas Wyszyński, dem ein Paß für eine Romreise verweigert worden war, ebenfalls zu Hause geblieben sei. Zur Weigerung, Wyszyński einen Paß auszustellen, kam es jedoch erst im September; es gibt deshalb keine Erklärung für Wojtyłas Entscheidung, an der Schlußabstimmung nicht teilzunehmen.

Paul VI. befaßte sich zwei Jahre lang mit den Empfehlungen und entschloß sich dann Mitte Juli 1968, sie abzulehnen und kraft seiner päpstlichen Autorität anders zu entscheiden. Neben Kardinal Ottaviani vom Heiligen Offizium, der im Gegensatz zu Wojtyła beim II. Vatikanischen Konzil der Exponent des Konservatismus gewesen war, übte der Krakauer Kardinal einen bedeutenden Einfluß auf die Entscheidung des Papstes aus.

Es ist anzunehmen, daß Paul VI. Wojtyłas Buch »Liebe und Verantwortung«, in dem Verhütungsmittel als Diskriminierung der Frauen angesehen werden, entweder selbst gelesen oder nach Erscheinen der französischen und italienischen Übersetzungen im Jahr 1965 in zusammengefaßter Form kennengelernt hatte. Wojtyła wurde am 20. April 1967, kurz vor seiner Nominierung zum Kardinal, vom Papst in Privataudienz empfangen; es ist jedoch nicht bekannt, ob sie dabei über die Geburtenregelung oder das Buch »Liebe und Verantwortung« sprachen.

Am 3. Juli 1967, unmittelbar nach seiner Erhebung zum Kardinal, traf Wojtyła erneut mit Paul VI. zusammen. Im Februar 1968 kam er wieder nach Rom, um sein Titularamt als Bischof der Kirche von San Caesaro zu übernehmen. Am 19. Februar hatte er ein weiteres Gespräch mit Paul VI. Dies war das letzte Zusammentreffen vor der Veröffentlichung von »Humanae vitae« im Juli 1968.

Spätestens seit seiner Rückkehr als Kardinal hatte Wojtyła in Polen in aller Stille an dem Entwurf der Enzyklika gearbeitet. Er berief in Krakau seine eigene Kommission für Fragen der Geburtenregelung ein, die Materialien für »Humanae vitae« erarbeitete und dem Papst direkt übersandte. Von einem polnischen Theologen, der in dieser Angelegenheit mit Wojtyła zusammenarbeitete, war zu erfahren, daß »ungefähr sechzig Prozent von unserem Entwurf in der Enzyklika enthalten sind«.

Elf Jahre danach – zwei Monate vor seiner Wahl zum Papst – bestätigte Wojtyła fast beiläufig, daß er bei der Ausarbeitung von »Humanae vitae« mitgewirkt hatte. Als er an seine Kontakte mit Paul VI. zurückdachte, bemerkte er, bedauerlicherweise sei er nicht in der Lage gewesen, an der Sitzung vom Juni 1966 teilzunehmen; deshalb habe er seine Ansichten dem Heiligen Vater schriftlich übermittelt.

Für Paul VI. stellten Wojtyłas Mithilfe bei der Enzyklika und dessen uneingeschränkte Unterstützung in der wohl schwierigsten Periode seines Pontifikats den Wendepunkt seiner Beziehungen zu dem polnischen Kardinal dar. Er zeigte für den Rest seines Lebens Wojtyła gegenüber Dankbarkeit und Wertschätzung.

In Krakau machte Wojtyła seine Unterstützung für »Humanae vitae« publik; drei Wochen nach der Veröffentlichung lobte er die Enzyklika an Mariä Himmelfahrt in einer Predigt in der Marienkirche am Alten Marktplatz. »Wenn die Enzyklika im moralischen Bereich große Anforderungen stellt, müssen diese dennoch erfüllt werden«, betonte der Kardinal. Bei einer Rede in seinem »Institut der Familie« sagte Wojtyła, die Enzyklika sei »Ausdruck der unwandelbaren Wahrheit, wie sie stets von der Kirche verkündet wird ...«

Als nächstes schuf er eine Eheberatungseinrichtung, die dafür sorgen sollte, daß verheiratete Paare sich gemeinsam verpflichteten, den Vorschriften der Enzyklika nachzukommen und auf künstliche Mittel zur Empfängnisverhütung zu verzichten. Die Ehepaare wurden aufgefordert, andere zur Einhaltung der Vorschriften von »Humanae vitae« zu bewegen.

Im Jahr 1969 veröffentlichte Wojtyła »Person und Tat«, ein schwieriges philosophisches Werk, das er, wie er fünfundzwanzig Jahre später einmal schrieb, ursprünglich als Antwort auf die marxistische Polemik gegen die Religion und die Kirche konzipiert hatte.

Im selben Jahr ließ der Kardinal die Wawel-Kathedrale restaurieren. Als man dabei auf das Grab der Königin Elżbieta, der Gemahlin von König Kazimierz dem Großen, stieß, das jahrhundertelang verschüttet gewesen war, ordnete Wojtyła an, den Sarg zu öffnen und die sterblichen Überreste zur erneuten Beisetzung herauszunehmen. Als nächstes wurde im Beisein des Kardinals das Grab des Königs geöffnet. Es enthielt die Gebeine des Herrschers, sein Szepter, einen Reichsapfel aus Leder, ein eisernes Schwert, ein Tuch mit Silberfäden sowie einen Goldring mit einem Türkis.

Kardinal Wojtyłas Verbindungen mit Rom wurden immer enger. Er war Mitglied von drei Kurienkongregationen und Mitglied der Bischofssynode, die der Papst 1969 als Dauereinrichtung zur Umsetzung der Entscheidungen des II. Vatikanischen Konzils eingesetzt hatte. Die drei Kurienkongregationen beschäftigten sich mit dem Klerus, mit den Sakramenten und dem Gottesdienst sowie mit dem katholischen Unterrichtswesen. Wojtyła war überdies Konsultor des Päpstlichen Rates für die Laien.

Was den persönlichen Einfluß am Heiligen Stuhl und das Prestige betraf, hatte er es sehr weit gebracht; Wojtyłas freundschaftliche Verbindungen erstreckten sich bis in die Kurie hinein. Was ihm jetzt noch fehlte, war Erfahrung in internationalen Angelegenheiten. Der angesehene Experte für kirchliche Fragen war in gewisser Hinsicht immer noch eine provinzielle Erscheinung aus dem fernen, isolierten Osteuropa. Wojtyła lud zwar immer wieder ausländische Kardinäle und Bischöfe – insbesondere aus der Dritten Welt – nach Krakau ein, doch diente dies hauptsächlich dazu, seine Verbindungen zur Weltkirche auszubauen.

Die Beschäftigung mit der Außenpolitik des Vatikans sowie Auslandsreisen sollten dem abhelfen. Paul VI., mit dem Wojtyła Mitte März 1969 erneut zusammentraf, war ein kluger Ratgeber, der einen Großteil seines Lebens im Dienst der vatikanischen Diplomatie verbracht hatte; er ermutigte den Kardinal dazu, Erfahrungen zu sammeln. Falls Paul VI. in Wojtyła jemals einen möglichen Nachfolger sah, dann mußte er dazu beitragen, daß dieser durch Einblicke in die Arbeit des Staatssekretariats sowie durch Auslandskontakte sich auf der internationalen Bühne präsentierte.

Als Wojtyła im Frühjahr 1969 den Heiligen Vater besuchte, war dieser bereits ein erfahrener Globetrotter und »der erste moderne Papst«, wie ihn sein Biograph Peter Hebblethwaite nannte. Paul VI. hatte mehr

Reisen unternommen als irgendein Papst vor ihm, vielleicht auch deswegen, weil in der Zeit seines Pontifikats erstmals schnelle und bequeme Düsenflugzeuge verfügbar waren. Er hatte das Heilige Land besucht, war nach Indien und in die Türkei, nach Portugal, Kolumbien, Uganda und Tansania gereist. Er war nach New York geflogen, um vor der Generalversammlung der Vereinten Nationen eine Rede zu halten. Und während des Vietnamkriegs bemühte er sich darum, Frieden zu stiften.

Ein weiterer wichtiger Mentor in auswärtigen Angelegenheiten war der Wiener Kardinal König, den Wojtyła bei seinen Romreisen regelmäßig besuchte. König beschäftigte sich in den späten sechziger Jahren schon stark mit der Ostpolitik – hauptsächlich im Auftrag des Papstes –, und seine Kenntnis der Situation in Osteuropa war für den Krakauer Kardinal von unmittelbarem Interesse. König war außerdem Vorsitzender des Päpstlichen Rates für den Dialog mit den Nichtglaubenden, den Paul VI. im Jahr 1965 gegründet hatte.

Erzbischof Casaroli, mit dem Wojtyła in Polen schon früher zusammengetroffen war, arbeitete auf dem Gebiet der Ostpolitik eng mit König zusammen. Dieser hervorragende vatikanische Diplomat sollte für Wojtyła noch oft von größter Wichtigkeit sein. Doch vorerst mußte der Kardinal aus Polen vor allem einen eigenen Eindruck von der Welt bekommen.

Karol Wojtyłas erste große Reise ergab sich eher zufällig. Polnische Gemeinden in Kanada und den Vereinigten Staaten hatten Kardinal Wyszyński zu einem Besuch eingeladen. Der Primas wollte nicht reisen; er sprach kein Englisch und konnte sich nicht vorstellen, Pressekonferenzen abzuhalten. Daraufhin erging die Einladung an Wojtyła.

Am 26. August 1969 flog Wojtyła nach Rom und von dort aus nach Montreal, der ersten Station seiner Nordamerikareise. Sein Kaplan Dziwisz sowie Bischof Franciszek Macharski aus Krakau und der in Rom tätige Szczepan Wesoły begleiteten ihn. Sie verbrachten fast drei Wochen in Kanada; zuerst besuchten sie Montreal und Quebec, wo Wojtyła mit seinem Französisch gut zurechtkam, dann fuhren sie nach Ottawa, Toronto, Calgary, Edmonton, Winnipeg und Hamilton sowie nach London in Ontario.

Es war eine interessante Reise, aber Wojtyła lernte Kanada während seines Aufenthalts wohl kaum richtig kennen. Er traf mit dem polnisch-kanadischen Klerus zusammen, zelebrierte in polnischen Kirchen Messen auf Polnisch, traf bei Empfängen Mitglieder polnisch-kanadischer Gemeinden und hatte ein kurzes Treffen mit dem kanadischen Primas Maurice Roy sowie mit führenden kanadischen Bischöfen.

Andererseits lernte Wojtyła in Kanada und danach in den Vereinigten Staaten neue gesellschaftliche Umgangsformen kennen. Pfarrer Wesoły – er ist heute Erzbischof – erzählte, Wojtyła habe »die Institution Cocktailparty entdeckt«; er habe sie zuerst nicht gemocht, dann jedoch festgestellt, daß es ganz nützlich sei, mit einem Glas in der Hand dazustehen und zu plaudern. »Wojtyła fand auch an Dinners und Banketts Gefallen, weil sie die Gelegenheit boten, über den Tisch hinweg Gespräche zu führen«, sagte Wesoły. »Und als sein Englisch im Verlauf der Reise flüssiger wurde, hielt er ganz gern Pressekonferenzen ab.«

Wojtyła besuchte dann die Niagarafälle und begann in Buffalo seinen zweiwöchigen USA-Aufenthalt. Wesołys Angaben zufolge war dem Kardinal geraten worden, alle amerikanischen Städte zu besuchen, in denen sich ein Erzbischofssitz befand. Wojtyła besuchte deshalb Detroit, Boston, Washington, Baltimore, St. Louis, Chicago, Philadelphia – wo er den polnischstämmigen Kardinal Krol kannte – und New York. Dabei erfuhr Wojtyła wiederum mehr über die Amerikaner polnischer Abstammung sowie ihre Kirchen und Institutionen als über die Vereinigten Staaten selbst. In Michigan besichtigte Wojtyła das Polnisch-amerikanische Priesterseminar. Von Philadelphia aus flog er mit Kardinal Krol in einem Hubschrauber zum Wallfahrtsort Doylestown in Pennsylvanien, dem »amerikanischen Tschenstochau«. Es war Wojtyłas erster Hubschrauberflug, und er hatte Spaß daran.

Der Kardinal flog dann rasch nach Rom zurück und verbrachte den größten Teil des Oktobers bei einer außerordentlichen Sitzung der Bischofssynode. Als Wojtyła im Radio Vatikan über seine Reise nach Kanada und in die USA berichtete – er war der erste polnische Kardinal gewesen, der Nordamerika besuchte –, betonte er den religiösen Charakter der Unternehmung und wies darauf hin, daß die Auslandspolen dank der Kirche in der Lage seien, ihre geistigen Verbindungen zur Heimat aufrechtzuerhalten. Wojtyła sagte, er habe bei amerikanischen Bischöfen und Kardinälen eine »überraschend gute« Aufnahme gefunden und habe feststellen können, daß die zweite und dritte Einwanderergeneration in den USA bestens vorangekommen war.

In Anbetracht der dezidierten, in vielen Punkten wenig schmeichelhaften Meinung, die Johannes Paul II. nun über die USA hat, ist es bedauerlich, daß er sich als Kardinal nicht die Zeit nahm, Land und Leute wirklich kennenzulernen. Als er 1976 zum Eucharistischen Kongreß nach Philadelphia flog, anschließend in Boston an der Harvard-Universität über das Thema »Entfremdung« sprach und in Washington an der Katholischen Universität eine Vorlesung hielt, diente dies nicht dem Kennenlernen der Gegebenheiten. Und von den drei Amerikabesuchen, die Johannes Paul II. zwischen 1979 und 1993 unternahm, läßt sich dies noch viel weniger sagen.

Durch seine Teilnahme am Eucharistischen Kongreß traf Wojtyła aber immerhin mit den Spitzen der kirchlichen Hierarchie zusammen.

1973 hatte Kardinal Wojtyła den ganzen Februar in Australien, Neuseeland und Papua-Neuguinea verbracht. Den Anlaß für diese Reise hatte der Eucharistische Kongreß in Melbourne geliefert; Wojtyła machte dort auf die Kardinäle und Bischöfe einen starken Eindruck und schloß neue Bekanntschaften.

Daß der Eucharistische Kongreß einen Schwerpunkt auf die Ökumene legte und auch eine Messe für die Aborigines feierte, wußte Wojtyła zu schätzen. In Melbourne traf er erstmals mit Mutter Teresa zusammen und nahm an Diskussionen teil über das Bevölkerungswachstum, Ökologie und die Theologie der Befreiung. Wojtyła wurde dort erstmals mit den Problemen der Dritten Welt konfrontiert. Im August 1975 erhielt er in Krakau Besuch von Kardinal Paul Zoungrana aus Obervolta – dem jetzigen Burkina Faso – sowie von Bischöfen aus Neu Delhi und Moeya in Tansania.

Im Vatikan und in den päpstlichen Gemächern war Kardinal Wojtyła mittlerweile zu einer vertrauten Gestalt geworden. Er kam nicht nur häufig nach Rom, um an den Sitzungen der Kongregationen und der Bischofssynode teilzunehmen, sondern weilte auch regelmäßig bei

Paul VI. zu Besuch. Im Verlauf der Jahre 1973 bis 1975 wurde er vom Papst elfmal in Privataudienz empfangen, was bei den auswärtigen Kardinälen wohl den Rekord darstellte; Präfekten der wichtigen Kurienkongregationen treffen mit dem Papst jede Woche zu Besprechungen zusammen. Im Mai 1970 hatte Wojtyła 260 polnische Priester, die Dachau und andere Konzentrationslager überlebt hatten, mit dem Papst zusammengebracht.

Wenn es noch Zweifel gegeben hätte, daß Wojtyła der besondere Günstling des Papstes war, wären sie durch die überraschende Einladung ausgeräumt worden, die er im Februar 1976 erhielt: Wojtyła sollte in Gegenwart Pauls VI. die Fastenexerzitien der römischen Kurie gestalten. Dies war die höchste persönliche und theologische Ehrung, die einem geistlichen Würdenträger vom Papst zuteil werden konnte. Wojtyła hatte jedoch nur drei Wochen Zeit, um die einwöchigen Exerzitien vorzubereiten, die in der Vatikankapelle St. Matilda stattfinden sollten.

Nach seiner Ankunft in Rom am 2. März fuhr er zuerst zum Marienheiligtum Mentorella, um zu beten. Dann begab sich Wojtyła in die Kapelle und leitete die Exerzitien, die am 13. März mit seinen »Meditationen« endeten. Am Mittag desselben Tages wurde er von Paul VI. in Privataudienz empfangen.

Wojtyłas »Meditationen«, die später unter dem Titel »Zeichen des Widerspruchs« als Buch veröffentlicht wurden, beschränkten sich nicht auf die Theologie. Sie waren vielmehr ein Manifest, das die Moral und Ethik der Kirche umriß und aus Wojtyłas Sicht eine sowohl vom Marxismus als auch von einem exzessiven Kapitalismus bedrohte Welt beschrieb.

Wojtyła hatte diese Gedanken schon oft zum Ausdruck gebracht, aber damals wurden sie als eine Art Grundsatzerklärung den Männern zu Gehör gebracht, die bei der Wahl des neuen Papstes eine entscheidende Rolle spielen sollten. Paul VI., der unter seinen päpstlichen Gewändern ein härenes Büßerhemd trug, als er sich die »Meditationen« anhörte, war neunundsiebzig Jahre alt und in einem sehr schlechten Gesundheitszustand. Die Anwesenden wußten, daß das Pontifikat dem Ende zuging. Sie wußten aber nicht, daß Paul VI. vorgeschlagen hatte,

Wojtyła solle nicht Lateinisch, sondern Italienisch sprechen, damit die Kardinäle merkten, daß er sehr wohl als Papst fungieren könnte. Wojtyła hatte das biblische Thema des »Zeichens des Widerspruchs« gewählt und es explizit auf Paul VI. bezogen, der – wie Christus bei der Verkündigung seiner Lehre – auf Ablehnung gestoßen war wegen seiner Verteidigung der Würde des Menschen in »Humanae vitae«.

Wojtyła verurteilte sowohl die »Autokratie« des Marxismus als auch die »Ausbeutung« und den »Wirtschaftsimperialismus« des Kapitalismus. Die Dritte Welt könne weder durch »Befreiung« seitens der Ersten noch durch marxistische Einflüsse aus der Zweiten Welt gerettet werden. Wer Wojtyłas »Zeichen des Widerspruchs« gelesen hatte, konnte während des Pontifikats von Johannes Paul II. feststellen, daß er weiterhin dieselben Ansichten äußerte.

In Polen ging es mit dem Marxismus immer weiter bergab. Als Gierek im Juni 1976 die Lebensmittelpreise überraschend erhöhte, wiederholte er den Fehler, den Gomułka 1970 gemacht hatte. Im Automobilkombinat in Ursus bei Warschau und in anderen Ballungsgebieten rebellierten die Arbeiter. Eisenbahner riefen einen Generalstreik aus. Gierek hatte aber aus der letzten Krise seine Lehren gezogen: Er und Verteidigungsminister Jaruzelski gingen nicht gewaltsam gegen die Arbeiter vor. Die Regierung nahm die Preiserhöhungen zurück.

Die polnische Kirche forderte die Arbeiter auf, zu ihren Arbeitsplätzen zurückzukehren; sie rief zum sozialen Frieden auf und verlangte von der Regierung, sie solle die Arbeiter und die Unruhestifter nicht bestrafen. Es kehrte wieder Ruhe ein, doch die Junikrise führte zur Entstehung des »Komitees zur Verteidigung der Arbeiter« (KOR).

An der Spitze des Komitees standen linke Intellektuelle wie Adam Michnik und Jacek Kuroń. KOR schuf erstmals in der Geschichte Polens eine wirksame politische Allianz zwischen Intellektuellen und Arbeitern. Die Gewerkschaft »Solidarność«, die im September 1980 gegründet wurde, hätte ohne die Berater von KOR wohl kaum überlebt.

Der Krakauer Kardinal nahm rasch enge Beziehungen zu dem Komitee auf, das bereits mit dem »Katholischen Intellektuellenklub« (KIK) und dem sogenannten progressiven Flügel der Kirche in Verbindung stand, welcher in Polen noch eine bedeutende Rolle spielen sollte.

In einer Weihnachtspredigt sagte der Kardinal unter Anspielung auf die Ereignisse vom Juni: »Wenn die Menschen Not leiden, steht die Kirche ihnen bei, und zwar ohne politische Motive – einzig aus christlicher Nächstenliebe.« In einer Neujahrspredigt ermahnte er jedoch die Menschen, beim Eintreten für ihre Rechte an die militärische Macht des sowjetischen Nachbarn zu denken.

Am 15. Mai 1977 konnte Wojtyła zu seiner großen Genugtuung die neue Kirche von Nowa Huta weihen, Polens bekanntesten modernen Sakralbau. Langjährige Auseinandersetzungen mit dem Regime waren vorausgegangen. Nowa Huta war als »sozialistische Stadt« erbaut worden, und der Regierung hatte nichts daran gelegen, daß dort eine große Kirche entstand. Die Genehmigung war zwar schon im Oktober 1967 erteilt worden – kurz nach Wojtyłas Ernennung zum Kardinal –, wegen ständiger Behinderungen durch die Behörden hatte der Bau der Kirche jedoch zehn Jahre gedauert.

Im Dezember 1977 wurde Gierek von Paul VI. empfangen; er war der erste kommunistische Parteichef Polens, der eine päpstliche Audienz erhielt. Wojtyła war zuvor im September mit dem achtzigjährigen Papst zusammengetroffen.

Am 19. Mai 1978, einen Tag nach seinem achtundfünfzigsten Geburtstag, stattete Karol Wojtyła dem Papst einen weiteren Besuch ab. Dies war sein letztes Zusammentreffen mit Paul VI.

Während des Sommers machte Wojtyła längere Zeit Urlaub, weil er sichtlich erschöpft und in keiner guten gesundheitlichen Verfassung war. Er war im April 1977 fast drei und im Februar 1978 zwei Wochen lang krank gewesen. Außerdem litt er unter Migräneanfällen.

Als sich der Kardinal gerade an einem See in der Nähe von Rom erholte, traf am Morgen des 7. August die Nachricht ein, daß Paul VI. in der Nacht zuvor in seiner Sommerresidenz Castel Gandolfo nach einem schweren Herzanfall gestorben war.

Am 12. August trafen Wyszyński und Wojtyła in Rom ein, um an der Beisetzung des Papstes und an dem Konklave teilzunehmen, das den Nachfolger von Paul VI. wählen sollte.

Kardinal Wojtyła bei einem Besuch der Baustelle der Kirche von Nowa Huta.

Am 15. Mai 1977 weiht Kardinal Wojtyła, Erzbischof von Krakau, die Kirche von Nowa Huta.

Am 26. August wurde Kardinal Albino Luciani, der Erzbischof von Venedig, zum Papst gewählt; er nannte sich Johannes Paul I. Im Verlauf des Konklaves war mehrmals der Name Wojtyła gefallen, doch der Krakauer Kardinal war kein aussichtsreicher Kandidat gewesen. Wojtyła wußte, daß Paul VI. gewollt hatte, er solle der erste *nichtitalienische* Papst werden, aber er war sich im klaren darüber, daß der richtige Augenblick noch nicht gekommen war, weil mit Luciani noch mindestens ein akzeptabler italienischer Kandidat vorhanden war. Wojtyła wurde am 30. August vom neuen Papst in Privataudienz empfangen und war damit einer der ersten Kardinäle, denen diese Ehre zuteil wurde.

Am 28. September beging Wojtyła den zwanzigsten Jahrestag seiner Bischofsweihe, indem er an der Eröffnung des Museums der Wawel-Kathedrale teilnahm. Zum selben Zeitpunkt starb im Vatikan Papst Johannes Paul I.

Das Ableben des Papstes wurde am frühen Morgen des folgenden Tages bekanntgegeben. Józef Mucha, der Fahrer des Kardinals, hörte die Meldung im Autoradio und rannte sofort in die Kurie, um Pfarrer Obtułowicz, den Kanzler, zu informieren. Als Obtułowicz dem Kardinal die Nachricht überbrachte, war dieser gerade beim Frühstück. Wojtyła saß eine Weile schweigend da und sagte dann: »Gottes Wege sind wundersam... Laß uns vor ihnen das Haupt verneigen...«

Der Kardinal widmete sich seinen Aufgaben; er nahm an jenem Morgen an einer Sitzung des Rates der theologischen Abteilung teil und fuhr dann nach Złote Łany zu einer zweitägigen Inspektion der dortigen Pfarrei. Bei der Rückfahrt am 30. September bat er seinen Fahrer, am Waldrand in der Nähe von Kalwaria Zebrzydowska anzuhalten. Der Kardinal blieb dort eine Weile im Auto sitzen und schrieb Briefe. Dann bat er Mucha, ihn nach Hause zu fahren. Im Palais wies er einen Assistenten an, die Briefe tippen zu lassen. Der Assistent meinte später dazu: »Es sah so aus, als wollte er hier all seine Angelegenheiten in Ordnung bringen und nichts Unerledigtes zurücklassen.«

Am 2. Oktober reiste Wojtyła zu einer Sitzung des Generalrats des polnischen Episkopats nach Warschau. Er war entspannt und gelassen. Am Tag darauf flogen Karol Wojtyła und Primas Wyszyński nach Rom.

VIERTER TEIL

Der polnische Papst Johannes Paul II.

17

Karol Wojtyła mochte bei seiner Rückkehr nach Rom schon eine Ahnung gehabt haben, was ihm die Zukunft bringen würde, doch agierte er im Verlauf der nächsten beiden Wochen auf eine bemerkenswert sachliche Weise; er war nur einer von vielen Kardinälen, die sich auf die Wahl eines neuen Papstes vorbereiteten.

Und wenn Wojtyła während dieses Interregnums bei Gesprächen als Kandidat genannt wurde, geschah dies ohne sein erkennbares Zutun. Die Angelegenheit war in den Händen seiner Freunde und potentiellen Anhänger. Die Kirche sagt zwar, die Kardinäle würden bei ihrer Entscheidung durch den Heiligen Geist erleuchtet, doch eine Papstwahl war stets ein politisches Kräftemessen. Das Konklave vom Oktober 1978 und die Tage davor bildeten in dieser Hinsicht keine Ausnahme.

Kardinal Wojtyła, der im Polnischen Kolleg an der Piazza Remuria untergebracht war – Primas Wyszyński wohnte im Polnischen Institut –, begab sich wenige Stunden nach seiner Ankunft in den Petersdom, um bei dem dort aufgebahrten Leichnam Johannes Pauls I. zu beten.

Vor dem Beginn des Konklaves nahm er an den täglichen Sitzungen der Generalkongregation der Kardinäle teil – die zusammen mit dem *Camerlengo* den Heiligen Stuhl regiert und verwaltet –, ging zu feierlichen Messen, besuchte polnische Freunde und machte kurze Ausflüge aufs Land.

Viel Zeit verbrachte Wojtyła mit seinem alten Freund Bischof Deskur und mit Bischof Rubin, dem Generalsekretär der Bischofssynode. Beide waren über die Winkelzüge und Intrigen im Vorfeld des Konklaves bestens informiert, und es ist schwer vorstellbar, daß Wojtyła sich dafür nicht interessierte.

Deskur, der zahlreiche Zusammenkünfte von kirchlichen Würdenträgern besuchte und organisierte, fuhr am Sonntag, dem 8. Oktober, mit Wojtyła zum nordwestlich von Rom gelegenen Lago di Vito. Tags darauf besuchte der Kardinal Castel Gandolfo.

In der Woche vor dem Konklave intensivierte Wojtyła seine Aktivitäten. Deskur führte ihn mit Kardinal Nasalli Rocca und Erzbischof Luigi Poggi, einem mit Polen vertrauten Spitzendiplomaten des Vatikans, zusammen sowie mit Kardinal John Cody aus Chicago, zu dessen Gemeinde zahlreiche Amerikaner polnischer Abstammung zählten. Den polnisch-amerikanischen Kardinal Krol aus Philadelphia kannte Wojtyła bereits; er wußte aber, daß es wichtig war, seine Kontakte zu den amerikanischen Kirchenführern auszuweiten. Was sich in den Tagen vor dem Konklave abspielte, glich immer mehr einem weltlichen Wahlkonvent. Die Aufmerksamkeit richtete sich in zunehmendem Maße auf Wojtyła, und bei den Unterredungen der Kardinäle tauchte sein Name immer häufiger auf.

Wojtyła äußerte sich selbstverständlich nicht darüber, ob er möglicherweise ein Kandidat sein werde, zumal das Konklave öffentliche Demut und Bescheidenheit vorschreibt. Nach Deskurs Überzeugung wußte der Krakauer Kardinal aber bereits, daß er dazu ausersehen war, zum Papst gewählt zu werden. Deskur erzählte, daß er einige Tage vor dem Beginn des Konklaves mit Wojtyła in den Gärten des Vatikans einen Spaziergang gemacht habe. »Für mich war es klar, daß Wojtyła in seinem tiefsten Inneren wußte, daß er Papst werden würde«, sagte er.

Die in Rom versammelten 111 Kardinäle waren mit zwei Hauptproblemen konfrontiert. Zuerst ging es darum, ob tatsächlich ein geeigneter und akzeptabler italienischer Kandidat vorhanden war, mit dem die Tradition der italienischen Päpste fortgeführt werden konnte. Das führte zu der Frage, ob die Kirche gegebenenfalls bereit wäre, zum erstenmal nach 456 Jahren einen nichtitalienischen Papst zu nominieren (im Jahr 1522 war der aus Utrecht stammende Adrian VI. zum Papst gewählt worden; er regierte gut ein Jahr lang). Es war, wie schon erwähnt, nach viereinhalb Jahrhunderten das erstemal, daß solche Erwägungen überhaupt auftauchten. Der nächste Schritt, so fürchteten die Italiener, wäre dann, darüber nachzudenken, *wer* als nichtitalienischer Kandidat in Frage kommen könnte.

Damit, daß Kardinal Giuseppe Siri aus Genua und Kardinal Giovanni Benelli aus Florenz von vornherein als Hauptrivalen feststanden, schufen die Italiener selbst eine Situation, die dazu angetan war, daß der Heilige Stuhl wieder einen ausländischen Papst bekam. Schon während des Vorkonklaves entstand dadurch eine Pattsituation.

Der zweiundsiebzigjährige Siri, der ein Schützling von Pius XII. gewesen war, gehörte zum erzkonservativen Flügel der Kirche, welcher die Reformen des II. Vatikanischen Konzils für einen schlimmen Fehler hielt. Der siebenundfünfzigjährige Benelli war als Substitut im Staatssekretariat einer der engsten Mitarbeiter von Paul VI. gewesen und hatte im allgemeinen die progressiven Standpunkte des Vatikanischen Konzils vertreten.

Siri war im August-Konklave ein aussichtsreicher Kandidat gewesen – er hatte sogar im ersten Wahlgang geführt –, doch die Kräfte um Benelli hatten ihn bald zurückgedrängt. Schon am Abend des ersten Tages war Benellis Kandidat, Kardinal Albino Luciani aus Venedig, im vierten Wahlgang gewählt worden. Luciani war ein Gemäßigter in der Tradition von Johannes XXIII. und Paul VI.; er fügte deren Namen zusammen und nannte sich Johannes Paul I.

Im Oktober gab es jedoch keinen italienischen Kompromißkandidaten von der Art Lucianis. Sobald sich die Kardinäle in Rom zur Beisetzung Johannes Pauls I. versammelt hatten, begann die Schlacht. Innerhalb einer Woche verschaffte sich Siri so viel Unterstützung, daß seine Wahl zum Papst praktisch schon feststand. Doch nun ging Benelli wieder ins Rennen; er hatte die Unterstützung einer Gruppe von Kardinälen aus Westeuropa und der Dritten Welt, die bei einem Sieg Siris einen Rückfall in die Zeit vor dem Konzil befürchteten.

Mit der Internationalisierung der Kurie durch Johannes XXIII. und Paul VI. hatte die Macht der Italiener im Kardinalskollegium abgenommen, der Einfluß anderer Europäer und insbesondere der Vertreter der Dritten Welt, wo die Kirche langfristig ihre Zukunftsperspektiven sah, jedoch deutlich zugenommen. So war zum Beispiel der Franzose Jean Villot Staatssekretär; er war der erste Ausländer auf diesem

Posten. Außerdem gab es ein halbes Dutzend höchst einflußreicher lateinamerikanischer Kardinäle sowie mindestens zwei afrikanische.

Die Zusammensetzung des Kardinalskollegiums hatte sich zugunsten der damals äußerst progressiv eingestellten Dritten Welt geändert. Bei der Wahl Pauls VI. im Jahr 1963 waren 55 der 80 Kardinäle Europäer gewesen; im Oktober 1978 befanden sich unter den 111 Kardinälen nur 56 Europäer.

Die römische Kurie hatte lediglich 28 Kardinäle im Kollegium, was nicht ausreichte, um bei einem Gleichstand der Stimmen den Ausschlag zu geben – Siri war natürlich der Wunschkandidat der Kurie. Paul VI. hatte überdies angeordnet, daß Kardinäle nach Erreichen des achtzigsten Lebensjahres nicht mehr mitwählen durften; dadurch wurde das insgesamt 120 Mitglieder zählende Kardinalskollegium um neun – vermutlich konservative – Stimmen verringert. So entstand ein noch nie dagewesenes Kräfteverhältnis, das einen nichtitalienischen Papst möglich machte.

Wojtyła spielte unterdessen in der Öffentlichkeit eine passive Rolle und beschränkte sich auf die von Bischof Deskur arrangierten Zusammenkünfte sowie auf Treffen mit Kardinälen, die er schon lange kannte.

Am Abend des 8. Oktober konferierte Wojtyła nach seiner Rückkehr vom Lago di Vito in der polnischen St. Stanisław-Kirche in der Via Botteghe Oscure mit Kardinal Benellis Privatsekretär. Sie wurde von seinem Freund Bischof Wesoły geleitet, der gemeinhin die polnischen Rompilger betreute. Benellis Privatsekretär war gekommen, um Wojtyła dazu zu bewegen, den Kardinal aus Florenz zu unterstützen; es ist jedoch durchaus möglich, daß er feststellen wollte, ob der Krakauer Kardinal eventuell als Ersatzkandidat in Frage kommen könnte.

Am Mittwoch, dem 11. Oktober, drei Tage vor dem Konklave, wurden die Geheimverhandlungen intensiviert. Etwa fünfzehn Kardinäle aus Westeuropa und der Dritten Welt kamen am Abend im Französischen Seminar an der Via Santa Chiara zusammen, um eine Anti-Siri-Strategie zu entwickeln. Zu ihnen zählten zwei Franzosen, zwei Italiener, zwei Kanadier, ein Engländer, ein Belgier, zwei Brasilianer, zwei Afrikaner und ein Koreaner. Im Kollegium waren sie allesamt überaus einflußreich.

An einen nichtitalienischen Papst dachte diese Gruppe jedoch noch nicht. Man war bereit, Benelli zu unterstützen und als Alternativkandidaten Kardinal Ugo Poletti, den Vikar von Rom, oder Kardinal Giovanni Colombo, den Erzbischof von Mailand, in Betracht zu ziehen.

Zwei wichtige Kardinäle, die an der Zusammenkunft im Französischen Kolleg nicht teilnahmen, machten sich aber damals schon Gedanken über einen nichtitalienischen Papst, insbesondere über Karol Wojtyła: Kardinal König aus Wien und Kardinal Krol aus Philadelphia. Obwohl der eine progressiv und der andere konservativ eingestellt war, stimmten beide darin überein, daß Wojtyła der geeignete Mann sei. König war der Meinung, daß der geschichtliche Zeitpunkt gekommen sei, an dem die Kirche angesichts des Zerfalls der westlichen Kultur nur noch durch den europäischen Osten gerettet werden könne – Wojtyła war ebenfalls dieser Ansicht. Krol hingegen war von der jugendlichen Energie und der tiefen Spiritualität des Polen stark beeindruckt.

Als Krol 1993 an das Konklave zurückdachte, wies er darauf hin, daß viele ausländische Kardinäle, unter ihnen er selbst, über die politische Situation in Italien sehr beunruhigt gewesen seien, insbesondere über die Finanz- und Regierungsskandale im Zusammenhang mit der mysteriösen Freimaurerloge P2. In diese Skandale waren italienische Spitzenpersönlichkeiten verwickelt, und sie berührten auch die römische Kurie.

»Einige von den Kardinälen meinten, daß ein Nichtitaliener geeigneter« und »für die Kirche von Vorteil wäre«, sagte Krol. »Und dies war dann auch tatsächlich der Fall.« Soweit bekannt, ist Krol der einzige Kardinal, der öffentlich eingeräumt hat, daß die Problematik der P2-Loge die Entscheidung der ausländischen Kardinäle zugunsten eines Nichtitalieners beeinflußte. Das war eines der großen Geheimnisse des Konklaves.

Jedenfalls nahm Wojtyłas unausgesprochene Kandidatur in den letzten Tagen des Vorkonklaves allmählich konkretere Formen an. König und Krol waren zweifellos die treibende Kraft der Kampagne. Der Wiener Kardinal konnte die westeuropäischen Progressiven sowie viele Vertreter der Dritten Welt gewinnen, und Krol die amerikanischen Kardinäle.

Am Freitag, dem 13. Oktober, versammelten sich die Kardinäle morgens im Vatikan, damit jeder die Zelle auswählen konnte, die er während des Konklaves im Apostolischen Palast bewohnen würde. Nach kanonischem Recht müssen sich die Kardinäle in einem von der Außenwelt abgeschlossenen Bereich aufhalten, bis sie einen Papst gewählt haben.

Wojtyła bekam die Zelle Nr. 91. Wenig später wurde ihm mitgeteilt, daß Bischof Deskur einen schweren Schlaganfall erlitten hatte. Das war eine schlimme Nachricht für ihn, insbesondere am Vorabend des Konklaves. Der Krakauer Kardinal fuhr sofort zur Gemelli-Poliklinik und besuchte seinen Freund.

Am 14. Oktober, dem Eröffnungstag des Konklaves, konzelebrierte der Kardinal im Polnischen Kolleg um 7 Uhr 15 eine Messe, bei welcher für Deskurs Genesung gebetet wurde. Im weiteren Verlauf des Morgens nahm er im Petersdom an der von Kardinal Villot aus Anlaß der Papstwahl zelebrierten Messe teil. Als er um 15 Uhr zur Sixtinischen Kapelle unterwegs war, machte er einen Abstecher zur Poliklinik, um noch einmal nach seinem Freund zu schauen. Von dort brachte ihn sein polnischer Fahrer direkt zur Sixtinischen Kapelle. Der Kardinal hatte gerade noch Zeit, sein abgewetztes Köfferchen in der Zelle Nr. 91 abzustellen, als Kardinal Carlo Confalonieri, der fünfundachtzigjährige Dekan des Kardinalskollegiums, schon das Konklave einberief.

Wojtyła ging zu seinem Platz, der sich auf der linken Seite der Kapelle in der Nähe des Altars befand, direkt hinter Kardinal König. Das Kollegium erhob sich und stimmte »Veni, creator spiritus« an.

Daß sich die Kardinäle, von der Außenwelt abgeschnitten, im Bereich der Sixtinischen Kapelle aufhalten, bis sie einen Papst gewählt haben, soll die absolute Geheimhaltung der dortigen Vorgänge sicherstellen – wie die Entscheidung zustande kam, soll nicht bekannt werden – und die Kardinäle während des Konklaves gegen Einflüsse von außen abschirmen. Sie schlafen und essen in diesem Gebäudekomplex, halten am Morgen und am Nachmittag ihre Sitzungen ab – in deren Verlauf es in der Regel zu zwei Abstimmungen kommt – und haben während der Mahlzeiten und in den Sitzungspausen genügend Zeit, um sich zu beraten, zu plaudern und Absprachen zu treffen.

Am Samstag, dem 14. Oktober, verließen die Kardinäle am Nachmittag die Sixtinische Kapelle, nachdem sie »Veni, creator spiritus« gesungen hatten. Sie kehrten am Sonntag um 7 Uhr morgens zurück, um die Messe zu konzelebrieren und mit ihren Beratungen zu beginnen. Sie saßen beiderseits des Mittelgangs auf jeweils zwei einander gegenüberliegenden Sitzreihen. Jeder Kardinal hatte ein Schreibpult vor sich stehen, auf dem ein Bleistift und ein Schreibblock lagen. Jeder sollte den Nachnamen des Kandidaten seiner Wahl auf den Stimmzettel schreiben und diesen in eine Urne legen. Die Stimmabgabe erfolgt immer anonym, um deren Geheimhaltung zu gewährleisten. Die Stimmzettel werden nacheinander von drei mit der Zählung beauftragten Kardinälen verlesen, die wiederum von drei für die Kontrolle zuständigen Kardinälen überprüft werden. Während die Stimmzettel verlesen werden, können die Kardinäle mitschreiben und sofort feststellen, wer in Führung liegt.

Am ersten Tag erreichte jedoch niemand die erforderliche Zweidrittelmehrheit. Nach vier Abstimmungen ergab sich eine Pattsituation zwischen Siri und Benelli, die dazu führte, daß keiner von beiden an das Minimum der 75 von 111 Stimmen herankommen konnte.

Der ursprüngliche Favorit Siri hatte schwere Einbußen erlitten, als am Sonntagmorgen ein Interview im Druck erschienen war, das er in der vorangegangenen Woche der Zeitung »La Gazetta del Popolo« mit der Auflage gewährt hatte, es erst nach dem Konklave zu veröffentlichen. Das Interview, in dem Siri Kritik an den Reformen des II. Vatikanischen Konzils äußerte, wurde sofort fotokopiert und in die Sixtinische Kapelle geschmuggelt; es kostete ihn bei Kardinälen, die sich noch nicht festgelegt hatten, wertvolle Stimmen.

Mit ihren Bemühungen, auf Kardinal Pericle Felici umzuschwenken, kamen die Konservativen nicht voran. Benelli fehlte aber ebenfalls die notwendige Unterstützung. Als die Sitzung vertagt wurde, sagte Kardinal Marty, der Erzbischof von Paris, zu seinen Kollegen, sie hätten »einen Tag vergeudet«.

Jedesmal, wenn eine Stimmabgabe keine Entscheidung ergeben hatte, war schwarzer Rauch aus dem kleinen Schornstein an der Sixtinischen Kapelle geströmt. Auf diese traditionelle Methode wurde der

Menschenmenge auf dem Petersplatz und der ganzen Welt mitgeteilt, daß noch kein neuer Papst gewählt worden war. Weiße Rauchwolken hätten angezeigt, daß eine Entscheidung gefallen war.

In der Nacht vom Sonntag zum Montag kamen immer mehr Kardinäle zu der Einsicht, daß kein italienischer Kandidat Aussichten hatte, gewählt zu werden, und daß sie deshalb einen Ausländer in Betracht ziehen mußten. König, Krol, der Belgier Leon Joseph Suenens, der Spanier Vicente Enrique y Tarancón sowie der Brasilianer Aloísio Lorscheider bemühten sich beim Abendessen und bei Zusammenkünften in den Zellen und auf den Korridoren des Apostolischen Palastes, den anderen Kardinälen diesen Sachverhalt zu verdeutlichen.

Dabei kam auch zur Sprache, welche Eigenschaften der neue Papst aufweisen sollte; dieses Thema hatten die Kardinäle bis jetzt noch nicht eingehend besprochen. Man kam zu dem Schluß, daß die Kirche vor allem einen »Seelsorger« brauche, einen Papst, der über beträchtliche Erfahrung mit der apostolischen Arbeit in Pfarreien, Diözesen und Erzdiözesen verfügte.

In der Tat hatte es seit Pius X., der 1914 verstorben war, keinen »pastoralen« Papst mehr gegeben. Benedikt XV., Pius XI., Pius XII., Johannes XXIII. und Paul VI. waren Intellektuelle gewesen, die den größten Teil ihrer Laufbahn im Dienst der Vatikandiplomatie verbracht hatten. Johannes Paul I. war ein »pastoraler« Papst gewesen, hatte das Amt jedoch nur 33 Tage ausgeübt.

Kardinal Tarancón, der Erzbischof von Madrid, der Wojtyła schon seit einigen Jahren kannte, sagte unmittelbar nach der Wahl: »Wir wollten eher einen Seelsorger als einen Intellektuellen, und Wojtyła war mit seiner Pastoralerfahrung in Polen, seiner seelsorgerlichen Art und seinem direkten Kontakt zur Bevölkerung der Mann, den wir gesucht hatten.« Er habe seinen Kollegen am Sonntagabend mitgeteilt, daß ein menschenfreundlicher, volksnaher Papst für die Kirche in psychologischer Hinsicht sehr gut wäre. Damit war er offenbar erfolgreich gewesen. Benelli, der letzte aussichtsreiche Kandidat aus Italien, den Paul VI. 1977 zum Erzbischof von Florenz und zum Kardinal ernannt hatte, war zuvor lange Jahre im diplomatischen Dienst und in der Verwaltung des Heiligen Stuhls tätig gewesen.

Das Alter und der Gesundheitszustand bildeten ein weiteres Kriterium. Pius XII., Johannes XXIII. und Paul VI. waren bei ihrem Ableben über achtzig gewesen, und diesmal brauchte die Kirche einen jüngeren Papst, der sie vielleicht ins nächste Jahrtausend führen konnte. Unter diesem Gesichtspunkt schien selbst der zweiundsiebzigjährige Siri zu alt zu sein. Daß Johannes XXIII. an Krebs litt, als er 1958 gewählt wurde, war streng geheimgehalten worden. Die Gesundheit Pauls VI. war im letzten Jahrzehnt seines Pontifikats sehr angegriffen gewesen. Und Johannes Paul I. war ernstlich krank gewesen, als er im August 1978 die Wahl annahm. Deshalb gab es Kardinäle, die nach einem relativ jungen, gesunden Kandidaten Ausschau hielten, der über pastorale Erfahrung, intellektuelles Format, persönliche Ausstrahlung, Engagement für die Konzilsbeschlüsse und Kenntnisse in der Diplomatie verfügte. Sie stellten damit sehr hohe Anforderungen.

Am Montag, dem 16. Oktober, bemühten sich ausländische Kardinäle, das Kollegium davon zu überzeugen, daß es an der Zeit war, einen nichtitalienischen Papst zu wählen. Und die Anhänger Wojtyłas, deren Zahl immer mehr zunahm, versuchten darzulegen, daß er der richtige Mann wäre.

König berichtete, die Kardinäle hätten zwar eingesehen, daß ein jüngerer Papst wünschenswert wäre; viele hätten den damals achtundfünfzigjährigen Wojtyła jedoch für zu jung gehalten. Dieser Ansicht war auch Kardinal Wyszyński. Der Primas meinte überdies, daß wiederum ein italienischer Papst gewählt werden sollte.

Diesen Widerstand mußten König und seine Bundesgenossen brechen. Der Wiener Kardinal sagte über die Sitzung vom Montag: »Ich legte dem Konklave unumwunden meine Ansichten dar. Ich erklärte: ›Es ist Zeit, das System zu ändern und für einen Nichtitaliener zu stimmen. Das ist meine Meinung.‹« Als die Mittagspause kam, hatten sich die Kardinäle entschlossen, einen Ausländer zu wählen. Wer in Frage käme, blieb offen.

Als die Nachmittagssitzung eröffnet wurde, war klar, daß es nur vier ausländische Kandidaten gab: Wojtyła – der schon am Sonntag nachmittag einige Stimmen erhalten hatte –, Kardinal König – der das Amt jedoch nicht anstrebte –, den achtundfünfzigjährigen Kardinal Eduardo Francisco Pironio aus Argentinien und den neunundsechzigjährigen Kardinal Johannes Willebrands aus Holland, der sich mit seiner Arbeit auf dem Gebiet der Religionsfreiheit und der ökumenischen Einheit der christlichen Kirchen viel Respekt verschafft hatte. Willebrands hatte am Montagmorgen zwanzig Stimmen erhalten, die er dann aber Wojtyła zuführte.

Kardinal Tarancón sagte später: »Am Mittag des zweiten Tages merkte ich, daß es Wojtyła sein würde.« Er fügte hinzu: »Am Sonntag, dem ersten Tag, fehlte den Kardinälen ein wenig die Orientierung, aber am Montagmorgen hatten wir den Eindruck, daß es Karol Wojtyła sein würde. Wir hatten am ersten Tag gemerkt, daß ein Italiener nicht in Frage kam und daß wir nach neuen Möglichkeiten Ausschau halten mußten. Am zweiten Tag hatten wir dann klare Vorstellungen.«

Der belgische Kardinal Suenens sagte: »Am zweiten Tag gab es keine langen Diskussionen. Es wurde zu einer Frage der Mathematik. Und Karol Wojtyła war die naheliegende Lösung.«

Die erste Abstimmung am Montagnachmittag – die siebente des Konklaves – brachte aber noch keinen Sieg Wojtyłas. Er hatte die magische Zahl von 75 Stimmen nicht erreicht. Kardinal Krol hatte seine amerikanischen Kollegen überzeugen können, und Kardinal Ratzinger, der konservative Theologe, führte Wojtyła die Stimmen der deutschen Kardinäle zu, die sich am Morgen noch gegen den Polen ausgesprochen hatten. Der Brasilianer Lorscheider und der Argentinier Pironio sorgten für lateinamerikanische Unterstützung, Bernardin Grantin aus Benin für afrikanische. Von den fünfundzwanzig Italienern bekam Wojtyła jedoch kaum Stimmen, und als sich die Kardinäle auf den zweiten Wahlgang des Nachmittags vorbereiteten, war das Ergebnis weiterhin ungewiß.

Es kam darauf an, Wojtyła allen kirchlichen Richtungen akzeptabel erscheinen zu lassen, und dies erforderte in letzter Minute eine gewaltige Anstrengung. Kardinal Tarancón sagte dazu: »Wir suchten weder einen Konservativen noch einen Progressiven, sondern jemanden, der genau die Linie des II. Vatikanums verfolgte. Es ging nicht um ideologische Fragen. Wojtyła war überdies ein pastoraler Bischof, und dies war sehr wichtig.«

Kardinal Tisserant, der Dekan des Kardinalskollegiums, rief kurz nach 17 Uhr zum achten Wahlgang auf. In der Sixtinischen Kapelle herrschte eine fast unerträgliche Spannung. Viele befürchteten, daß eine aussichtslose Situation entstehen könnte, welche die Kirche in eine tiefe Krise stürzen würde.

Dann kam jedoch der Durchbruch. Kardinal Baggio, der mächtige Präfekt der Bischofskongregation, entschloß sich, Wojtyła zu unterstützen, und mit ihm weitere Italiener. Als die Stimmzettel verlesen wurden, notierten die Kardinäle auf ihren Schreibblöcken die Zahl der Stimmen. Kardinal König, der direkt vor Wojtyła saß, erzählte: »Als die Hälfte der erforderlichen Stimmenzahl erreicht war, legte Wojtyła seinen Bleistift weg und saß aufrecht da. Er war rot im Gesicht. Dann vergrub er den Kopf in den Händen.« König fügte hinzu: »Ich hatte den Eindruck, daß er völlig verwirrt war. Nach einer Weile kam die erforderliche Mehrheit. Er hatte zwei Drittel der Stimmen plus eine ...«

Als schließlich feststand, daß er 94 Stimmen erreicht hatte – siebzehn Kardinäle votierten nicht für ihn –, beugte sich Wojtyła über sein Pult und schrieb wie wild.

Kurz nach 18 Uhr verkündete Kardinal Tisserant in der Sixtinischen Kapelle, daß Karol Wojtyła aus Krakau zum Pontifex der römisch-katholischen Kirche gewählt war. Kardinal Villot fragte Wojtyła auf Lateinisch, ob er die Wahl annehme. Ohne zu zögern, erwiderte Wojtyła: »Es ist Gottes Wille. Ich nehme die Wahl an.«

Die Kardinäle brachen in Applaus aus. Kardinal Tarancón faßte das Geschehen in der Sixtinischen Kapelle später so zusammen: »Gott zwang uns, mit der Tradition zu brechen und Karol Wojtyła zu wählen.«

Der weiße Rauch, der aus dem Schornstein strömte, machte der Öffentlichkeit bekannt, daß ein neuer Papst gewählt worden war. Um wen es sich handelte, wußte man noch nicht. Die Menschenmenge auf dem Petersplatz wartete gespannt.

Karol Wojtyła nahm – aus Achtung vor seinen Vorgängern – den Namen Johannes Paul II. an und wurde der 263. Nachfolger Petri, der 264. Papst seiner Kirche und damit der oberste Hirte von 700 Millionen römisch-katholischen Christen.

Als Papst war er außerdem Bischof von Rom, Stellvertreter Jesu Christi, Nachfolger des Apostelfürsten, Summus Pontifex der universellen Kirche, Patriarch des Westens, Primas von Italien, Erzbischof und Metropolit der römischen Provinz, Souverän des Staates der Vatikanstadt und Diener der Diener Gottes.

Mit achtundfünfzig Jahren war der robuste, athletische, einen Meter achtzig große polnische Kardinal der jüngste Papst seit 1846. Und es dauerte nicht lange, bis Johannes Paul II. den Kardinälen und der Allgemeinheit zeigte, daß er ein ganz anderer Papst sein würde.

Sobald Karol Wojtyła die Wahl angenommen hatte, wurde er in einen Nebenraum geführt, damit er das weiße Papstgewand anlegen konnte – man hielt dort drei Gewänder verschiedener Größen bereit. Als Wojtyła in die Sixtinische Kapelle zurückkehrte, hatte man vor den Altar einen Sessel gestellt, auf dem er traditionsgemäß Platz nehmen und die Huldigung der Kardinäle entgegennehmen sollte. Kardinal Tarancón zufolge hatte Wojtyła jedoch andere Vorstellungen: »Als der Zeremonienmeister den Papst bat, sich zu setzen, sagte Wojtyła: ›Nein, ich werde meine Brüder stehend empfangen.‹«

Die Kardinäle gingen einzeln zu Wojtyła und wurden von ihm umarmt. Primas Wyszyński erhielt die längste Umarmung. Dann sangen die Kardinäle das »Te Deum«. Die Zeremonie in der Sixtinischen Kapelle dauerte fast eine Stunde.

Dann ging Wojtyła an der Spitze eines Prozessionszuges zum Hauptbalkon der Peterskirche. Auf dem Petersplatz warteten über zweihunderttausend Menschen – Italiener, ausländische Pilger und Touristen. Um 18 Uhr 45 trat Kardinal Felici als erster auf den Balkon hinaus. Das große Kreuz an der Fassade der Basilika leuchtete auf, die Schweizergarde marschierte mit Musik und einer großen Papstflagge auf den Platz. In wohlklingendem Latein verkündete Felici die frohe Botschaft: »Habemus Papam!«

Als der Aufschrei der Menge verebbt war, gab Felici bekannt, um wen es sich handelte: »Carolum Sanctae Romanae Ecclesiae Cardinalem Wojtyła... Ioannem Paulum Secundum!« Auf dem Petersplatz herrschte Schweigen. Die Menschen fragten sich, wer dieser Wojtyła wohl sein mochte.

Nach seiner Wahl zum Papst erteilt Johannes Paul II. vom mittleren Balkon des Petersdoms zum erstenmal den Segen »urbi et orbi«.

Johannes Paul II. trug ein rotes Meßgewand über seinem weißen Gewand und auf der Brust das Papstkreuz, als er mit einem glücklichen Lächeln auf seinem breiten Gesicht vortrat, um seinen ersten Segen »Urbi et Orbi« zu spenden. Es war 19 Uhr 20. Doch zuerst hielt er entgegen der Tradition eine kurze Ansprache auf Italienisch:

»Gelobt sei Jesus Christus! Liebe Brüder und Schwestern! Wir alle sind traurig nach dem Tod unseres so sehr geliebten Papstes Johannes Paul I. Und nun haben die hochwürdigsten Herren Kardinäle einen neuen Bischof von Rom aus einem fernen Land gerufen. Fern, aber dennoch nahe durch die Gemeinschaft im Glauben und in der christlichen Tradition... Ich weiß nicht, ob es mir gelingen wird, mich in eurer – in unserer italienischen Sprache verständlich zu machen. Aber wenn ich einen Fehler mache, dann verbessert mich! Und so trete ich vor euch hin, um mich zu unserem gemeinsamen Glauben, unserer Hoffnung und unserem Vertrauen auf die Mutter Gottes und der Kirche zu bekennen und um einen neuen Anfang zu machen auf dem Weg der Geschichte und der Kirche, mit Gottes und der Menschen Hilfe.«

Diese Rede stellte einen Versuch dar, als nichtitalienischer Papst in Italien akzeptiert zu werden. Wojtyła hatte sie in der Sixtinischen Kapelle entworfen, als die Zahl der für ihn abgegebenen Stimmen 75 überschritten hatte. Und Johannes Paul II. konnte bald feststellen, daß er in Italien und auf der ganzen Welt große Zustimmung fand.

In der Nacht arbeitete der neue Papst an seiner programmatischen Rede, die er dann am Morgen des 17. Oktober in der Sixtinischen Kapelle vor den Kardinälen hielt. Das Konklave wurde sodann mit einer feierlichen Messe beendet.

Am Nachmittag wurde er in seiner Limousine, einem schwarzen Mercedes, in die Gemelli-Poliklinik gefahren, wo er seinen Freund Bischof Deskur besuchte. Beim Verlassen der Klinik mußte Johannes Paul II. von einem Priester daran erinnert werden, daß die Menschen, die sich dort versammelt hatten, von ihm den apostolischen Segen erwarteten. »Dankt Monsignore Caprio, er hat mir beigebracht, wie sich ein richtiger Papst zu verhalten hat!« sagte er lächelnd und machte das Kreuzzeichen.

Im Rahmen einer zwanglosen Feier, die er »Abschied vom Vaterland« nannte, empfing Johannes Paul II. am Spätnachmittag polnische Freunde. Jeder einzelne von ihnen wurde über Lautsprecher gebeten, vorzutreten und den Papst zu begrüßen. Jerzy Kluger, Wojtyłas jüdischer Freund und Klassenkamerad vom Gymnasium in Wadowice, sowie dessen aus England stammende Frau waren die ersten, die aufgerufen wurden.

Am Abend gab Wojtyła die Anweisung, sein rotes Kardinalskäppchen auf dem Altar der Polnischen Jungfrau von Ostrabrama in Wilna im sowjetischen Litauen niederzulegen. Es mußte dort eingeschmuggelt werden.

So begann das Pontifikat von Johannes Paul II.

18

Als Johannes Paul II. am 22. Oktober inthronisiert wurde, hatte er konkrete Vorstellungen, wie die Kirche geleitet und die Außenpolitik des Vatikans gestaltet werden sollte. Es stellte sich schnell heraus, daß Karol Wojtyła kein »Zufallspapst« war, der sich durchmanövrierte, sondern ein wohlvorbereiteter Mann, der in seinem Amt Mitgefühl, aber auch Tatkraft zeigen wollte. Sein Freund Deskur – der von ihm den Kardinalspurpur erhielt – sagte vor einiger Zeit: »Alles, was der Heilige Vater in seinem Leben ertragen mußte, bereitete ihn auf seine Aufgabe vor. So wie ein Pfeil aufgelegt wird, damit er vom Bogen abgeschossen werden kann, bereitet Gott geeignete Menschen vor. Er legt seine Pfeile zurecht...«

Angesichts der inneren Krise der Kirche – es gab einen massiven Rückgang der Mitgliederzahlen, und der Einfluß auf die Gläubigen schwand – machte sich Johannes Paul II. sofort daran, der römischen Kurie und der Weltkirche strikte Disziplin aufzuerlegen. Er praktizierte dabei die rigiden Vorstellungen, die er während seiner Zeit als Kardinal in Krakau sowie bei seiner Beteiligung an den Aktivitäten des Heiligen Stuhls unter Paul VI. entwickelt hatte – von dem in »Humanae vitae« enthaltenen Verbot von Verhütungsmitteln bis zum Einschreiten gegen den theologischen Dissens. Johannes Paul II. bestand auch darauf, daß Priester und Nonnen stets ihre Amtstracht trugen.

Zur Überraschung vieler katholischer Experten kehrte Johannes Paul II. praktisch zur alten monarchischen und absolutistischen Form des Papsttums zurück und gab allem Anschein nach die vom II. Vatikanischen Konzil eingeführten Kollegialitätsprinzipien auf. Mit jener Grundhaltung, die er im neuen Amt zeigte, blieb er sich treu: Er ließ sich nicht auf Kompromisse ein.

Was die internationalen Beziehungen betrifft, wurde Johannes Paul II. zum ersten modernen Papst, der den Vatikan zu einem wichtigen Faktor der Weltpolitik machte. Er beendete damit die über ein Jahrhundert alte Trennung zwischen den spirituellen und weltlichen Bemühungen der Kirche. Nach den Worten eines Kirchenhistorikers hat der Papst auf eine noch nie dagewesene Weise »die religiöse und gesellschaftspolitische Dimension der Kirche vereint«. Er verwandelte den Vatikan in einen modernen Nationalstaat mit immer stärker expandierenden diplomatischen Verbindungen, die sich um den ganzen Globus erstreckten. Der Heilige Stuhl hatte zwar die Schlußakte der KSZE-Konferenz unterzeichnet, hatte aber bislang nur eine geringe Rolle gespielt.

Die Entscheidung des neuen Papstes, am außenpolitischen Geschehen aktiv teilzunehmen, bezog sich vor allem auf die Situation in seinem Heimatland und im übrigen Osteuropa sowie in der Sowjetunion. Johannes Paul II. widmete sich aber auch der Erhaltung des Friedens – etwa mit seiner diplomatischen Intervention zur Abwendung eines drohenden Krieges zwischen Argentinien und Chile im Jahr 1979 und seiner Ablehnung des Golfkriegs von 1991 –, außerdem der sozialen Gerechtigkeit in der Dritten Welt, der Religionsfreiheit und der Einhaltung der Menschenrechte.

Angesichts der zunehmenden Spannungen in der kommunistischen Welt im allgemeinen und in Polen im besonderen war es naheliegend, daß der Papst seine Aufmerksamkeit sofort auf sein Heimatland richtete. Wojtyłas Wahl zum Papst hatte die Machthaber in Warschau und Moskau völlig überrascht. Doch als die Kommunisten, insbesondere die polnischen, allmählich begriffen, daß Johannes Paul II. keinen antikommunistischen Kreuzzug führen wollte, änderten sie ihre Haltung. Dies war der Anfang einer neuen Ära der Ost-West-Beziehungen. Der Papst spielte dabei eine sehr komplexe und diskrete Rolle, die jedoch von entscheidender Bedeutung war. Von Anfang an förderte Johannes Paul II. auf subtile Weise die von Paul VI. initiierten ostpolitischen Kontakte mit der kommunistischen Welt.

In Warschau und Moskau mußte man fürs erste plausible Antworten auf die neue, dort als besorgniserregend empfundene Situation finden. Als sich das polnische Regime von der Überraschung der Wahl Wojtyłas erholt hatte, reagierte es jedoch keineswegs feindselig. Der polnische Nationalstolz hatte Vorrang vor der marxistisch-leninistischen Ideologie. Die Bevölkerung reagierte natürlich höchst erfreut.

Edward Gierek, der Erste Sekretär der PZPR, erfuhr an jenem Montagabend von Wojtyłas Wahl zum Papst, als er wegen Rückenbeschwerden bettlägerig war; er wurde von Stanisław Kania, einem Politbüromitglied, angerufen. Gierek erzählte, er habe damals zu seiner Frau gesagt: »Ein Pole ist Papst geworden. Das ist ein großartiges Ereignis für das polnische Volk. Für uns bedeutet es eine große Komplikation.«

»Ich mußte nicht erst das Läuten der Kirchenglocken hören, um zu wissen, wie die Nachricht aufgenommen werden würde«, fuhr Gierek fort. »Ich wies die Presse sofort an, im Einklang mit der Hochstimmung zu handeln, die das Land ergriffen hatte. Und ich dachte gleich, daß er Polen einen Besuch abstatten wird.«

Gierek war sich im klaren darüber, daß er auf die Begeisterung der Polen für *ihren* Papst Rücksicht nehmen mußte. Er wußte, daß eine feindselige Haltung des Regimes gegenüber Johannes Paul II. katastrophale Folgen haben würde, und mußte ›gute Miene zum bösen Spiel machen‹.

Folglich schickten Gierek, Staatspräsident Henryk Jabłoński und Ministerpräsident Piotr Jaroszewicz dem neuen Papst am nächsten Tag ein langes Telegramm, in dem sie ihre »herzlichen Glückwünsche« und »besten Wünsche« zum Ausdruck brachten. Fast überschwenglich erklärten die Unterzeichner, der Ausgang des Konklaves sei »in Polen mit großer Befriedigung« aufgenommen worden; sie ließen es sich jedoch nicht nehmen, ideologische Propaganda zu betreiben, was vermutlich dazu dienen sollte, die nervös gewordenen Sowjets zu beruhigen.

Johannes Paul II. befaßte sich in seiner Erwiderung vor allem mit den zukünftigen Beziehungen: »Ich habe mit besonderer Dankbarkeit die überaus höflichen und herzlichen Glückwünsche der höchsten Vertreter der Volksrepublik Polen entgegengenommen ... Ich hoffe inständig, daß [Polen] weiterhin in spiritueller und materieller Hinsicht wachsen wird, und dies in einem Zustand des Friedens, der Gerechtigkeit und der Achtung vor dem Menschen. Ich hoffe, daß wir im Geiste des Dialogs, den meine großen Vorgänger, deren Namen ich trage, begonnen haben, mit Gottes Hilfe alles erreichen werden, was dem Wohlergehen der geliebten Nation dient, die seit tausend Jahren ... mit der katholischen Kirche verbunden ist.«

Die beiden sorgfältig formulierten Verlautbarungen zielten darauf ab, gute Beziehungen zwischen dem polnischen Papst und dem kommunistischen Regime Polens herzustellen. Gierek und seine Mitunterzeichner hatten sich erfreut gezeigt, daß ein Pole auf den Papstthron gewählt worden war; Johannes Paul II. hingegen hatte die Bezeichnung »Volksrepublik Polen« verwendet, auf die das Regime großen Wert legte.

Bei der Inthronisation des neuen Papstes, die das polnische Fernsehen live übertrug, saß eine von Präsident Jabłoński angeführte Delegation der Volksrepublik Polen in der ersten Reihe. Am folgenden Tag teilte Jabłoński dem Papst bei einer Privataudienz mit, die polnischen Behörden hätten dafür gesorgt, daß 5000 Gläubige nach Rom fliegen und an der Zeremonie teilnehmen konnten.

Die Haltung Moskaus war wesentlich reservierter. Parteichef Leonid Breschnew übersandte ein Glückwunschtelegramm und schickte eine Delegation zur Inthronisationsfeier; die Wahl eines Polen zum Papst hatte jedoch im Kreml Besorgnis ausgelöst. Man wartete gespannt darauf, ob Johannes Paul II. die Ostpolitik weiterführen würde. Außenminister Gromyko war zuerst im Jahr 1965 bei den Vereinten Nationen und danach viermal im Vatikan mit Paul VI. zusammengetroffen; Staatspräsident Podgorny hatte den damaligen Papst im Januar 1976 aufgesucht. Um den Dialog zwischen dem Heiligen Stuhl und dem Kreml aufrechtzuerhalten, vereinbarte Gromyko einen Besuch für den Januar 1979.

Diese Kontakte zwischen dem Heiligen Stuhl und den Kommunisten fanden gemeinhin wenig Beachtung. Man glaubte einfach, daß der Papst – insbesondere ein polnischer – naturgemäß ein militanter Antikommunist sei und daß der Kreml den Vatikan unentwegt bekämpfen müsse.

Schon bevor Karol Wojtyła zum Papst gewählt wurde, hatten zwischen Polen und dem Vatikan Beziehungen besonderer Art bestanden.

Gierek hatte Paul VI. im Dezember 1977 einen Besuch abgestattet, und die Treffen zwischen Gierek und Primas Wyszyński waren fast zur Routine geworden. Zu dem Zeitpunkt, als Wojtyła sein Amt antrat, hatte die polnische Kirche mehr Freiheiten als je zuvor unter dem Kommunismus: Es gab 19 913 Priester – und damit 197 Priester mehr als im Jahr 1991, zwei Jahre nach dem Ende des Kommunismus – und 5325 Studenten in den Priesterseminaren. 1978 wurden im kommunistischen Polen 569 Priester ordiniert, was gemessen an der Bevölkerungszahl den weltweit höchsten Prozentsatz ergab.

Daß ein Landsmann von ihnen zum Papst gewählt worden war, erfüllte alle Polen mit Stolz. Mieczysław Rakowski, der später Polens letzter kommunistischer Ministerpräsident wurde, beschrieb die Situation folgendermaßen: »Wojtyłas Wahl zum Papst wurde von uns – den Parteifunktionären und Regierungsmitgliedern – als ein außergewöhnliches Ereignis betrachtet. Wir waren ganz einfach stolz darauf. Ein Pole war Papst geworden! Für einen Polen – dabei spielt es keine Rolle, ob er Agnostiker, Atheist oder Kommunist ist – stellt der Papst eine Ausnahmeerscheinung dar, die die Nation adelt, aus der sie stammt. Meiner Meinung nach hat dieser polnische Papst Polens Ansehen in der Welt gefördert und jeden einzelnen von uns aufgewertet, den Bauern, den Gemeindepfarrer, den Bischof und den Primas genauso wie den Ersten Sekretär der Partei, den Ministerpräsidenten und alle Parteimitglieder.«

Rakowski fuhr fort: »Das Nationalbewußtsein ist durch ein Gefühl der Niedergeschlagenheit und der Minderwertigkeit im Vergleich mit anderen Nationen geprägt. Das war schon seit vielen Jahrhunderten der Fall. Polen war einst eine bedeutende Macht in Europa ... Doch dann kamen die Teilungen, und Polen war 123 Jahre lang von der Landkarte verschwunden ... Im Laufe der Jahrhunderte entstand deshalb ein Minderwertigkeitskomplex. Und dann erscheint plötzlich ein polnischer Papst. Ein Pole wird zum Papst gewählt. Das bedeutet, daß wir endlich in der Welt anerkannt werden, weil wir den Nachfolger auf dem Stuhl Petri hervorgebracht haben. Deshalb hat es eine so positive Resonanz gegeben ... Die Ideologie spielte dabei keine Rolle. Es war ein kollektiver nationaler Rausch ...«

Johannes Paul II. bekannte sich sogleich zu seiner polnischen Herkunft und bekräftigte die Verbundenheit zwischen der polnischen Kirche und dem Papsttum; damit legte er den Kurs fest, den er in den kommenden Jahren verfolgen sollte. In einer Botschaft an »Meine geliebten Landsleute« vom 23. Oktober, dem Tag nach seiner Amtseinführung, schrieb der Papst unter anderem:

»Ich wende mich ohne Ausnahme an alle meine Landsleute und respektiere dabei die Ansichten und Überzeugungen eines jeden. Die Liebe zum Vaterland ist uns gemein, und sie muß uns ungeachtet aller Unterschiede vereinen. Mit engstirnigem Nationalismus oder Chauvinismus hat dies nichts zu tun. Das Herz des Menschen hat ein Recht auf diese Liebe. Sie ist ein Maßstab menschlichen Adels... Meine geliebten Landsleute! Wenn Ihr den Segen von Papst Johannes Paul II. erhaltet, dann denkt daran, daß er aus Eurer Mitte kam und daß er ein besonderes Anrecht auf Eure Herzen und Eure Gebete hat...«

Wie Parteichef Gierek richtig erkannt hatte, war die Pilgerreise des Papstes nach Polen das nächste Ereignis, das auf das Regime zukam. Johannes Paul II. beschäftigte sich damit von Anfang an. Er brachte die Angelegenheit am Tag seiner Amtseinführung gegenüber Präsident Jabłoński und Primas Wyszyński zur Sprache und betonte in seiner Botschaft an seine polnischen Landsleute: »Ich möchte gern am 900. Todestag des heiligen Stanislaus zu Euch kommen... Ich bin sicher, daß dieses Jubiläum eine Erneuerung unseres Glaubens und unserer christlichen Ethik bringen wird, weil wir in dem heiligen Stanislaus seit fast einem Jahrtausend den Schutzpatron der moralischen Ordnung Polens verehren.«

Der Todestag des Heiligen fällt auf den 8. Mai, und an diesem Datum wollte Johannes Paul II. im darauffolgenden Jahr seinen ersten Besuch als Papst in Polen machen. Er mußte jedoch damit rechnen, daß sich die Regimes in Warschau und Moskau ablehnend verhalten würden.

Der Todestag St. Stanisławs war zwischen Wojtyła und den polnischen Behörden über lange Jahre hinweg ein Streitpunkt gewesen; als Kardinal hatte er sich dafür eingesetzt, daß in ganz Krakau Prozessionen zu Ehren des Heiligen stattfinden konnten. Die staatlichen Stellen hatten immer den Verdacht, daß die Kirche diese Gelegenheit nutzen wolle, um das Regime mit dem tyrannischen König gleichzusetzen, der im Jahr 1079 die Ermordung des Bischofs befohlen hatte. Durch Johannes Paul II. wurde die Problematik wieder akut.

Das polnische Regime brachte dem Papst zwar Respekt entgegen und hatte Verständnis für seinen Besuchswunsch, es mußte jedoch auf die politischen Realitäten im eigenen Land und in Moskau Rücksicht nehmen. Die Sowjets führten fortwährend Klage darüber, daß Warschau gegenüber dem neuen Papst ein übertriebenes Entgegenkommen zeige.

Rakowski ist der Ansicht, daß die Führungsspitze um Gierek in den ersten Anwandlungen von Stolz noch keine »strategische Gefahr« sah, daß sich deren Haltung jedoch änderte, als ein Polenbesuch des Papstes zur Debatte stand und Wojtyła darauf beharrte, den 900. Todestag des Heiligen am 8. Mai in Krakau zu feiern.

Das Regime gab bekannt, daß Johannes Paul II. in Polen willkommen sei. Dies geschah mit Rücksicht auf die öffentliche Meinung und das internationale Ansehen. Am selben Tag, als der Papst seine Botschaft an die Polen veröffentlichte – und dabei einen Besuch zum Zeitpunkt des Jubiläums andeutete –, gab Kazimierz Kąkol, der Minister für Religionsangelegenheiten, eine Erklärung ab, in der er betonte, bei einem Polenbesuch werde der Papst von staatlicher Seite wie auch vom Volk wärmstens willkommen geheißen. Kąkol fügte aber hinzu: »Der Zeitpunkt und die Dauer des Besuchs hängen jedoch von vielerlei Umständen ab.«

Inzwischen entfaltete Johannes Paul II. auf den verschiedensten Gebieten große Aktivitäten. In seiner Predigt am Tag der Amtseinführung appellierte er an die Katholiken, sich nicht davor zu fürchten, Christus zu empfangen und seine Autorität anzuerkennen. »Habt keine Angst!« rief er ihnen zu. »Öffnet, ja reißt die Tore weit auf für Christus! Öffnet seiner rettenden Macht die Grenzen der Staaten, die wirtschaftlichen und politischen Systeme, die weiten Bereiche der Kultur, der Zivilisation und des Fortschritts! Habt keine Angst!«

Unter Anspielung darauf, daß Paul VI. der letzte Papst gewesen war, der mit der Tiara gekrönt wurde, sagte Johannes Paul II., er habe wie Johannes Paul I. eine Krönung abgelehnt, weil dies nicht die Zeit sei, um zu einem Ritual zurückzukehren, das fälschlicherweise als Symbol gegenwärtiger päpstlicher Autorität aufgefaßt werden könnte.

Johannes Paul II. wollte vielmehr das Papsttum aus den mystischen Höhen vergangener Zeiten zu den Menschen bringen. (Noch in unserem Jahrhundert war es Brauch gewesen, daß der Papst auf der *Sedia gestatoria* sitzend über den Köpfen der Gläubigen schwebte.) Und so beugte er sich bei der Inthronisationsfeier vor und umarmte Primas Wyszyński, als dieser vor ihm niederkniete und den »Ring des Fischers« küßte. Diese menschliche Geste blieb vielen, die das Geschehen verfolgten, noch lange in Erinnerung.

Im Anschluß an die Amtseinführung gab der Papst im Apostolischen Palast eine improvisierte Pressekonferenz und beantwortete die Fragen der Journalisten in einem halben Dutzend verschiedener Sprachen. Sechs Tage danach flog er mit einem Hubschrauber zu dem von polnischen Mönchen betreuten Marienheiligtum Mentorella, um in aller Stille zu beten und zu meditieren. Da Johannes Paul II. auch Oberhaupt der italienischen Kirche und Bischof von Rom ist, besuchte er kurz darauf die Klöster von Assisi und Siena.

Als einer der wenigen Päpste, die aus dem Titel »Bischof von Rom« eine Verpflichtung ableiteten, begann Johannes Paul II. schon bald damit, die römischen Pfarreien aufzusuchen; es gibt insgesamt 323, und der Papst besuchte innerhalb von fünfzehn Jahren 233 von ihnen. Sofern er nicht krank oder auf Reisen war, ließ sich Johannes Paul II. mindestens einmal im Monat am Sonntagmorgen in eine der Pfarreien fahren, um die Gemeindemitglieder zu begrüßen und die Sieben-Uhr-Messe zu feiern. Der Papst machte es sich auch zur Gewohnheit, die Priester, deren Pfarrei er besuchen wollte, zuvor zu einem Essen in den Vatikan einzuladen, um die Probleme der Gemeinde kennenzulernen. Damit setzte er eine der Krakauer Pastoraltraditionen fort.

In der römischen Kurie stellte man bald fest, daß der neue Papst ein sehr aktiver und ungezwungener Mensch war. Johannes Paul II. machte sich ohne lange Vorankündigung zu Fahrten in die Stadt und in die Umgebung auf. Er verlangte detaillierte Informationen über kirchliche und internationale Angelegenheiten. Und er war im Gegensatz zu seinen Vorgängern der Ansicht, daß man Mahlzeiten zu Gesprächen nutzen sollte. Seither werden praktisch zu jedem Mittag- und Abendessen Gäste eingeladen – in der Regel nicht mehr als zwei oder drei Personen –, denen ein polnisch-italienisches Menü und ein guter roter oder weißer italienischer Wein serviert wird. Diese Mahlzeiten gelten nicht als päpstliche Audienzen, und die Gäste werden in den protokollarischen Berichten des »Osservatore Romano« nicht erwähnt. Oft handelt es sich einfach um Freunde, und die meisten von ihnen sind Landsleute des Papstes.

Am Morgen des 25. Januar 1979 begab sich Johannes Paul II. auf eine Reise, die seine Feuertaufe auf dem schwierigen Gebiet der religiösen und politischen Diplomatie darstellen sollte. Sie führte ihn in die mexikanische Stadt Puebla, wo die Lateinamerikanische Bischofskonferenz stattfand.

Dies war die erste Auslandsreise des Papstes, sein erster Besuch in Lateinamerika und seine erste Begegnung mit der Befreiungstheologie. Johannes Paul II. konnte die Befreiungstheologie in religiöser wie auch in politischer Hinsicht nie ganz akzeptieren. Sie stellte eine Herausforderung dar für den Priester aus Polen, dem soziale Gerechtigkeit ein großes Anliegen war, der jedoch – eingedenk seiner Erfahrungen unter dem Kommunismus – befürchtete, ihre Verwirklichung könnte unter marxistische Kontrolle geraten. In Kuba gab es zudem seit zwei Jahrzehnten die sozialistische Revolution Fidel Castros, und der Papst teilte wohl die Befürchtungen des Westens, daß Castros Ideen in andere Teile des katholischen Lateinamerika exportiert werden könnten.

Vor seiner Abreise hatte Johannes Paul II. alle Schriften des peruanischen Priesters Gustavo Gutiérrez gelesen, der als Vater der lateinamerikanischen Theologie des militanten sozialen Protestes gilt. Durch diese Lektüre erübrigte sich aber ein Kennenlernen der bedrückenden Zustände in Lateinamerika noch lange nicht. In Puebla hatten viele Konferenzteilnehmer den Eindruck, daß der Papst der Befreiungstheologie – die gegebenenfalls eine Zusammenarbeit mit linksstehenden Kräften im Kampf um soziale Gerechtigkeit befürwortet – ablehnend gegenüberstand und der traditionellen Hinwendung der Kirche zu den Armen den Vorzug gab. Zahlreiche lateinamerikanische Bischöfe waren über diese Haltung des Papstes bestürzt, doch sie paßte zu seiner Vorstellung, daß die oberste Kirchenleitung nie die Kontrolle über die Gliedkirchen und Amtsträger verlieren darf.

In der lateinamerikanischen Öffentlichkeit wie auch in der Weltöffentlichkeit wurde die erste Papstreise als großer persönlicher Erfolg gewertet. Daran hatte das Fernsehen erheblichen Anteil, das zu einem der mächtigsten Instrumente des Papstes wurde. In Mexiko, das damals noch keine diplomatischen Beziehungen mit dem Heiligen Stuhl unterhielt, jubelten Millionen von Menschen dem Papst zu – ungeachtet der antiklerikalen Tradition des Landes.

Als das Flugzeug des Papstes mit zahlreichen Pressevertretern an Bord in Santo Domingo, der ältesten Stadt auf der von Kolumbus entdeckten Insel Hispaniola, gelandet war, verblüffte Johannes Paul II. die Weltöffentlichkeit, indem er auf dem Rollfeld niederkniete und die Erde küßte. Er tat dies fortan jedesmal, wenn er ein Land erstmals besuchte – solange er dazu körperlich in der Lage war.

Am 4. März 1979, einen Monat nach seiner Rückkehr nach Rom, veröffentlichte Johannes Paul II. seine erste Enzyklika. In »Redemptor Hominis« (»Der Erlöser des Menschen«) brachte er seine Grundüberzeugungen zur Menschenwürde, den Menschenrechten, der sozialen Gerechtigkeit und der Morallehre der Kirche zum Ausdruck.

Johannes Paul II. hatte mit dem Entwurf der Enzyklika gleich nach seiner Wahl begonnen, weil er darauf bedacht war, Dinge in Bewegung zu bringen und einen prägenden Einfluß auf den Heiligen Stuhl auszuüben. »Redemptor Hominis« verkündete Grundsätze, an die er stets geglaubt hatte und von denen er während seines Pontifikats niemals abwich. Die Enzyklika war eine typische Mischung aus Fortschrittlichkeit im sozialen und Konservatismus im theologischen Bereich, die für Johannes Paul II. kennzeichnend sein sollte. Für sie brachte man bisweilen innerhalb und außerhalb der Kirche wenig Verständnis auf, doch der Papst behielt seine Einstellung konsequent bei.

19

Die geschichtliche Wirklichkeit ist bisweilen das Ergebnis einfallsreicher politischer Formulierungskunst. Ein Beispiel dafür liefert die erste Polenreise des Papstes.

Daß in dieser Angelegenheit alle Betroffenen das Gesicht wahren konnten, ist einer Formulierung zu verdanken, die besagte, daß Johannes Paul II. auf Einladung des polnischen Episkopats anreiste und nicht als Gast der polnischen Regierung. Theoretisch hätte Polen den Papst als den obersten Repräsentanten des Vatikanstaats einladen können. Wenn das Regime den Besuch jedoch nicht erlaubt hätte – wie 1966, als Paul VI. zur Tausendjahrfeier der Christianisierung Polens kommen wollte –, hätte auch die Formulierung, daß das polnische Episkopat der offizielle Gastgeber sei, nichts genutzt.

Die polnische Kirche, das polnische Regime und Johannes Paul II. arbeiteten diese Lösung gemeinsam aus. Der Papst wurde dabei von Erzbischof Agostino Casaroli unterstützt, der nach dem Tod von Kardinal Villot am 28. April 1979 Staatssekretär wurde; Johannes Paul II. erhob ihn zwei Monate später zum Kardinal.

Mit dem fünfundsechzigjährigen Erzbischof hatte der Papst eine ausgezeichnete Wahl getroffen. Casaroli war seit den frühen sechziger Jahren – damals traf er erstmals mit Wojtyła zusammen – der Spitzendiplomat des Heiligen Stuhls für Osteuropa und die Sowjetunion gewesen; ihm wurde im gesamten kommunistischen Machtbereich großer Respekt entgegengebracht.

Als das Gierek-Regime dem polnischen Episkopat erlaubte, Johannes Paul II. einzuladen, versuchte es bei seiner Anhängerschaft und vor allem in Moskau den Eindruck zu erwecken, es komme lediglich den Wünschen der Bevölkerungsmehrheit nach. Zu diesem Zeitpunkt

NEUE WISSENSCHAFTLICHE ERKENNTNISSE ÜBER EINSTIGE HEILMITTEL:

Regenerierende Nahrung für Gehirn und Gesundheit

Erinnern Sie sich an die Zeit, als Großmutter Sie aufforderte, Ihr Gemüse zu essen? Oder Ihnen sagte, Fisch sei gut für das Gehirn?

Nun wohl, wissenschaftliche Studien beweisen, daß sie Recht hatte! Ihre Nahrung KANN Ihre Anfälligkeit für zahlreiche schwere Krankheiten beeinflussen. Auf den folgenden Seiten werden Sie sehen, inwieweit sich die heutige Wissenschaft damit beschäftigt, die Heilmittel von einst wieder zur Geltung zu bringen und neue Erkenntnisse darüber zu erlangen, wie der menschliche Körper auf die Nahrungsmittel reagiert. Sie werden außerdem erfahren, welche Auswirkungen die freien Radikale und die Antioxidantien auf die Gesundheit haben, und weitere Ratschläge zu den nachfolgend aufgeführten Themen erhalten:

- Die Wahrheit über Aluminium
- Fluor – gut gegen Karies, darüber hinaus aber auch ...
- Omega-3-Fettsäure – nur im Fisch?
- Schützt Beta-Karotin wirklich vor Krebs?
- Die Vorzüge von Gußeisentöpfen
- Vitamin C – ein wahres Wunderheilmittel der Natur!
- Es stimmt, warme Milch erleichtert das Einschlafen!
- Nahrungsmittel – Energiequelle für das Gehirn
- Knoblauch – Es verbleibt mehr als nur der Geruch
- Die geheime Kraft von gezuckerter Limonade
- Schlankheit reimt sich nicht immer auf Gesundheit
- Aspirin – seit eh und je ein Wundermittel
- Zink – hält den Geist rege
- Brokkoli ist einzigartig
- Gymnastik aktiviert die Gehirnzellen

Die freien Radikale

Alterserscheinungen – Herzbeschwerden – Krebs – grauer Star – sind allesamt Anzeichen für Schäden, die dem Organismus durch die freien Radikale, diese »Atombomben« in der Welt der Zellstrukturen, zugefügt werden. Sie greifen die Chromosomen an und sind vermutlich für viele physische Veränderungen in Verbindung mit dem Altern verantwortlich.

Sämtliche Zellen eines lebenden Organismus befinden sich in ständiger Veränderung. Die Zellmoleküle erzeugen Energie, indem sie Nährstoffe aufnehmen und Stoffwechselabfälle abgeben; dies geschieht mit Hilfe von Sauerstoff. Durch diesen Vorgang entstehen »unvollständige« Sauerstoffmoleküle, die sogenannten freien Radikale, die im Organismus »umherspringen«, indem sie sich an ein Molekül binden und sogleich wieder lösen, um zum nächsten überzugehen. Auf ihrem Weg hinterlassen die freien Radikale eine Spur von beschädigten Zellen.

Die Antioxidantien

Ein Antioxidans ist ein Mittel, das die freien Radikale absorbiert und sie dabei wieder »vollständig« macht. Somit werden sie unschädlich gemacht. Stellen Sie sich vor, ein freies Radikal sei eine stachelige Kugel. Jede Zelle, die mit dieser Kugel in Berührung kommt, läuft Gefahr, beschädigt zu werden. Ein Antioxidans ist mit etwas vergleichbar, das die Stacheln aufsaugt und somit dafür sorgt, daß der Ball umherspringen kann, ohne eine Gefahr für die Zellen darzustellen.

Selen, Beta-Karotin, Zink und die Vitamine A, C und E sind einige der bekanntesten Antioxidantien. Frisches Obst und Gemüse enthalten diese Vitamine sowie andere Antioxidantien.

In mehr als 70 verschiedenen Studien wurde ein Zusammenhang zwischen dem Verzehr großer Mengen an Obst und Gemüse und der Verringerung des Krebsrisikos hergestellt. Einige dieser Forschungen wurden an der New Yorker Staatsuniversität in Stony Brook, an der Universität von West-Ontario in Kanada, an der Tufts-Universität und an dem Medizinischen Institut John Hopkins angestellt.

Grauer Star, freie Radikale und Antioxidantien

Die Bildung des grauen Stars (Katarakts) ist teilweise durch die Oxidation der Linse bedingt. Dies geschieht, wenn die freien Radikale deren Struktur verändern. In der Folge kann das Licht nicht mehr ungehindert zur Netzhaut vordringen. Untersuchungen zeigen, daß durch den Verzehr von Lebensmit-

teln, die reich an Antioxidantien sind (oder durch die regelmäßige Einnahme von Multvitamintabletten) das Risiko für die Bildung des grauen Stars eingeschränkt werden.

Die Wahrheit über Aluminium

The Lancet, eine bekannte englische Fachzeitung für Medizin, erläutert die Gefahren, die Aluminium für das Gehirn darstellt: »*... bei der Alzheimer-Krankheit besteht die Gefahr, daß durch die Einnahme geringer Mengen von Aluminium über einen längeren Zeitraum ein langsamer Gehirntod eintritt. ... Es ist offensichtlich, daß die Aluminiumkonzentration in einem von der Alzheimer-Krankheit befallenen Gehirn etwas höher ist ....*«

Bei Dialysen wurde diese Gefahr einer Ansammlung von Aluminium in den Hirngeweben sowohl von medizinischen Fachkräften als auch von Wissenschaftlern festgestellt, nachdem manche Dialyse-Patienten ähnliche Symptome zeigten wie Patienten, die an der Alzheimer Krankheit litten. Es schien, als sei diese Demenz (Geistesschwäche) unmittelbar darauf zurückzuführen, daß die Dialyse eine Anreicherung von Aluminium in den Hirngeweben bewirkte. Außerdem stellten die Wissenschaftler fest, daß eine Ernährungsumstellung in diesem Stadium das Fortschreiten der Krankheit nur verzögern konnte.

Weiter steht in *The Lancet:* »*Die Demenz wird bei Dialyse-Patienten zweifellos durch das Aluminium hervorgerufen ... Ihre Symptome sind Sprachstörungen, Anfälle, progressive Veränderung der kognitiven Fähigkeiten sowie der binnen eines Jahres eintretende Tod.*«

Die Antiacida

Laut einem Bericht, der vor kurzem im *FDA Consumer* erschien, können Medikamente zur Neutralisierung überschüssiger Magensäure (Antiacida) solchen Personen schaden, die zu Aluminiumanreicherungen neigen. Da der Gebrauch von Antiacida sehr verbreitet ist, wird befürchtet, daß dieses Übermaß an Aluminium (sowie an Natrium und anderen chemischen Substanzen) in den Nahrungsmitteln bei vielen Menschen ein zusätzlicher Faktor für den Ausbruch der Alzheimer-Krankheit ist.

Aluminium und das Trinkwasser

Angesichts zunehmender Beweise gegen Aluminium macht sich langsam eine Unruhe in bezug auf das Trinkwasser breit. In einigen Regionen

verwendet man seit Jahrzehnten regelmäßig Aluminiumsulfat für die Aufbereitung des Trinkwassers.

Heute zeigt die Forschung, daß zwischen dem Verlust geistiger Fähigkeiten und der erhöhten Aufnahme von Aluminium ein Zusammenhang besteht und daß das Trinkwasser eine der Ursachen dieses Problems darstellt.

Die englische Fachzeitung für Medizin *The Lancet* erwähnt einen *»... wichtigen Zusammenhang zwischen dem Tod durch Demenz und der Aluminiumkonzentration im Wasser...«* Aufgrund dieser Erkenntnisse wird von einigen Seiten der Ruf nach einer Kontrolle der Trinkwasserversorgung laut, um einen überhöhten Aluminiumgehalt auszuschließen.

Fluor – gut gegen Karies, darüber hinaus aber auch ...

Vorangehende Untersuchungen deuten darauf hin, daß die Beimischung von Fluor zum Trinkwasser das Gehirn möglicherweise vor der nervenschädigenden Wirkung von Aluminium schützt. Da Aluminium das Gehirn angreifen kann, indem es die Symptome der Alzheimer-Krankheit hervorruft, ist diese Entdeckung vielleicht für die Wissenschaftler interessant, die sich mit der Entwicklung dieser Geisteskrankheit auseinandersetzen.

Eine Studie, die gegenwärtig im Norden von Ontario mit Minenarbeitern durchgeführt wird, beschäftigt sich ausführlich mit der Untersuchung dieser Möglichkeit. Vielleicht können die Wissenschaftler den Ärzten bald nahelegen, ihren Patienten zur Vorbeugung der Alzheimer-Krankheit (und unter Umständen auch anderer Geisteskrankheiten) einen mit Fluor angereicherten Trunk zu empfehlen!

Omega-3-Fettsäure – nur im Fisch?

Der Schlaganfall ist eine der Hauptursachen für den Gedächtnisschwund bei älteren Menschen. Zahlreiche Anfälle sind dadurch bedingt, daß die Arterien, die das Blut zum Gehirn transportieren, durch Cholesterin-Ablagerungen verstopft sind.

Eine neuere Studie erbringt wichtige Informationen über Möglichkeiten, die Wirkungen von Cholesterin auf ein Minimum zu beschränken. Die Forscher untersuchten die Ernährungsweise von Eisbären, da die Ernährung dieser Tiere zu bestimmten Jahreszeiten fast zu 100 % aus Fettstoffen besteht. Und trotzdem sinkt in diesen Zeiträumen der Cholesterinspiegel in ihrem Blut!

Eisbären ernähren sich häufig von Robben. Robben ernähren sich fast ausschließlich von fettreichen Fischen der Polarmeere. Die Eisbären überlassen die fleischigen Teile ihrer Beute anderen Tieren und beschränken sich auf das Fett. Damit konsumieren sie gewaltige Mengen an sogenannten Omega-3-Fettsäuren. Je mehr Fett die Eisbären fressen, um so mehr Omega-3-Fettsäuren ist in ihrem Körper enthalten. Nach Meinung der Wissenschaftler ist das der Grund dafür, weshalb der Cholesterinspiegel im Körper dieser Bären abnimmt, obwohl ihr Fettkonsum steigt. Die Eskimos, die ebenfalls viel Omega-3-haltiges Fett essen, können sich offenbar desselben Privilegs erfreuen.

Laut Bericht der amerikanischen Fachzeitung für klinische Diätetik, bestätigen die Wissenschaftler an der Freien Universitätsklinik Amsterdam die Vorzüge der sogenannten Omega-3-Fettsäuren, die in den Fischen aus kalten Gewässern enthalten sind. Ihrer Ansicht nach stellt dies eine wirksame Hilfe im Kampf gegen die Cholesterinablagerung dar. Der Gehalt an »schlechtem« Cholesterin muß gesenkt und der Gehalt an »gutem« Cholesterin erhöht werden. Die Wissenschaftler stellten darüber hinaus fest, daß Omega 3 die weißen Blutkörperchen im Kampf gegen Mikroben unterstützt.

Die Verwendung von Omega 3 wird seit kurzem in der bekannten Zeitschrift »Arthritis und Rheumatismus« befürwortet. Eine neue Ausgabe dokumentiert seine Eignung zur Linderung von morgendlichen Gliederschmerzen und Gelenkschwellungen. Und laut einem in der medizinischen Fachzeitung von Neuengland veröffentlichten Artikel könnte Omega 3 auch für Diabetiker eine wichtige Rolle spielen. Vorläufige Tests ergeben, daß diese Substanz möglicherweise die Verarbeitung von Insulin durch den Organismus beeinflußt.

Zahlreiche Ernährungsberater empfehlen, zwei- bis dreimal pro Woche Fisch aus kalten Gewässern zu essen, um einen ausreichenden Gehalt an Omega-3-Fettsäuren in der Ernährung zu gewährleisten.

Eine weitere Fettsäure, die sowohl zur Linderung von Arthritis als auch zur Senkung des Cholesterinspiegels beitragen soll, findet sich in Lebertran. Dieser ist in flüssiger Form und als Kapseln erhältlich.

Schützt Beta-Karotin wirklich vor Krebs?

Beta-Karotin ist ein Carotinoid, eine natürliche Substanz, die in Pflanzen vorkommt. Es ist ein wirksames Antioxidans. Durch Sonneneinstrahlung können die freien Radikale in Pflanzen, Tieren und Menschen von Zelle zu Zelle wandern, wobei sie sämtliche Zellen auf ihrem Weg zerstören. Caro-

tinoide, wie etwa Beta-Karotin, befreien unseren Organismus von den freien Radikalen. Die Carotinoide schützen die Pflanzen offensichtlich gegen Schäden durch Sonneneinstrahlung.

Beta-Karotin ist in dunkelgrünem, gelbem und orangenfarbenem Gemüse sowie in Obst zu finden. Selbst nach ihrem Verzehr setzen diese pflanzlichen Befreier von freien Radikalen ihre Wirkung fort. Überdies setzt der Körper einen Teil des Karotins in Vitamin A und somit in ein weiteres wirksames Antioxidans um. Untersuchungen haben ergeben, daß eine an Beta-Karotin reichhaltige Ernährung dazu beiträgt, den Organismus vor dem grauen Star sowie vor Krebs zu schützen, welche durch die von den freien Radikalen angerichteten Schäden verursacht werden.

Die Vorzüge von Gußeisentöpfen

Großmutters alte Gußeisenpfanne diente nicht nur zum Kochen. Sie lieferte auch eine Spur von Eisen in Großvaters Essen. Die Wissenschaftler stellten fest, daß Nahrungsmittel diesen alten Pfannen Eisen entzogen, wenn sie darin gegart wurden. Sehr saure Nahrungsmittel nehmen das Eisen am besten auf.

Wenn Großmutter in dieser großen, schwarzen Pfanne Apfelkompott zubereitete, schuf sie mehr als nur einen Gaumenschmaus. Sie servierte eine ordentliche Portion Pektin – gut für das Herz – und eine beträchtliche Dosis Eisen – gut für das Blut!

Vitamin C – ein wahres Wunderheilmittel der Natur!

Neue Studien weisen darauf hin, daß Vitamin C zur Senkung des Cholesterinspiegels im Blut beiträgt und schädliche chemische Substanzen in den Nahrungsmitteln neutralisieren kann. Es erleichtert auch die Aufnahme von Eisen im Körper.

Die Vorzüge von Vitamin C wurden von Wissenschaftlern der ganzen Welt dokumentiert. An der Universität von Cornell wird die Auffassung vertreten, daß Vitamin C den Metabolismus von Medikamenten im Organismus beeinflußt. An der Universität von Edinburgh in Schottland ist man der Ansicht, Vitamin C spiele bei sämtlichen Körperfunktionen eine Rolle. In der Tschechoslowakei sagt Dr. Emile Giner (einer der ersten Wissenschaftler, die das Vitamin C erforschten), ein hoher Vitamin-C-Gehalt im Körper verbessere die Gesundheit im allgemeinen.

Ein Grund, weshalb man genügend Vitamin C zu sich nehmen sollte, ist der Schutz vor Erkrankungen des Zahnfleischs. Bei einem Mangel an

Vitamin C wird das die Zähne umgebende Bindegewebe geschwächt. Das Zahnfleisch droht weich zu werden und schnell zu bluten. Außerdem ist Vitamin C für die Bildung des Zahnbeins notwendig.

Ein weiterer Grund, warum für eine Vitamin-C-reiche Ernährung gesorgt werden sollte, wurde an der Tufts-Universität sowie am Medizinischen Institut in Georgia gefunden. Dort stellten die Wissenschaftler fest, daß Menschen, die geringe Mengen an Vitamin C zu sich nehmen, zu höherem Blutdruck neigen als Menschen, die höhere Mengen an Vitamin C zu sich nehmen.

Man findet Vitamin C in der Hagebutte, die in nördlichen Regionen angebaut wird (Hagebutten in südlichen Regionen enthalten weniger Vitamine als Hagebutten im Norden), in Petersilie, Zitrusfrüchten, Melonen, Tomaten, Brokkoli, Paprika und Erdbeeren.

Es stimmt, warme Milch erleichtert das Einschlafen!

Ein Glas warme Milch hilft tatsächlich beim Einschlafen. Wenn Sie vor dem Zubettgehen Milch trinken, werden Sie schneller müde und verbringen eine erholsame und erquickende Nacht. Honig ist ein weiteres altvertrautes Mittel, das den Schlaf fördert. Jetzt wissen wir auch warum. Ebenso wie Milch unterstützt Honig das Gehirn bei der Produktion von Serotonin, einer chemischen Substanz, die beruhigt und entspannt.

Serotonin spielt die Rolle eines Neurotransmitters – einer Substanz, die die Aktivität des Gehirns reguliert. Der Organismus bildet Serotonin aus dem Protein Tryptophan. Dieses ist in Nahrungsmitteln wie Milch und Honig zu finden.

Cervantes sagte: »Gesegnet sei, wer den Schlaf erfand ...«. Er hatte recht! Der Schlaf hat eine große heilende Wirkung. Das Gehirn muß eine gute Nacht verbringen, damit es alle Dinge, die es am Tag gelernt hat, verarbeiten kann. Schlafmittel greifen während des Schlafs in die natürlichen Gehirnaktivitäten ein.

Eine bessere Gesundheit kann ganz einfach von einem guten Schlaf abhängen. Wer regelmäßig zu wenig Schlaf bekommt, läuft Gefahr, unter mangelnder Initiative und fehlender Energie zu leiden. Auch seine Konzentrationsfähigkeit wird dadurch beeinträchtigt. Studien an der Universität von Cornell bestätigen diese Tatsache. Dr. James Maas sagte: »Es gibt sogar Beweise dafür, daß Menschen, die nicht genügend Schlaf bekommen, ihr Leben um 8 bis 10 Jahre verkürzen.«

Vielleicht möchten Sie jetzt Großmutters Rat befolgen: Machen Sie am Nachmittag Turnübungen, und trinken Sie vor dem Schlafengehen dieses ewig gute Glas warme Milch.

Nahrungsmittel – Energiequelle für das Gehirn

Erinnern Sie sich an die Comics, die eine Person mit einem guten Einfall durch Abbildung einer erleuchteten Glühbirne illustrierten? Nun, ein optimal funktionierendes Gehirn könnte wirklich eine Glühbirne von 25 Watt zum Erleuchten bringen!

Um einwandfrei zu funktionieren, benötigt das Gehirn eine große Anzahl Nährstoffe. Ernähren Sie es als gut, damit es zu Höchstleistungen fähig ist. Eine ausgeglichene Kost enthält nach Angaben des neuen USDA-Pyramide-Führers für Ernährung:

- Kohlenhydrathaltige Nahrungsmittel wie Teigwaren, Getreide, Brot und Reis.
- Obst und Gemüse wie Orangen, Bananen, Äpfel, Brokkoli, Kopfsalat und Möhren.
- Eiweißreiche Nahrungsmittel wie Milch, Käse, Fleisch, Nüsse und Gemüse.
- Fette und süße Substanzen wie Margarine, Olivenöl, Honig und Zucker.

Beruhigen Sie das Gehirn mit Hilfe von Kohlenhydraten, und verwenden Sie Proteine, um ihm die Energie zu geben, die es benötigt. Die Forscher halten dies für eine gute Strategie, da eiweißreiche Nahrungsmittel Tyrosin enthalten. In den meisten Fällen verwendet das Gehirn Tyrosin zur Bildung der für gute Reflexe und Geistesgegenwart notwendigen Neurotransmitter (Überträgerstoffe). Kohlenhydratreiche Nahrungsmittel enthalten Tryptophan. In den meisten Fällen verwendet das Gehirn Tryptophan zur Bildung der für den Schlaf und zur Beruhigung notwendigen Neurotransmitter.

Knoblauch – Es verbleibt mehr als nur der Geruch

Seit Urzeiten wird Knoblauch, diese strengriechende Pflanze, als gesundes Mittel mit fast mystischen Heilkräften angesehen. Knoblauch diente als harntreibendes und dann als schleimlösendes Mittel. Heute erforscht die Medizin die Verwendung von Knoblauch zur Senkung des Blutdrucks. Überdies stellten die Wissenschaftler fest, daß Knoblauch den Cholesterinspiegel zu senken vermag, indem er den Anteil an Lipoproteinen hoher Dichte (HDL), den Begleitern des »guten« Cholesterins, erhöht.

Knoblauch kann Herzinfarkten vorbeugen. Er enthält ein Öl, das die Bildung von gefährlichen Blutklumpen verhindert. Bildet sich trotzdem ein Blutklumpen, so hilft eine im Knoblauch enthaltene chemische Substanz dem Organismus, diesen Klumpen aufzulösen und den Schaden somit zu begrenzen.

Frischer Knoblauch, der fritierten oder in Öl gebratenen Lebensmitteln beigefügt wird, kann die Wirkung des im Öl befindlichen Cholesterins vermindern. Knoblauch enthält auch große, gut nutzbare Mengen an Phosphor und Kalium.

Die geheime Kraft von gezuckerter Limonade

Vor kurzem wurde mit älteren Menschen, die an Gedächtnisstörungen leiden, ein wissenschaftlicher Test durchgeführt. Es wurden zwei Gruppen gebildet. Die Teilnehmer der ersten Gruppe tranken ein Glas Limonade mit Zucker. Die der zweiten Gruppe tranken ein Glas Limonade mit Saccharin. Anschließend wurde ihr Gedächtnis geprüft. Diejenigen, die gezuckerte Limonade getrunken hatten, erinnerten sich besser als die anderen.

Sie können diesen wissenschaftlichen Test selber durchführen. Wenn Sie sich das nächstemal an etwas Wichtiges erinnern müssen, trinken Sie einfach ein Glas Limonade mit Zucker.

Schlankheit reimt sich nicht immer auf beste Gesundheit

Erinnern Sie sich daran, als Sie noch ein Kind waren und Großmutter Sie immer »mästen« wollte, da sie Sie für zu mager hielt? Nun, sie hatte wohl recht! Auf dem Gesundheitsbarometer zählen einige Kilos zuviel mehr als Haut und Knochen.

Neue Beweise aus den Archiven der inneren Medizin belegen, daß bei alten Menschen eine übermäßige Hagerkeit einen wichtigen Faktor für einen vorzeitigen Tod darstellt. Die Wissenschaftler haben entdeckt, daß bei Menschen zwischen 55 und 74 Jahren einige Kilos zuviel weniger schädlich sind als Untergewicht.

Aspirin – seit eh und je ein Wundermittel

Ist gewöhnliches Aspirin das Wundermittel der Zukunft? Aspirin ist wirklich mehr als ein einfaches Kopfschmerzmittel. Bereits seit langer Zeit wird seine Fähigkeit gepriesen, die verschiedenartigsten Schmerzen zu lindern. Da Aspirin entzündungshemmend wirkt, hilft es bei Arthritis ebenso wie bei anderen Entzündungskrankheiten. Die amerikanische Arthritis-Stiftung be-

zeichnet Aspirin als Angelpunkt in der Behandlung von Arthritis und Rheumatismus. Und laut Aussage des *U.S. Pharmacist* lassen vorläufige Ergebnisse einer Untersuchung vermuten, daß Aspirin bei der Vorbeugung der Alzheimer-Krankheit eine Rolle spielt.

Zur Zeit wird Aspirin als ein Mittel zum Schutz des Herzens und zur Vorbeugung von Herzinfarkten gepriesen. In diesem Jahr werden von einer Million alter Menschen, die an Vorhofflimmern leiden, 75'000 einen Herzinfarkt erleiden. Einer in der Medizinischen Fachzeitschrift von Neuengland veröffentlichten Studie zufolge erlitten Personen, die Aspirin eingenommen hatten, bedeutend weniger Anfälle als diejenigen, die kein Aspirin zu sich genommen hatten. Angeblich ist Aspirin noch wirksamer zum Schutz vor den kleinen Anfällen, die bei älteren Menschen oft mit dem Verlust der geistigen Fähigkeiten eingehen. Dies läßt sich offenbar damit erklären, daß Aspirin die Entstehung von Blutgerinnseln hemmt.

Zink – hält den Geist rege

Zwei jüngere Studien weisen auf einen Zusammenhang zwischen Zinkmangel und der Abnahme der intellektuellen Fähigkeiten hin. In einer Studie wurden Patienten beobachtet, die krank, aber nicht geisteskrank waren und einen durch ihre medizinische Behandlung bedingten Zinkmangel aufwiesen. Viele dieser Patienten zeigten Gedächtnisstörungen und eine geistige Verwirrung, die meistens in Verbindung mit Altersschwäche auftreten. Nachdem ihnen Zinkzusätze verordnet wurden, stellten sich ihre normalen Funktionen und Fähigkeiten schnell wieder ein.

In einer anderen Studie über die Bedeutung von Zink wurden Menschen untersucht, die in zinkarmen Regionen leben. Von diesen Personen wies ein weit über dem Durchschnitt liegender Prozentsatz dieselben Verluste an geistigen Fähigkeiten auf, die bei altersschwachen Menschen festgestellt werden. Diese Untersuchungen ergaben ebenfalls eine Verbesserung, nachdem die Nahrung der Personen, die einen Zinkmangel aufwiesen, mit Zink angereichert wurde.

Diese beiden Studien sowie andere wissenschaftliche Daten verdeutlichen, daß Zink bis ins hohe Alter hinein eine wichtige Rolle zum Schutz der geistigen Fähigkeiten spielt! Schalentiere, beispielsweise Austern, stellen eine gute Zinkquelle dar, ebenso wie rotes Fleisch, Käse, Erbsen, Bohnen und Nüsse.

Brokkoli ist einzigartig

Als Großmutter Sie aufforderte, Ihr Gemüse zu essen, wußte sie wirklich, wovon sie sprach! Die Wissenschaftler des Medizinischen Instituts John Hopkins in Baltimore gelang es, aus Gemüse einen sogenannten »Chemoprotektor« gegen Krebs herauszulösen. (Ein Chemoprotektor ist eine Substanz, die gegen Krankheiten schützt). Man vermutete bereits seit längerer Zeit, daß Kreuzblütler wie Brokkoli, Rosenkohl oder Gemüsekohl diesen Schutz bieten. Jetzt konnte diese besondere Substanz, die gegen Krebs schützt, im Brokkoli identifiziert werden. Sie heißt Sulforaphan.

Laut Aussage der Wissenschaftler stellt Sulforaphan in bezug auf die Krebsvorbeugung vermutlich den wirksamsten sämtlicher bis heute entdeckten Schutzstoffe dar! Paul Talalay, Fachmann für molekulare Arzneimittelkunde, beschreibt in dem »Rechenschaftsbericht der staatlichen Akademie der Wissenschaften«, auf welche Weise das im Brokkoli enthaltene Sulforaphan die Körperzellen dazu anregt, krebsbekämpfende Enzyme zu produzieren.

Nach vorsichtigem Garen enthält Brokkoli immer noch diesen Chemoprotektor. Die Wissenschaft konnte noch nicht beweisen, ob und wie Sulforaphan unmittelbar die Bildung von Tumoren verhindert. Die Forscher erachten die Beweise jedoch als ausreichend für die Schaffung einer wissenschaftlichen Grundlage dafür, Gemüsesorten wie Brokkoli für den Speiseplan zu empfehlen.

Da sämtliche Kreuzblütler große Mengen an Vitamin C, an Fasern und Carotinoiden wie Beta-Karotin enthalten, sollten Sie diese regelmäßig zu sich nehmen. Unter den Gemüsesorten, die zu der Familie der Kreuzblütler gehören, finden sich außer Brokkoli: Steckrübe, Senf, Blumenkohl, Weißkraut, Rosenkohl und Rotkohl. Ein volles Glas von diesem rohen Gemüse enthält ebensoviel Vitamin C wie eine Orange.

Außerdem gewährleisten Sie eine gute Versorgung mit Kalium, wenn Sie mehr Gemüse essen. Die Nachrichten aus der Welt der Medizin besagen, daß das Risiko eines tödlichen Herzinfarkt dadurch möglicherweise beträchtlich vermindert werden könne.

Vergessen Sie die Vitamine B und C nicht!

Beim Kochen gehen all die nützlichen Vitamine der B-Gruppe, die sich im Gemüse befinden, leicht verloren. Das Wasser löst sie, die Hitze zerstört sie, und mit der Zeit verringert sich ihre Wirksamkeit.

Lassen Sie Ihr Gemüse so kurz wie möglich in ganz wenig Wasser köcheln. Damit möglichst viele Nährstoffe erhalten bleiben, garen Sie es im Dampfkochtopf oder im Mikrowellenherd oder braten es schnell in der Pfanne. Wenn Sie das Gemüse kochen, geben Sie es direkt in das kochende Wasser, damit es so kurz wie möglich im Wasser liegt. Nehmen Sie es nach dem Kochen sofort aus dem Wasser, und verwenden Sie, soweit möglich, die Garflüssigkeit zu Suppen oder Soßen weiter. Wenn Sie auf die Kochweise achten oder das Gemüse roh servieren, bewahren Sie wertvolle Nährstoffe, wie die Vitamine C und B sowie Folsäure, Thiamin und Riboflavin.

Gymnastik aktiviert die Gehirnzellen

Nach Ansicht der Wissenschaftler des Scripps-Institut trägt Gymnastik dazu bei, das Gedächtnis in Form zu halten. Personen, die Gymnastik betreiben, verfügen über eine bessere Auffassungsgabe, ein besseres Gedächtnis sowie bessere Reflexe als Personen, die auf dem Sofa dahinvegetieren. Der Unterschied? Fast 20 %!

Obwohl eine gesunde Ernährung Krankheiten und Alterungsprozessen nicht ewig vorbeugt, kann sie vorzeitiges Altern verhindern und die körpereigenen Abwehrkräfte gegen Krankheiten stärken. Probieren Sie niemals irgendwelche wissenschaftlichen Entdeckungen aus, ohne vorher Ihren Arzt zu konsultieren. Es gibt kein Nahrungsmittel oder Medikament, das nicht bei manchen Menschen Allergien oder andere Gegenanzeigen hervorruft, vor allem, wenn davon überhöhte Mengen eingenommen werden.

Die auf diesen Seiten enthaltenen Informationen dürfen keinesfalls als ärztlicher Rat oder als Mittel zur Selbstheilung verstanden werden. Wenn Sie gesundheitliche Probleme haben oder beabsichtigen, Ihre Ernährungsweise umzustellen, sollten Sie dazu vorher den Rat eines qualifizierten Arztes einholen.

ergab sich eine Art De-facto-Partnerschaft zwischen den drei Hauptakteuren, die alle daran interessiert waren, daß der Besuch reibungslos und friedlich verlief. Dem Protokoll sollte dadurch Genüge getan werden, daß Johannes Paul II. von der Kirche und den Gläubigen als Oberhaupt der römisch-katholischen Kirche begrüßt wurde, von Regierungsseite hingegen als Staatsoberhaupt.

Aus praktischen Überlegungen heraus erklärte sich das Episkopat bereit, die gewaltigen organisatorischen Aufgaben zu übernehmen; dazu gehörte die Aufstellung freiwilliger Ordnungs- und Sicherheitskräfte. Dem Regime blieb es dadurch erspart, im ganzen Land zur Sicherung der Ordnung die beim Volk verhaßte Miliz zu postieren. Der Papst wiederum verzichtete darauf, in Polen den 900. Todestag von St. Stanisław zu begehen, und verschob den Besuch auf den Juni.

Am Ende des vorangegangenen Jahres war es noch zu einem Vorfall gekommen, der erhebliches Aufsehen erregt hatte. Der Papst hatte St. Stanisław in seiner Weihnachtsbotschaft an die Krakauer Diözese als »einen Befürworter der Menschenrechte und der Rechte des Volkes, ein prächtiges Beispiel der Sorge um die Menschenwürde, ein Symbol der moralischen Stärke und der Freiheit der Nation« bezeichnet und betont, der Heilige habe »die Gesellschaft gegen das Böse verteidigt, das sie bedrohte«. Diese Passagen hatte die Zensur damals in den Korrekturfahnen der Wochenzeitung »Tygodnik Powszechny« gestrichen, und die Redaktion hatte daraufhin auf die Veröffentlichung der gesamten Botschaft verzichtet. Der Öffentlichkeit war dies nicht verborgen geblieben.

Je mehr Leonid Breschnew über die bevorstehende Polenreise des Papstes nachdachte, desto besorgniserregender erschien sie ihm. Breschnew war zwar an einer Verbesserung der Beziehungen zum Vatikan interessiert, doch die Entwicklungen in Polen erfüllten ihn mit wachsender Sorge. Er war der Meinung, daß die polnischen Machthaber nicht energisch genug gegen die im Untergrund tätigen Oppositionellen einschritten, daß die Regierung öffentlich mit der Kirche liebäugelte und sogar zuließ, daß sich der Papst einmischte. Dies stellte für den sowjetischen Parteichef eine echte »strategische Gefahr« dar, und er hielt es für erforderlich, die polnischen Genossen zur Vernunft zu bringen.

Anfang 1979, noch bevor das polnische Episkopat dem Papst die formelle Einladung zukommen ließ, telefonierte Breschnew mit dem Ersten Parteisekretär Gierek. Den Inhalt des selbst für kommunistische Verhältnisse äußerst ungewöhnlichen Telefonats hat Gierek folgendermaßen wiedergegeben:

»Breschnew sagte, er habe gehört, daß die Kirche den Papst nach Polen eingeladen habe. ›Und was sagen Sie dazu?‹ fragte er mich. Ich antwortete: ›Wir werden ihn würdig empfangen.‹ Breschnew sagte: ›Ich rate Ihnen, ihn nicht zu empfangen, weil Sie dadurch in große Schwierigkeiten geraten werden.‹ Ich erwiderte: ›Wie kann ich es denn ablehnen, den Papst zu empfangen? Die Mehrheit meiner Landsleute ist katholischen Glaubens, und für sie war die Wahl ein großes Ereignis. Und im übrigen: Wie soll ich den Leuten denn beibringen, daß wir ihn nicht ins Land lassen wollen?‹ Breschnew antwortete: ›Schlagen Sie dem Papst vor – er ist ja ein verständnisvoller Mann –, er solle öffentlich bekanntgeben, daß er nicht kommen könne, weil er erkrankt sei.‹ Ich erwiderte: ›Genosse Leonid, das kann ich nicht machen. Ich muß Johannes Paul II. empfangen.‹ Dann bekam ich dies zu hören: ›Gomułka war ein besserer Kommunist. Er wollte Paul VI. nicht in Polen empfangen. Und damals ist nichts passiert. Die Polen haben schon einmal eine solche Weigerung hingenommen, und wenn Sie den jetzigen Papst nicht ins Land lassen, werden sie sich auch damit abfinden.‹ Breschnew sagte noch: ›Tun Sie, was Sie wollen. Ich hoffe nur, daß Sie und Ihre Partei es später nicht bedauern.‹ Damit war das Gespräch beendet.«

»Aus ersichtlichen Gründen« teilte Gierek Kardinal Wyszyński nichts von diesem Gespräch mit, als der Primas ihn am 24. Januar besuchte, um mit den Gesprächen über die Papstreise zu beginnen; in derselben Woche empfing Johannes Paul II. den sowjetischen Außenminister Gromyko im Vatikan. Wyszyński war jedoch – nach Giereks Worten – »zu intelligent und zu vertraut mit der polnischen Nachkriegsrealität, um nicht zu ahnen, daß unsere Alliierten über diesen Besuch nicht sehr erfreut sein würden«.

In einem gemeinsamen Kommuniqué bezeichneten sie das Treffen als »Fortsetzung des Meinungsaustauschs über die wichtigsten Angelegenheiten der Nation und der Kirche«. Die Beziehungen zwischen Gierek und Wyszyński hatten damals angesichts der gegenseitigen Abhängigkeit ihren besten Stand erreicht; es waren sogar die besten, die es zwischen einem kommunistischen Regime und der Kirche je gab.

Da sich Polens wirtschaftliche und soziale Lage rasch verschlechterte, brauchte Gierek die Unterstützung der Kirche. Der Parteichef und der Primas waren sich schon bei den Unruhen des Jahres 1976 einig gewesen, daß es darauf ankam, ungeachtet ihrer ideologischen Gegensätze den Frieden im Lande zu bewahren. Keiner von beiden wollte, daß auf den Straßen polnischer Städte wieder Blut floß. Und Wyszyński war wie Johannes Paul II. der Meinung, daß eine allmähliche Entwicklung hin zu größerer Freiheit nicht aufzuhalten sei.

Bei Wyszyński stellte diese Einschätzung eine Meinungsänderung dar. Er war vor 1976 mit dem Statuts quo und dem Dialog mit der Regierung zur Sicherstellung der Rechte der Kirche im großen und ganzen zufrieden gewesen. Der Primas hatte wie viele andere geglaubt, daß der Kommunismus fortbestehen werde und daß man sich mit ihm arrangieren müsse.

In Krakau hatte Wojtyła immer stärker dahin tendiert, das Regime herauszufordern, obwohl auch er nicht an ein baldiges Ende des Kommunismus geglaubt hatte. Doch nun erstrebte der Papst mit seinen ostpolitischen Initiativen eine neue Art von Beziehungen; Polen sollte den Anfang bilden, und Wyszyński verfolgte diese Linie in seinem Umgang mit dem Regime.

Johannes Paul II. maß außerdem dem politischen Potential des »Komitees zu Verteidigung der Arbeiter« (KOR) große Bedeutung bei. Das Komitee war inzwischen zu einer ernstzunehmenden Oppositionsbewegung geworden, die im Untergrund Zeitungen und Bücher druckte und von links der Mitte stehenden katholischen Intellektuellen unterstützt wurde. Die meisten dieser Intellektuellen standen Wojtyła persönlich und politisch näher als Wyszyński.

Die Kirche brauchte im Vorfeld des Papstbesuchs die Unterstützung Giereks. Sie trotzte dem Regime überdies immer mehr Konzessionen ab. Anfang 1979 befand sich beispielsweise allein in Warschau mindestens ein Dutzend Kirchen im Bau – insgesamt gab es in Polen 13 000

Kirchen; vor dem Zweiten Weltkrieg waren es 6700. Die Wahl Wojtyłas zum Papst hatte die Beziehungen zwischen Kirche und Staat nachhaltig verändert. Aus diesem Grund war es auch so einfach gewesen, für die bevorstehende Pilgerfahrt Johannes Pauls II. eine akzeptable Formulierung zu finden.

Das Episkopat gab schließlich am 2. März 1979 bekannt: »Der Primas von Polen... übersandte Papst Johannes Paul II. im Namen des Episkopats ein offizielles Schreiben, in welchem er dem Papst für seine Bereitschaft dankte, Polen und unsere Kirche zu besuchen.«

Gleichzeitig wurde in einem Kommuniqué der Regierung mitgeteilt, daß Staatspräsident Jabłoński »im Namen der höchsten Repräsentanten des Staates seine Befriedigung über die vom polnischen Episkopat ausgesprochene Einladung zum Ausdruck brachte sowie über die von Papst Johannes Paul II. abgegebenen Erklärungen, daß er sein Heimatland, die Volksrepublik Polen, zu besuchen wünscht.« Dem Kommuniqué zufolge würde der Papst zwischen dem 2. und 10. Juni Warschau, Gnesen, Tschenstochau und Krakau besuchen. In derselben Woche erlaubte die Zensur der Zeitung »Tygodnik Powszechny«, den Text der Enzyklika »Redemptor Hominis« zu veröffentlichen.

Gierek flog dann nach Moskau, Prag und Budapest, um sich mit seinen Genossen zu beraten. Zwei Wochen danach kam Erzbischof Casaroli nach Warschau, um die Besuchsvorbereitungen zu überprüfen.

Die Auswirkungen des Papstbesuchs waren natürlich im voraus nicht abzuschätzen. Nüchterne Beobachter auf beiden Seiten rechneten eher mit politischen Langzeitwirkungen.

In der Schlußphase der Vorbereitungen flog Primas Wyszyński zu einer Privataudienz mit Johannes Paul II. nach Rom und suchte danach Gierek im Warschauer Parlamentsgebäude auf. Einem Kommuniqué zufolge dankte er dabei der polnischen Führung »für Ihre Hilfe und Ihre Bemühungen bei der Vorbereitung des Papstbesuchs«.

Eine Woche vor seiner Abreise ernannte Johannes Paul II. bei seinem ersten Konsistorium fünfzehn neue Kardinäle, unter ihnen Franciszek Macharski, seinen Nachfolger als Kardinal in Krakau, und Władysław Rubin, den Generalsekretär der Bischofssynode. Beide waren alte Freunde von ihm.

Der neue Papst schien auf allen Gebieten in einem halben Jahr mehr erreicht zu haben als die meisten seiner Vorgänger in zwei oder drei Jahren. So unterzeichnete er Ende März, mitten in den intensiven Vorbereitungen für die Polenreise, sowohl ein Dokument des Heiligen Stuhls gegen den Rassismus als auch eine Unterstützungserklärung des Vatikans zu einem Vorschlag eines weltweiten Abrüstungsreferendums. Bei einer Ansprache vor 40 000 Pilgern auf dem Petersplatz forderte er zu Gebeten für das Camp-David-Abkommen zwischen Israel und Ägypten auf, das Präsident Carter gerade vermittelt hatte, damit es »zu einem entscheidenden Impuls in dem dynamischen Friedensprozeß« werde. Neben der Zukunft Osteuropas lag dem Papst die Zukunft des Nahen Ostens, der Wiege der drei monotheistischen Religionen, sehr am Herzen.

Johannes Paul II. nahm sich während einer Audienz im Apostolischen Palast die Zeit, Vertretern jüdischer Organisationen eine Botschaft zur Geschichte der jüdisch-katholischen Beziehungen im Gefolge des II. Vatikanischen Konzils zu übermitteln. Dabei sagte er: »Als ein Zeichen des bereits erreichten Einverständnisses und der brüderlichen Liebe möchte ich mein herzliches Willkommen und meine Grüße an Sie alle wieder mit dem bedeutungsvollen Wort aus der hebräischen Sprache zum Ausdruck bringen, das wir Christen ebenfalls in unserer Liturgie verwenden: Friede sei mit Euch! ... Shalom! Shalom!«

Dann reiste der Papst nach Polen.

Johannes Paul II. landete am Morgen des 2. Juni 1979 auf dem Warschauer Militärflughafen. Es waren genau acht Monate vergangen seit dem Tag, als Kardinal Wojtyła zum Konklave abgereist war. Es folgten neun Tage nationaler Begeisterung, von dem Augenblick an, an dem der Papst niederkniete und die polnische Erde küßte.

Mindestens zehn Millionen Polen – aus einer Gesamtbevölkerung von 35 Millionen – sahen den Papst in den neun Städten und Wallfahrtsorten, an denen er erschien, um mit den Menschen zu beten und zu reden. Das Land war ein Meer von Farben: Überall wehten weißrote polnische und weiß-gelbe päpstliche Fahnen, und auf der Route seiner Wagenkolonne stand in fast jedem Fenster ein mit Fähnchen geschmücktes Bild des lächelnden Wojtyła.

Viele verfolgten den Besuch im staatlichen polnischen Fernsehen. Übereifrige Parteifunktionäre hatten jedoch dafür gesorgt, daß nur Nahaufnahmen von Johannes Paul II. zu sehen waren und die Menschenmassen nicht ins Bild kamen. Diese lächerlichen Maßnahmen konnten aber nicht verhindern, daß jeder wußte: Millionen hatten dem Papst zugejubelt und das alte Lied »Wir wollen Gott!« angestimmt. Die Polen sprachen von »unseren neun Tagen der Freiheit«.

Der Papst zeigte ein bewundernswertes diplomatisches Geschick. Er sprach über seine Mission in Polen und über seine allgemeinen Zielsetzungen und verband dabei erneut die spirituellen und die weltlichen Elemente. In seiner Erwiderung auf die Begrüßungsrede von Präsident Jabłoński wies Johannes Paul II. darauf hin, daß sein Besuch ausschließlich religiös motiviert sei, wenngleich er hoffe, daß er der Zusammenarbeit unter den Nationen und dem gegenseitigen Verstehen sowie dem Frieden in der Welt und der inneren Einheit seiner Landsleute dienen werde.

Damit hatte er von Anfang an klargestellt: Er war als Pilger, Oberhaupt der römisch-katholischen Kirche und Staatsmann nach Polen gekommen. Johannes Paul II. hatte zwar darauf verzichtet, den 900. Todestag von St. Stanisław in Polen zu begehen, aber er sorgte dafür, daß der Heilige nicht in Vergessenheit geriet. Schon in der Johannes-Kathedrale in der Warschauer Altstadt, der ersten Station seiner Reise nach der triumphalen Fahrt vom Flughafen ins Zentrum, erinnerte er die Gläubigen daran, daß St. Stanisław einer der Schutzheiligen Warschaus war.

So ging es neun Tage lang weiter. Das Regime merkte, daß es unmöglich war, gegen Wojtyła anzukommen. Die Parteizeitung »Trybuna Ludu« klagte: »Es ist schwer zu sagen, wo die Pastoralarbeit aufhört und wo die Politik anfängt.«

Im großen und ganzen wurde die Reise des Papstes von den staatlichen Stellen eher unterstützt als behindert. Johannes Paul II. wurde im Hubschrauber von einem Veranstaltungsort zum anderen geflogen; die Sicherheitskräfte hielten sich abseits und hinderten die Menschenmassen nicht daran, den Papst zu sehen. Jede Diözese und jede Pfarrei, die der Papst besuchte, hatte ihre eigene freiwillige

Papst Johannes Paul II. bei seinem ersten Polenbesuch im Juni 1979. Neben ihm der polnische Primas Kardinal Wyszyński.

Während seines Polenbesuchs besichtigt Johannes Paul II. das Konzentrationslager Auschwitz und zelebriert auf dem Lagergelände eine Messe.

Ordnertruppe aufgeboten, die den Verkehr regelte und für Ordnung sorgte.

Religiosität und Patriotismus gingen in der Geschichte Polens stets Hand in Hand, und bei den Hunderttausenden, die sich im Kloster Jasna Góra in Tschenstochau versammelt hatten, war dies in ganz besonderem Maße der Fall. Der Papst war nach seinen Aufenthalten in Warschau und Gnesen nach Tschenstochau gekommen. Während seines dreitägigen Aufenthaltes dort hielt Johannes Paul II. bei Massenkundgebungen wie auch im kleineren Kreis, etwa bei der polnischen Bischofskonferenz und bei Jugendgruppen, insgesamt dreiundzwanzig Ansprachen. Der Prediger und Lehrer, Historiker und Patriot, Philosoph und Theologe war nach Polen zurückgekehrt.

Der Wojtyła persönlich am meisten betreffende, aufwühlendste Teil der Reise war die Rückkehr in seine Erzdiözese: Krakau, Kalwaria Zebrzydowska, Wadowice, Auschwitz, Nowy Targ...

Eine riesige Menschenmenge begrüßte den Papst in Krakau. Er sprach über seine Jugendzeit in dieser Stadt, über die Universität, die Besatzungszeit, seine Arbeit im Kalksteinbruch, seine Berufung zum Priester und seine Jahre als Bischof und Kardinal.

Am nächsten Tag besuchte Johannes Paul II. zuerst den Wallfahrtsort Kalwaria Zebrzydowska und kehrte dann heim nach Wadowice. Sein alter Religionslehrer Pfarrer Edward Zacher begrüßte ihn mit Tränen in den Augen. Karol Wojtyła genoß das Wiedersehen mit seiner Geburtsstadt; er erkannte viele der Einwohner wieder, umarmte einige von ihnen und schüttelte anderen die Hand.

Auf den Frohsinn und die Heiterkeit von Wadowice folgten am Nachmittag im Konzentrationslager Auschwitz-Birkenau Bedrückung und Trauer. Wojtyła war in der Vergangenheit oft dort gewesen, doch bei der Messe, die er auf dem Lagergelände zelebrierte, sagte er: »Dies ist ein ganz besonderer Wallfahrtsort. Als Papst mußte ich einfach hierher kommen.« Johannes Paul II. kam erneut auf St. Stanisław zu sprechen, den ersten Märtyrer der Nation. Er ging dann langsam durch das Lager und kniete vor den Tafeln mit hebräischen, russischen und polnischen Inschriften nieder. »Niemand darf an diesem Gedenkstein gleichgültig vorbeigehen«, sagte der Papst beim Betrachten der hebräischen Inschrift.

Mit einer Messe in Nowy Targ in den Ausläufern der Karpaten und drei weiteren hektischen Besuchstagen in Krakau schloß Johannes Paul II. seine polnische Pilgerreise ab. Er forderte das Volk auf, das Gottvertrauen nicht zu verlieren und für den »Sieg der sittlichen Ordnung in dieser schwierigen Zeit« zu beten.

Präsident Jabłoński, der den Papst auf dem Krakauer Flugplatz verabschiedete, betrachtete die Dinge aus seiner Perspektive: »Die Worte Eurer Heiligkeit über den Wert der Arbeit und die Würde der werktätigen Menschen sind in der ganzen Nation mit besonderer Aufmerksamkeit vernommen worden... Wir sehen darin eine Übereinstimmung mit dem Denken, das die Grundlage unseres sozialistischen Systems bildet...«

Welche Auswirkungen hatte die Pilgerreise des Papstes nach Polen? Hatte Breschnew recht mit seiner Warnung, Gierek und seine Partei könnten es später bereuen, daß sie dem Papstbesuch zugestimmt hatten? War die Anwesenheit Johannes Pauls II. ein Auslöser der nationalen Revolte, die zum Niedergang des Kommunismus in Osteuropa führte, wie einige Kommentatoren im nachhinein behaupteten?

In Wahrheit war die Situation in Polen ganz unabhängig von Wojtyłas Wahl zum Papst und seinem Besuch im Jahr 1979 in sozialer, ökonomischer und politischer Hinsicht so kritisch geworden, daß erneut Unruhen drohten. Durch die schweren Fehler auf wirtschaftlichem Gebiet, die Korruption und die politische Unterdrückung war schon in der Vergangenheit ein Klima entstanden, das zu den blutigen Unruhen der Jahre 1956, 1970 und 1976 geführt hatte. Und im Jahr 1979, als Johannes Paul II. sein Heimatland besuchte und das kommunistische Herrschaftssystem in allen Ostblockländern zu wanken begann, war die Lage noch schlimmer.

Die politische Dynamik Polens brauchte also kein Stimulans von außen. Der Besuch des polnischen Papstes bei seinen tiefreligiösen Landsleuten trug jedoch zweifellos dazu bei, daß der Gang der Dinge beschleunigt wurde, zumindest was den emotionalen Zustand der Nation betrifft.

Johannes Paul II. und das Warschauer Regime waren sich über diesen Sachverhalt im klaren, und sie handelten entsprechend. Der Papst hatte ein Interesse daran, das Durchhaltevermögen der Polen zu stärken und ihnen für die bevorstehenden Jahre, die er als schwierig einschätzte, Mut zu machen. Er rechnete jedoch in absehbarer Zeit keineswegs mit einem Zusammenbruch des Kommunismus, und am allerwenigsten war ihm daran gelegen, eine Rebellion herbeizuführen, die mit einer unvorstellbaren Tragödie hätte enden können.

Wie seine Äußerungen in Polen zeigten, baute Johannes Paul II. vielmehr darauf, daß ein evolutionärer Prozeß eines Tages den friedlichen Übergang zur Demokratie bringen werde. Um die Durchhaltemoral der Nation zu stärken, hielt er es für wichtig, auf die traditionelle Verbindung von Gläubigkeit und Patriotismus zurückzugreifen.

Bischof Pieronek, der Generalsekretär des polnischen Episkopats, der zu den Organisatoren des Papstbesuchs zählte, sprach davon, daß Johannes Paul II. damals die völlig orientierungslose polnische Gesellschaft wachgerüttelt habe. Mehr habe der Papst bei seiner ersten Pilgerreise nicht bezweckt. Bei jedem seiner vier Polenbesuche habe Johannes Paul II. auf die jeweilige Situation unterschiedliche politische Kriterien angewendet.

Das Warschauer Regime wiederum nahm gegenüber dem Papst von Anfang an keine auf Konfrontation abzielende Haltung ein, sondern zeigte ernsthaftes Interesse an einem Dialog. Dabei handelte es sich um ein spezifisch polnisches Phänomen, das bei Ausländern oft auf Unverständnis stieß.

In einem Leitartikel der vom Zentralkomitee der PZPR herausgegebenen, aber unabhängig eingestellten Wochenzeitung »Polityka« – auch dies eine Besonderheit des kommunistischen Polens – stand nach der Ankündigung des Papstbesuchs:

»Die Beziehungen zwischen dem sozialistischen Staat und der katholischen Kirche waren zwar aufgrund fundamentaler ideologischer Meinungsunterschiede, die der Polenbesuch des Papstes nicht ausräumen wird, nie spannungsfrei und werden dies auch nie sein, doch darf dieser Besuch nicht unter dem Gesichtspunkt der Rivalität betrachtet werden ... Die Einstellung der Partei gegenüber der Kirche und den Gläubigen zielt nicht auf Konfrontation ab und enthält keine religionsfeindlichen Elemente ... Die katholische Kirche kann das Denken der Gläubigen nachhaltig beeinflussen und eine im nationalen Interesse Polens liegende moralische und patriotische Haltung bewirken.«

Rückblickend läßt sich feststellen, daß der Besuch Johannes Pauls II. vom Juni 1979 die allgemeine Stimmungslage in Polen beeinflußte, die Situation aber nicht grundlegend veränderte. Der Besuch schuf jedoch eine Grundlage für die späteren diplomatischen Bemühungen des Papstes, als eine echte Krisensituation eintrat. Bei seinem mutigen, aber behutsamen Vorgehen in der Zeit des Kriegsrechts und auch danach verfolgte Johannes Paul II. dieselben Grundsätze, die es ihm ermöglichten, im entscheidenden Stadium der Auflösung des Kommunismus in Osteuropa als höchst glaubwürdiger Akteur aufzutreten.

Während das polnische Regime auf den Polenbesuch relativ gelassen reagierte, schrillten in Moskau die Alarmglocken. Die sowjetische Führung ordnete eine streng geheime weltweite Kampagne gegen den neuen Papst und den Vatikan an, deren Ausmaß alles bisherige übertraf.

Auslöser dieser Kampagne war nicht allein der Polenbesuch, sondern auch die vom Kreml als »gefährlich« und »aggressiv« eingestufte Aktivität der römisch-katholischen Kirche in allen kommunistischen Ländern einschließlich der Sowjetunion und in anderen Teilen der Welt.

Aus Dokumenten in den Archiven des Zentralkomitees der KPdSU, die Mitte 1994 ans Licht kamen, geht hervor, daß das Sekretariat des ZK am 13. November 1979 einen sechs Punkte umfassenden »Beschluß über Maßnahmen gegen die Taktiken des Vatikans in bezug auf die sozialistischen Staaten« verabschiedete. Bei der Anti-Wojtyła-Kampagne wurden die Einzelabteilungen des ZK-Sekretariats, das Außenministerium, der KGB, die Akademie der Wissenschaften, die Nachrichtenagentur TASS sowie das sowjetische Staatsfernsehen und der Rundfunk mit speziellen Aufgaben betraut.

Der »Beschluß« wurde am 5. November 1979 in der Besprechung einer achtköpfigen Arbeitsgruppe des ZK-Sekretariats vorbereitet; zu ihren Mitgliedern gehörten u.a. Victor Chebrikow, der stellvertretende KGB-Chef unter Andropow, Pantalejmon Ponomarenko, ein altgedienter Diplomat, und Leonid Zamjatin, der Generaldirektor von TASS.

Das Dokument wurde eine Woche danach von neun Mitgliedern des Politbüros unterzeichnet; zu ihnen gehörten Konstantin Tschernenkow, Michail Gorbatschow, Michail Suslow und Andrej Kirilenko. Punkt 1 des »Beschlusses« betraf die »Mobilisierung« der kommunistischen Parteien in Litauen, Lettland und Weißrußland – wo ein bedeutender Teil der Gesamtbevölkerung dem römisch-katholischen oder griechisch-orthodoxen Glauben angehörte –, der Nachrichtenagentur TASS, des sowjetischen Staatsfernsehens, der Akademie der Wissenschaften sowie »anderer staatlicher Organisationen« zum Propagandaeinsatz »gegen die Taktiken des Vatikans«.

Punkt 2 forderte einen Informationsaustausch über die Politik des Vatikans gegenüber den kommunistischen Parteien in Österreich, Argentinien, Belgien, Irland, Italien, Portugal, Frankreich und Westdeutschland (Ländern mit einem hohen Prozentsatz von Katholiken).

Punkt 3 instruierte das Außenministerium, im Ausland »mit den in der Friedensarbeit engagierten Gruppen der katholischen Kirche Verbindung aufzunehmen« und diesen »die dem Weltfrieden dienende Politik der Sowjetunion zu erläutern«.

Unter Punkt 4 wurden das Außenministerium und der KGB angewiesen, »den Kampf gegen die neue Osteuropapolitik des Vatikans zu verstärken«.

Punkt 5 richtete sich speziell an den KGB. Der Geheimdienst wurde beauftragt, »in den Ländern des Westens publik zu machen, daß die Politik des Vatikans schädlich ist«, und »vor allem in den sozialistischen Staaten darauf hinzuweisen, daß die Politik des Vatikans den Fortbestand der katholischen Kirche gefährdet«. Der KGB sollte aufzeigen, daß der neue Papst für die katholische Kirche eine Gefahr darstelle.

Unter Punkt 6 wurde die Akademie der Wissenschaften aufgefordert, die Aktivitäten der Kirchen und Glaubensgemeinschaften aufmerksamer zu verfolgen. Die Akademie sollte »das Zentralkomitee der KPdSU über die Aktivitäten der Kirche informieren, vor allem über die Bemühungen der Kirchen, in sozialistischen Ländern ihren Einfluß auszuweiten«.

In anderen Dokumenten des Sekretariats des Zentralkomitees geht es um die Sorge der Sowjets in bezug auf die Wahl Johannes Pauls II. Aus diesen Dokumenten ist ersichtlich, daß verschiedene Abteilungen des Sekretariats damit beschäftigt waren, die Ansprachen, Stellungnahmen und Interviews des Papstes zu analysieren und zu untersuchen, welche Wirkung er auf die römisch-katholische Bevölkerung Litauens, Lettlands und Weißrußlands sowie auf die griechisch-orthodoxe Bevölkerung der Ukraine hatte. In einem dieser Dokumente heißt es, das Problem bestehe darin, daß die Religion jetzt als Waffe im ideologischen Kampf gegen die sozialistischen Länder eingesetzt werde. Weiter ist dort zu lesen: »Nach dem Führungswechsel im Vatikan zeigte die Politik des Vatikans und der katholischen Kirche aggressivere Merkmale – vor allem in Litauen, Lettland, der westlichen Ukraine und Weißrußland.«

In dem »Beschluß« des ZK-Sekretariats wurde betont: »Um den Kampf gegen die Politik des Vatikans führen zu können, ist es erforderlich, daß man die spezifischen Bedingungen der katholischen Kirche in den verschiedenen sozialistischen Ländern kennt und mit den komplexen Vorgängen innerhalb der katholischen Kirche vertraut ist.« Außerdem wurde darauf hingewiesen, »daß wir jene Strömungen in der katholischen Kirche stimulieren müssen, die den Antikommunismus in der vatikanischen Politik ablehnen«.

Daß die Machthaber im Kreml eine solche Furcht vor dem Einfluß Johannes Pauls II. und der katholischen Kirche in der Sowjetunion hatten – wo die Anhänger der römisch-katholischen Kirche mit Ausnahme der westlichen Republiken eine kleine Minderheit der Bevölkerung darstellen –, ahnte im Vatikan niemand. Völlig unerklärlich ist, wieso der Kreml kaum ein Augenmerk auf Polen und das übrige Osteuropa richtete, wo die wachsende Popularität Johannes Pauls II. ein ernstes Problem darstellen konnte.

Zu jener Zeit neigte Breschnew offenbar zu Fehleinschätzungen. Einen Monat später gab er den Befehl zum Einmarsch in Afghanistan, der auf das Schicksal der Sowjetunion weit schlimmere Auswirkungen hatte als alle Einflüsse, die Johannes Paul II. je hätte ausüben können.

20

Auf die krisengeschüttelte Welt Ende der siebziger Jahre reagierte der neue Papst einfühlsam, flexibel und verständnisvoll. Der in einer inneren Krise befindlichen römisch-katholischen Kirche begegnete Johannes Paul II. jedoch mit dogmatischer Strenge und absoluter Unbeugsamkeit auf theologischem Gebiet; nach Ansicht vieler Kritiker zeigte er im Umgang mit der älteren wie auch der jüngeren Generation der Katholiken in den industrialisierten Ländern und in der Dritten Welt einen frappierenden Mangel an Einfühlungsvermögen. Diese beiden scheinbar widersprüchlichen Aspekte kennzeichneten das Pontifikat Johannes Pauls II. vom ersten Tag an.

Der Papst wich nie von den Grundsätzen ab, die er am Anfang seiner Amtszeit für verbindlich erklärt hatte. Auf dem Gebiet der katholischen Morallehre und Ethik, der Glaubenslehre und Exegese duldete er in der Kirche keinen öffentlichen Dissens. Indem er es untersagte, umstrittene theologische Sachverhalte innerhalb der Kirche offen zu diskutieren, machte er sich den alten lateinischen Grundsatz »Roma locuta, causa finita est« zu eigen (»Wenn Rom gesprochen hat, ist die Sache erledigt«). Er stellte sich auf den Standpunkt, daß die Kirche nur durch die Anwendung strikter Disziplin aus der Krise geführt und gerettet werden könne.

Andererseits wurde Johannes Paul II. zum wortgewaltigsten Fürsprecher sozialer Gerechtigkeit in reichen und armen Ländern; er kritisierte die Auswüchse des Kapitalismus ebenso scharf wie die Mängel des Marxismus-Leninismus und dessen Unterdrückungssystem. Der Papst hat die Ansicht vertreten, daß der Kommunismus aufgrund der weitverbreiteten sozialen Ungleichheit entstanden sei – die nach dem Zusammenbruch des Kommunismus überall noch schlimmere Formen annehme – und daß der »radikale« Kapitalismus und die Konsumwut der Gegenwart für den Zerfall der Familie und die »Kultur des Todes« verantwortlich seien.

Im September 1981 befaßte sich Johannes Paul II. in seiner Enzyklika »Laborem Exercens« (»Über die menschliche Arbeit«) mit der Frage der sozialen Gerechtigkeit. Er wies darauf hin, daß heutzutage Millionen von Menschen in schrecklicher Armut leben, und verlangte, daß ihnen geholfen werde. In der Enzyklika »Sollicitudo Rei Socialis« (»Die soziale Sorge der Kirche«) vom Dezember 1987 sowie in »Centesimus Annus« (»Hundert Jahre«) vom Mai 1991 widmete er sich diesem Thema noch eindringlicher.

Das entschiedene Eintreten Johannes Pauls II. für soziale Gerechtigkeit und für die Menschenrechte war jedoch mit seiner Ablehnung einer theologischen Liberalisierung innerhalb der Kirche keineswegs unvereinbar. Schon Papst Leo XIII., der 1891 mit seiner Enzyklika »Rerum Novarum« (»Von neuen Dingen«) zum Förderer der katholischen Soziallehre geworden war, hatte den Liberalismus als »tödliche Plage« bezeichnet und unumschränkte päpstliche Autorität beansprucht.

Das Neue am Pontifikat Johannes Pauls II. war sein Eintreten für Religionsfreiheit und Toleranz sowie für eine ökumenische Einheit der christlichen Kirchen. Im konservativen Lager stieß aber auch dies auf Kritik.

Zwangsläufig wurde Johannes Paul II. in der Kirche schon bald zu einer höchst umstrittenen Gestalt. Der Mann, der über außergewöhnliche Geisteskräfte und ein großes Wissen verfügte, setzte seine Entscheidungen sehr selbstbewußt durch. Als Johannes Paul II. sein Amt erst drei Monate lang ausgeübt hatte, sagte sein alter Freund Jerzy Turowicz: »Wojtyła ist seiner Aufgabe sosehr gewachsen, als wäre er zum Papst geboren worden.« Im Gegensatz zu Paul VI. schien er nie von inneren Konflikten geplagt zu werden.

Daß Johannes Paul II. bei Katholiken und Nichtkatholiken stets außerordentlich populär gewesen ist, steht im auffallenden Gegensatz zu der Tatsache, daß er nie die umfassende religiöse Gefolgschaft finden konnte, die er innerhalb seiner Kirche suchte. Bei denen, die ihm nahestanden, weckte er stärkste Loyalität, bei vielen anderen hingegen stieß er auf erbitterte Feindschaft. Dies trug natürlich zu einer Verschärfung der inneren Krise der Kirche bei.

Die Krise hatte kurz nach dem Ende des II. Vatikanischen Konzils begonnen und in den späten siebziger Jahren beängstigende Ausmaße erreicht. Als Johannes Paul II. sein Amt antrat, gefährdete sie die Einheit der katholischen Kirche. In Westeuropa, den Vereinigten Staaten und Lateinamerika war im vorangegangenen Jahrzehnt immer schärfer gegen die übergroße Machtfülle Roms protestiert worden; gleichzeitig war der Vorwurf erhoben worden, daß Rom gegen den vom II. Vatikanum proklamierten Geist der Erneuerung und der Kollegialität verstoße. Unter dem stets zögerlichen Paul VI. hatte man die Dinge jedoch treiben lassen, und die Krise hatte sich weiter verschärft.

Kirchenhistoriker sind der Ansicht, daß die postkonziliare Krise für die Kirche als Institution sogar noch weit bedrohlicher war als die »Modernismus-Krise« der Jahre 1890 bis 1910. Dies räumte selbst Kardinal Ottaviani, der frühere Propräfekt der Glaubenskongregation, im Jahr 1969 öffentlich ein. Manche Theologen vergleichen die Krise mit dem Großen Schisma von 1054, das die Aufspaltung in eine Ost- und eine Westkirche brachte.

Bei der »Modernismus-Krise« ging es auch um die zentralisierte Machtfülle des Vatikans und dessen Entscheidungsbefugnisse gegenüber der Kirche; die Wurzeln der Krise reichten allerdings in die Zeit der Aufklärung und der Französischen Revolution zurück, die lange mit Abscheu betrachtet wurde – bei Ultrakonservativen ist dies heute noch der Fall.

Es ist schon erstaunlich, daß sich im Laufe der Geschichte in der Kirche und an ihren Konflikten nichts Wesentliches geändert hat. Als ein führender amerikanischer Theologe 1994 über die ein Jahrhundert zurückliegende »Modernismus-Krise« schrieb, stellte er fest, daß damals zwei Prinzipien gegeneinander angetreten seien: das monarchische und das demokratische. Das Papsttum und seine Anhänger hätten das monarchische Prinzip befürwortet, die Liberalen und Modernisten das demokratische.

Dies ist auch kennzeichnend für die Krise, die die Kirche in der zweiten Hälfte des 20. Jahrhunderts erschüttert. Der Streit um Entscheidungsbefugnisse – und dabei insbesondere um ein Mitspracherecht in wichtigen Angelegenheiten der Kirche – wurde nach dem II. Vatikanischen Konzil neu entfacht. Er hat als fundamentale Krise bis in die neunziger Jahre hinein angehalten.

Die Rebellion brach 1967 in vollem Umfang aus, als fortschrittlich eingestellte westeuropäische Kirchenmänner und Laien in Offenen Briefen, die von Tausenden unterzeichnet waren, den Vorwurf erhoben, der Heilige Stuhl habe es versäumt, die Konzilsbeschlüsse über die Kollegialität umzusetzen, und erweise den Mitkatholiken nicht den gebührenden Respekt. Die niederländische Kirche ignorierte die Vorschriften des Vatikans und veröffentlichte ihren eigenen progressiven Katechismus; sie löste damit eine gesonderte Krise mit dem Heiligen Stuhl aus.

In der Zeit nach dem Konzil stemmten sich die traditionalistischen Hardliner im Vatikan gegen alle Neuerungen. Der moderate, aber selbstquälerische Paul VI. hatte nicht die zur Überwindung der Krise erforderlichen Führungsqualitäten. Er bemerkte im Jahr 1969 in Mailand gegenüber einer Gruppe von Priestern: »Die Kirche befindet sich gegenwärtig in einer Zeit der Unruhe, der Selbstkritik, ja fast der Selbstzerstörung.«

Seine Enzyklika »Humanae vitae«, die alle nicht-natürlichen Formen der Empfängnisverhütung verbot, verschärfte die Krise noch beträchtlich und überschattete das Pontifikat Pauls VI. bis zu seinem Tod. Die Hauptkritik innerhalb der Kirche bezog sich darauf, daß der Enzyklika keine »kollegiale« Entscheidung zugrunde lag.

Die durch »Humanae vitae« entstandene Krise weitete sich unter Johannes Paul II., einem ihrer anonymen Autoren, noch stärker aus. Er blieb bei diesem Thema völlig unnachgiebig, obwohl ihm bekannt sein mußte, daß Millionen von Katholiken auf der ganzen Welt sein Verbot der Empfängnisverhütungsmittel ignorierten. Dies war für ihn, ebenso wie sein Kampf gegen die Abtreibung, eine Frage der Grundsatztreue.

Vom Anbeginn seines Pontifikats an hat Johannes Paul II. die Kontroversen der Kirche und die ihnen zugrundeliegende Krise verschärft, indem er sich auch auf anderen sensiblen Gebieten unnachgiebig verhielt: Er leistete entschiedenen Widerstand gegen die Weihe von Frauen in das Priesteramt und gegen die Gleichberechtigung der Frauen – beispielsweise der Nonnen – in der Kirche; er beharrte auf dem priesterlichen Zölibat und weigerte sich, Priestern die Eheschließung zu gestatten – obwohl die Bibel an keiner Stelle ein Verbot ausspricht.

Mit seiner festen Überzeugung, daß die Kirche nur durch äußerste Disziplin und strenge Kontrolle vor der Säkularisierung und dem Untergang bewahrt werden könne, hat Johannes Paul II. selbst für Kontroversen gesorgt. Er zerstritt sich mit den progressiven Kräften der für den Katholizismus so wichtigen lateinamerikanischen Kirche wegen der Befreiungstheologie, die er für verkappten Marxismus hält, und in der Frage, ob Priester sich am politischen Geschehen direkt beteiligen dürfen.

Der Papst verbot allen Priestern, sich in ein Amt wählen zu lassen oder ein Regierungsamt auszuüben, und wies Priester, die bereits Parlamentssitze innehatten, an, sich nicht zur Wiederwahl zu stellen. Außerdem entzog er führenden europäischen, amerikanischen und lateinamerikanischen Theologen die Lehrbefugnis an katholischen Institutionen, wenn sie Ansichten vertraten, die mit seinen eigenen nicht übereinstimmten.

Johannes Paul II. beanspruchte in diesen fundamentalen Fragen die alleinige Entscheidungsbefugnis und traf schon in der Anfangszeit seines Pontifikats verschiedene umstrittene Anordnungen, durch die sich die Machtverhältnisse innerhalb der Kirche deutlich verschoben. So schmälerte er den Einfluß der Jesuiten und verhalf der katholischen Organisation Opus Dei fast gleichzeitig zu mehr Macht und Eigenständigkeit.

Die Kollegialität und die gemeinsame Entscheidungsfindung stellten eine der wichtigsten Neuerungen des II. Vatikanischen Konzils dar – wobei die im Jahr 1965 geschaffene Bischofssynode eine ihrer Natur nach permanente, zusammen mit dem Papst regierende legislative Versammlung sein sollte. Der Papst konnte diesem Gedanken jedoch wenig abgewinnen. Und mit der in seiner Antrittsrede abgegebenen Verpflichtung, die Beschlüsse des Konzils »vollständig anzuwenden«, ging er sehr vorsichtig um.

Der damalige Staatssekretär Villot fragte Johannes Paul II. kurz nach seiner Wahl, ob er daran denke, den Rat der Synode – deren oberstes Gremium – zu einer Dauereinrichtung zu machen. »Nein«, erwiderte Johannes Paul II., »das wäre eine Synode nach der Art orientalischer Kirchen. Der Papst bleibt der oberste und einzige Gesetzgeber... Es wäre jedoch nützlich, die Verantwortlichkeiten der Synode auszudehnen und sie bei spezifischen Problemen zu konsultieren, aber ohne solchen Konsultationen einen verbindlichen Charakter zu geben.«

Das II. Vatikanische Konzil hatte zum Thema Kollegialität festgehalten, daß die Bischöfe zusammen mit dem Papst »Träger der höchsten und vollen Gewalt über die ganze Kirche« seien. Ein sehr aktiver Papst mag diese Kollegialität natürlich als hinderlich betrachten. Die Gesamtsynode tritt etwa einmal jährlich zusammen, Teilversammlungen – wie die afrikanische Synode des Jahrs 1994 – können jedoch öfter einberufen werden.

Die autokratische Haltung Johannes Pauls II. und sein Beharren auf Disziplin sind seit Beginn seiner Amtszeit Gegenstand heftiger Auseinandersetzungen. In Anbetracht seiner intellektuellen Qualitäten, der unter nazistischer und kommunistischer Unterdrückung verbrachten Lebensjahre und seiner Verbundenheit mit den Menschen, insbesondere mit der Jugend, hatte man von Wojtyła erwartet, daß er ein »moderner« Papst sein würde, der den Wandel der Zeiten verstand und eine flexible Haltung zeigte, ohne dabei Prinzipien aufzugeben.

Warum verhielt sich Johannes Paul II. ganz anders? Die Antwort auf diese Frage findet man in seinen Schriften und Verlautbarungen. Seine absolutistische Haltung in der Frage der christlichen Moral geht auf die strenge Lehre von Aristoteles und Thomas von Aquin zurück sowie auf seine vom Thomismus geprägte Studienzeit. Wojtyłas mystische und messianische Einstellung zum Leben und zum Glauben entstand unter dem Einfluß der polnischen Tradition und im Zusammenhang mit seiner Beschäftigung mit Johannes vom Kreuz. Diese Prägung erlaubt keine Kompromisse. Ähnliches gilt für Wojtyłas Sendungsbewußtsein, seine stärkste Triebkraft.

Das Ausmaß der innerkirchlichen Krise und der Zustand der Weltkirche waren Johannes Paul II. bei seinem Amtsantritt zweifellos bekannt. Während die Weltbevölkerung immer weiter anwuchs, nahm die Mitgliederzahl der katholischen Kirche ab. Bei den Priesterweihen, einem wichtigen Indikator für den Zustand der Kirche, war weltweit ein Rückgang von 4380 im Jahr 1974 auf 3824 im Jahr 1978 festzustellen. In Europa gab es den stärkste Rückgang – von 2273 auf 1774.

Die Zahl der Diözesanpriester war innerhalb von vier Jahren weltweit von 392 609 auf 252 856 gesunken, wobei Europa die größten Einbußen zu verzeichnen hatte. Die Zahl der Taufen war zwischen 1970 und 1978 von knapp sechzehn Millionen auf knapp siebzehn Millionen gestiegen; da aber fast zwanzig Prozent der Weltbevölkerung Katholiken sind, lag diese Zunahme weit unter der Wachstumsrate des katholischen Bevölkerungsanteils.

Johannes Paul II. sah sich mit einem bedenklichen Trend konfrontiert. Seine vordringliche Aufgabe war, diesen Trend zu stoppen und umzukehren. Ob er durch seine Entscheidungen diesem Ziel näherkam, ist fraglich. Im übrigen liefern Statistiken keine exakte Zustandsbeschreibung: Es läßt sich nicht feststellen, wie viele Katholiken sich in aller Stille von der Kirche abwandten und wie viele die Morallehre der Kirche einfach ignorierten.

Johannes Paul II. ist zwar der Pontifex maximus, doch muß er innerhalb der kirchlichen Hierarchie und insbesondere der römischen Kurie regieren, um seine Ziele zu verwirklichen. Durch die zweifelhaften Charaktereigenschaften der Personen, die Johannes Paul II. bei seinem Amtsantritt auf der höchsten Ebene der Kurie vorfand, wurde er jedoch in seinem Hang zum Alleinregieren eher noch bestärkt.

Zur Kurie gehört das Staatssekretariat, das eine Art Kanzleramt und Außenministerium in einem darstellt; ihm unterstand im Jahr 1994 eine Rekordzahl von 164 Botschaftern. Zur Kurie gehören außerdem neun Kongregationen, die sich mit verschiedenen Aspekten des religiösen Lebens beschäftigen, zwölf Päpstliche Räte, drei Gerichtshöfe sowie neunzehn Ratsgremien, Sekretariate und Ämter, dazuhin Bibliotheken und Museen, Radio Vatikan und die Zeitung »L'Osservatore Romano«.

Johannes Paul II. nahm in der Kurie erst allmählich Veränderungen vor; nach seinem Amtsantritt bemühte er sich zuerst einmal, mit dem komplizierten bürokratischen Apparat zurechtzukommen, der mit seiner Klatschsucht und seiner Liebedienerei an einen mittelalterlichen Königshof erinnert. Heutzutage verfügt dort fast jeder über einen Personalcomputer, mit dessen Hilfe Klatschgeschichten verbreitet und geleistete Gefälligkeiten gespeichert werden können.

Der Papst besuchte über mehrere Monate hinweg die verschiedenen obersten Behörden, bevor er sich zu Ernennungen und Richtungsänderungen entschloß. Der amerikanische Erzbischof Paul Marcinkus, der in den ersten fünf Jahren des Pontifikats der Finanzberater und Reisebetreuer Johannes Pauls II. war, kam bald zu dem Schluß, dieser habe »eine rasche Auffassungsgabe für Theoretisches«, doch seien »Details nicht seine Stärke«. Marcinkus meinte, es wäre besser gewesen, wenn der Papst über die Aufgaben jeder einzelnen Vatikanbehörde genau Bescheid gewußt hätte.

Nach dem Tod von Kardinal Villot ernannte Johannes Paul II. Agostino Casaroli zum Staatssekretär. Dieser war ein ausgezeichneter außenpolitischer Ratgeber, auch wenn der Papst die Richtlinien letzten Endes immer selbst bestimmte. Der Erzbischof – und spätere Kardinal – Achille Silvestrini war als Casarolis Stellvertreter für internationale Angelegenheiten zuständig und war somit de facto der Außenminister des Vatikans. Kardinal Roger Etchegaray, Erzbischof von Marseille, oblag weltweit die Beilegung von Konflikten.

Der Papst bestätigte Kardinal Johannes Willebrands, den Erzbischof von Utrecht, als Präsident des Päpstlichen Rates für die Einheit der Christen, um die ökumenische Aufgabe voranzubringen, die ihm sehr am Herzen lag.

Im Jahr 1981 ernannte Johannes Paul II. den damals vierundfünfzigjährigen Kardinal Joseph Ratzinger zum Nachfolger des kroatischen Kardinals Franjo Seper im Amt des Präfekten der Kongregation für die Glaubenslehre; Seper hatte den fast erblindeten Ottaviani abgelöst. Der frühere Dogmatikprofessor ist ein brillanter Denker von großer Strenge und Unnachgiebigkeit. Wojtyła hatte den damals liberal eingestellten Ratzinger beim Vatikanischen Konzil kennengelernt. In der Kurie ist der deutsche Kardinal derjenige, den Johannes Paul II. am ehesten ins Vertrauen zieht. Ratzinger trifft mit dem Papst häufiger zusammen als die anderen Kongregationspräfekten und ist zweifellos der wichtigste Mann in der Kurie.

Unter dem Pontifikat Johannes Pauls II. wurde die Befreiungstheologie zum Gegenstand erheblicher Kontroversen. Dabei ging es neben anderen Aspekten auch um den Dissens und die Weisungsbefugnis innerhalb der Kirche. Ratzinger, der schon vor seiner Ernennung zum Präfekten zwei Jahre lang eng mit dem Papst zusammengearbeitet hatte, spielte dabei eine Schlüsselrolle.

Wie die Kirche in dieser delikaten Angelegenheit auf politischem und theologischem Gebiet vorging, stellte alles andere als eine Meisterleistung dar. Ein Beispiel bietet das Leben und Sterben von Erzbischof Arnulfo Romero aus El Salvador, eines Märtyrers der Kirche.

Romero reiste im Januar 1979 zur Lateinamerikanischen Bischofskonferenz (CELAM) nach Mexiko; dort sah und hörte er Johannes Paul II. zum erstenmal. Die in Puebla tagende Konferenz hatte die Aufgabe, sich zur Situation der Kirche in Lateinamerika zehn Jahre nach der »Erklärung von Medellín« zu äußern (1968 waren die Bischöfe in der kolumbianischen Stadt Medellín mit Paul VI. zusammengetroffen und hatten erstmals die Befreiungstheologie propagiert).

Da diese Theologie in verschiedenen Erscheinungsformen auftritt, und da sie sich im Laufe der vergangenen drei Jahrzehnte weiterentwickelt hat, läßt sie sich nicht genau definieren. Der Theologieprofessor Harvey Cox von der Harvard Divinity School, ein Fachmann auf diesem Gebiet, beschreibt die Befreiungstheologie so:

»Die Befreiungstheologie war von Anfang an in erster Linie eine religiöse Bewegung mit politischen und sozialen Implikationen. Sie stellte keine primär politische, mit religiösem Beiwerk versehene Bewegung dar. Sie war eine religiöse Bewegung, die aus einer religiösen und spirituellen Erneuerung unter den Armen Lateinamerikas entstand. Das Wesentliche an der Befreiungstheologie ist der Versuch, das Christentum, die Bibel und das Evangelium aus der Perspektive der Armen, der An-den-Rand-Gedrückten, der Außenseiter und der Verzweifelten zu begreifen. Den Anstoß zu einer Theologie der Befreiung gab eine Äußerung lateinamerikanischer Bischöfe: ›Wir können nicht zwischen den Reichen und den Armen, den Großgrundbesitzern und den Kleinbauern den Unparteiischen spielen… Wir müssen unsere Ressourcen, unsere Predigt und unser Personal in den Dienst der Mehrheit stellen.‹«

Die neue Bewegung schuf außerdem autonome Basisgemeinden, in denen Priester, Mönche und Nonnen mit katholischen Laien zusammenarbeiteten. Ihr Ziel war es, den Glauben zu stärken und die Lebensbedingungen in ihren Städten und Dörfern zu verbessern.

Erzbischof Romero gehörte zu denen, die von der Befreiungstheologie stark beeindruckt waren. In seinem Heimatland El Salvador gab es seit Jahren einen erbitterten Bürgerkrieg zwischen rechten Militärregimes und den von Kuba unterstützten linken Rebellen der Befreiungsfront FMLN. Als der zweiundsechzigjährige, aus einem entlegenen Bergdorf stammende Bischof Romero im Februar 1978 zum Erzbischof – und Oberhaupt der Kirche von El Salvador – ernannt wurde, geschah dies, weil es um ihn keinerlei Kontroversen gab.

Romero nahm jedoch schon drei Wochen nach seiner Amtseinführung eine militante politische Haltung ein, als dem Regime nahestehende Banditen den Jesuitenpriester Rutilio Grande, mit dem er befreundet war, erschossen hatten; Rutilio Grande hatte Basisgemeinden aufgebaut und gegen Angriffe auf Geistliche, die die Befreiungstheologie predigten, protestiert. Der sanftmütige Romero wurde sogleich zum vehementen Kämpfer für die Menschenrechte und zum Schutzherrn der Kleinbauern. Dadurch zog er sich die Feindschaft mehrerer Bischöfe sowie des Militärregimes zu.

In Puebla wurde Romero in ein CELAM-Komitee delegiert, das die Aufgabe hatte, den der Befreiungstheologie gewidmeten Teil des von der Konferenz zu verabschiedenden Dokuments vorzubereiten. Romero wurde sich dort der Tatsache bewußt, daß Johannes Paul II. eine Abneigung gegen die Bewegung und die direkte Beteiligung von Priestern am politischen Geschehen hatte – selbst wenn es um ein Eintreten für die Armen ging und das Leben von Priestern und katholischen Laien gefährdet war.

Die Haltung des Papstes ist darauf zurückzuführen, daß er mit den Verhältnissen in Lateinamerika nicht vertraut war und daß er von seinen Beratern zu hören bekam, die Befreiungstheologie sei im Grunde eine promarxistische Bewegung. Obwohl Johannes Paul II. kurz zuvor die einschlägigen Bücher von Gustavo Gutiérrez gelesen hatte, stimmte er mit denen überein, die diese Theologie für gefährlich hielten; er unterstützte Empfehlungen, die darauf abzielten, in Puebla »die Fehler von Medellín« zu korrigieren.

Vor dem Geist von Medellín wurde Johannes Paul II. insbesondere von Ratzinger, Kardinal Sebastiano Baggio und dem kolumbianischen Erzbischof Alfonso López Trujillo, dem Generalsekretär der Bischofskonferenz, gewarnt. Diese erzkonservativen Kräfte vertraten den Standpunkt, Neuerungen wie die Basisgemeinden gefährdeten die Autorität der Bischöfe und die Autorität Roms und müßten deshalb verboten werden (1994 war diese Einstellung am Heiligen Stuhl noch weit verbreitet).

Man fand schließlich einen Kompromiß. Direkte Kritik an der Befreiungstheologie und den Basisgemeinden gab es weder vom Papst noch im Text der »Erklärung von Puebla«; Johannes Paul II. fand jedoch geeignete Formulierungen, um kirchliche Gerechtigkeitssucher von sozialrevolutionären Bewegungen fernzuhalten. Der Papst sagte, die Vorstellung, »daß Christus eine politische Gestalt, ein Revolutionär, der Umstürzler aus Nazareth« gewesen sei, lasse sich mit dem Neuen Testament nicht vereinbaren.

In Puebla legte man sich auf nichts fest. In der Erklärung der Bischofskonferenz wurde wiederholt, daß sich die Kirche für eine »Hinwendung zu den Armen« ausspreche, doch die Aufbruchsstimmung von Medellín war verflogen. Viele Bischöfe waren enttäuscht, so auch Romero. Und was sie noch mehr enttäuschte: Johannes Paul II. war in seinen Reden mit keinem Wort darauf eingegangen, daß es bei den diktatorischen Regimes in Mittel- und Südamerika üblich war, Gegner zu foltern und zu ermorden – auch Priester und Nonnen. Dagegen hatten Kirchenmänner wie die brasilianischen Kardinäle Paulo Evaristo Arns und Aloísio Lorscheider die politischen Gewalttaten und die Unterdrückung in Lateinamerika seit Jahren vehement verurteilt.

Die vagen Äußerungen von Puebla nutzten Bischöfen wie Sebastiano Baggio und López Trujillo bei ihrer Kampagne gegen die »marxistische« Befreiungstheologie. Es dauerte nicht lange, bis Romero, der sich weiter gegen die Gewalt und die politischen Morde in El Salvador wandte, selbst zur Zielscheibe ihrer Attacken wurde. Während in El Salvador Priester überfallen und umgebracht wurden, setzte der Vatikan dort einen Apostolischen Visitator ein, der Romero praktisch die Leitung der Kirche entzog.

Romero wurde jetzt beschuldigt, ein Umstürzler zu sein. Am 11. August 1979 notierte er in seinem Tagebuch, seine Zusammenkünfte mit den salvadorianischen Bischöfen würden »von dem Vorurteil bestimmt, daß es in der Kirche eine marxistische Infiltration gebe«. »Es ist unmöglich, dieses Vorurteil zu beseitigen«, fuhr Romero fort, »obwohl ich zu erklären versucht habe, daß viele Priester verfolgt werden, weil sie den in Medellín und Puebla für Lateinamerika umgesetzten Beschlüssen des II. Vatikanums gerecht werden wollen. Dies stieß auf wenig Verständnis.«

In Rom mußte Romero sechs Wochen warten, bis er schließlich am 7. Mai 1979 bei Johannes Paul II. die erbetene Audienz erhielt. Romero war gekommen, um den Papst davon zu überzeugen, daß es notwendig sei, gegen die Ermordung von Priestern und Laien durch die salvadorianischen Todesschwadronen zu protestieren. Zu sieben Priestermorden der jüngsten Zeit hatte er umfangreiches Aktenmaterial mitgebracht.

Wie der Papst darauf reagierte, notierte der Erzbischof in seinem Tagebuch:

»Er räumte ein, daß die Pastoralarbeit in einem politischen Klima wie dem, in dem ich arbeiten muß, sehr schwierig ist. Er empfahl große Ausgewogenheit und Umsicht, insbesondere bei der Stellungnahme zu spezifischen Vorfällen. Er glaubt, daß es besser sei, das Prinzipielle im Auge zu behalten, weil es bei spezifischen Beschuldigungen das Risiko von Irrtümern und Fehlern gebe.«

Am 30. Januar 1980 wurde Romero erneut von Johannes Paul II. empfangen. Er schrieb in sein Tagebuch, der Papst habe ihn »...sehr warmherzig empfangen und mir gesagt, daß er genau verstehe, wie schwierig die politische Situation in meinem Land sei. Er sei besorgt über die Rolle der Kirche. Wir sollten uns nicht nur um die soziale

Gerechtigkeit und die Armen kümmern, sondern auch bedenken, was passieren würde, wenn die Linke die Gelegenheit zu einer Abrechnung bekäme ... Am Schluß umarmte er mich freundschaftlich und teilte mir mit, daß er jeden Tag für El Salvador bete.«

Am Montag, dem 24. März 1980, wurde Erzbischof Romero kurz nach 18 Uhr mit einem einzigen Schuß in die Brust getötet, als er in der Kapelle eines Krankenhauses in San Salvador für die Mutter eines Freundes eine Messe las. Der Mord geschah auf Befehl des militärischen Geheimdienstes.

Die Kampagne des Vatikans gegen die Befreiungstheologie diente zumindest teilweise als Vorwand für das Vorgehen Johannes Pauls II. gegen die Gesellschaft Jesu. Die Jesuiten wirkten bei den von der Befreiungstheologie geprägten Aktivitäten eines Teils des mittelamerikanischen Klerus mit, so in El Salvador, wo der Bürgerkrieg mit unverminderter Härte weiterging, und in Nicaragua, wo die marxistisch eingestellten Sandinisten Mitte 1979 nach dem Sturz des Somoza-Regimes an die Macht gekommen waren.

Die Gesellschaft Jesu war 1540 von dem Basken Ignatius von Loyola gegründet worden, um den Niedergang der Kirche in der Zeit der Reformation aufzuhalten. Sie war in den achtziger Jahren mit fast dreißigtausend Jesuiten, mit ihren Schulen, Universitäten und Gelehrten und den auf dem ganzen Globus tätigen Missionaren der größte religiöse Orden der Welt. Vom neuen Papst wurde die Gesellschaft Jesu aber als zu progressiv und zu »liberal« eingestuft; er bemängelte, daß sie sich in Situationen wie in Mittelamerika nicht an seine theologischen und politischen Vorgaben hielt. Ihr sollte deshalb Disziplin beigebracht werden. Einzelheiten der »päpstlichen Intervention« sind bisher kaum veröffentlicht worden.

Die Disziplinierung bestand zuerst darin, daß dem Jesuitengeneral Pedro Arrupe, der seinen Sitz in Rom hatte, nicht gestattet wurde, 1981 die Generalversammlung des Ordens einzuberufen. Der dreiundsiebzigjährige Arrupe, der seit 1965 General der Gesellschaft gewesen war, hatte bei dieser Gelegenheit aus Gesundheits- und Altersgründen seinen Rücktritt einreichen wollen. Nach einem Treffen im Frühjahr 1980 schrieb ihm der Papst jedoch: »Mit Rücksicht auf das Wohl der Kirche und das Wohl Ihres Ordens möchte ich nicht, daß Sie die Versammlung einberufen und zurücktreten.« Zu jenem Zeitpunkt gab es zwischen dem Heiligen Stuhl und den Jesuiten Streitigkeiten wegen Mittelamerika, wo die Jesuiten eine noch aktivere Rolle spielen wollten.

Viele gutunterrichtete Jesuiten haben den Verdacht, daß Johannes Paul II. den Rücktritt Arrupes und die geplante Wahl hinausschieben wollte, um Zeit zu gewinnen für eine gründliche Durchleuchtung des Ordens. Es dauerte jedenfalls fast ein Jahr, bis der Papst Arrupe wieder empfing; dabei lehnte er das Rücktrittsersuchen erneut ab.

Dann wurde das Attentat auf den Papst verübt, und Arrupe erlitt im August 1981 einen schweren Schlaganfall. Arrupe ernannte daraufhin Pater Vincent O'Keefe zum Generalvikar des Ordens; der Amerikaner O'Keefe war damit das zeitweilige Oberhaupt der Jesuiten. Doch zwei Monate danach holte Johannes Paul II. zum Schlag gegen den Orden aus.

Am 6. Oktober 1981 überbrachte Staatssekretär Casaroli ein Schreiben des Papstes, mit welchem die Verfassung der Jesuiten aufgehoben wurde, um so die Wahl eines neuen Generals zu verhindern. O'Keefe wurde als Generalvikar abgesetzt. Zu seinem Nachfolger ernannte der Papst den achtzigjährigen Pater Paolo Dezza, einen italienischen Jesuiten (und späteren Kardinal); er sollte die Gesellschaft Jesu mit Unterstützung von Pater Giuseppe Pittau leiten.

Die Jesuiten durften ihre Generalversammlung erst im September 1983 abhalten. Sie wählten den angesehenen niederländischen Gelehrten und Nahostspezialisten Peter-Hans Kolvenbach zu ihrem General. Doch bis zu diesem Zeitpunkt hatten die Jesuiten viel von ihrem bisherigen Einfluß verloren.

Nach Aussage eines jesuitischen Historikers begründete Johannes Paul II. seine beispiellose »Intervention« damit, daß »wir mit unseren Schriften, unseren Lehren und manchen von unseren Ratschlägen unter dem Volk Gottes Verwirrung gestiftet hätten und daß wir dabei gegen die Lehren der Kirche verstoßen hätten«. Nach Ansicht des Papstes hätten manche Jesuiten den religiösen Bereich verlassen und sich auf gesellschaftspolitisches Gebiet begeben; in ihrem Orden gebe es zahlreiche

Säkularisierungstendenzen, und er sei besorgt über die zu liberale Ausbildung der jungen Jesuiten.

Der Vatikan setzte seinen Kampf gegen die Befreiungstheologie fort. Im August 1984 gab Ratzingers Glaubenskongregation eine Anweisung heraus, mit der »die Aufmerksamkeit der Seelsorger, der Theologen und aller Gläubigen auf die dem Glauben und dem christlichen Leben abträglichen Verirrungen oder Gefahren gelenkt werden soll, welche bestimmte Formen der Befreiungstheologie mit sich bringen, die auf unkritische Weise von verschiedenen marxistischen Denkrichtungen entlehnte Konzepte verwenden«. Am 21. Dezember 1984 erklärte Johannes Paul II. in einer Ansprache vor den Kurienkardinälen, die Kirche solle weiterhin Unterprivilegierten helfen, doch müsse sie die Armen vor »illusorischen und gefährlichen« Ideologien schützen.

Inzwischen ist der Marxismus-Leninismus in der Versenkung verschwunden, doch die Befreiungstheologie gibt es nach wie vor. Der Heilige Stuhl hat es bisher versäumt, dieser Entwicklung Rechnung zu tragen. Und die Armut in der Dritten Welt nimmt weiter zu.

Johannes Paul II. wandte sich zu Beginn seines Pontifikats nicht nur gegen die Befreiungstheologie; der Heilige Stuhl ging gleichzeitig gegen katholische Theologen vor, die abweichende Standpunkte vertraten.

Schon im Dezember 1979 wurde dem Schweizer Theologen Hans Küng, der an der Universität Tübingen lehrte – und den Wojtyła einst bewundert hatte –, von Ratzingers Kongregation die Lehrbefugnis für katholische Theologie entzogen, weil er die vom I. Vatikanischen Konzil proklamierte päpstliche Unfehlbarkeit in Zweifel gezogen hatte. Der Fall Küng wurde zu einer *Cause célèbre*; Episkopate auf der ganzen Welt erhoben Protest. Doch Johannes Paul II. gab nicht nach; in einer Stellungnahme aus dem Jahr 1980 bezeichnete er das Vorgehen gegen Küng als »verantwortungsbewußt«. Zum selben Zeitpunkt wie Küng wurde der französische Dominikanerpater Jacques Pohier bestraft, weil er an der Auferstehung Christi Zweifel geäußert hatte.

1986 erhielt der an der Catholic University of America in Washington lehrende Charles E. Curran ein Schreiben von Kardinal Ratzinger, in dem ihm mitgeteilt wurde, daß er nicht mehr für geeignet erachtet werde, das Amt eines Professors für katholische Theologie auszuüben; dies sei eine »definitive Entscheidung«, die Johannes Paul II. persönlich gebilligt habe. Sie bezog sich auf Pater Currans öffentliche Kritik an der Enzyklika »Humanae vitae«. Pater Curran hatte die Ansicht vertreten, daß man »in der Theorie und in der Praxis von dem in der päpstlichen Enzyklika ausgesprochenen Verbot künstlicher Empfängnisverhütungsmittel abweichen ... und dennoch ein guter Katholik sein kann«.

Curran hat heute dazu folgende Ansicht: »Daß die Empfängnisverhütung immer noch ein wichtiges Thema ist, liegt daran, daß es Symbolcharakter bekommen hat. Wer in dieser Hinsicht seinen Standpunkt ändert, muß einräumen, daß auch in anderen Bereichen Änderungen nötig sind.«

Küng, Pohier und Curran haben ihre Lehrbefugnis eingebüßt; andere führende Theologen, die abweichende Meinungen vertraten, wurden von Kardinal Ratzingers Kongregation einer inquisitorischen Behandlung unterzogen. Zu ihnen gehören der Belgier Edward Schillebeeckx, der Deutsche Bernhard Häring, der Peruaner Gustavo Gutiérrez und der Brasilianer Leonardo Boff, ein Franziskaner, der schließlich das Priesteramt aufgab.

1993 bestätigte Johannes Paul II. sein Verbot hinsichtlich einer politischen Betätigung von Priestern, wohl auch deswegen, weil andernfalls neuer Dissens entstehen und die päpstliche Autorität im politischen Bereich in Frage gestellt werden könnte. Es entbehrt nicht der Ironie, daß der politisch aktivste aller Päpste seine Priester nicht politisch tätig werden lassen will.

Im August 1993 sagte Johannes Paul II. unter Hinweis auf den neuen »Katechismus der katholischen Kirche«, es sei nicht die Aufgabe der Seelsorger der Kirche, sich direkt in das politische Geschehen einzumischen. Dazu seien die Laien berufen. Der Papst forderte die Priester auf, daran zu denken, »daß eine politische Partei nie Gegenstand absoluter Loyalität werden kann«.

Einseitigkeit beim Vorgehen gegen den Dissens kann man dem Papst nicht vorwerfen. 1988 exkommunizierte er den ultrakonservativen französischen Erzbischof Marcel Lefebvre, weil dieser die Reformen des II. Vatikanums abgelehnt und seine eigenen Priester und Bischöfe eingesetzt hatte. Nach Lefebvres Tod im Jahr 1991 blieb mindestes eine halbe Million Katholiken dessen Lehre weiterhin treu.

Fast zum selben Zeitpunkt, an dem er gegen die Gesellschaft Jesu vorging, gewährte Johannes Paul II. Opus Dei eine »persönliche Prälatur«. Der Beschluß des Papstes wurde am 27. November 1982 bekanntgegeben; Monsignore Alvaro del Portillo, der Generalpräsident von Opus Dei, wurde der erste Prälat der Organisation.

Durch diese persönliche Prälatur, die in der Kirchengeschichte einmalig ist, erhielt Opus Dei ein großes Maß an Eigenständigkeit; die Organisation ist seither nur der römischen Bischofskongregation und dem Papst verantwortlich. Die im Jahr 1928 von dem spanischen Priester Josemaría Escrivá de Balaguer y Albás gegründete Vereinigung will keine Massenbewegung darstellen, sondern eine Elite bilden. Opus Dei hatte im Jahr 1994 weltweit 80 000 Mitglieder, darunter etwa 1500 Priester.

Daß Opus Dei soviel Macht und Eigenständigkeit bekam, ging auf eine persönliche Entscheidung des Papstes zurück. Escrivá starb am 26. Juni 1975, doch Wojtyła gedachte noch des öfteren des Mannes, der Opus Dei gegründet hatte. Durch persönliche Verbindungen zu Priestern und Laien, die Opus Dei angehörten, wurde Wojtyła mit der Vereinigung vertraut. Was ihn an ihr offenbar beeindruckte, war das Engagement der Laien in der seelsorgerlichen Arbeit sowie die strikte Disziplin und der Gehorsam der Mitglieder. Von deren beruflicher Tätigkeit war Wojtyła ebenfalls beeindruckt – viele von ihnen sind Politiker, Wirtschaftsführer, Wissenschaftler, Ärzte, Publizisten oder höhere Offiziere.

Wojtyłas Interesse wurde erwidert. Opus Dei begann in aller Stille damit, die Krakauer Diözese materiell zu unterstützen; zu den vielfältigen Leistungen gehörte auch die Finanzierung von Reisen. Im Gegensatz zu den religiösen Bewegungen der Dritten Welt, die die Befreiungstheologie predigten und – wie Wojtyła meinte – mit dem Marxismus liebäugelten, war Opus Dei strikt antikommunistisch eingestellt.

Als Wojtyła im Oktober 1978 in Rom eingetroffen war, um am Konklave teilzunehmen, ließ er sich eines Nachmittags zum Hauptquartier von Opus Dei fahren und betete in der dortigen Kirche am Grab von Escrivá de Balaguer. 1994 kehrte Johannes Paul II. nach dem Tod von Generalpräsident Portillo in diese Kirche zurück und betete bei dem dort aufgebahrten Leichnam.

Johannes Paul II. ist einer der stärksten Förderer von Opus Dei geworden, und im Gegenzug hat die Vereinigung sich ihm ganz zur Verfügung gestellt, einschließlich ihrer gewaltigen Ressourcen. Als das kommunistische Herrschaftssystem in Polen im Jahr 1989 zusammenbrach, war Opus Dei sofort zur Stelle und eröffnete pastorale und kulturelle Einrichtungen. Später stellte Opus Dei im unabhängig gewordenen Kasachstan Geld und Personal für den Aufbau der römisch-katholischen Kirche zur Verfügung.

Am 27. Mai 1992 sprach Johannes Paul II. bei einer Zeremonie auf dem Petersplatz, der eine Viertelmillion Menschen beiwohnten, Escrivá de Balaguer selig – knapp 17 Jahre nach dessen Tod. So schnell war bis dahin kaum jemand seliggesprochen worden.

FÜNFTER TEIL

Der »Pilgerpapst« und die große Polenkrise

21

In den achtziger Jahren, der Zeit der großen Polenkrise, richtete der Papst seine Aufmerksamkeit verstärkt auf sein Heimatland; daneben beschäftigte er sich mit den Beziehungen des Heiligen Stuhls zur Sowjetunion und mit seinen Reisen, die ihn auf fünf Kontinente führten. Der gemeinsame Nenner dieser Bemühungen war das Bestreben, sich in der Rolle einer weltpolitischen und spirituellen Leitfigur zu behaupten und Christen wie Nichtchristen auf die großen Aufgaben der Menschheit hinzuweisen. Dieses Jahrzehnt war bislang der Höhepunkt seines Pontifikats. Es war in jeder Hinsicht seine produktivste Periode, aber es brachte auch Gefahren, Tragik und Leid.

Durch seine diskrete, aber äußerst effektive Einflußnahme während der Krise in Polen, die jenen Prozeß in Gang setzte, der schließlich zum Verschwinden des Kommunismus führte, hat sich Johannes Paul II. historische Verdienste erworben. Seine beiden Polenbesuche in den achtziger Jahren, bei denen er die dortige Situation mit großer Umsicht behandelte, waren für den Verlauf der Ereignisse von großer Bedeutung. Ähnlich verfuhr er auch im Umgang mit der Sowjetunion, wo Michail Gorbatschow schließlich auf diplomatischem Gebiet zu einem seiner wichtigsten Partner wurde.

Johannes Paul II. wurde auch deswegen zum »Pilgerpapst« – wie er sich selbst oft nannte –, weil er die moderne Technik dazu nutzte, um bei großen Teilen der Weltbevölkerung präsent zu sein – Düsenflugzeuge und Hubschrauber gehören dazu ebenso wie das Satellitenfernsehen und die grenzenlosen Möglichkeiten der Computertechnologie. Ihm gelang es in einem noch nie dagewesenen Ausmaß, das Oberhaupt der katholischen Kirche der Welt näherzubringen. Natürlich spielte dabei seine eigene Persönlichkeit eine große Rolle.

Johannes Paul II. nutzte das erste Jahr seines Pontifikats, um sich im Vatikan und auf internationaler Ebene zu etablieren. Als das Jahr 1979 zu Ende ging, hatte er die Kurie gut im Griff. Bei seinen Auslandsreisen verwirklichte er seine wichtigsten Zielsetzungen. In Santo Domingo und Mexiko machte er ein halbes Jahr nach dem Tod von Paul VI. seinen Anspruch auf die uneingeschränkte Führungsrolle auf religiösem Gebiet geltend. Dann erschien seine Enzyklika »Redemptor Hominis«, in der er seine theologischen, sozialen und philosophischen Anschauungen darlegte. Als nächstes kam der Polenbesuch, bei dem der Papst die religiösen und patriotischen Bindungen an sein Heimatland hervorhob; diese Reise war in politischer Hinsicht sehr bedeutsam.

Auf seinem Flug in die Vereinigten Staaten legte Johannes Paul II. im überwiegend katholischen Irland einen kurzen Zwischenstop ein. Während des einwöchigen USA-Besuchs hielt er eine Rede vor der Generalversammlung der Vereinten Nationen, in der er zum Frieden und zur sozialen Gerechtigkeit aufrief. In Washington wurde der Papst – wohl zum erstenmal – mit öffentlichem Protest konfrontiert: Schwester Theresa Kane, eine amerikanische Nonne, beschwerte sich über die diskriminierende Behandlung der Frauen in der Kirche. – Seltsamerweise hat der überaus intelligente Papst nie begriffen, wieso katholische Frauen mit der Kirche immer unzufriedener sind.

Ende November 1979 unternahm Johannes Paul II. eine dreitägige Reise in die Türkei; deren Bevölkerung ist zwar zu 98 Prozent muslimisch, doch in Istanbul befindet sich der Sitz des Patriarchen der griechisch-orthodoxen Kirche. Für Johannes Paul II., der Herausforderungen nicht scheut, war der Besuch der Türkei eine besonders lohnende Erfahrung.

Für die winzige katholische Minderheit in der Türkei zelebrierte der Papst eine Messe. Sein Hauptanliegen bestand jedoch darin, der islamischen Welt klarzumachen, daß der Heilige Stuhl nicht ihr Feind war. Anfang 1979 waren Khomeinis Fundamentalisten im Iran an die Macht gekommen, und überall gab es Spekulationen, daß religiöse Konflikte ausbrechen könnten – von Nordafrika bis zum Persischen Golf.

Der Papst feiert auf dem in der Nähe des antiken Ephesus gelegenen Nachtigallenberg vor dem »Haus Mariens« eine Messe.

Zur Eröffnung des Zehnten Nationalen Eucharistischen Kongresses am 1. Juli 1980 zelebriert der Papst zusammen mit allen Bischöfen Brasiliens in Fortaleza eine Messe.

Ebenso wichtig war es für Johannes Paul II., das Einvernehmen zu bekräftigen, das Paul VI. in den sechziger Jahren mit dem griechisch-orthodoxen Patriarchen Athenagoras erreicht hatte (bei der ersten Kontaktaufnahme zwischen den beiden Kirchen seit dem Großen Schisma im Jahr 1054). Patriarch Dimitrios, der Nachfolger von Athenagoras, begrüßte den Papst bei ihrem Zusammentreffen in der Georgskirche in Istanbul als »heiligen Bruder«. Johannes Paul II. bezeichnete das Treffen als weiteren Schritt in Richtung auf eine ökumenische Einheit. Der Papst fand noch Zeit für einen Flug, um nahe beim antiken Ephesus auf dem Nachtigallenberg in dem zu einer Kapelle umgebauten »Haus Mariens« eine heilige Messe zu feiern. Dieser Ort wird neben der Dormitio-Abtei in Jerusalem als einer der beiden möglichen Sterbeorte Mariens verehrt und ist eine der wichtigsten Stätten der Mariologie.

Von der Politik konnte sich der Papst jedoch nicht ganz fernhalten. In seinen Reden brachte er seine Hoffnung auf eine Verbesserung der Beziehungen zwischen der Türkei und Griechenland zum Ausdruck, die als NATO-Mitglieder militärische Verbündete waren, sich in ihrer eigenen Region jedoch aus politischen und religiösen Gründen feindlich gegenüberstanden. Türkische Truppen hatten 1974 das weitgehend von Griechen bewohnte Zypern besetzt und einen separaten türkisch-zypriotischen Staat gebildet; in der NATO befürchtete man, daß es zu einem offenen Krieg zwischen Griechenland und der Türkei kommen könnte.

Die große Krise brach in Polen im Juli 1980 aus, als Johannes Paul II. gerade einen zweiwöchigen Brasilienbesuch machte; in diesem Land haben die Katholiken den weltweit höchsten Anteil an der Gesamtbevölkerung. In jenem Jahr reiste der Papst in neun Länder auf drei Kontinenten. Eine zehntägige Afrika-Tour Anfang Mai bildete den Anfang; sie führte Johannes Paul II. nach Zaire, in den Kongo, nach Kenia, Ghana, Obervolta und zur Elfenbeinküste, wo sich die größte römisch-katholische Kathedrale der Welt befindet. Afrika war für Johannes Paul II. ein zukunftsträchtiges Gebiet, vielleicht die letzte Bastion des Katholizismus in einer Welt, deren Säkularisierung er beklagt. Diesen Kontinent besuchte er am häufigsten. (Im Jahr 1978 gab es in ganz

Afrika nur etwa 8000 Priester, weniger als in Mittelamerika und Mexiko.)

Obwohl die afrikanische Kirche eine der ältesten der Christenheit ist, sind die bestehenden katholischen Gemeinden einer scharfen Konkurrenz ausgesetzt: Nicht nur von seiten traditioneller animistischer Religionen, sondern auch durch die Ausbreitung des Islam und durch finanzkräftige, hauptsächlich aus den USA stammende protestantische Sekten. Bei seiner ersten Afrikareise schien sich der Papst jedoch der Tatsache nicht bewußt zu sein, daß der Widerstand der Kirche gegen die Inkulturation seine Evangelisationspläne ernstlich behinderte. Erst bei der afrikanischen Bischofssynode des Jahres 1994 wurden in dieser Hinsicht Fortschritte erzielt.

Vom 30. Mai bis 2. Juni war Johannes Paul II. in Frankreich, wo er sich an die Jugend wandte und bei der UNESCO eine Rede hielt. Am 30. Juni traf er in Brasilien ein. Tags darauf wurden in Polen Preiserhöhungen für Lebensmittel bekanntgegeben; sie lösten in Lublin Streiks aus, die sich später auf andere Städte ausweiteten. Die kommunistischen Machthaber ahnten genausowenig wie die polnische Kirche und der im fernen Brasilien weilende Papst, daß dies die Vorboten eines historischen Umbruchs waren; auch die Arbeiter waren sich dessen wohl kaum bewußt.

Edward Gierek, der damalige Parteichef, räumte später ein, die soziale und wirtschaftliche Situation Polens habe sich in der zweiten Hälfte der siebziger Jahre rapide verschlechtert. Der vorangegangene Winter sei der schlimmste seit hundert Jahren gewesen und habe die Wirtschaft völlig durcheinandergebracht. Gierek gab aber auch seinem eigenen Geheimdienst die Schuld, weil dieser die explosive Situation nicht erkannt und gemeldet habe.

Primas Wyszyński und er hätten die Beziehungen zwischen der Kirche und dem Staat weiter verbessert, sagte Gierek. Innerhalb der Parteiführung habe man ihm vorgeworfen, er sei nach dem Papstbesuch »bei seinen Zugeständnissen an die Katholiken zu weit gegangen«; angesichts der Kräfteverhältnisse in Polen habe er jedoch deren Ansichten berücksichtigen müssen.

Der Lubliner Eisenbahnerstreik, der am 16. Juli begann, stellte für den Kreml ein Problem dar, weil die etwa 500 000 in der DDR stationierten sowjetischen Soldaten beim Nachschub, so bei der Versorgung mit Treibstoff, Lebensmitteln und Munition, auf die durch Polen führende Eisenbahnverbindung angewiesen waren. Gierek flog deshalb am 27. Juli auf die Krim und versicherte Breschnew in dessen Ferienvilla, daß der Eisenbahnerstreik beendet und die Situation unter Kontrolle sei. Der polnische Parteichef blieb auf der Krim, um dort selbst Urlaub zu machen.

Als Johannes Paul II. aus Brasilien zurückgekehrt war und in seiner Sommerresidenz Castel Gandolfo weilte, dehnten sich die Streiks auf Warschau, Posen, Krakau, Bromberg, Danzig und verschiedene Zentren der Schwerindustrie aus. Es handelte sich um spontane örtliche Arbeitsniederlegungen, die niedrigere Lebensmittelpreise und höhere Löhne zum Ziel hatten.

Der Papst erhielt von der Polnischen Abteilung des vatikanischen Staatssekretariats, dem Episkopat in Warschau und anderen kirchlichen Stellen detaillierte Informationen, schien zu diesem Zeitpunkt aber nicht sonderlich beunruhigt zu sein.

Gierek, der sich eingeredet hatte, die Lubliner Streiks seien ein isolierter Vorfall, kehrte Mitte August eilends nach Polen zurück, als er den Ernst der Lage erkannte. Auf der Lenin-Werft in Danzig forderten Streikende die Schaffung unabhängiger Gewerkschaften. Nach Giereks Einschätzung war dadurch sowie durch das Auftauchen politischer Slogans »eine völlig neue Realität« entstanden.

Am 14. August nahm die polnische Krise eine entscheidende Wendung. In den frühen Morgenstunden erklärten die zur Frühschicht eintreffenden Arbeiter die Lenin-Werft für besetzt; sie schlossen die Werkstore und bildeten ein Streikkomitee. Dort konnten sie zu Tausenden ihren Protest zum Ausdruck bringen und waren gleichzeitig vor den Sicherheitskräften geschützt. Niemand glaubte, daß Gierek die Werft stürmen und die Arbeiter entfernen lassen würde; die Geschehnisse bei den Danziger Unruhen von 1970 waren beiden Seiten noch genau in Erinnerung.

Die Anführer des Streiks gehörten zwar schon seit den frühen siebziger Jahren einer kleinen, illegalen freien Gewerkschaft an, doch die

Besetzung der Werft war praktisch über Nacht improvisiert worden. Man hatte keine festumrissenen politischen Ziele. Die ursprünglichen Forderungen lauteten: Wiedereinstellung einer Kranführerin, die einer freien Gewerkschaft angehörte und die im Januar wegen ihrer militanten Haltung versetzt worden war, sowie eine – relativ bescheidene – Lohnerhöhung. Die Dinge nahmen jedoch unter dem Einfluß des siebenunddreißigjährigen arbeitslosen Elektrikers Lech Wałęsa einen ganz anderen Verlauf: Wałęsa hatte sich den Streikenden angeschlossen und wurde deren unumstrittener Anführer. Er war seit Jahren in der freien Gewerkschaftsbewegung tätig und hatte wegen mißliebiger politischer Aktivitäten seinen Arbeitsplatz auf der Werft und danach verschiedene andere Stellen verloren.

Andere Danziger Werften schlossen sich noch am selben Tag dem Streik an, ebenso Werften und Fabriken in Gdingen, Stettin und Elbing. Ein überbetriebliches Streikkomitee, das MKS, wurde gebildet. Dessen an die polnischen Werktätigen gerichteten Aufrufe zur Solidarität mit den streikenden Werftarbeitern führten zur Entstehung einer landesweiten freien Gewerkschaft: der »Solidarność«. Sie wurde fast zwangsläufig zu einer politischen Bewegung.

Es gibt zwar keine Anzeichen dafür, daß das polnische Episkopat bei den Ereignissen von Danzig eine Rolle spielte; Tatsache jedoch ist, daß sich »Solidarność« sogleich zum Katholizismus bekannte. Verwunderlich war dies angesichts der patriotisch-religiösen Traditionen der Polen nicht, doch es geschah mit unerwarteter Spontaneität.

Johannes Paul II. enthielt sich weitgehend öffentlicher Äußerungen zu diesem Streik; an den Toren der Lenin-Werft tauchten jedoch plötzlich Papstporträts und weißgelbe Flaggen des Heiligen Stuhls auf. Zwischen dem Polenbesuch Johannes Pauls II. und der Entstehung von »Solidarność« läßt sich zwar kein ursächlicher Zusammenhang nachweisen, doch hat es immerhin den Anschein, daß eine Verbindung existierte. Wahr ist, daß sich die Arbeiter durch die Tatsache, daß es in Rom einen polnischen Papst gab, bestärkt, ja sogar beschützt fühlten, als sie gegen das herrschende System protestierten. Und für die Oppositionsbewegung war das Gefühl, von Johannes Paul II. beschützt zu werden, im Jahrzehnt der polnischen Krise in psychologischer und politischer Hinsicht von großer Bedeutung. Der Papst wiederum entfaltete diplomatische Aktivitäten, die jedoch für die polnische Oppositionsbewegung, ja selbst für das polnische Episkopat nur schwer zu erkennen waren: Zwischen Rom und Warschau sowie Rom und Moskau reisten Abgesandte in geheimer Mission hin und her. Daß Johannes Paul II. Geduld besaß und über eine langfristige Perspektive verfügte, war bei diesen diplomatischen Bemühungen von großem Vorteil.

Am 18. August gab die »Solidarność«-Führung eine sechzehn Punkte umfassende Liste von Forderungen bekannt. Am wichtigsten war die Forderung nach freien Gewerkschaften: »Nach Bekanntgabe der Beendigung des Streiks wird sich das MKS nicht auflösen, sondern ... freie Gewerkschaften organisieren und als Bezirksvertretung freier Gewerkschaften agieren.« Eine Abschaffung der staatsabhängigen Gewerkschaften verlangten die Streikenden nicht. Im Laufe der Woche kamen von KOR Berater mit politischer und juristischer Erfahrung; dabei handelte es sich überwiegend um katholische Intellektuelle aus Warschau und Krakau. Die Liste der Forderungen wurde von sechzehn auf zwanzig Punkte erweitert; die neuen Forderungen betrafen die Abschaffung der Zensur, die Redefreiheit, den Zugang zu den nationalen Medien und das Streikrecht.

Gierek mußte sich jetzt entscheiden, ob er mit den Streikenden verhandeln oder Gewalt anwenden wollte. Er entschied sich für Verhandlungen. Gierek hätte die KOR-Berater verhaften und einige der bestreikten Werften stürmen lassen können, aber er war sich darüber im klaren, daß dies tragische Folgen gehabt hätte.

Gierek wurde in seiner Entscheidung von General Wojciech Jaruzelski, dem Verteidigungsminister und Mitglied des Politbüros, unterstützt. Dies war ebenfalls von großer Bedeutung, weil die Arbeiter dadurch die Gewißheit erhielten, daß die polnische Armee, die neben der Kirche große Achtung im Lande genoß, nicht auf sie schießen würde.

Jaruzelski stammte aus dem Kleinadel und hatte vor dem Ausbruch des Zweiten Weltkriegs in Warschau ein von den Böhmischen Brüdern geleitetes Gymnasium besucht. Die Familie Jaruzelski floh vor der vorrückenden deutschen Wehrmacht nach Osten, wurde aber nach dem Einmarsch der sowjetischen Truppen nach Rußland deportiert. Jaruzelski schloß sich der unter sowjetischem Oberkommando stehenden polnischen Armee an und rückte mit ihr bis nach Deutschland vor. Dann machte er in der Kommunistischen Partei und in der Armee eine steile Karriere. Wie Jaruzelski jedoch einmal einräumte, hatte seine christliche Erziehung auch später noch gewisse Auswirkungen; sie sollte in der Beziehung zu Johannes Paul II. ein wichtiges persönliches Element darstellen.

Die Verhandlungen mit den Streikenden in Danzig dauerten den ganzen August über. Breschnew übte einen immer stärker werdenden Druck auf Gierek aus, die Situation zu bereinigen, die nach Ansicht der Sowjets das gesamte kommunistische System in Osteuropa bedrohte. Hardliner in der PZPR verlangten von Gierek, er solle eine Lebensmittelblockade gegen die Küstenstädte verhängen, um die Streikenden und deren Familien »auszuhungern«.

Giereks Erinnerungen zufolge rief Breschnew eines Tages aus Moskau an, um ihn vor der Gefährdung des Sozialismus in Polen zu warnen und ihm zu versichern, »daß wir immer auf sie [die Sowjets] zählen können«. Gierek teilte Breschnew schließlich mit, daß die polnische Führung die Situation völlig unter Kontrolle habe und keinerlei Hilfe brauche.

Johannes Paul II. hatte bis dahin zu den Ereignissen in Polen geschwiegen. Am 20. August machte er jedoch bei einer Generalaudienz diese vorsichtige Bemerkung: »Im Zusammenhang mit den Nachrichten, die uns aus Polen erreichen, möchte ich in Ihrer Gegenwart für zwei Dinge beten: daß sich die Religion stets der Freiheit und unser Vaterland gesicherter Verhältnisse erfreuen möge. Dies soll zeigen, wie sehr wir in Rom mit unseren Landsleuten zu Hause verbunden sind.«

Am selben Tag übersandte der Papst Primas Wyszyński folgendes Schreiben: »Im Verlauf dieser schwierigen Tage bin ich [Ihnen] besonders nahe, und in meinen Gebeten und in meinem Herzen nehme ich Anteil an den Prüfungen, die mein Vaterland und meine Landsleute – erneut – durchstehen müssen ... Ich bete darum, daß das polnische Episkopat, mit dem Primas an der Spitze, auch diesmal unserer Nation in dem schweren Kampf helfen wird, den sie um das tägliche Brot, um soziale Gerechtigkeit und die Sicherung ihrer unveräußerlichen Rechte auf eine eigenständige Existenz und Entwicklung führt.«

Ende August schrieb Johannes Paul II. einen vertraulichen Brief an Breschnew, in dem er ihm versicherte, daß die Unruhen in Polen keine Bedrohung der Sowjetunion darstellten.

In Warschau war Gierek um Unterstützung bemüht und hielt Ende August in seiner in der Nähe von Warschau gelegenen Villa eine vierstündige Besprechung mit Wyszyński ab. Gierek hat dazu folgendes vermerkt:

»Gegen Ende der zweiten Streikwoche beschloß ich, mich der Hilfe der Kirche zu versichern, damit ein Konflikt vermieden werden konnte... Mir war klar, daß die Hilfe der Kirche erforderlich war, um eine Übereinkunft mit den Streikenden zu erreichen... Ich informierte [den Primas], daß starker Druck auf uns und auf mich persönlich ausgeübt werde, daß ich aber nicht die Absicht hätte zu kapitulieren... und daß ich, solange ich im Amt sei, die Anwendung von Gewalt gegen die Arbeiter an der Küste nicht zulassen würde.«

Auch war Gierek der Meinung, Wyszyński habe dann am 26. August in Tschenstochau bei einer Predigt zum Fest der Schwarzen Madonna »für uns Partei ergriffen«. Der Primas rief dort dazu auf, die Arbeit wiederaufzunehmen, und warnte davor, daß die Zukunft der Nation auf dem Spiel stehe, wenn sich die Streiks in die Länge zögen.

Wie von Gierek wurde die Predigt auch von den Streikenden und der Öffentlichkeit als Rat an die Arbeiter in den Küstenstädten interpretiert, den Vorstellungen der Regierung zu folgen und die Streiks zu beenden. Viele Polen folgerten daraus, der bejahrte Primas mache dem Regime auf Kosten des Volkes Zugeständnisse, weil er den sozialen Frieden unbedingt bewahren und gleichzeitig mehr Privilegien für die polnische Kirche herausschlagen wolle.

Wyszyński und das Episkopat reagierten darauf mit der Behauptung, das polnische Fernsehen habe den Sinn der Predigt dadurch verdreht, daß es nur ausgewählte Teile gesendet habe. Um Schadensbegrenzung bemüht, gab man ein Kommuniqué heraus, in dem die Freiheit, unabhängige Gewerkschaften ins Leben zu rufen, als Vorbedingung des sozialen Friedens bezeichnet wurde. Bei vielen seiner Mitkatholiken hatte Wyszyński jedoch enorm an persönlicher Glaubwürdigkeit verloren.

Als Johannes Paul II. am darauffolgenden Morgen in seiner Sommerresidenz Castel Gandolfo einen Bericht über die Predigt des Primas erhielt, reagierte er darauf mit großer Verärgerung. Als das Thema einige Tage danach bei einem Frühstück mit zwei polnischen Priestern, die beide zu seinen Freunden zählten, zur Sprache kam, rief Wojtyła mit leidendem Gesichtsausdruck: »Oh, dieser alte Mann ... Dieser alte Mann!«

Die Warschauer Regierung und das überbetriebliche Streikkomitee unterzeichneten zwar am 31. August in Danzig ein Abkommen, das die Forderungen der Streikenden anerkannte und insbesondere die Bildung unabhängiger Gewerkschaften gewährleistete, doch Johannes Paul II. hielt sich weiterhin zurück, damit keine Verschärfung der nach wie vor gespannten Situation entstand. Am 5. September wurde Gierek vom ZK als Erster Sekretär abgesetzt – wohl weil man nach dem Einlenken gegenüber den Streikenden einen Sündenbock brauchte – und durch Stanisław Kania ersetzt, der im Politbüro den Zuständigkeitsbereich Sicherheit und Militärangelegenheiten hatte. Gierek nahm an dieser Sitzung nicht teil; nach eigenen Angaben litt er damals an Herzbeschwerden.

Im Herbst wurde zwischen dem Regime und »Solidarność« über die nächste Stufe der Entwicklung verhandelt: die offizielle Zulassung von »Solidarność« als unabhängige Gewerkschaft. Es waren harte Verhandlungen; Moskau übte schweren Druck auf Kania und die Parteiführung aus, »Solidarność« gegenüber hart zu bleiben. Die Staatsmacht brauchte wieder die Unterstützung der Kirche; auf Anregung des Regimes trat am 24. September die gemeinsame Kommission zum erstenmal nach über einem Jahrzehnt erneut zusammen. Am 11. Oktober besprachen Kania und Wyszyński die Lage in Polen, und drei Tage danach flog der Primas nach Rom, um mit Johannes Paul II. über den Stand der Dinge zu konferieren.

Der Primas blieb über zwei Wochen in Rom; im polnischen Episkopat hielten es manche für besser, daß Wyszyński in der kritischen Phase der Verhandlungen zwischen der Kirche und der Regierung nicht anwesend war. Johannes Paul II. erschien es wichtig, daß die Kirche bei diesen Vorgängen eine absolut eindeutige Haltung einnahm. So wurde Bischof Bronisław Dąbrowski ermächtigt, in Abwesenheit des Primas für die Kirche zu sprechen.

Vom Obersten Gerichtshof in Warschau erhielt »Solidarność« am 10. November die offizielle Registrierung. Damit hatte ein kommunistisches Regime erstmals seine monopolistische Kontrolle über die Arbeiterklasse aufgegeben. Der Weg für tiefgreifende politische Veränderungen war geebnet.

Johannes Paul II. wandte sich am 12. November am Schluß seiner allwöchentlichen Generalaudienz an eine Gruppe polnischer Pilger und sagte: »Ich möchte meine Freude zum Ausdruck bringen über das, was in unserem Vaterland in den letzten Tagen erreicht wurde, über die durch Weisheit und Reife gekennzeichnete Verständigung, die zwischen dem Staat und den neuen, unabhängigen Gewerkschaften erreicht wurde, welche nach der Registrierung ihrer Statuten mit ihren Aktivitäten beginnen.« Der Papst übermittelte den neuen Gewerkschaften seine Segenswünsche.

Mit Blick auf die Zukunft sagte Johannes Paul: »Ich hoffe gleichzeitig, daß die Reife, die in den vergangenen Monaten das Verhalten unserer Landsleute ausgezeichnet hat, in der Gesellschaft ebenso wie bei den staatlichen Stellen, weiter vorherrschend sein wird.« Der Papst war zu der Überzeugung gelangt, daß ein langwieriger politischer Umwandlungsprozeß seinen Anfang genommen hatte, der jedoch nur durch die Zusammenarbeit aller Kräfte des Landes Erfolg haben konnte. Er betrachtete die Situation in Polen nicht mehr mit akuter Besorgnis und brach am 15. November zu einem fünftägigen Besuch der Bundesrepublik Deutschland auf.

Im Kreml hingegen war man über die Entwicklung in Polen alles andere als erfreut. Auf amerikanischen Satellitenaufnahmen waren bedrohliche Bewegungen sowjetischer Kampfverbände in Richtung auf die polnischen Grenzen zu erkennen. Im Westen wurde befürchtet, daß eine militärische Intervention bevorstehen könnte, mit der das »Solidarność«-Experiment gestoppt werden sollte.

Anfang Dezember wurden die sowjetischen Maßnahmen unverkennbar. Die DDR schloß ihre Grenze zu Polen, das jetzt von der westlichen Ukraine, der DDR und der Tschechoslowakei aus durch massierte sowjetische Verbände bedroht wurde. Die Vereinigten Staaten und ihre NATO-Verbündeten dachten an den sowjetischen Einmarsch in die Tschechoslowakei zurück und befürchteten das Schlimmste. Sie starteten deshalb auf diplomatischer und propagandistischer Ebene eine Kampagne, die Breschnew von unüberlegten Handlungen abbringen sollte. Im Westen – und auch in Polen – ging man von der Annahme aus, daß die Polen gegen die Invasoren kämpfen würden und daß sich diese Auseinandersetzung ausweiten könnte. In Washington wurde der sowjetische Botschafter Dobrynin von Außenminister Muskie einbestellt und vor den Konsequenzen eines sowjetischen Einmarsches gewarnt. Präsident Carter ließ Breschnew eine Warnung zukommen, und westeuropäische Regierungen schickten dem Kreml ähnliche Botschaften.

Johannes Paul II. und der Heilige Stuhl verhielten sich nach außen hin ruhig. Der Papst war der Meinung, daß jede öffentliche Stellungnahme die gefährliche Situation nur noch weiter zuspitzen würde. Zwischen dem Vatikan und dem Kreml waren jedoch Abgesandte mit vertraulichen Schreiben unterwegs. Als die Spannungen nachgelassen hatten, traf Vadim Zagladin, ein wichtiges Mitglied des ZK-Sekretariats, am 15. Dezember mit Johannes Paul II. zu einem vertraulichen Gespräch über die polnischen Angelegenheiten zusammen.

Es wird sich wohl nie klären lassen, ob die Sowjets tatsächlich einen Einmarsch planten oder ob sie mit ihrer Drohgebärde erreichen wollten, daß »Solidarność« und das Warschauer Regime die »Konterrevolution« beendeten. Bei der Dringlichkeitssitzung des Zentralkomitees der PZPR am 2. und 3. Dezember wurde die Nation in einem eindringlichen Appell vor den Folgen weiterer Unruhen gewarnt. Dieser Appell blieb nicht ohne Wirkung. Am 5. Dezember, als sich Kania in Moskau mit Breschnew traf, gab »Solidarność« bekannt, daß in Polen gegenwärtig kein einziger Streik im Gange sei. Am Tag danach leitete Breschnew eine eilends zusammengerufene Gipfelkonferenz des Warschauer Paktes, an der auch Kania teilnahm. Die Gefahr eines Einmarsches war – zumindest vorerst – gebannt. Breschnew begab sich am 8. Dezember auf eine schon seit längerem geplante Indienreise.

In Polen bemühten sich das Regime, die Kirche und »Solidarność« gemeinsam, den sozialen Frieden wiederherzustellen. Mit Billigung des Papstes gab das polnische Episkopat am 4. Dezember einen Hirtenbrief heraus, in dem die Bischöfe an das Verantwortungsbewußtsein der Christen appellierten; der Heilige Stuhl hatte diesmal dafür gesorgt, daß das Episkopat bei seiner Unterstützung des Regimes nicht so weit ging wie Wyszyński am 26. August.

Am 16. Dezember versammelten sich Vertreter der Kirche, der Gewerkschaft »Solidarność« und der Regierung vor dem großen Holzkreuz auf der Danziger Lenin-Werft und gedachten der Opfer der Zusammenstöße des Jahres 1970. Kania hatte zuvor in seiner Rede vor dem ZK gesagt, daß die Erinnerung an diese Ereignisse die Nation »nicht teilt, sondern vereint«.

Das erste große Kapitel in der polnischen Krise der achtziger Jahre war damit abgeschlossen.

Am 30. November 1980 gab Johannes Paul II. seine zweite Enzyklika heraus; sie trägt den Titel »Dives in Misericordia« (»Über das göttliche Erbarmen«). Am 30. Dezember veröffentlichte der Papst den Hirtenbrief »Egregiae Virtutis«, in dem er sich mit den »Slawenaposteln« St. Kyrillos und St. Methodios befaßte.

Am 13. Januar 1981 traf eine von Lech Wałęsa geführte »Solidarność«-Delegation in Rom ein. »Der Sohn besucht den Vater«, sagte Wałęsa, als er am Morgen des 15. Januar von Johannes Paul II. empfangen wurde. Sie blieben einige Minuten im privaten Studierzimmer des Papstes allein; dann kamen Wałęsas Frau Danuta und die anderen dreizehn Delegationsmitglieder hinzu – unter ihnen befanden sich Pfarrer Jankowski, Tadeusz Mazowiecki, einer der Berater bei den Danziger Verhandlungen, und die Kranführerin Anna Walentynowicz, deren Versetzung letztlich zum Ausbruch des Streiks geführt hatte.

Für Johannes Paul II. war dies ein freudiges Ereignis. Dreißig Jahre zuvor hatte er in seinem ersten Zeitungsartikel begeistert über die Gewerkschaften und die Arbeiterpriester in Frankreich geschrieben; nun hielt er vor der Delegation und der versammelten Presse einen Vortrag über die Rechte der Arbeiter. In einer gegenüber der polnischen

Staatsmacht versöhnlichen Art wies er darauf hin, es dürfe zwischen einer freien Gewerkschaft und »der Struktur eines Systems, das die menschliche Arbeit als einen fundamentalen Wert im gesellschaftlichen und nationalen Leben betrachtet, keinen Widerspruch geben«.

Johannes Paul II. war außerdem daran gelegen, den Sowjets öffentlich zu erklären – ohne sie dabei allerdings direkt anzusprechen –, daß die Entstehung von »Solidarność« eine innere Angelegenheit Polens sei.

Dies war ein Signal an alle Beteiligten, daß der Papst die Absicht hatte, sich weiterhin für die polnische Sache zu engagieren. Drei Tage später unterstrich Johannes Paul II. sein Engagement, indem er Wałęsa und seine Begleiter zur Sieben-Uhr-Messe in seine Privatkapelle und zum Frühstück in sein privates Speisezimmer einlud.

In Polen wurde General Jaruzelski am 9. Februar zum Ministerpräsidenten ernannt; er machte Mieczysław Rakowski, den liberalen Chefredakteur der »Polityka«, zu seinem Stellvertreter und beauftragte ihn, mit »Solidarność« über die weitere Entwicklung der Gewerkschaften zu verhandeln. Zu den Streitpunkten gehörte die Forderung, eine unabhängige Gewerkschaft der Landarbeiter zuzulassen.

Gleichzeitig begannen in der gemeinsamen Kommission Verhandlungen über alle Aspekte des religiösen und politischen Lebens, die neun Jahre lang andauern sollten. Dort wurde auch über zukünftige Papstbesuche gesprochen. Die Kirche redete jetzt bei der Gestaltung der Zukunft Polens ein gewichtiges Wort mit.

Am 23. Februar 1981 sandte Johannes Paul II. ein weiteres vertrauliches Schreiben an Breschnew, in dem er den sowjetischen Parteichef ermahnte, die Souveränität Polens und die Rechte von »Solidarność« zu respektieren.

Ende des Monats reiste der Papst auf die Philippinen und nach Japan. Er besuchte neben Tokio die Städte Hiroshima und Nagasaki, die 1945 Ziel amerikanischer Atombombenabwürfe gewesen waren. Pater Pittau, der Rektor der Gregorianischen Universität in Rom, der Johannes Paul II. auf seiner Japanreise begleitete, sagte über den Aufenthalt des Papstes in Hiroshima: »Er hielt dort eine seiner schönsten und bewegendsten Ansprachen. Sie hatte die Form eines Gebets: ›Herr, erhöre mich! Dies ist die Stimme der Mütter, die ihre Kinder verloren haben. Dies ist die Stimme der Kinder, die ihre Mütter und Väter verloren haben ... Nie wieder Hiroshima! Nie wieder Auschwitz!‹ Er sagte einen Teil davon auf Japanisch, und ich sah Menschen, die weinten ...«

Nicht lange, nachdem Johannes Paul II. aus Japan zurückgekehrt war, ereignete sich im Vatikan ein schrecklicher Vorfall.

22

Am Nachmittag des 13. Mai 1981, einem Mittwoch, verübte ein türkischer Terrorist auf dem Petersplatz ein Attentat auf den Papst.

Das Geschoß aus einer Browning Parabellum, Kaliber 9, drang in den Bauchraum ein, durchbohrte den Dickdarm und den Dünndarm und verletzte das Sakralvenensystem. Wunderbarerweise – so die behandelnden Ärzte – verfehlte das Projektil die Hauptschlagader um wenige Millimeter. Hätte es die Aorta getroffen, wäre Johannes Paul II. nach wenigen Minuten gestorben.

Der Papst war von einem der beiden Schüsse getroffen worden, die Mehmet Ali Agca bei der von 20 000 Pilgern und Touristen besuchten Generalaudienz aus sechs Metern Entfernung auf ihn abgefeuert hatte. Johannes Paul II. stand in seinem offenen Jeep, und Agca mußte mit seiner Pistole nach oben zielen.

Der Papst wurde innerhalb weniger Minuten im Krankenwagen in die Gemelli-Poliklinik gefahren. Bei der Ankunft im Krankenhaus hatte Johannes Paul II. das Bewußtsein verloren, und sein Privatsekretär Monsignore Dziwisz entschloß sich, ihm vor Beginn der Operation die »Krankensalbung« zu erteilen.

Bei der fünf Stunden und zwanzig Minuten dauernden Operation schwebte der Papst ständig in Lebensgefahr. Als Dr. Francesco Crucitti, der Chefchirurg, die Bauchhöhle öffnete, war diese mit Blut gefüllt. Aus dem Sakralvenensystem strömte Blut, der Pulsschlag war sehr schwach, der Blutdruck war auf 70 zurückgegangen und fiel weiter. Als der Chirurg die Blutung gestillt und eine Transfusion eingeleitet hatte, stellte er fest, daß ein Teil des Dickdarms tiefe Rißwunden aufwies. Er mußte genäht, ein weiteres fünfundfünfzig Zentimeter langes Stück Darm mußte entfernt werden. Zum Schluß mußten sich die Ärzte um die Ver-

Der Privatsekretär des Papstes, Monsignore Dziwisz (rechts) stützt Johannes Paul II., nachdem dieser von dem Attentäter Mehmet Ali Agca schwer verletzt worden ist.

Am 23. Dezember 1983 besucht der Papst in der Haftanstalt Rebibbia den Mann, der ihn beinahe getötet hätte.

letzungen kümmern, die Johannes Paul II. an der rechten Schulter und an einem Finger der linken Hand erlitten hatte, als das Geschoß aus dem Körper ausgetreten war (zwei in der Nähe stehende amerikanische Touristinnen wurden durch dasselbe Geschoß schwer verletzt).

Monsignore Dziwisz berichtete später, die Schußverletzungen hätten dem Papst große Schmerzen verursacht; bevor er das Bewußtsein verlor, habe er leise auf Polnisch gebetet: »Maria, meine Mutter...« Auch habe er zu Dziwisz gesagt, er sei sicher, daß seine Verletzungen nicht lebensgefährlich seien.

Genau einen Monat nach dem Attentat empfing der Papst in seinen vatikanischen Gemächern eine Delegation der polnischen Landarbeitergewerkschaft; er ermutigte die Männer in ihrem Kampf und segnete die Brotlaibe, die sie mitgebracht hatten. Die robuste Konstitution und die ausgezeichnete körperliche Verfassung des Papstes trugen zu seiner schnellen Genesung bei.

Als Johannes Paul II. nach einer viermonatigen Genesungszeit erstmals wieder in der Öffentlichkeit erschien, teilte er den auf dem Petersplatz versammelten Pilgern mit, das Attentat sei eine »göttliche Prüfung« gewesen, für die er dem Herrn dankbar sei. »Im Laufe der letzten Monate hat Gott mir erlaubt zu erleben, was Schmerzen sind und was Lebensgefahr bedeutet.« Gott habe ihm außerdem zu verstehen gegeben, daß dies für ihn als Individuum und gleichzeitig für die Kirche eine besondere Gnade sei.

Ende Juni folgte ein erneuter Krankenhausaufenthalt wegen einer gefährlichen Virusinfektion, die er sich vermutlich bei der Bluttransfusion zugezogen hatte, und eines weiteren chirurgischen Eingriffs. Dabei mußte der während der ersten Operation gelegte künstliche Darmausgang zurückverlegt werden. Die Ärzte hatten den zweiten Eingriff etwas später vornehmen wollen, doch der Papst bestand darauf, daß er am 5. August operiert wurde, damit er zu Mariä Himmelfahrt wieder im Vatikan sein konnte. Er setzte sich durch; die Fäden wurden am 13. August gezogen, und am folgenden Tag kehrte er in den Vatikan zurück. Nach Mariä Himmelfahrt flog er mit dem Hubschrauber zu seiner Sommerresidenz Castel Gandolfo, um sich zu erholen.

Johannes Paul II., der in den ersten 257 Tagen seines Pontifikats 462

Reden geschrieben hatte, war kein Freund des Müßiggangs. Selbst in der Klinik war er täglich mit Kardinalstaatssekretär Casaroli zusammengetroffen und hatte eine Vielzahl von Angelegenheiten besprochen und entschieden; außerdem hatte er die Druckfahnen der Enzyklika »Laborem Exercens« gelesen – sie erschien am 14. September –, in seinem Zimmer die Messe zelebriert und auf Tonband Botschaften an die Gläubigen aufgenommen, die dann auf dem Petersplatz abgespielt wurden. Die erste derartige Botschaft gab es am 18. Mai, dem 61. Geburtstag des Papstes, fünf Tage nach dem Attentat. Johannes Paul II. sagte bei dieser Gelegenheit: »Ich bete für den Bruder, der mich verwundet hat und dem ich aufrichtig vergebe.«

Am Tag nach dem Attentat auf Johannes Paul II. wurde in Warschau bekanntgegeben, daß Primas Wyszyński im Sterben lag. Zwischen den beiden Männern hatte es zwar insgeheim tiefgreifende Meinungsverschiedenheiten gegeben, doch im Hinblick auf ihr Land und ihre Kirche hatten sie auch viele Gemeinsamkeiten. Daß ihre beiden höchsten kirchlichen Führer mit dem Tode rangen, war für viele Polen eine schlimme Nachricht; im ganzen Land wurde für Wojtyła und Wyszyński gebetet.

Sobald sein Zustand es erlaubte, wurde Johannes Paul II. über Wyszyńskis Befinden informiert. Am 24. Mai rief er von seinem Krankenbett aus die Residenz des Primas in Warschau an. Dort reichte die Telefonschnur aber nicht bis zu Wyszyńskis Bett, und das Gespräch kam nicht zustande. Als der Papst am folgenden Tag erneut anrief, hatte man die Telefonschnur verlängert, und die beiden hatten ein kurzes Gespräch von Krankenbett zu Krankenbett.

Primas Wyszyński starb am 28. Mai, zwei Monate vor seinem achtzigsten Geburtstag. In Rom konzelebrierte der polnische Kardinal Rubin in Wyszyńskis Titularbischofskirche Santa Maria in Trastevere mit 101 Priestern eine Messe zum Gedenken an den Primas.

Auch in anderer Hinsicht gab es schlimme Nachrichten. Als Johannes Paul II. im Krankenhaus lag, entschieden sich die italienischen Wähler in einem Referendum mit großer Mehrheit dafür, daß Abtreibungen weiterhin gesetzlich erlaubt sein sollten. Bei diesem für den

Papst eminent wichtigen Thema hatten lediglich 32 Prozent der überwiegend katholischen Wähler gegen die Abtreibung gestimmt. Johannes Paul II., der schon immer Probleme hatte, in gesellschaftlichen Fragen Mehrheitsmeinungen zu akzeptieren, war zutiefst enttäuscht.

Eine öffentliche Erörterung der Frage, wer bei einer langen oder permanenten Amtsunfähigkeit eines Papstes die Regierungsgewalt über den Heiligen Stuhl und die Weltkirche ausüben sollte, gab es im Zusammenhang mit dem Attentat nicht, zumal Johannes Paul II. bei seiner Genesung Fortschritte machte. Dem Vatikan war daran gelegen, der Weltöffentlichkeit zu zeigen, daß der Papst in einer relativ guten Verfassung war. Deshalb durfte Arturo Mari, der offizielle Fotograf des Vatikans, fünf Tage nach dem Attentat eine Aufnahme des bettlägerigen Papstes machen. Das italienische Fernsehen sendete das Foto noch am Abend. Wojtyłas Gespür für Public Relations hatte sich erneut bewährt.

Weder die Kurie noch Johannes Paul II. persönlich sahen in dem Vorfall des Jahres 1981 einen Anlaß, das kanonische Recht für den Fall einer unerwartet langsamen Genesung oder einer Amtsunfähigkeit zu ändern. Obwohl 1983 eine neue Fassung des kanonischen Rechts vom Papst geprüft und gebilligt wurde, ist in dieser Hinsicht nichts unternommen worden. Auf welche Weise und von wem eine Amtsunfähigkeit des Papstes überhaupt festgestellt werden kann, ist bis heute nicht geklärt.

Als Johannes Paul II. an jenem sonnigen Mainachmittag des Jahres 1981 Opfer eines Attentats wurde, war der politische Terrorismus auf der Welt weit verbreitet. Er war in Westeuropa genauso anzutreffen wie in Nahen Osten, in Asien und Lateinamerika. In den Vereinigten Staaten waren John F. Kennedy, Robert Kennedy und Martin Luther King politisch motivierten Mordanschlägen zum Opfer gefallen; ein geistesgestörter Jugendlicher ohne politische Motive schoß 1981 in Washington auf Präsident Reagan. Doch auf einen Papst war seit Jahrhunderten kein Mordanschlag verübt worden.

Am 16. Februar 1981 war in einem Stadion in Karachi eine Granate explodiert, kurz bevor Johannes Paul II., der sich auf der Rückreise von

Japan befand, dort eintraf. Bei der Explosion wurde ein Mann getötet; es gab jedoch keine Anzeichen dafür, daß der Anschlag dem Papst gegolten hatte.

Der Zufall wollte es, daß der Papst eine Woche vor dem Attentat auf die Gefahren des Terrorismus zu sprechen kam. Am 6. Mai begrüßte er ein neues Kontingent der Schweizergarde mit den Worten: »Wir beten zu Gott, daß er Gewalt und Fanatismus von den Mauern des Vatikans fernhalten möge.«

Gewalt und Fanatismus verkörperte der dreiundzwanzigjährige Mehmet Ali Agca, als er auf dem Petersplatz mit seiner Pistole auf die weißgekleidete Gestalt im »Papstmobil« feuerte. Warum er das tat, ist bis heute noch nicht restlos aufgeklärt.

Das Geschehen ist ähnlich geheimnisvoll wie der Mord an John F. Kennedy; in beiden Fällen gibt es viele Theorien und keine wirklich zufriedenstellenden Antworten. Johannes Paul II. war selbst nicht darauf bedacht, eine Erklärung zu finden; er akzeptierte das Geschehen als göttliche Fügung. Das Attentat ist jedoch auch deswegen in die Zeitgeschichte eingegangen, weil es unter mysteriösen Begleitumständen geschah und weil manche Regierungen und Geheimdienste dabei eine recht seltsame Rolle spielten.

In einem Dorf in der Osttürkei geboren, hatte Agca von Jugend an mit der »türkischen Mafia« zusammengearbeitet; der Schmuggel von Waffen, Drogen und Zigaretten zwischen der Türkei und Bulgarien hatte ihm »beträchtliche Summen« eingebracht. Er stand außerdem mit den rechtsradikalen »Grauen Wölfen« in Verbindung und war angeblich in Syrien als Terrorist ausgebildet worden – dort wurden jedoch in der Regel Mitglieder linker Gruppierungen ausgebildet.

Am 1. Februar 1979 war Agca an der Ermordung von Abdi Ipekci, des liberalen Herausgebers der in Istanbul erscheinenden Tageszeitung »Milliyet«, beteiligt. Er wurde im Juni verhaftet, konnte jedoch – vermutlich mit Hilfe von außen – am 25. November aus dem Militärgefängnis fliehen. Tags darauf schrieb er in einem an »Milliyet« gerichteten Brief: »Westliche Imperialisten, die befürchten, daß die Türkei und ihre islamischen Brudernationen im Nahen Osten eine politische, militärische und wirtschaftliche Macht darstellen könnten, schicken in diesem heiklen Augenblick Johannes Paul, den Anführer der Kreuzfahrer, der sich als religiöser Führer ausgibt, in die Türkei. Wird dieser Besuch ... nicht abgesagt, dann werde ich den Papst umbringen. Dies ist der einzige Grund für meine Flucht aus dem Gefängnis ...«

Johannes Paul II. traf am 28. November in der Türkei ein, doch es wurde kein Anschlag auf ihn verübt. Daß Agca seine Pläne im voraus bekanntgegeben hatte, war wie vieles andere an ihm äußerst merkwürdig. Wenn Agca, wie er behauptete, Mitglied der »Grauen Wölfe« war – was den italienischen Ermittlern später glaubhaft erschien –, hätte er wohl kaum die »westlichen Imperialisten« verurteilt und den Papst als deren Anführer bezeichnet.

Sollte Agca, wie er später behauptete, das Attentat auf Johannes Paul II. im Auftrag des sowjetischen und des bulgarischen Geheimdienstes verübt haben, um der vom Papst geförderten »Solidarność«-Bewegung Einhalt zu gebieten, dann ist seine Drohung vom November 1979 völlig unverständlich: »Solidarność« gab es damals noch gar nicht; die Bewegung tauchte erst im August 1980 auf.

Zwischen der Drohung von Istanbul und dem Attentat auf Johannes Paul II. im Vatikan lagen achtzehn Monate. Den italienischen Ermittlern zufolge reiste Agca im Juli 1980 nach Sofia und nahm mit Agenten des bulgarischen Geheimdienstes Verbindung auf. Sie sollen Agca beauftragt haben, den Papst im Frühjahr 1981 zu ermorden, um auf diese Weise »Solidarność« zu erledigen. Dafür sollte Agca 400 000 Dollar erhalten.

Dies kann nicht stimmen; wie erwähnt, existierte »Solidarność« zum Zeitpunkt der angeblichen Verschwörung zwischen den Bulgaren und Agca noch gar nicht.

Agca hielt sich in den darauffolgenden neun Monaten in Rom, Zürich, Wien, Palma de Mallorca und schließlich in Mailand auf, wo er von einem Agenten der »Grauen Wölfe« die Browning-Pistole erhielt. Am 10. Mai 1981 kehrte er nach Rom zurück. Einem Bericht der italienischen Behörden zufolge fuhr Agca am Nachmittag des 13. Mai vor Beginn der wöchentlichen Generalaudienz zusammen mit zwei Türken und zwei Bulgaren in die Nähe des Petersplatzes, um sich mit den Ordnungsmaßnahmen vertraut zu machen.

Agca und sein türkischer Vertrauter Oral Celik blieben dort und warteten, bis die Generalaudienz begann. Als Agca auf den langsam vorbeifahrenden Papst schoß, war es genau 17 Uhr 17. Der Attentäter versuchte zu entkommen, wurde jedoch von den Umstehenden überwältigt und der Polizei übergeben.

Agca legte umgehend ein Geständnis ab, in dem er sich als Einzeltäter bezeichnete. Er wurde am 22. Juli nach einem dreitägigen Verfahren zu einer lebenslänglichen Freiheitsstrafe verurteilt. Im Mai 1982 gab Agca jedoch die Namen seiner bulgarischen und türkischen Komplizen bekannt. Er berichtete außerdem, daß es einen Plan zur Ermordung Lech Wałęsas gegeben habe, als dieser im Januar 1981 zu einer Papstaudienz nach Rom kam.

Das amerikanische Senate Intelligence Committee schrieb in seinem am 24. Oktober 1991 veröffentlichten Bericht über die Anhörung des designierten CIA-Direktors Robert Gates: »Im Jahr 1981 waren die Experten jedoch zu der Überzeugung gelangt, Moskau habe sich mit dem Papst dahingehend geeinigt, daß dieser auf die Unruhen in Polen einen mäßigenden Einfluß ausübe und daß die Sowjets im Gegenzug versprachen, nicht zu intervenieren. Man war allgemein der Überzeugung, die Sowjets hätten keine Veranlassung, diese Beziehung zu gefährden.«

Durch Vadim Zagladins Vatikanbesuch im Dezember 1980 und durch den Austausch vertraulicher Schreiben zu Beginn des Jahres 1981 war man im Kreml zu der Auffassung gelangt, daß Johannes Paul II. in Polen keine Konfrontation, sondern einen moderaten Entwicklungsprozeß anstrebte.

Im Juli 1984 erhob die italienische Staatsanwaltschaft gegen drei Bulgaren und fünf Türken Anklage wegen Verschwörung zum Mord an Johannes Paul II. Die acht Männer wurden jedoch am 30. März 1986 von einem römischen Gericht wegen Mangels an Beweisen freigesprochen. Agca, der vor Gericht als Zeuge aussagen sollte, hatte darauf bestanden, daß er Jesus Christus sei.

Der Fall war jedoch damit nicht abgeschlossen. Zwar wurden die Männer auf freien Fuß gesetzt, doch das Gericht sah ihre Unschuld nicht als erwiesen an. Die angesehene jesuitische Zeitschrift »La Civilitá Cattolica«, deren Artikel vor der Veröffentlichung im vatikanischen Staatssekretariat gelesen werden, bezeichnete den Freispruch als ein »beunruhigendes Urteil«. Das Attentat auf Johannes Paul II. scheine das Ergebnis »einer internationalen Verschwörung« zu sein; beweisen lasse sich dies jedoch nicht.

Ein pensionierter US-Regierungsbeamter, der mit den einschlägigen Untersuchungen des CIA vertraut ist, teilte die Ansicht, daß weder Breschnew noch KGB-Chef Andropow einen Befehl zur Ermordung des Papstes gegeben hatte; er hielt es jedoch für denkbar, daß der übereifrige bulgarische Geheimdienst das Attentat in die Wege geleitet hatte, um dem Kreml damit zu imponieren.

Es ist durchaus möglich, daß sich bulgarische Spitzenfunktionäre durch den geheimen »Beschluß« des Sekretariats des sowjetischen Zentralkomitees ermächtigt fühlten, den Papst ermorden zu lassen. Die wichtigsten Teile des Beschlusses wurden auf Anweisung des Politbüros allen kommunistischen Parteien in Osteuropa zugeleitet, damit diese die Vorschläge in die Praxis umsetzen konnten.

Das Attentat auf dem Petersplatz wird sich wohl nie restlos aufklären lassen. Niemand weiß, was Agca dem Papst mitteilte, als dieser am 23. Dezember 1983 einen Besuch in der Haftanstalt Rebibbia machte. Johannes Paul II. war gekommen, um Agca zu vergeben; die beiden sprachen etwa zwanzig Minuten lang unter vier Augen miteinander, und zwar auf Italienisch (Agca hatte die Sprache im Gefängnis gelernt). Im Jahr 1987 gewährte Johannes Paul II. der Mutter von Agca eine Audienz.

»Der Papst weiß alles«, bemerkte Agca in einem Interview. Erzbischof Mario Rizzi, der päpstliche Nuntius in Sofia, sagte im November 1992 gegenüber Journalisten, Johannes Paul II. sei »die ganze Wahrheit« bekannt, doch sei er nicht erpicht darauf, den gesamten Hintergrund auszuleuchten. Der Papst glaube, daß sein Leben auf wundersame Weise gerettet worden sei.

Johannes Paul II. glaubt insbesondere, sein Leben sei »durch ein echtes Wunder« der Jungfrau von Fátima gerettet worden, deren Fest auf den 13. Mai fällt, den Tag des Attentats. Das in Portugal gelegene Fátima ist einer der bedeutendsten katholischen Wallfahrtsorte. Drei

Hirtenkindern erschien dort von Mai bis Oktober 1917 jeweils am 13. des Monats die Muttergottes vom Rosenkranz; sie soll drei Prophezeiungen gemacht haben, von denen zwei inzwischen eingetroffen sind: daß Rußland in der Welt »Irrtümer« verbreiten, sich aber schließlich wieder umstellen werde, und daß zwei der drei Hirtenkinder in jungen Jahren sterben würden. Die dritte Prophezeiung sei ein striktes Geheimnis, heißt es, das allenfalls Päpsten bekannt sei.

Johannes Paul II. ging am ersten Jahrestag des Anschlags nach Fátima. Er dankte der Jungfrau für die Rettung und legte die Kugel, die ihn getroffen hatte, auf ihren Altar. Die Kugel wurde später in die goldene Krone der Statue der Muttergottes vom Rosenkranz eingefügt. Die von der Schußverletzung blutbefleckte Schärpe wurde zum Wallfahrtsort der Schwarzen Madonna gebracht.

In Fátima traf Johannes Paul II. mit der fünfundsiebzigjährigen Karmeliterin Lúcia de Jesus dos Santos zusammen. Sie war das einzige der drei Hirtenkinder, das noch lebte; Francisco Marto war im Jahr 1919 gestorben, seine Schwester Jacinta im Jahr 1920. Als sich der Papst am Wallfahrtsort aufhielt, wurde er ein weiteres Mal vor dem Tode bewahrt: Der dreiunddreißigjährige spanische Priester Juan Fernández Khron wollte sich mit einem großen Messer auf ihn stürzen, konnte jedoch von Sicherheitskräften zurückgehalten werden.

Als der Papst am zehnten Jahrestag des Attentats nach Fátima zurückkehrte, dankte er der Jungfrau »für jene unerwarteten Veränderungen, durch die Nationen, die lange unterdrückt und erniedrigt wurden, ihr Selbstvertrauen wiedergewonnen haben«. Damit habe sich die zweite Prophezeiung bewahrheitet, sagte Johannes Paul II. Er fügte jedoch warnend hinzu, daß Europa nach dem Zusammenbruch des Kommunismus von einer breiten atheistischen Strömung und einer »neuen materialistischen Zivilisation« bedroht werde. Auf das düstere Zukunftsbild der postkommunistischen Welt, das er in Fátima entwarf, kommt der Papst seither ständig zurück.

Über einen weiteren Vorgang, der mit Mehmet Ali Agca zu tun hatte, wahrt man im Vatikan Außenstehenden gegenüber Stillschweigen.

Im Juni 1983 verschwand Emanuela Orlandi, die fünfzehnjährige Tochter des Vatikanbediensteten Ercole Orlandi. Kardinalstaatssekretär Casaroli erhielt bald darauf einen Anruf, in welchem ihm mitgeteilt wurde, das Mädchen sei entführt worden; damit es nach Hause zurückkehren könne, müsse der Papst bei Staatspräsident Pertini intervenieren und die Begnadigung und Freilassung Agcas erreichen.

Johannes Paul II., der sofort über den Anruf unterrichtet worden war, befand sich in einem schweren Dilemma. Am selben Abend erwähnte er dies gegenüber einem befreundeten polnischen Priester, der ihn besuchte; dieser Freund war der Auffassung, daß Johannes Paul II. unter den gegebenen Umständen um eine Begnadigung Agcas bitten solle.

Agca verkündete jedoch am folgenden Tag in einem Fernsehinterview, er wolle nicht aus dem Gefängnis entlassen werden. Auf die Frage, ob Emanuela Orlandi entführt worden sei, um ihn freizupressen, antwortete Agca: »Sie wurde gekidnappt, um mich freizubekommen. Die Sache war aber nicht durchdacht, und deswegen ist sie gescheitert.«

Es ist behauptet worden, Agca habe es vorgezogen, im Gefängnis zu bleiben, weil er befürchtete, im Falle einer Freilassung von den Anstiftern des Attentats umgebracht zu werden. Einer anderen Darstellung zufolge hat Agca Angst, die Jungfrau von Fátima würde sich nach seiner Freilassung an ihm rächen.

Dr. Navarro-Valls, der Sprecher des Vatikans, stellte 1994 entschieden in Abrede, daß sich Agca vor der Vergeltung der Jungfrau fürchte; er wies darauf hin, daß der Türke in den vorangegangenen Jahren immer wieder behauptet hatte, er habe lange genug im Gefängnis gesessen. Agca hatte sich aber schon immer in Widersprüche verstrickt und sich sogar als Christus und Messias bezeichnet. 1994 sagte er in einem Interview zum dreizehnten Jahrestag des Attentats: »Es ist zwecklos, weiter über Geheimplanungen zu spekulieren. In Wahrheit habe ich an jenem Tag selber nicht gewußt, warum ich geschossen habe... Mag sein, daß ich in die Geschichte eingehen wollte.«

Von Emanuela Orlandi fehlt elf Jahre nach ihrem Verschwinden noch immer jede Spur. Die Monatszeitschrift »30 Giorni«, die über gute Verbindungen zum Heiligen Stuhl verfügt, berichtete im Januar 1994, ein im Fall Orlandi tätiger Untersuchungsrichter wolle nicht ausschließen, daß er bei seiner Suche nach zweckdienlichen Informationen auch dem Vatikan Fragen vorlegen werde.

23

Am Sonntag, dem 13. Dezember 1981, verhängte General Jaruzelski das Kriegsrecht über Polen. Dies führte zur Errichtung einer kommunistischen Militärdiktatur. »Solidarność« wurde zerschlagen, viele Gewerkschafter und Oppositionelle wurden verhaftet.

Der Papst reagierte schon am selben Tag auf die Verhängung des Kriegsrechts. Nach dem Angelus wandte er sich an die auf dem Petersplatz versammelten polnischen Pilger und sagte: »Die Ereignisse der letzten Stunden zwingen mich erneut, Sie zu bitten, für unser gemeinsames Vaterland zu beten... Es darf kein polnisches Blut vergossen werden, weil schon zuviel davon vergossen wurde, insbesondere im letzten Krieg. Es muß alles getan werden, um eine friedvolle Zukunft unseres Vaterlandes sicherzustellen.«

Am Abend sagte Johannes Paul II. vor einer großen Menschenmenge, die sich auf dem Petersplatz versammelt hatte, um für Polen zu beten: »Die Solidarität mit der polnischen Nation dient dazu, Werte und Prinzipien zu bekräftigen, die unveräußerliche Menschenrechte darstellen und Teil des Völkerrechts sind... Indem wir diese Prinzipien schützen, verteidigen und stärken wir die Gerechtigkeit und den Frieden in der heutigen Welt...«

Nach der ersten Polenreise des Papstes hatten sich zwischen dem Warschauer Regime und der Kirche erstaunlich gute Beziehungen entwickelt, die sich auch auf das Verhältnis zum Heiligen Stuhl auswirkten. Die Tatsache, daß die Kirche die Entstehung unabhängiger Gewerkschaften förderte und die Regierung in ihnen eine zunehmende Bedrohung erblickte, änderte an den Beziehungen nichts.

Als die Spannungen zwischen »Solidarność« und dem Regime im Herbst des Jahres 1981 ihren Höhepunkt erreichten und die Gefahr eines sowjetischen Einmarsches von Tag zu Tag wuchs, erwarteten die gemäßigten Kräfte von der Kirche eine Lösung der sich rasch verschärfenden Krise. Dafür war es zu diesem Zeitpunkt aber schon zu spät.

In Polen war seit Mitte Oktober klar, daß die Situation völlig außer Kontrolle geraten war. Sowohl in der PZPR als auch bei »Solidarność« gab es Streit zwischen Hardlinern und Gemäßigten. Die Wirtschaft wurde durch Hunderte von Streiks gelähmt, die von örtlichen oder regionalen Gewerkschaftsführern ausgerufen worden waren. Es kam zu Unruhen sowie zu Zusammenstößen zwischen der Polizei und der Bevölkerung.

Die Verhandlungen, die der stellvertretende Ministerpräsident Rakowski mit »Solidarność« führte, wurden im Herbst 1981 endgültig abgebrochen. Der Gegensatz zwischen »Solidarność« und dem Regime war unüberbrückbar. Im Oktober übernahm Jaruzelski auf Beschluß des Zentralkomitees die Führung der PZPR.

Kardinal Glemp, den der Papst am 7. Juli zum neuen Primas von Polen ernannt hatte, war im Laufe des Jahres mehrmals mit General Jaruzelski zusammengetroffen. Glemp erfuhr während eines Vatikanbesuchs von Jaruzelskis Aufstieg zum Parteichef. »Gott segne ihn«, sagte er. Wałęsa, der sich gerade in Paris aufhielt, kommentierte die Entwicklung mit folgenden Worten: »Was kommen wird, läßt sich zwar schwer abschätzen, aber ich bin sicher, daß wir ... eine Verständigung erreichen können, zumal ich mit General Jaruzelski bisher gute Gespräche geführt habe.«

Dies ermutigte Jaruzelski dazu, einen »Rat der nationalen Einheit« einzurichten, dem das Regime, die Kirche und »Solidarność« angehören sollten. Jaruzelski konsultierte Primas Glemp am 21. Oktober, und dieser reagierte positiv, ebenso der Papst. Wałęsa war ebenfalls einverstanden. Jaruzelski, Glemp und Wałęsa trafen am Abend des 4. November in der Warschauer Residenz des Ministerpräsidenten zusammen und verständigten sich nach einer langen Diskussion darauf, den Rat zu bilden.

Johannes Paul II. beschäftigte sich immer intensiver mit der Krise in Polen. In Castel Gandolfo, wo er sich weiterhin zur Erholung aufhielt, erörterte er am 13. Oktober mit dem polnischen Außenminister Józef

Czyrek zwei Stunden lang die Situation in Polen. Nach Czyreks Darstellung wollte der Papst wissen, ob die Wirtschaft des Landes vom Zusammenbruch bedroht sei und ob die Gefahr einer sowjetischen Intervention bestehe. Johannes Paul II. habe ihm versichert, daß er »Solidarność« als eine positiv zu bewertende soziale Bewegung betrachte und daß die Kirche alle Bemühungen um einen Dialog und eine Einigung unterstützen werde.

Am 5. November traf der Papst erneut mit Primas Glemp zusammen; dieser berichtete ihm über das Treffen mit Jaruzelski und Wałęsa vom Vorabend. Obwohl Johannes Paul II. stark mit Polen beschäftigt war, fand er am 29. November Zeit, die Regierungen der Vereinigten Staaten und der Sowjetunion aufzufordern, bei der am folgenden Tag in Genf beginnenden neuen Runde der SALT-Gespräche eine Einigung zu erzielen.

In Polen gab es jedoch keine Aussicht auf eine Einigung, und Jaruzelski wurde von der Sowjetunion und anderen Mitgliedsländern des Warschauer Pakts immer mehr unter Druck gesetzt, gegen »Solidarność« vorzugehen. Im November gab es 105 unbefristete Streiks, 115 weitere waren geplant. Wie Jaruzelski später schrieb, löste sich Polen im Jahr 1981 als sozialistischer Staat allmählich auf, was dazu führte, daß die anderen Länder des Warschauer Pakts jegliche Änderung des Systems noch strikter ablehnten.

Marschall Victor Kulikow, der Oberkommandierende der Streitkräfte des Warschauer Pakts, war im Laufe des Herbstes mehrmals in die polnische Hauptstadt gekommen und hatte Jaruzelski in persönlichen Gesprächen aufgefordert, gegen »Solidarność« vorzugehen. Er war es auch, der darauf hinwies, daß die Länder des Warschauer Pakts die Veränderungen, die in Polen stattfanden, nicht länger tolerieren wollten. Bei einem Geheimtreffen der Verteidigungsminister des Warschauer Pakts, das am 3. Dezember in Moskau stattfand, sagte Kulikow: »Die sich verschärfenden politischen Auseinandersetzungen haben negative Auswirkungen auf die polnische Armee, und dies hat bei Mitgliedern des Warschauer Pakts Besorgnis ausgelöst. Die polnischen Kommunisten dürfen mit der Unterstützung und Hilfe befreundeter Länder rechnen ...«

Im weiteren Verlauf der Sitzung las Verteidigungsminister Ustinow dem amtierenden polnischen Verteidigungsminister General Siwicki die Leviten:

»Sie weichen die ganze Zeit vor der frech vordringenden Konterrevolution zurück. Von den Feinden des Sozialismus werden immer dreistere Forderungen erhoben, sie bestimmen sogar die weitere Entwicklung. Sie richten den Staat zugrunde. Sie werden Ihnen bald die Macht aus den Händen nehmen, und Sie werden nur tatenlos zusehen. Aber denken Sie daran: Wir werden nie zulassen, daß die Volksrepublik Polen aus dem Verteidigungssystem des Warschauer Pakts ausscheidet und daß dieser weiter geschwächt wird... Das Problem betrifft nicht nur Sie allein... Vergessen Sie eines nicht: Wir werden eine Gefährdung der lebenswichtigen Interessen unserer Allianz niemals gestatten...«

»Solidarność« beschloß am selben Tag bei einer Dringlichkeitssitzung in der mittelpolnischen Stadt Radom, einen Generalstreik auszurufen, falls das Parlament Jaruzelski gestatten sollte, in den nächsten Monaten per Dekret zu regieren, um so eine Stabilisierung der Wirtschaftslage zu erreichen. Zu den Besonderheiten des kommunistischen Systems in Polen gehörte, daß das handverlesene und meist willfährige Parlament die Möglichkeit hatte, Anträge der Regierung abzulehnen. Und im vorliegenden Fall war die Kirche ebenso wie »Solidarność« dagegen, daß Jaruzelski die gewünschten umfassenden Vollmachten erhielt.

Die Würfel waren gefallen. Jaruzelski kam zu dem Schluß, der extremistische Flügel von »Solidarność« habe die Oberhand gewonnen und sei darauf aus, die Macht im Staat zu übernehmen. Wałęsa schrieb in seinen Memoiren: »In Radom nahm ich gegen meine Überzeugung eine harte Haltung ein, um nicht isoliert dazustehen.«

Jaruzelski wußte, daß er nur zwei Möglichkeiten hatte: entweder mit Hilfe des Militärs einen Staatsstreich durchzuführen und das Kriegsrecht zu verhängen – da die polnische Verfassung einen Ausnahmezustand nicht kennt, war von einem »Kriegszustand« die Rede – oder einen Einmarsch des Warschauer Paktes zu riskieren. Und wenn er nicht sofort handelte, wäre ein Einmarsch ohnehin unvermeidlich. Mehrere sowjetische Divisionen waren in Polen stationiert, und an den Grenzen standen zahlreiche Divisionen des Warschauer Paktes in Alarmbereitschaft.

Am 7. Dezember rief Breschnew bei Jaruzelski an und sagte zu ihm: »Die Konterrevolution sitzt Ihnen im Genick. Wenn Sie nicht bald die notwendigen Maßnahmen ergreifen, wird es zu spät sein. Die Angelegenheit ist für uns alle besorgniserregend.«

Primas Glemp traf mit Wałęsa und dessen Beratern am 5., 7. und 9. Dezember zusammen; mit Billigung des Papstes sagte er dabei: »Sie sind mit Ihren Handlungen über das Mandat hinausgegangen, das Sie von der arbeitenden Bevölkerung erhalten haben. Wenn Sie politische Ziele verfolgen wollen, dann bilden Sie ein gesondertes Komitee, aber ziehen Sie nicht die gesamte Gewerkschaft mit hinein.«

Marschall Kulikow hielt sich am 11. Dezember erneut in Warschau auf. Am darauffolgenden Tag entschloß sich Jaruzelski, die »Operation Z« zu starten, die er unter absoluter Geheimhaltung vorbereitet hatte.

In den frühen Morgenstunden des 13. Dezember schlugen die Streitkräfte, die uniformierte Miliz und die Sicherheitskräfte in einer perfekt koordinierten Aktion los. Sie besetzten praktisch das ganze Land, unterbrachen alle Kommunikations- und Transportverbindungen und setzten eine Militärjunta ein, an deren Spitze General Jaruzelski stand. Sie sollte das im »Kriegszustand« befindliche Polen regieren.

Die Zahl der Opfer hielt sich bei dieser massiven Machtdemonstration in Grenzen; neun Bergleute wurden in einem Kohlenbergwerk im Südwesten bei einem Zusammenstoß mit der Miliz getötet. Innerhalb von vierundzwanzig Stunden wurden jedoch über fünftausend Menschen verhaftet und in Internierungslager gesteckt: führende Oppositionelle und »Solidarność«-Aktivisten ebenso wie Künstler, Schauspieler und Intellektuelle. Nach Angaben von Jaruzelski, der die Massenverhaftungen später als »Idiotie« bezeichnete, wurden während des Kriegszustands 10 554 Menschen inhaftiert. Zu ihnen gehörten auch der frühere Parteichef Gierek und andere Spitzenfunktionäre; Jaruzelski hatte bei der Bekanntgabe des »Kriegszustandes« versichert, daß es keine Rückkehr zu der politischen Situation geben werde, die vor dem Danziger Abkommen des Jahres 1980 geherrscht hatte.

Polen war bis auf weiteres ein »riesiges Konzentrationslager«, wie Johannes Paul II. kurz nach dem Coup in einem Privatgespräch sagte. An Weihnachten zündete der Papst an einem Fenster seiner Privatgemächer eine Kerze an als Zeichen der Solidarität mit »leidenden Nationen«.

Der britische Publizist Neal Ascherson hat die Ereignisse in Polen folgendermaßen zusammengefaßt: »Es ist offensichtlich, daß die Krise am Ende des Jahres 1981 über das sehr begrenzte Ausgleichs- und Kompromißpotential hinausging, das im polnischen System zur Verfügung stand – selbst über das Potential der Kirche.«

General Jaruzelski schrieb später, die Entscheidung, das Kriegsrecht zu verhängen, sei »in Polen getroffen worden, und zwar von einer Gruppe, die ausschließlich aus Polen bestand«. Er übernehme die Verantwortung dafür. Den Coup bezeichnete er als »das kleinere Übel«. Jaruzelski fügte hinzu: »Mit jeder anderen Lösung hätte Polen alles verlieren können. Während des ›Kriegszustands‹ hat es viel verloren. Aber seine Chancen hat es nicht eingebüßt. Diese haben wir uns später eröffnet.«

Johannes Paul II. und General Jaruzelski begannen fünf Tage nach der Verhängung des Kriegsrechts mit dem Austausch vertraulicher handschriftlicher Briefe. Der Papst ergriff dabei die Initiative.

Daß der Kriegszustand verglichen mit einem Bürgerkrieg oder einem Einmarsch des Warschauer Pakts »das kleinere Übel« sei, war auch die Ansicht von Johannes Paul II., obgleich er dies nie öffentlich zum Ausdruck brachte. Jaruzelski wußte von Anfang an, daß er ohne die Mithilfe der Kirche und des Papstes keinen Ausweg aus der Krise finden würde. Der »Kriegszustand« konnte nicht allzu lange aufrechterhalten werden; das Land mußte zur Normalität zurückkehren und seine schlecht funktionierende Wirtschaft reformieren.

Ein geheimer polnischer Abgesandter aus New York machte sich daran, Wałęsa und Jaruzelski in dieser schweren Krisenzeit einander näherzubringen. Es handelte sich um Bogdan Lewandowski, den Stellvertretenden Generalsekretär der Vereinten Nationen, der 1978 für Generalsekretär Kurt Waldheim zur Inthronisation Johannes Pauls II. gekommen war. Lewandowski, der polnischer Bürger ist, war nach den

Regeln der UN vom Warschauer Regime für dieses hohe Amt empfohlen worden.

Lewandowski erhielt in den späten Abendstunden des 12. Dezember 1981 in seiner New Yorker Wohnung einen Anruf aus Washington. Der Anrufer war Richard Pipes, ein Harvard-Historiker polnischer Abstammung, der unter Reagan dem Nationalen Sicherheitsrat angehörte. In Polen brach gerade der nächste Tag an, und das Weiße Haus war vom Außenministerium über eine Blitzmeldung informiert worden, die dort aus der US-Botschaft in Warschau eingetroffen war: Panzer der polnischen Armee besetzten die Hauptstadt. Pipes fragte Lewandowski, ob er etwas über die Hintergründe wisse.

Der Anruf brachte Lewandowski dazu, nach Rom und nach Warschau zu fliegen, um herauszufinden, ob er eventuell einen für alle Beteiligten nützlichen Beitrag leisten könnte. Der Berufsdiplomat dachte daran, daß er als UN-Vertreter die Verbindung zwischen dem Papst und Jaruzelski herstellen könnte, falls andere Kanäle blockiert wären.

Lewandowski traf am Dienstag, dem 15. Dezember, in Rom ein. Er erhielt eine Einladung zum Abendessen mit Johannes Paul II. und Monsignore Dziwisz. Die Begrüßung fand im Studierzimmer des Papstes statt. Lewandowskis Erinnerung nach war der Papst angespannt und betrübt, obwohl ihn die Ereignisse in Polen anscheinend nicht überrascht hatten; nach Meinung des Diplomaten befürchtete der Papst einen »Holocaust«. Als Lewandowski davon sprach, daß er nach Warschau fliegen werde, sagte der Papst, daß seine Besorgnisse Jaruzelski mitgeteilt werden sollten.

Lewandowski traf am 16. Dezember in Warschau ein und wurde am darauffolgenden Tag von Jaruzelski empfangen. Im Verlauf des zweistündigen Gesprächs teilte Lewandowski dem General die Ansichten Johannes Pauls II. mit. Jaruzelski versicherte ihm daraufhin, daß man Blutvergießen vermeiden und daß es keine weiteren Opfer geben werde; er sagte, es sei äußerst wichtig, daß der Papst über die Situation in Polen genau Bescheid wisse, insbesondere über die Tatsache, daß das Regime vorhabe, die vor der Verhängung des Kriegsrechts eingeleiteten wirtschaftlichen und sozialen Reformen fortzuführen. Lewandowski nahm das Gespräch mit Einverständnis des Generals auf Tonband auf.

Lewandowski kehrte am Ende der Woche nach Rom zurück und frühstückte nach der Morgenmesse in der päpstlichen Kapelle mit Johannes Paul II.; dabei informierte er ihn über Jaruzelskis Ausführungen (das Tonband hatte Monsignore Dziwisz erhalten). Der Papst befragte Lewandowski ausführlich über die KOR-Intellektuellen, die als Berater von »Solidarność« fungiert hatten.

Am 18. Dezember schrieb Johannes Paul II. einen Brief an Jaruzelski; Kopien gingen an Primas Glemp und Wałęsa, der in einem Landhaus bei Warschau unter Hausarrest stand, das Schreiben jedoch erhielt. Johannes Paul II. gab in seinem Brief der Hoffnung Ausdruck, daß es kein Blutvergießen geben werde, daß politische Gefangene freigelassen würden und daß Polen zur Normalität zurückkehren werde. Am 22. Dezember empfing der Papst Bischof Dąbrowski, den Sekretär des polnischen Episkopats, und ließ sich die Situation in Polen aus der Sicht der Kirche schildern.

Jaruzelskis Antwort wurde am 2. Januar 1982 von Kazimierz Szablewski überbracht, dem Gesandten der Volksrepublik Polen am Heiligen Stuhl. Der Vatikan unterhielt in Warschau eine Gesandtschaft des Heiligen Stuhls, die von Erzbischof Luigi Poggi geleitet wurde, einem Experten für osteuropäische Angelegenheiten. Von Geheimbotschaften abgesehen, wurde der Informationsaustausch zwischen dem Heiligen Stuhl und Warschau über diese beiden Gesandtschaften abgewickelt.

Der General räumte in seinem Schreiben ein, daß die Verhängung des Kriegsrechts »ein Schock für unsere Gesellschaft« gewesen sei und fügte hinzu: »Viele Menschen sehen ihre Hoffnungen dahinschwinden, fühlen sich von den Umständen erdrückt, sind verbittert.« Jaruzelski versichert dem Papst jedoch, er sei gewillt, mit allen Gruppen und Personen zusammenzuarbeiten, die die Nation aus ihren Schwierigkeiten herausführen wollten.

In seiner Antwort brachte Johannes Paul II. die Befürchtung zum Ausdruck, daß sich die von Jaruzelski erwähnte Stimmungslage durch den fortbestehenden Kriegszustand und den Mangel an Versorgungsgütern noch weiter verschlechtern werde. Der Papst wies den General darauf hin, daß der durch die Verhängung des Kriegsrechts ausgelöste Schock auch mit der Internierung von Tausenden von Gewerkschaftsführern und den einschneidenden Sanktionen in der Arbeitswelt sowie im kulturellen Bereich zusammenhänge. Es komme darauf an, neues Vertrauen aufzubauen.

Am wichtigsten war jedoch, daß der Kontakt zwischen dem Papst und dem General nie abbrach und daß die Kirche und Johannes Paul II. imstande waren, nach der Verhängung des Kriegsrechts eine »Vermittlerrolle« zu spielen – so Mieczysław Rakowski – und dafür zu sorgen, daß die Spannungen nicht zur Zerreißprobe führten.

Die Korrespondenz zwischen dem Papst und Jaruzelski im Jahr 1982 bildete den Anfang einer ganz besonderen Beziehung, die am Ende des Jahrzehnts dazu beitrug, daß der historische Übergang vom Kommunismus zur Demokratie stattfinden konnte.

Die Regierung Reagan reagierte auf die Verhängung des Kriegsrechts mit harten Wirtschaftssanktionen. In Washington war man der Meinung, man verteidige damit die polnischen Demokratiebestrebungen; in Wirklichkeit wurde das Volk bestraft. Reagan hatte auch in einem Schreiben an Breschnew gegen den sowjetischen Druck auf Polen protestiert und weitere Sanktionen gegen den Kreml verhängt.

Von dem Kontakt zwischen dem Papst und Jaruzelski ahnte man in Washington nichts, und man war überrascht, als der Papst eine gegen die amerikanischen Sanktionen gerichtete Erklärung der polnischen Bischöfe billigte. Noch verblüffter war die Reagan-Administration über das Kommuniqué, das die gemeinsame Kommission von Regierung und Kirche nach ihrer ersten Sitzung unter dem Kriegsrecht am 18. Januar 1982 herausgegeben hatte. Darin hieß es: »In der schwierigen Situation des Landes schaden gegen Polen verhängte Wirtschaftssanktionen den Interessen der Nation und erschweren die Überwindung der Krise ...«

Zuvor hatte Johannes Paul II. einen persönlichen Brief an Reagan geschrieben, in dem er dem Präsidenten für die Unterstützung Polens dankte, ohne die Sanktionen zu erwähnen. Das Weiße Haus gab daraufhin bekannt, der Papst habe seinen Dank für die Sanktionen zum Ausdruck gebracht. Daraufhin veröffentlichte der Vatikan ein Dementi.

Das Verhalten der Regierung Reagan im Zusammenhang mit der Krise in Polen war in mehr als einer Hinsicht schwer verständlich. Am unverständlichsten war, daß sie »Solidarność« nicht vor Jaruzelskis Plänen gewarnt hatte, obwohl sie seit Mitte November im Besitz detaillierter Pläne für die »Operation Z« war und auch das ungefähre Datum kannte.

Die USA hatten die Pläne von Oberst Ryszard Kukliński erhalten, einem Generalstabsoffizier der polnischen Armee, der schon seit langem CIA-Agent war. Um das Material über die »Operation Z« liefern zu können, hatte Kukliński Mitte November 1981 aus Polen fliehen müssen. Amerikanische Stellen erklärten später, hätte man »Solidarność« gewarnt, hätte dies zu einem Bürgerkrieg oder zu einem blutigen Aufstand führen können. Diese Erklärung wirkte nicht sehr überzeugend.

Auf die erste amerikanische Fehleinschätzung der Haltung Johannes Pauls II. folgten weitere Mißverständnisse. Als Reagan den Papst am 27. Juni 1982 besuchte, bot er dem Heiligen Stuhl finanzielle und geheimdienstliche »Zusammenarbeit« zur Unterstützung der Untergrundaktivitäten von »Solidarność« an. Personen, die über dieses Gespräch Bescheid wissen, haben angegeben, der Papst habe dem Präsidenten höflich gedankt und gesagt, natürlich sei jede Unterstützung willkommen; der Vatikan habe aber seine eigenen Kanäle, um polnische Angelegenheiten zu unterstützen und sei auf eine derartige »Zusammenarbeit« nicht angewiesen.

In Washington hat man ungeachtet dessen die Legende verbreitet, Johannes Paul II. und Reagan hätten insgeheim eine »heilige Allianz« geschlossen, die schließlich zum Zusammenbruch des Kommunismus in Osteuropa geführt habe. Als diese Geschichtslegende erstmals in den Vereinigten Staaten publik gemacht wurde, war der Heilige Stuhl verärgert (und die Polen ebenfalls); inzwischen amüsiert man sich eher darüber.

»Solidarność« und sonstige oppositionelle Gruppierungen in Polen erhielten vom Heiligen Stuhl über die Kirche und andere Kanäle in begrenztem Umfang finanzielle Unterstützung. Manche dieser Finanzmittel kamen vom Istituto per le Opere Religiose (IOR), der größten Vatikanbank. Das IOR wurde Anfang der achtziger Jahre durch italienische Privatbanken, mit denen es zusammenarbeitete, in Skandale verwickelt. Das IOR hatte einigen von diesen Banken eine Art Garantieschreiben ausgestellt; sie betrieben jedoch dubiose Geschäfte, die mit Zusammenbrüchen endeten und den Anlegern große Verluste brachten.

Daß das IOR dermaßen in Schwierigkeiten geriet, ließ die Verwaltungstätigkeit Johannes Pauls II. in keinem guten Licht erscheinen. Der vertrauensselige Papst, der sich mit Details nicht befassen wollte, hatte die finanziellen Angelegenheiten des Vatikans in den Händen von Erzbischof Paul C. Marcinkus belassen; der Amerikaner war der Präsident des IOR und organisierte außerdem die Papstreisen. Marcinkus selbst führte seine Leichtgläubigkeit im Umgang mit den italienischen Banken auf seine Unerfahrenheit und Naivität zurück; er wurde bald darauf als Präsident des IOR abgelöst und verbringt jetzt seinen Ruhestand in Sun City West in Arizona.

Die IOR-Affäre spielte sich unglücklicherweise zur selben Zeit ab wie die Krise in Polen. So wurde der Vorwurf laut, der Papst benutze das IOR, um »Solidarność« und anderen antikommunistischen Organisationen in Polen im Rahmen der »heiligen Allianz« mit Reagan Millionen von Dollars ungeklärter Herkunft zukommen zu lassen. Die tatsächlich durch das IOR getätigten Transfers waren gering, doch über ein Jahrzehnt hinweg hatte die ganze Angelegenheit für den Vatikan und das politische Leben in Italien verheerende Auswirkungen. Dazu gehörte auch der Verdacht, die berüchtigte Freimaurerloge P2 sei in die Affäre verwickelt. Die Öffentlichkeitsarbeit des Heiligen Stuhls erwies sich zudem als völlig unzureichend; er gab den Anschuldigungen durch sein würdevolles Schweigen neue Nahrung. Für den Papst war all dies eine wichtige Lektion; die Finanzen des Vatikans unterstehen jetzt einer äußerst strikten Kontrolle. Der Heilige Stuhl transferierte stillschweigend 240 Millionen Dollar an die italienische Regierung, die als Entschädigung für mögliche Verluste italienischer Banken dienen sollten.

Neben den Zahlungen vom Heiligen Stuhl erhielt »Solidarność« auch Geld- und Sachleistungen von der amerikanischen Gewerkschaftsdachorganisation AFL-CIO sowie von westeuropäischen Gewerkschaften. Zweifellos flossen auch Gelder vom amerikanischen

Geheimdienst CIA über seinen »Ableger« in Warschau an »Solidarność«, außerdem über Kirchen polnischstämmiger Amerikaner in den USA an polnische Priester, die mit der Gewerkschaft in Verbindung standen.

»Soldidarność« betonte später, das Überleben der Gewerkschaft sei in der Zeit des Kriegsrechts und danach keineswegs mittels umfangreicher ausländischer Zahlungen gewährleistet worden, sondern durch die moralische und politische Unterstützung, die man beispielsweise durch die zweite Polenreise des Papstes im Jahr 1983 erhalten habe, insbesondere durch das vielbeachtete Zusammentreffen Johannes Pauls II. mit Lech Wałęsa, den das Regime als Unperson behandelt hatte. Die Polenreise des Jahres 1987 stützte »Solidarność« in einer kritischen Übergangszeit. Die polnische Kirche bat die Bevölkerung um Geld und Lebensmittel für die Familien internierter Oppositioneller.

Obgleich es nie eine »heilige Allianz« gab, funktionierte die Zusammenarbeit zwischen Washington und dem Heiligen Stuhl gut. Dazu gehörte die private Unterrichtung des Papstes über weltpolitische, diplomatische und militärische Angelegenheiten, mit der die US-Regierung den polyglotten Generalleutnant und früheren stellvertretenden CIA-Direktor Vernon Walters beauftragt hatte, der damals als Sonderbotschafter tätig war.

Reagans Besuch bei Johannes Paul II. führte unter anderem zur Aufnahme voller diplomatischer Beziehungen zwischen den Vereinigten Staaten und dem Heiligen Stuhl. Da wegen eines 1867 vom Kongreß verabschiedeten Gesetzes keine Geldmittel für einen Botschafter am Heiligen Stuhl zur Verfügung standen, gab es dort nur einen persönlichen Repräsentanten des Präsidenten, der für alle Kosten selbst aufkommen mußte. Auf Reagans Initiative hin änderte der Kongreß im Jahr 1983 das Gesetz, und seither gibt es am Heiligen Stuhl einen US-Botschafter.

Im Zuge der immer intensiver werdenden Beschäftigung mit weltpolitischen Angelegenheiten erklärte sich der Vatikan bereit, zwischen der NATO und dem Warschauer Pakt bei der Ausarbeitung eines Übereinkommens hinsichtlich eines Stationierungsstops für taktische Nuklearwaffen in Europa eine Vermittlerrolle zu übernehmen.

Reagan hingegen beendete 1985 alle Zahlungen an den UN Fund for Population Activities, der in der Regierungszeit Nixons auf amerikanische Initiative hin entstanden war, sowie an die International Planned Parenthood Federation, weil beide in Ländern, in denen Abtreibungen erlaubt waren, solche Eingriffe finanzierten. William Wilson, der erste amerikanische Botschafter am Heiligen Stuhl, soll damals gesagt haben: »Die amerikanische Haltung änderte sich, weil der Vatikan mit ihr nicht übereinstimmte.«

Anfang 1993 revidierte Präsident Clinton die diesbezügliche Haltung der USA; im Vatikan löste dies den ersten der zahlreichen öffentlichen Angriffe aus, die der Heilige Stuhl seither in der Frage der Geburtenkontrolle gegen die US-Regierung gerichtet hat.

Was den ökumenischen Bereich der Beziehungen zwischen den USA und dem Vatikan betrifft, kam es 1982 zu einem Besuch des protestantischen Evangelisten Billy Graham bei Johannes Paul II. Die beiden fanden Gefallen aneinander und blieben von da an in Verbindung.

1982 wurde zu einem Jahr der Kriege. In Polen hielt der »Kriegszustand« das ganze Jahr über an, und der Papst verwendete viel Zeit darauf, die Umsetzung der Maßnahmen der Kirche zu überwachen; gleichzeitig hielt er die Verbindung mit General Jaruzelski und dessen Regime aufrecht. Johannes Paul II. hatte zudem das Episkopat in Warschau beauftragt, über einen Besuch im August 1982 zu verhandeln, bei dem er den 600. Jahrestag der Ankunft der Schwarzen Madonna in Tschenstochau begehen wollte.

Im Südatlantik führten Argentinien und Großbritannien seit April einen Krieg um die Falklandinseln, eine britische Kronkolonie; die Argentinier beanspruchten die Inseln als ihren rechtmäßigen Besitz. Johannes Paul II. war entschlossen, seinen Einfluß geltend zu machen, um einen Frieden herbeizuführen.

Im Nahen Osten, der für den Papst von besonderer spiritueller Bedeutung war, gab es zwischen Juden und Arabern, Christen und Arabern sowie zwischen verschiedenen arabischen Lagern immer noch größere und kleinere kriegerische Auseinandersetzungen. Israel und Ägypten hatten zwar das von den Vereinigten Staaten vermittelte Camp-David-Abkommen unterzeichnet, doch wurden die Israelis weiterhin von einer Reihe arabischer Staaten sowie von Palästinenserorganisationen bekämpft. Am Persischen Golf waren der Irak und der Iran in einen mörderischen Krieg verwickelt, und im Libanon, in dem Christen und Muslime jahrhundertelang friedlich zusammengelebt hatten, tobte jetzt ein Bürgerkrieg der Religionsgemeinschaften. Der Papst hatte die Absicht, die beträchtlichen diplomatischen Einwirkungsmöglichkeiten des Heiligen Stuhls einzusetzen, um im Nahen Osten zu friedlichen Lösungen zu gelangen.

Der Papst erfüllte eine im Vorjahr gegebene Zusage und holte die Afrikareise nach, die durch das Attentat unmöglich geworden war. Johannes Paul II. flog am 12. Februar 1982 nach Nigeria, wo eine große christliche Minderheit – nicht immer friedlich – mit der muslimischen Mehrheit zusammenlebt. Von dort reiste er nach Benin, dem Heimatland von Kardinal Bernardin Gantin, den er bald darauf zum Präfekten der einflußreichen Bischofskongregation machte. Aufenthalte in Gabun und Guinea bildeten den Abschluß der einwöchigen, äußerst strapaziösen Reise. Johannes Paul II. war wieder bei guter Gesundheit und sprühte vor Energie.

Bei der Vorbereitung seiner nächsten Reise zeigte der Papst ein großes Maß an Einfallsreichtum und Takt. Die katholische Kirche von England und Wales hatte Johannes Paul II. für Anfang Mai 1982 zu einem Besuch eingeladen, und Königin Elisabeth II. hatte ebenfalls eine Einladung ausgesprochen, als sie den Papst im Oktober 1980 besuchte. Durch ein Zusammentreffen mit dem anglikanischen Erzbischof Dr. Robert Runcie sollte die Reise auch einen ökumenischen Aspekt aufweisen.

Zwei Wochen vor dem geplanten Beginn der Reise unternahmen argentinische Einheiten den Versuch, die Falklandinseln zu erobern, und Großbritannien entsandte zur ihrer Verteidigung See- und Luftstreitkräfte. Die römische Kurie hatte Bedenken gegen einen Besuch des Papstes in einem weitgehend anglikanischen Land, das sich mit einem überwiegend katholischen Land im Krieg befand. Der Konflikt hatte überdies antikolonialistische Aspekte, die der Papst angesichts seines Eintretens für die Belange der Dritten Welt nicht ignorieren konnte. Darüber hinaus gab es in England protestantische Extremisten, die aus prinzipiellen Erwägungen heraus einen Papstbesuch vehement ablehnten.

Es war ein schier unlösbares diplomatisches Problem. Wojtyła flog vorerst nach Portugal, um der Jungfrau von Fátima dafür zu danken, daß sie ihm ein Jahr zuvor das Leben gerettet hatte. Obwohl Kardinal Basil Hume und Kardinal Gordon Gray nach Rom geeilt waren und den Papst gebeten hatten, ihre Gläubigen nicht zu enttäuschen, wurde Johannes Paul II. von seinen engsten Vertrauten geraten, die Englandreise auf unbestimmte Zeit zu verschieben.

Der Pontifex hatte jedoch einen Einfall: Er lud die beiden englischen Kardinäle zusammen mit den drei Kardinälen Argentiniens und anderen kirchlichen Würdenträgern ein, am 24. Mai mit ihm zusammen in der Peterskirche eine »Versöhnungsmesse« zu feiern. Sie wurde zu einem bewegenden Ereignis. Am Ende der Messe verkündete der Papst, daß er sowohl nach Großbritannien als auch nach Argentinien reisen werde. Als nächstes sandte Johannes Paul II. gleichlautende Botschaften an Margaret Thatcher in London und Präsident Leopoldo Galtieri in Buenos Aires, in denen er sie beschwor, die Kämpfe einzustellen. Dies entsprach zwar nicht der vorsichtigen Diplomatie des Heiligen Stuhls, aber Johannes Paul II. hielt es für seine Pflicht zu intervenieren. Am 28. Mai flog er zu einem fünftägigen Besuch nach England.

Am Abend des 10. Juni – drei Tage nachdem er Präsident Reagan im Vatikan empfangen hatte – flog Johannes Paul II. nach Argentinien, das kurz zuvor im Falkland-Krieg unterlegen war. Dabei wandte der Papst mehr Zeit für den Hin- und Rückflug auf, als er tatsächlich auf argentinischem Boden verbrachte. Als er in der Innenstadt von Buenos Aires mit 120 lateinamerikanischen Bischöfen und 1700 Priestern betete, wurde deutlich, daß er bei seinen Friedensbemühungen nicht einseitig vorging.

Der Argentinienbesuch des Papstes barg jedoch Risiken anderer Art in sich. General Galtieri, der den folgenschweren Angriff auf die Falklandinseln befohlen hatte, war einer jener Militärdiktatoren, die ihre politischen Gegner foltern, ermorden oder verschwinden lassen. Angesichts der Haltung, die der Papst hinsichtlich der Menschenrechte vertritt, war es Galtieri vermutlich recht, daß er mit Johannes Paul II.

nur kurz zusammentraf. Daß sich der Papst in Buenos Aires nicht öffentlich für die Menschenrechte einsetzte, trug ihm Kritik ein; er war jedoch der Auffassung, daß dies weder der geeignete Zeitpunkt noch der geeignete Ort war.

Was den Nahen Osten betraf, mußte sich Johannes Paul II. auf die traditionelle Diplomatie beschränken, doch er zeigte dabei Entschlußkraft und politischen Mut. Am 7. Januar hatte er im Vatikan Außenminister Yitzhak Shamir empfangen; dies war sein erstes Zusammentreffen mit einem Mitglied der israelischen Regierung. Der Papst hatte dabei aus erster Hand Informationen über den arabisch-israelischen Konflikt erhalten und gleichzeitig sein Mitgefühl für die jüdische Sache zum Ausdruck gebracht. Am 18. Mai traf sich der Papst mit Elio Toaff, dem Oberrabbiner Roms. Es war das erstemal, daß ein Bischof von Rom mit einem römischen Rabbiner ins Gespräch kam; die beiden Männer sind seither immer wieder zusammengetroffen.

Angesichts der immer gewalttätiger werdenden Auseinandersetzungen im Libanon schickte Johannes Paul II. am 8. Juni ein Telegramm an den libanesischen Präsidenten Elias Sarkis, in dem er seine Besorgnis zum Ausdruck brachte. Am 15. September empfing der Papst Yassir Arafat, den Chef der Palästinensischen Befreiungsorganisation (PLO). Arafat galt damals bei vielen als Terrorist, und Johannes Paul II. wurde vorgeworfen, den PLO-Chef protokollarisch aufgewertet zu haben. Wojtyła lag jedoch mit seinen politischen Einschätzungen richtig, er war nur seiner Zeit vorausgeeilt. Seinen Mitarbeitern gegenüber sagte der Papst, es mache ihm überhaupt nichts aus, kritisiert zu werden.

Im Verlauf des Jahres 1982 konferierte Johannes Paul II. fünfmal mit Primas Glemp, zweimal mit Kardinal Macharski, der in der gemeinsamen Kommission die Delegation der Kirche anführte, und zweimal mit Bischof Dąbrowski, dem Sekretär des polnischen Episkopats. Daneben traf er mit zahlreichen Bischöfen aus verschiedenen polnischen Diözesen zusammen. Durch diese kirchlichen Informationsquellen und dank seiner immer besser werdenden Kontakte zum Warschauer Regime war der Papst über die Entwicklungen in Polen genauestens informiert.

Im Rückblick ist deutlich zu erkennen, daß Johannes Paul II. eine vernünftige Lösung der polnischen Krise für möglich hielt, die es gestatten würde, das Kriegsrecht aufzuheben und allmählich eine weitgehende politische und ökonomische Liberalisierung durchzuführen. Diese Einschätzung bestimmte seine Haltung gegenüber dem Warschauer Regime. Daß es in absehbarer Zeit zu einem Verschwinden der kommunistischen Herrschaft kommen würde, hielt der Papst nicht für wahrscheinlich.

Ähnliche Ziele verfolgten das Episkopat und das Regime bei ihren immer produktiver werdenden Kontakten in der gemeinsamen Kommission, die nun fast jeden Monat zusammentrat. Die Kirche beschwerte sich zwar über das Vorgehen der Miliz gegen jugendliche Demonstranten in Krakau, und die Regierung führte Klage über angebliche antikommunistische Propagandatätigkeiten der Kirche, doch geschah dies auf eine eher beiläufige Art. Dies führte dazu, daß die Kirche von bestimmten Kreisen des »Ausverkaufs« an das Regime beschuldigt wurde und daß Hardliner Jaruzelski den Vorwurf machten, er sei der Kirche gegenüber zu nachgiebig.

Das Verhältnis zwischen Kirche und Regime hatte sich so sehr gebessert, daß Monsignore Alojzy Orszulik, ein Mitglied der Delegation des Episkopats, die Erlaubnis erhielt, mit dem unter Hausarrest stehenden Lech Wałęsa die politische Lage Polens zu erörtern. Stanisław Ciosek, Mitglied des Kabinetts, besuchte Wałęsa ebenfalls und redete mit ihm über die zukünftige Rolle der Gewerkschaften. Diese Begegnungen wurden natürlich genauso geheimgehalten wie die Beratungen der gemeinsamen Kommission.

Im Vatikan war man bemüht, der entgegenkommenden Haltung des Regimes gegenüber der Kirche Rechnung zu tragen. Als der frühere Erziehungsminister Jerzy Kuberski Anfang Juni 1982 zum neuen polnischen Chefdiplomaten am Heiligen Stuhl ernannt wurde, ließ man ihm eine besondere Auszeichnung zuteil werden: Kuberski wurde sogleich von Kardinal Casaroli und Erzbischof Silvestrini, dem De-facto-Außenminister, empfangen. Im Juli 1982 begleitete Kuberski Außenminister Czyrek zu einem Treffen mit dem Pontifex in Castel Gandolfo, bei dem über den Termin der nächsten Polenreise entschieden werden sollte. Czyrek teilte Johannes Paul II. mit, daß die Lage noch zu unbeständig sei und die Regierung eine Verschiebung der geplanten Reise auf Mitte 1983 vorschlage. Der Papst kannte die Bedenken des Regimes bereits; da er das labile politische Gleichgewicht nicht durcheinanderbringen wollte, erklärte er sich bereit, ein Jahr lang zu warten.

Bald danach unterzeichneten das polnische Episkopat und die Regierung eine Rahmenvereinbarung über die Durchführung der Papstreise. Eine geheime Studie des Zentralkomitees kam bei der Abwägung der für und gegen einen Besuch sprechenden Überlegungen zu dem Schluß, daß man das Risiko durchaus eingehen könne, zumal die Staatsführung durch den Aufenthalt Johannes Pauls II. eine Legitimierung erhalten werde. – Hier zeigte sich, daß Wunschdenken die Grundlage für Entscheidungen bilden kann.

Am 10. November 1982 starb Leonid Breschnew. Johannes Paul II. übersandte ein Beileidstelegramm und schickte eine Delegation des Vatikans zu den Beisetzungsfeierlichkeiten nach Moskau.

In Warschau wurde Lech Wałęsa freigelassen, und am 31. Dezember 1982 gab General Jaruzelski zwar nicht die formelle Aufhebung, jedoch die Suspendierung des Kriegsrechts in Polen bekannt.

Eine Ära war zu Ende gegangen.

24

Am Freitag, dem 17. Juni 1983, einen Tag nach der Ankunft des Papstes zu seinem zweiten Polenbesuch, trafen Johannes Paul II. und der polnische Ministerpräsident Wojciech Jaruzelski erstmals zusammen. Die Begegnung im Belvedere schuf die Grundlage für eine persönliche Beziehung, die in den folgenden Jahren von größter Wichtigkeit sein sollte. Sie stellte außerdem einen bedeutenden Wendepunkt in der polnischen Nachkriegsgeschichte dar. Wenn es so etwas wie eine »heilige Allianz« gab, dann wurde sie von dem polnischen Papst und dem polnischen General gebildet. Jaruzelski hat bestätigt, daß »der Papst bei der Umgestaltung, die in Polen und danach im gesamten Osten stattfand, eine große Rolle spielte«.

Den Beziehungen zwischen dem Papst und dem General ist es zu verdanken, daß im Laufe der Zeit ein direktes Einvernehmen zwischen Johannes Paul II. und Michail Gorbatschow entstand. Jaruzelski förderte diese Entwicklung, indem er insgeheim die Rolle des »beiderseitigen Freundes« spielte.

Über sein erstes Zusammentreffen mit Johannes Paul II. sagte Jaruzelski: »Es war für mich ein tief beeindruckendes Erlebnis. Ich bin zwar nicht gläubig, aber man hat ja aus der Jugendzeit noch manches in sich ... Ich war tief bewegt von dieser Begegnung. Ich war sogar nervös ... Unser erstes Gespräch sollte dem gegenseitigen Kennenlernen dienen, doch es war schon sehr bedeutsam ...«

Jaruzelski erzählte außerdem, er habe bei seiner ersten Begegnung mit dem Papst feststellen müssen, daß seine Beine schlotterten und seine Knie zitterten. Der Papst hat Freunden gegenüber erwähnt, daß ihm Jaruzelskis Nervosität nicht entgangen sei; »seine Knie haben aber nur zu Beginn gezittert«, sagte er.

Jaruzelski berichtete weiter: »Bei jener ersten Begegnung hatte ich das unbestimmte Gefühl, etwas Besonderes, etwas Großartiges zu erleben. Ich hatte ja gesehen, wie diese Menschenmassen, diese Millionen, auf die Knie fielen. Ich hatte auch gesehen, wie Bischöfe oder Schriftsteller niederknieten und seine Hand küßten. Diese Atmosphäre hat etwas Ansteckendes. Ich denke in solchen Situationen natürlich ganz nüchtern und sage mir, daß er auch nur ein Mensch ist... Es war aber ein ganz tiefes Erlebnis für mich. Und wenn man an seine Persönlichkeit und sein Charisma denkt, kann man sich vorstellen, was für einen Eindruck er auf mich machte...«

Auf den ersten Blick hätte man es kaum für möglich gehalten, daß Johannes Paul II. und Jaruzelski ein enges Vertrauensverhältnis entwickelten. Das Erscheinungsbild des Generals ist eher einschüchternd: Er ist reserviert; er hat durch das Korsett, das er wegen einer Rückenverletzung tragen muß, eine stocksteife Haltung, und er trägt zum Schutz seiner überaus empfindlichen Augen eine dunkle Brille. Johannes Paul II. hingegen ist extrovertiert und gesellig und insgesamt eine imposante Erscheinung. Und wie dem Papst und dem General bei ihrer ersten Begegnung deutlich bewußt war, befanden sie sich in ideologischer Hinsicht in einem krassen Gegensatz.

Dennoch gab es zwischen ihnen schon bald gegenseitige Sympathie und Vertrauen. Der Papst spürte, daß der General ein Mann mit moralischen Grundsätzen war, und er brachte ihm große Wertschätzung entgegen. Als im Vatikan in den späten achtziger Jahren bei einer Zusammenkunft mit polnischen Bischöfen eine abfällige Bemerkung über Jaruzelski gemacht wurde, schaltete sich Johannes Paul II. mit den Worten ein: »Machen Sie bitte in meiner Gegenwart keine polemischen Bemerkungen über den General. Er hat sich eine ungeheuer schwere Last aufgebürdet.« Der Papst legte bei seiner Polenreise im Jahr 1991 großen Wert darauf, mit Jaruzelski, der sich ins Privatleben zurückgezogen hatte, zusammenzutreffen, und er gewährte ihm 1992 im Vatikan eine Privataudienz.

Jaruzelski zufolge war »das Polentum des Papstes« für ihn das Ausschlaggebende: »Er und ich gehören einer Generation an, bei der die Erinnerung an die über hundert Jahre währende Unterdrückung Polens noch lebendig ist. Er kommt im Gespräch immer darauf zurück.« Was Jaruzelski außerdem beeindruckte, war »sein Intellekt und sein Wissen«. Johannes Paul II. habe bei jedem Gespräch ein Zitat von Norwid oder Wyspiański eingeflochten, sagte Jaruzelski. »Hinter seinem Pragmatismus verbirgt sich eine romantische Haltung, eine sehr emotionale Betrachtungsweise unserer Geschichte.«

Jaruzelski erinnerte sich daran, daß sich die erste Begegnung mit Johannes Paul II. anfangs etwas schwierig gestaltete: »Ich spürte die Reserviertheit, die in einer gewissen Zurückhaltung und einer unterkühlten Sachlichkeit zum Ausdruck kam.«

Als der Papst am 16. Juni 1983 zu einem einwöchigen Besuch eintraf, war die Lage in Polen noch immer gespannt. Der »Kriegszustand« war seit Jahresbeginn außer Kraft gesetzt, und Lech Wałęsa befand sich seit November 1982 auf freiem Fuß, aber es gab noch zahlreiche politische Gefangene und einschneidende Reisebeschränkungen.

Die zweite polnische Pilgerreise des Papstes war im wesentlichen religiöser Natur, hatte aber zwangsläufig auch einen starken politischen Beiklang. Die Reise nach Mittelamerika und Haiti, die Johannes Paul II. im März jenes Jahres unternommen hatte, war auf eine andere Art von ähnlicher politischer Relevanz gewesen. In Nicaragua tobte eine kriegerische Auseinandersetzung zwischen den marxistischen Sandinisten und den von den USA unterstützten Contras. Als Johannes Paul II. bei seiner Predigt in der Kathedrale von Managua von Zwischenrufern unterbrochen wurde, brüllte er zurück: »Ruhe!« In El Salvador, wo der Papst ebenfalls Station machte, befand sich das Militärregime in einem nicht endenwollenden Bürgerkrieg mit marxistischen Revolutionären. Johannes Paul II. betete dort am Grabmal von Erzbischof Romero, der drei Jahre zuvor zum Märtyrer geworden war.

In Warschau feierte der Papst an seinem ersten Besuchstag ein Hochamt und traf anschließend mit Nonnen zusammen. Am zweiten Besuchstag stand die Politik im Vordergrund; den Höhepunkt bildete das Treffen im Belvedere. Die offiziellen Gastgeber beim Polenbesuch des Papstes waren der Präsident Jabłoński, der rein repräsentative Funktionen hatte, und Primas Glemp. General Jaruzelski war in seiner Eigenschaft als Ministerpräsident anwesend.

Wegen des politischen Charakters des Zusammentreffens wurde das eineinhalbstündige Gespräch von Johannes Paul II. und Jaruzelski bestritten; Jabłoński und Glemp hörten schweigend zu. Der General verwies darauf, daß er dem Papst bereits drei ausführliche Schreiben geschickt hatte, und schilderte dann die Umstände, die zur Verhängung des Kriegsrechts geführt hatten sowie die Pläne für eine Umgestaltung und Erneuerung in Polen.

Als das Gespräch mit Johannes Paul II. nach einer Weile in einer entspannteren Atmosphäre verlief, erklärte Jaruzelski dem Papst, er sei »indigniert« darüber, daß Präsident Reagan die Aufhebung der Sanktionen gegen Polen davon abhängig gemacht hatte, daß die Staatsführung mit »Solidarność« und der Kirche in einen Dialog eintrat.

»Ich sagte dem Papst, daß wir bis auf weiteres keine Verbindung mit ›Solidarność‹ aufnehmen würden«, berichtete Jaruzelski. »Der Dialog mit der Kirche habe jedoch nie aufgehört; er werde vielmehr immer intensiver... Ich erinnerte ihn daran, daß seine Theaterstücke in zehn Städten aufgeführt wurden... und daß die Auflage katholischer Publikationsorgane von 800 000 auf 1,9 Millionen gestiegen war... Ich machte einige sehr persönliche Bemerkungen über die Last, die ich am 13. Dezember in dem Bewußtsein auf mich genommen hatte, daß ich sie bis ans Ende meiner Tage tragen müßte und daß ich deswegen von vielen Leuten angefeindet werden würde.«

Über den Papst sagte Jaruzelski: »Er ist ein Mann, der es versteht, ruhig zuzuhören, selbst wenn er eine ganz andere Meinung hat... Dies beeindruckte mich sehr... Bei jedem Zusammentreffen kamen wir einander menschlich immer näher...«

Dennoch gab es während dieses Besuches Meinungsverschiedenheiten und Probleme. Bei dem Treffen im Belvedere sagte Johannes Paul II., daß die offizielle Registrierung von »Solidarność« als Gewerkschaft vom Regime während des »Kriegszustands« rückgängig gemacht worden sei, habe er als noch schmerzlicher empfunden als das Kriegsrecht selbst. Er verwies dabei auf die Bedeutung freier Gewerkschaften in demokratischen Gesellschaften.

Einem Treffen des Papstes mit Wałęsa hatte Jaruzelski widerstrebend zugestimmt, weil der Heilige Stuhl dies als eine Angelegenheit dargestellt hatte, die für Johannes Paul II. von prinzipieller Bedeutung sei. Der Papst war der Ansicht, da er »Solidarność« öffentlich unterstützt hatte, müsse er Wałęsa besuchen, zumal dieser nicht mehr unter Hausarrest stand. Der General hatte dieses Ersuchen zuerst unter dem Druck von Hardlinern der Partei abgelehnt, sich aber letzten Endes entschlossen, den hartnäckigen Pontifex gewähren zu lassen. Johannes Paul II. hatte angedeutet, er werde nicht nach Polen kommen, wenn ihm der Besuch bei Wałęsa verwehrt werde, und Jaruzelski war zu dem Schluß gekommen, daß die politischen Auswirkungen bei einer Absage der Papstreise noch nachteiliger wären.

Wałęsa hielt sich wieder zu Hause in Danzig auf, doch die Lenin-Werft, bei der er 1980 den großen Streik geleitet hatte, wollte ihn nicht wieder einstellen. Das Regime war darauf aus, ihn zur »Unperson« zu machen; man glaubte, daß »Solidarność« ohne ihn zusammenbrechen würde, mußte aber bald feststellen, daß dies nicht stimmte.

Der Heilige Stuhl und die Regierung vereinbarten einen Kompromiß, demzufolge der Papst mit Wałęsa privat zusammentreffen sollte, und zwar unter Ausschluß der Presse und des Fernsehens. Von dieser Begegnung gibt es unterschiedliche Darstellungen.

Seiner eigenen Version zufolge hatte Wałęsa den Papst Mitte Mai um eine Audienz gebeten. In seiner Autobiographie schreibt er seltsamerweise kaum etwas Konkretes über die Begegnung:

»Ich erinnere mich genau ... an die offene, ungekünstelte Atmosphäre. Seine Worte waren eine Aufforderung, die Maske abzulegen, die man im Alltag trägt, um mit dem Leben zurechtzukommen. Ich bemerkte plötzlich, daß der Papst große Füße hat, und ich achtete darauf, wie er ging. Zu meiner Überraschung ging er mit festen, gemessenen, sicheren Schritten.«

Das Regime hatte für das Zusammentreffen ein Landhaus im Chochołowska-Tal in der Tatra ausgewählt, wohl ohne zu ahnen, daß es sich dabei um eines der Skigebiete handelte, die Karol Wojtyła in seiner Krakauer Zeit mit Vorliebe besucht hatte. Der Papst wurde von Krakau aus mit einem Hubschrauber dorthin geflogen.

Wałęsa kam per Hubschrauber aus Danzig. Bischof Tadeusz Gocłowski, dem das polnische Episkopat die Verantwortung für Wałęsas

Sicherheit übertragen hatte, begleitete ihn. Gocłowskis Erinnerung nach hatte es geheißen, das Zusammentreffen werde in Krakau stattfinden; sie seien dann aber plötzlich in dem schönen, abgelegenen Gebirgstal gelandet.

Bischof Gocłowski zufolge dauerte die Begegnung »etwa vierzig Minuten«; bei dem Gespräch sei es »natürlich um die Situation des Landes gegangen, um die Stimmung unter der arbeitenden Bevölkerung und die Zukunftsaussichten für ›Solidarność‹«. Was Gocłowski bei der Begegnung besonders auffiel, war die Zuversicht der beiden Gesprächspartner: »Sie waren übereinstimmend der Meinung, daß es zwar Schwierigkeiten geben könne, die geschaffenen Tatsachen jedoch unumkehrbar seien.«

Jaruzelski hat eine völlig andere Darstellung gegeben. Er sprach davon, daß Wałęsa zusammen mit seiner Frau und seinen Kindern den Papst in dem Landhaus erwartet habe und daß die Begegnung etwa fünfzehn Minuten gedauert habe. Bei dem Gespräch sei es nicht um Politik gegangen; der Papst habe die Kinder getätschelt und sich nach ihrem Wohlergehen und ihren schulischen Leistungen erkundigt.

Johannes Paul II. ist der Meinung, das Zusammentreffen, das im nachhinein große Beachtung fand, habe Wałęsa davor bewahrt, politisch in Vergessenheit zu geraten, obwohl zwischen ihnen »nichts Substantielles« besprochen worden sei. Er sei damals der Überzeugung gewesen, daß es »Solidarność« nutzen würde, wenn Wałęsa, mit dem Kommunisten wie auch Nichtkommunisten nicht mehr ernsthaft rechneten, wieder in den Vordergrund treten würde. Jaruzelski sagte zu diesem Thema: »Wenn Wałęsa nicht gewesen wäre, dann hätte ein anderer diese Bewegung wiederbelebt und angeführt...«

Der Gipfel der Ironie war, daß Wałęsa schon vier Monate nach dem Zusammentreffen mit dem Papst der Friedensnobelpreis zuerkannt wurde. Sein Prestige nahm dadurch noch weiter zu, aber eine Arbeitsstelle auf einer Werft bekam er trotzdem nicht.

Verschiedene Probleme, die während der Papstreise auftraten, trugen letzten Endes dazu bei, die Beziehungen zwischen Johannes Paul II. und Jaruzelski zu festigen. »Wir, die Staatsführung, stellten verschiedene beunruhigende Begleiterscheinungen fest, die eine Destabilisierung der Situation zur Folge haben konnten«, erzählte der General. »Der Papst sagte natürlich nie etwas, das zu einer Kontroverse mit uns hätte führen können. Er ist jedoch ein hervorragender Redner, der der Stimmung Ausdruck geben und Vorstellungen wecken kann, so daß schon ein unbedachtes Wort genügt, um eine schwer kontrollierbare Situation zu schaffen.«

Als sich der Papst in Tschenstochau befand, schickte Jaruzelski einen leitenden Beamten dorthin, der die Besorgnisse der Staatsführung dem päpstlichen Gefolge diskret mitteilen sollte. Johannes Paul II. schlug Jaruzelski daraufhin ein weiteres Treffen in Krakau vor.

Der Papst und der General führten ein sehr freimütiges Gespräch unter vier Augen und schufen dabei die Grundlage für ihre zukünftige Zusammenarbeit, deren Ausmaß damals keiner von beiden voraussehen konnte.

Jaruzelski hat die Atmosphäre des Treffens als »herzlich« bezeichnet; jeder habe offen zum Ausdruck gebracht, was ihm Sorge bereitete. »[Der Papst befand sich] in einer sehr schwierigen Lage; die Menschenmassen, die fast die Erwartung hegten, daß er sie auf die Barrikaden führte, setzten ihn unter Druck ... Als unser Gast wollte er einerseits nichts tun, was den Frieden und die Stabilität gefährden konnte. Er wollte keine vorschnellen Hoffnungen wecken. Andererseits war er der Überzeugung, er müsse die Gewerkschaftsbewegung und all diese nationalen und sozialen Bestrebungen unterstützen und am Leben erhalten, er müsse die Menschen in ihren Hoffnungen bestärken, ohne dabei bestimmte Grenzen zu überschreiten.«

Johannes Paul II. und Jaruzelski redeten ausführlich über die Gewerkschaften und die soziale Gerechtigkeit. Nach Jaruzelskis Darstellung sagte der Papst zu ihm, er habe nichts gegen den Sozialismus, er wolle nur, daß »der Sozialismus ein menschliches Antlitz hat«. Das Krakauer Zusammentreffen sei in einer sehr konstruktiven Atmosphäre zu Ende gegangen.

Den Höhepunkt des Papstbesuchs in Krakau bildete eine Messe, in der Johannes Paul II. Pater Rafał Kalinowski, einen Karmeliter, sowie Bruder Albert selig sprach; bei letzterem handelte es sich um den Künstler Adam Chmielowski, der den Orden der Albertinischen Franziska-

Johannes Paul II. in der Bibliothek des Klosters in Tschenstochau.

ner gegründet und über den Karol Wojtyła sein Theaterstück »Bruder unseres Gottes« geschrieben hatte.

Johannes Paul II. kehrte am 23. Juni nach Rom zurück. General Jaruzelski beendete den »Kriegszustand« am 22. Juli, dem Nationalfeiertag der Volksrepublik Polen. Am 10. November erhielt Jaruzelski von Breschnews Nachfolger Jurij Andropow ein erbostes Schreiben. Im Gegensatz zu Breschnew hatte Andropow nicht versucht, den Polen den geplanten Papstbesuch auszureden, doch die Warschauer-Pakt-Staaten betrachteten die engen Beziehungen der polnischen Staatsführung zur Kirche mit wachsender Besorgnis. »Es handelte sich nicht nur um die Sowjetunion«, berichtete Jaruzelski, »sondern vor allem um die Tschechoslowakei, Ungarn und die DDR. Dort wußte man, daß dies in ihren Ländern für die Beziehungen zwischen dem Staat und der Kirche Folgen haben würde. Deshalb wurde auf Breschnew und danach auf Andropow starker Druck ausgeübt. Kadar sagte einmal zu mir: ›Die Polen liebäugeln zu sehr mit der Kirche.‹«

In Andropows geheimem Schreiben an Jaruzelski stand: »Die Kirche stellt jetzt eine starke, gegen den Sozialismus gerichtete Oppositionskraft dar, die in der Rolle des Schutzherrn und Verteidigers der Untergrundbewegungen und des Solidaritätsgedankens auftritt. Die Kirche läßt den Kult um Wałęsa wieder aufleben, gibt Wałęsa Zuspruch und ermutigt ihn bei seinen Aktionen. Dies bedeutet, daß die Kirche eine neue Art der Konfrontation mit der Partei vorbereitet. In dieser Situation ist es von größter Wichtigkeit, keine Zugeständnisse zu machen, die Aktivitäten der Kirche vielmehr auf den von der Verfassung vorgegebenen Rahmen zu beschränken und ihren Einfluß auf das gesellschaftliche Leben zu verringern.«

Jaruzelski ließ sich dadurch nicht davon abbringen, seine Verbindungen zu Johannes Paul II. auszubauen. Am 19. Dezember schrieb er dem Papst, er denke oft über ihre Gespräche nach, »die ungeachtet verständlicher Meinungsunterschiede von tiefer Sorge um das Schicksal des Vaterlandes und das Wohlergehen der Menschen erfüllt waren«.

Als Konstantin Tschernenkow im Februar 1984 nach dem Tod von Andropow Generalsekretär der KPdSU geworden war, setzte der Kreml seine Proteste gegen die freundschaftlichen Beziehungen der polnischen

Staatsführung zur Kirche fort. Mitte April wurde Jaruzelski zu einem geheimen Spitzengespräch mit Verteidigungsminister Ustinow und Außenminister Gromyko beordert, das in Brest in einem Salonwagen der Eisenbahn stattfand und »sehr schwierig« verlief.

Am 26. April leitete Tschernenkow eine Sitzung des Politbüros, bei der auch die Lage in Polen und das Gespräch mit Jaruzelski auf der Tagesordnung standen. Laut Sitzungsprotokoll sagte Tschernenkow: »[Jaruzelski] bezeichnete die Kirche als einen Alliierten, ohne den Fortschritte unmöglich seien. Von einem entschlossenen Kampf gegen die Intrigen der Kirche hörte man nichts von ihm. Jaruzelski bemühte sich lediglich, alles zu rechtfertigen, was gegenwärtig in Polen geschieht.«

Gorbatschow war damals schon Mitglied des Politbüros, und das Protokoll zitiert ihn mit der Bemerkung: »Dieser Jaruzelski denkt wohl an eine Art Pluralismus...« Gorbatschow kannte den polnischen Parteichef noch nicht persönlich.

Über den Druck, der 1984 – dem schlimmsten Jahr der Übergangsperiode – auf ihn ausgeübt wurde, sagte Jaruzelski: »Man kann sich gar nicht vorstellen, was ich durchmachen mußte... Kaum ein halbes Jahr nach dem Schreiben von Andropow wurde unsere Haltung gegenüber der Kirche erneut kritisiert, und es wurde wieder Druck auf uns ausgeübt. Wir saßen in der Klemme. Auf der einen Seite attackierte uns der Westen und verhängte Sanktionen. Auf der anderen Seite verweigerten die Länder, die ich um Wirtschaftshilfe gebeten hatte, ihre Unterstützung und griffen uns wegen unseres Verhältnisses zur Kirche an.«

Es kam jedoch noch schlimmer. Im September wurde Jaruzelski zu einem weiteren Treffen mit Ustinow und Gromyko einbestellt, bei dem er wegen seiner Beziehungen zur Kirche gerügt wurde. Und am 19. Oktober wurde Jerzy Popiełuszko, der junge und überaus beliebte Kaplan eines Stahlwerks bei Warschau und Vikar der St.-Stanisław-Kostka-Kirche, einer »Solidarność«-Hochburg, von Geheimdienstagenten und Milizoffizieren entführt und ermordet.

Die polnischen Behörden führten in dem Mordfall keine ordnungsgemäße Untersuchung durch. Popiełuszko wurde zu einem Märtyrer; sein Tod trug mehr als jedes andere Ereignis seit dem Besuch des Papstes dazu bei, daß die Polen fest entschlossen waren, »Solidarność« zu unterstützen.

Jaruzelski sagte, er sei »zutiefst betroffen« gewesen, als er von der Ermordung des Priesters erfahren habe. Er fügte aber hinzu, man müsse der Kirche für die Rolle, die sie in jener Notsituation spielte, Respekt zollen. »Für den Papst und für Glemp bedeutete jeder Märtyrer eine Stärkung der Kirche. Sie nützten das aber nicht dazu aus, um irgendeine Destabilisierung herbeizuführen.«

Am 13. Dezember 1984, genau drei Jahre nach Verhängung des Kriegsrechts, erhielt Jaruzelski ein Schreiben von Tschernenkow, in dem dieser behauptete, daß »alle feindselig eingestellten Elemente von der Kirche unterstützt und beschützt werden«. Tschernenkow schrieb außerdem: »Die Kirche, deren Macht zunimmt und die von Regierungsseite keine ernsthaften Gegenmaßnahmen zu befürchten hat, widersetzt sich jetzt direkt dem sozialistischen Staat. Sie organisiert Unruhen... Sie schafft die politischen und geistigen Grundlagen für gesellschaftlichen Unfrieden.«

Johannes Paul II. beschäftigte sich ständig mit Polen, doch er widmete sich auch der Weltkirche und ihrer Umgestaltung. Am 2. Februar 1983 ernannte der Papst beim zweiten Konsistorium seines Pontifikats achtzehn neue Kardinäle. Bei seinem ersten Konsistorium 1979 hatte er elf Kardinäle ernannt, doch war es damals hauptsächlich darum gegangen, das Kardinalskollegium wieder zu vervollständigen. Das Konsistorium des Jahres 1983 ließ – wie auch das Konsistorium des Jahres 1985, bei dem siebenundzwanzig neue Kardinäle ernannt wurden – die Vielfalt erkennen, die es nach den Vorstellungen des Papstes in der Kirche geben sollte; die intellektuellen Qualitäten eines Kandidaten waren ihm dabei oft wichtiger als dessen Übereinstimmung mit seinen eigenen Ansichten.

Zu den interessantesten Ernennungen von 1983 gehörte der damals sechsundfünfzigjährige Jean-Marie Lustiger, der seit 1981 Erzbischof von Paris war. Er war als Sohn eines jüdischen Ehepaares, das nach dem Ersten Weltkrieg aus Polen emigriert war, in Paris geboren worden und als Jugendlicher zum Katholizismus konvertiert. Während des Zweiten Weltkriegs wurde Lustiger von einer katholischen Familie betreut. Seine Eltern wurden nach Deutschland deportiert; seine Mutter starb 1943 in Auschwitz. Lustiger wurde 1954 zum Priester geweiht und war lange Zeit Studentenpfarrer, bevor seine Ernennung zum Bischof von Orléans erfolgte. Er gilt als einer der brillantesten Köpfe der Kirche. Lustiger hat darauf hingewiesen, daß er Johannes Paul II. zu dem Zeitpunkt, als er den Kardinalspurpur erhielt, nicht näher gekannt habe. »Der Vorwurf, ich gehörte zur polnischen Mafia des Papstes, ist damit erledigt«, sagte er lächelnd. Die beiden sollten im Lauf der Jahre noch enge Freunde werden.

Bedeutsam war auch die Ernennung von Erzbischof Martini aus Mailand. Der Jesuit, einst Rektor der Gregorianischen Universität in Rom, ist ein bekannter Bibelgelehrter und einer der herausragenden Denker der Kirche.

Im April 1984 nahm Johannes Paul II. in der römischen Kurie drastische Umgestaltungen vor. Die wichtigste Änderung war dabei die Ernennung von Kardinal Gantin aus Benin zum Präfekten der Bischofskongregation. Von Nominierungen für Missionsgebiete abgesehen, obliegt es dem Präfekten, dem Papst Ernennungsvorschläge für das Bischofsamt vorzulegen. Es war das erstemal, daß ein Afrikaner im Vatikan eine solche Machtposition erhielt.

Ab und zu gönnte sich Johannes Paul II. auch ein ungewöhnliches Vergnügen. So fuhr er 1984 mitten im Sommer in den italienischen Alpen Ski. Zu diesem Zweck flog der Papst am 16. Juli in einem Militärhubschrauber zusammen mit dem italienischen Präsidenten Pertini und Monsignore Dziwisz zum 3350 Meter hoch gelegenen Adamello-Gletscher. Beim Abendessen in der Schutzhütte sagte der Papst: »Das ist das erste Mal, daß ich im Juli Ski gelaufen bin!«

25

Am 11. März 1985 wurde Michail Gorbatschow vom Zentralkomitee der KPdSU zum Generalsekretär gewählt. Er trat die Nachfolge des im Vormonat verstorbenen Konstantin Tschernenkow an und war damit der vierte Generalsekretär innerhalb von drei Jahren.

Johannes Paul II. hielt sich im Vatikan auf, als die Nachricht eintraf. Er war vier Wochen zuvor von seiner dritten Südamerikareise zurückgekehrt; 1980 hatte er Brasilien und 1982 Argentinien besucht. Seine dritte Reise führte ihn nach Trinidad und Tobago, Venezuela, Ecuador und Peru. Er wurde dort enthusiastisch empfangen. In den Städten und Dörfern hatte er das Ausmaß des Elends mit eigenen Augen gesehen und mehr über die Befreiungstheologie zu hören bekommen, als ihm lieb war.

Im Verlauf seines Brasilienbesuchs hatte der Papst feststellen können, wie die Befreiungstheologie die Kirche spaltete. Eine dramatische Begegnung mit der Armut der Dritten Welt hatte Johannes Paul II. bei seiner Fahrt durch Favela do Vidigal, einem der Slums von Rio de Janeiro. Pfarrer Stanisław Starowiejski, der Kommilitone Karol Wojtyłas im Krakauer Untergrundseminar und beim Studium in Rom, war dort als Missionar bei den Ärmsten der Armen tätig gewesen und nach einer schweren Krankheit gestorben. Johannes Paul II. schenkte der Gemeinde von Favela do Vidigal seinen Papstring.

Ende März 1985, kurz nach der Wahl Gorbatschows, stattete der sowjetische Außenminister Gromyko dem Papst einen Besuch ab. Was Gromyko eigentlich wollte, war Johannes Paul II. nicht ganz klar, doch brachte er dessen Ausführungen große Aufmerksamkeit entgegen. Der Außenminister deutete an, daß der Kreml an der Aufnahme diplomatischer Beziehungen mit dem Heiligen Stuhl interessiert sein könnte.

Am 2. Juni 1984 gab Johannes Paul II. seine neue Enzyklika »Slavorum Apostoli« (»Apostel der Slawen«) heraus, die als Aufforderung zu einen ökumenischen Dialog mit den östlichen Kirchen einschließlich der russisch-orthodoxen Kirche der Sowjetunion interpretiert wurde. Die Enzyklika gedachte des Millenniums der apostolischen Mission von St. Kyrillos und St. Methodios auf dem Balkan und in Osteuropa; der Papst wies in diesem Zusammenhang darauf hin, daß die beiden Missionare die Länder jener Regionen mit den europäischen Nationen, die bereits christianisiert waren, zusammengeführt hatten.

In Polen wies General Jaruzelski das Zentralkomitee an, den wichtigen Funktionären im ganzen Land eine Studie der Sozialwissenschaftlichen Akademie der PZPR über die Haltung von Parteimitgliedern zur Religion zukommen zu lassen. Die auf soziologischen Untersuchungen in »sozialistischen und kapitalistischen Ländern« basierende Studie kam zu der Feststellung, »der höchste Prozentsatz von Personen, die sich als Gläubige bezeichnen und die Religion ausüben«, sei über viele Jahre hinweg in Polen zu verzeichnen gewesen.

Die wichtigsten Schlußfolgerungen der Studie lauteten:

»Seit Mitte der siebziger Jahre war eine Zunahme religiöser Einstellungen zu verzeichnen. Nach der Wahl von K. Wojtyła und während der gesellschaftlichen und politischen Krise der achtziger Jahre erreichte diese Entwicklung ihren Höhepunkt. Unter der Intelligentsia ... war dieses Phänomen besonders ausgeprägt ...«

Jaruzelski nahm diese Tatsachen zur Kenntnis und fand sich damit ab, daß die Kirche und der Papst in religiöser wie auch in politischer Hinsicht einen bedeutenden Einfluß auf die polnische Gesellschaft ausübten. Dies führte dazu, daß die gemeinsame Kommission von Kirche und Staat Ende 1986 die Schaffung eines Beirats plante, der aus Persönlichkeiten des öffentlichen Lebens und angesehenen Fachleuten bestehen und der Regierung auf innenpolitischem Gebiet beratend zur Seite stehen sollte. Die Initiative dazu ging von Jaruzelski aus. Das Regime erklärte, es würde eine Teilnahme oppositionell eingestellter Intellektueller, Schriftsteller und Wirtschaftsfachleute begrüßen; Personen, die nachweislich mit »Solidarność« in Verbindung standen, waren davon jedoch offiziell ausgeschlossen.

Auf diese Weise wurde die Kirche schließlich zum Partner der Regierung, als es darum ging, den friedlichen Übergang von der kommunistischen Herrschaft zur Demokratie vorzubereiten. Im Jahr 1985 ahnte man weder auf kirchlicher noch auf staatlicher Seite, wie schnell die Entwicklung vorangehen würde. Die Vorarbeiten für den Beirat lieferten jedoch zwei Jahre später die Grundlage für die Schaffung des »Runden Tisches«, der Polen zur Demokratie führte.

Michail Gorbatschow gab dem polnischen Experiment – wissentlich oder unwissentlich – einen weiteren Impuls, als er 1987 in Prag bekanntgab, daß die Beziehungen zwischen den sozialistischen Ländern auf »absoluter Unabhängigkeit« basieren sollten und daß jede Nation das Recht habe, ihre Entwicklung selbst zu bestimmen.

Das war das offizielle Ende der Breschnew-Doktrin von der »Verteidigung des Sozialismus«, die 1968 als Rechtfertigung des Einmarsches in die Tschechoslowakei gedient hatte und die auch als Vorwand verwendet worden wäre, wenn Truppen des Warschauer Paktes 1980 oder 1981 in Polen einmarschiert wären.

In Polen wurden Gorbatschows Ausführungen von der Kirche und der Opposition als grünes Licht dafür verstanden, sich um eine tiefgreifende Veränderung der politischen Struktur des Landes zu bemühen. Im Vatikan kam Johannes Paul II. zu der Überzeugung, daß der evolutionäre Veränderungsprozeß in Polen, den er seit seinem ersten Besuch im Jahr 1979 befürwortet und für unausweichlich gehalten hatte, bald Wirklichkeit werden würde. Daß die kommunistische Partei Zerfallserscheinungen zeigte, stand außer Frage.

Die Pilgerreisen des Papstes nach Polen wurden vom Regime inzwischen als Selbstverständlichkeit angesehen. Die gemeinsame Kommission begann deshalb im November 1986 mit den Vorbereitungen für den nächsten Besuch, der im Juni 1987 stattfinden sollte. Dabei wurde auch über die Bildung des Beirats gesprochen. So fügte sich eines zum andern.

Am 13. Januar 1987 konferierten Johannes Paul II. und General Jaruzelski im Apostolischen Palast achtzig Minuten lang unter vier Augen; beide bezeichneten die Begegnung später als einen »Besuch von historischer Tragweite«.

Jaruzelski war gekommen, um die nächste Polenreise des Papstes vorzubereiten. Sein Gespräch mit Johannes Paul II. war für den Entwicklungsprozeß in Polen wie auch für die Festigung ihrer persönlichen Beziehungen von entscheidender Bedeutung.

Der Papst und Jaruzelski waren sich seit der Besprechung in Krakau im Juni 1983 nicht mehr begegnet, hatten jedoch weiterhin miteinander korrespondiert. Nach Ansicht des Generals fand die Begegnung zu einem günstigen Zeitpunkt statt, weil der mit Hilfe der Kirche gebildete Beirat bereits tätig war, viele Reformen inzwischen im Gange waren und, wie er es ausdrückte, »der zukünftige ›Runde Tisch‹ sich schon am Horizont abzeichnete«. Der Papst wiederum hatte den Eindruck, daß Jaruzelski alle Zusagen eingehalten hatte, die er ihm im Jahr 1983 in Polen gegeben hatte: Der »Kriegszustand« war aufgehoben, die politischen Gefangenen waren freigelassen worden, und die Beschränkungen waren weitgehend verschwunden.

»Ich stellte fest, daß er großes Verständnis für die Prozesse hatte, die wir durchmachten«, sagte Jaruzelski später. Johannes Paul II. habe »zur Kenntnis genommen, daß wir einen positiven Einfluß auf die Veränderungen haben, die sich im Osten abspielen«.

Jaruzelski kam im Verlauf dieser Unterredung erstmals auf Gorbatschow zu sprechen. Mit dem sowjetischen Parteichef hatte er sich bereits über den Papst unterhalten. Der Pontifex und der General sprachen erneut über Gorbatschow, als Johannes Paul II. im Juni 1987 in Polen weilte. Jaruzelski war im April 1985 erstmals mit Gorbatschow zusammengetroffen und hatte seither in engem Kontakt mit ihm gestanden. Jaruzelskis Erinnerung nach hatten sie bei ihrer Begegnung über die polnische Kirche und den Papst gesprochen. Der General hat dazu zusammenfassend gesagt: »Ich halte mich für denjenigen, der den Papst und Gorbatschow zusammenführte, schon bevor sie einander begegneten ...«

Jaruzelskis bisher unveröffentlichte Schilderung seiner Geheimkontakte mit Johannes Paul II. und Gorbatschow verdient es, ausführlich zitiert zu werden:

»Es ergab sich einfach aus meiner damaligen politischen Position, den Meinungsaustausch zwischen Gorbatschow und dem Papst dadurch zu ermöglichen, daß ich den informellen Übermittler spielte... Ich sagte dem Papst, was ich über Gorbatschow wußte, welche Rolle er spielte, was er beabsichtigte, welchen Schwierigkeiten er gegenüberstand, wie wichtig es war, ihn zu unterstützen und zu verstehen, und was für eine großartige Chance sich damit für Europa und die Welt eröffnete – selbst wenn nicht alles so glatt verlaufen würde, wie es wünschenswert wäre. Wenn ich mit Gorbatschow sprach, versuchte ich, ihm die Ansichten des Papstes zu übermitteln; er brachte ihnen großes Interesse entgegen.«

Jaruzelski zufolge war es Gorbatschow, der zuerst auf Johannes Paul II. zu sprechen kam: »Gorbatschow fragte mich, wie der Papst so sei und wie er denke. Ich versuchte, ihm das Wesentliche über die Persönlichkeit des Papstes mitzuteilen und seine positive Rolle zu würdigen. Ich wies darauf hin, daß er der erste Papst sei, der sich so stark für den Frieden engagiere, und zwar nicht nur verbal, sondern auch durch seine vielen Aktivitäten. Er sei der erste Papst, der die Frage der sozialen Gerechtigkeit so stark betone und dessen Soziallehre einigen Vorstellungen der sozialistischen bzw. kommunistischen Ideologie recht nahe komme. Ich sagte ihm, daß dies ein slawischer Papst sei, der ein besseres Gespür für unsere Gegebenheiten, unsere Geschichte und unsere Träume habe als andere.

Ich glaube, daß ich in meinen Gesprächen mit Gorbatschow dazu beigetragen habe, daß er vom Papst und von der römisch-katholischen Kirche eine bessere Meinung bekam. Ich sagte, der Papst sei ein Mann von umfassender Bildung, der dem Kapitalismus durchaus nicht unkritisch gegenüberstehe; vielmehr habe er an ihm gewisse Krankheitserscheinungen festgestellt, über die er offen rede... Der Papst wolle außerdem eine ›Ostpolitik‹ der Annäherung betreiben. Ich glaube, daß dies einen gewissen Einfluß auf Gorbatschows Denken hatte.«

Jaruzelski fügte hinzu, er habe dem Papst von Anfang an mitgeteilt, daß er mit Gorbatschow über ihn gesprochen habe, und bei Gorbatschow habe er es genauso gehalten. Johannes Paul II. hat bestätigt, daß er über dieses Dreiecksverhältnis genau im Bilde war und Gorbatschow »großes Interesse« entgegenbrachte. »Bei den Gesprächen, die ich im Jahr 1987 mit dem Papst im Vatikan und in Warschau führte, erläu-

Während seines Deutschlandbesuches zelebriert der Papst eine Messe im Münchner Olympia-Stadion.

Der Höhepunkt des Papstbesuches in Deutschland ist ein ökumenischer Gottesdienst in der Augsburger Basilika St. Ulrich und Afra zusammen mit Vertretern verschiedener evangelischer Kirchen.

terte ich Gorbatschows Betrachtungsweise, die dieser das ›neue Denken‹ nannte, und Gorbatschow gegenüber erläuterte ich die Einstellung des Papstes. Später trafen die beiden zusammen und korrespondierten auch miteinander... Bei meinem letzten Gespräch mit dem Papst [im Jahr 1992 im Vatikan] sagte dieser, Gorbatschow sei uns von der Vorsehung geschickt worden.«

Auf die Frage nach Jaruzelskis Rolle bei der Herstellung des Kontakts zwischen ihm und Gorbatschow sagte Johannes Paul II. im Jahr 1994: »Ja, er war ein Vermittler, aber natürlich kein offizieller...«

Johannes Paul II. traf am 6. Juni 1987 zu einem einwöchigen Besuch in Polen ein. Zuvor hatte er eine Reise nach Uruguay, Chile und Argentinien gemacht und auch Deutschland einen Besuch abgestattet. Obwohl die Anwesenheit des Papstes in Polen nichts Neues darstellte, löste sie eine Welle der Begeisterung aus, zumal die Bevölkerung das Gefühl hatte, daß das Regime kurz vor dem Ende stand. »Solidarność« betätigte sich beinahe in aller Öffentlichkeit, und die Regierung versuchte auch nicht, Johannes Paul II. von einem Treffen mit Wałęsa abzuhalten. Der Papst verbrachte in der Nähe von Danzig eine Stunde mit Wałęsa und dessen Familie; dabei sprachen sie über die politische Zukunft Polens.

Am Morgen dieses Tages hatte der Papst in Danzig in einer Predigt vor Hunderttausenden von Arbeitern darauf hingewiesen, daß die 1980 zwischen »Solidarność« und der Regierung erzielte Vereinbarung ihre Wurzeln in den blutigen Ereignissen des Jahres 1970 habe. Und er fügte hinzu: Diese Vereinbarung »wird in der Geschichte Polens Bestand haben als Ausdruck des geschärften Bewußtseins der arbeitenden Menschen hinsichtlich der gesamten gesellschaftlichen und moralischen Ordnung auf polnischem Boden«.

Der Papst traf sich zweimal mit Jaruzelski. Der General sagte zu Johannes Paul II., zum erstenmal in der Nachkriegsgeschichte seien in allen Regionen des Landes Bischöfe und Parteisekretäre zusammengekommen, um Einzelheiten des Papstbesuchs zu besprechen. Ähnliche Zusammenkünfte habe es auf der Ebene von Städten und Dörfern zwischen Pfarrern und Parteifunktionären gegeben. Jaruzelski gab seiner

Hoffnung Ausdruck, daß es in Zukunft zwischen Vertretern der Kirche und der Partei regelmäßige Konsultationen geben werde.

Als das Gespräch auf Gorbatschow kam, sagte der General: »Er darf nicht scheitern, und er wird auch nicht scheitern ... Man muß ihm helfen.« Jaruzelski meinte, man habe es Gorbatschow zu verdanken, daß Polen jetzt im Warschauer Pakt relativ souverän sei.

In der Folge ging die Entwicklung in Polen rasch voran. Gorbatschow besuchte im Juli 1988 Warschau und Krakau und wurde als erster sowjetischer Spitzenpolitiker von den Polen mit spontaner Herzlichkeit empfangen. Die Streikwelle des Jahres 1988, die immer lauter werdenden Forderungen der Opposition nach einer Teilhabe an der Macht und das Wiedererstarken von »Solidarność« brachten Jaruzelski und die Parteiführung dazu, über Veränderungen in der politischen Struktur des Landes zu verhandeln.

Jaruzelski, der das Amt des Ministerpräsidenten aufgegeben hatte und Staatspräsident geworden war, ernannte den früheren stellvertretenden Ministerpräsidenten Mieczysław Rakowski zum Ministerpräsidenten und beauftragte ihn, die Verhandlungen mit der Opposition zu führen. Gegen Ende des Jahres war man übereingekommen, Gespräche am »Runden Tisch« zu führen, an denen alle politischen Gruppierungen – einschließlich »Solidarność« – teilnehmen sollten. So kam es, daß Wałęsa eingeladen wurde, mit Innenminister Czesław Kiszczak zu konferieren, der ihn 1981 unter Hausarrest gestellt hatte.

Das Episkopat und die Regierung waren die Initiatoren des »Runden Tisches«, der dann zur Schaffung einer Koalitionsregierung führte, an der auch Minister beteiligt waren, die direkte Verbindungen zur Kirche hatten. Zu den ersten Amtshandlungen von Ministerpräsident Rakowski gehörte ein Besuch bei Kardinal Glemp. Während ihres Gesprächs forderte der Primas Rakowski auf, Gorbatschows Maßnahmen in der Sowjetunion zu unterstützen.

Auf Widerstand stieß Rakowskis Plan, die Lenin-Werft in Danzig zu schließen, die mit erheblichen Verlusten arbeitete, aber zwölftausend Arbeitern Beschäftigung bot. Johannes Paul II. setzte sich für die Werft ein. In der ersten Novemberwoche erklärte er bei einer Ansprache vor polnischen Pilgern: »Wir haben wieder Grund, uns über die Danziger

Gemeinde, insbesondere über die Danziger Werft, Sorgen zu machen. Wir haben uns stets bemüht, ›Solidarność‹ unsere Solidarität zu zeigen. Auch zum jetzigen Zeitpunkt bringen wir diese Solidarität zum Ausdruck.« Das setzte den Versuchen, die Werft zu schließen, ein Ende.

Am 6. Februar 1989 begannen im Palais der Ministerrats in Warschau die Verhandlungen des »Runden Tisches«. Im Vorfeld dieser Gespräche erörterte eine von Rakowski angeführte Regierungsdelegation mit Kardinal Macharski und dem Episkopat die Möglichkeit einer Vorverlegung der Parlamentswahlen um sechs Monate. Es war das erste Mal, daß das Regime und das Episkopat politische Verhandlungen auf solch hoher Ebene führten; die Kirche war aber jetzt ein gleichberechtigter Partner, wenn es um die Gestaltung nationaler Angelegenheiten ging.

Am 6. April 1989 gab der »Runde Tisch« bekannt, daß eine Übereinkunft zur Umgestaltung Polens erzielt worden war. Sie sah die Einführung der parlamentarischen Demokratie und Wirtschaftsreformen vor. Das war das Ende des Kommunismus in Polen. Es war auf friedliche Weise erreicht worden und diente den anderen osteuropäischen Ländern als Vorbild. »Solidarność« wurde am 20. April wieder offiziell zugelassen, und Wałęsa flog mit fünf seiner engsten Mitarbeiter nach Rom, um Johannes Paul II. für seine Bemühungen zu danken.

Bei den Parlamentswahlen Anfang Juni erzielte »Solidarność« einen überwältigenden Sieg. Im ganzen Land hatten die Gemeindepfarrer die Gläubigen aufgerufen, für die Kandidaten von »Solidarność« zu stimmen und den Kommunisten einen Niederlage zu bereiten. Tadeusz Mazowiecki, der katholische Intellektuelle, der während der großen Streiks des Jahres 1980 einer der Berater von Wałęsa gewesen war, wurde der neue Ministerpräsident. Die vom »Runden Tisch« getroffene Übereinkunft sah vor, daß Jaruzelski für zwei weitere Jahre im Amt des Staatspräsidenten verbleiben sollte.

Am 17. Juli 1989 nahmen Polen und der Heilige Stuhl formelle diplomatische Beziehungen auf und krönten damit die erstaunlichen Erfolge der Allianz zwischen dem polnischen Papst und dem polnischen Armeegeneral.

Jahre danach wurde Johannes Paul II. gefragt, ob die Verhandlungen über die Zukunft Polens möglicherweise gescheitert wären und es zu einer Tragödie gekommen wäre, wenn nicht Wojtyła, Jaruzelski und Gorbatschow, sondern ein nichtpolnischer Papst und rückwärtsgewandte kommunistische Apparatschiks beteiligt gewesen wären. Der Papst dachte nach und erwiderte, auf diese hypothetische Frage könne er mit Ja antworten. Johannes Paul II. erklärte außerdem, in seinem Heimatland sei die Situation viel komplizierter gewesen als in anderen osteuropäischen Ländern, wo die kommunistischen Regimes nach den Vorgängen in Polen einfach zusammenbrachen. Im Falle Polens sei viel diplomatisches Geschick und Scharfsinn erforderlich gewesen.

Der polnische Papst, der von Michail Gorbatschow immer stärker beeindruckt war, richtete nun den Blick auf die Sowjetunion. Er wollte für Religionsfreiheit eintreten, mit Moskau diplomatische Beziehungen aufnehmen und bei einer Reihe internationaler Probleme mit den Sowjets zusammenarbeiten. In den späten achtziger Jahren, etwa um dieselbe Zeit, als Jaruzelski zwischen ihm und Gorbatschow als »informeller Vermittler« tätig war, wies Johannes Paul II. die Diplomaten des Heiligen Stuhls an, sich um einen Dialog mit der Sowjetunion zu bemühen.

Eine Gelegenheit dazu schuf Gorbatschow selbst. Der russisch-orthodoxe Patriarch Filaret in Kiew, der immer gute Beziehungen zum Kreml unterhalten hatte, wurde im Frühjahr 1988 von Gorbatschow angewiesen, die Oberhäupter aller Weltreligionen zur Tausendjahrfeier des Christentums in Rußland nach Moskau einzuladen. Diese Einladung stellte eine beispiellose Geste der Sowjets dar; ihr war im Februar eine Erklärung des sowjetischen Delegierten bei der KSZE-Konferenz in Venedig vorausgegangen, daß die leninistische Religionspolitik der vergangenen siebzig Jahre in der Sowjetunion nicht länger gelte.

Der Pontifex traf eine Entscheidung, die Vertreter des Vatikans als »eine der bedeutsamsten seit dem Ende des Kalten Krieges« bezeichneten: Er schickte gleich zwei Delegationen des Heiligen Stuhls nach Moskau. Der Papst hatte gehofft, die Sowjetunion aus Anlaß der Tausendjahrfeier selbst besuchen zu können, doch hatte Patriarch Filaret noch im März erklärt, der Papst werde nicht eingeladen. Johannes

Paul II. hatte insbesondere den Wunsch, die Ukraine zu besuchen, wo fünf Millionen der ukrainisch-unierten Kirche angehörende Katholiken leben, die mit Rom in Verbindung steht und den Papst als ihr Oberhaupt anerkennt.

Die Einladung nach Moskau paßte jedoch in die langfristige Strategie, die der Papst hinsichtlich der Sowjetunion entwickelt hatte. Johannes Paul II. ernannte eine Delegation für religiöse Angelegenheiten, der Kardinal Johannes Willebrands, der damalige Präsident des Päpstlichen Rates für die Einheit der Christen und *Camerlengo* des Vatikans, sowie Bischof Pierre Duprey angehörten; außerdem ernannte er eine Delegation für politische Angelegenheiten, die aus Kardinalstaatssekretär Casaroli und dem Vatikansprecher Navarro-Valls bestand. Dabei handelte es sich um die hochrangigsten Repräsentanten, die der Heilige Stuhl entsenden konnte; Kardinal Casaroli war zudem der Experte des Vatikans für die kommunistischen Länder.

Casaroli hatte ein sechs Seiten umfassendes Schreiben des Papstes bei sich, das er Gorbatschow persönlich überbringen sollte. Über die Existenz und den Inhalt dieses Schreibens wurde Stillschweigen gewahrt; es soll eine Aufforderung an Gorbatschow enthalten haben, den Sowjetbürgern aller Glaubensrichtungen volle Religionsfreiheit zu gewähren, insbesondere den Gläubigen der römisch-katholischen Kirche in Litauen, Lettland und Weißrußland sowie den ukrainisch-unierten Christen. Außerdem soll Johannes Paul II. die Aufnahme diplomatischer Beziehungen zwischen Moskau und dem Heiligen Stuhl vorgeschlagen haben.

Die Repräsentanten des Vatikans wohnten im Bolschoi-Theater einer Tausendjahrfeier bei, an der 250 Kirchenführer aus aller Welt teilnahmen, unter ihnen der Moskauer Patriarch Pimen, der Dalai Lama und Billy Graham. Gorbatschow ließ sich durch seine Ehefrau Raissa vertreten.

Obwohl Casaroli und Navarro das sowjetische Außenministerium davon in Kenntnis gesetzt hatten, daß sie ein persönliches Schreiben des Papstes an Gorbatschow bei sich führten, mußten sie tagelang auf einen Termin warten. Man teilte ihnen schließlich mit, daß sie am 13. Juni im Kreml von Gorbatschow empfangen würden. Casaroli und

Navarro wurden in einem Wagen des KGB zum Kreml gefahren und in Gorbatschows Privatbüro geleitet.

Sie wurden dort von Gorbatschow und Außenminister Eduard Schewardnadse mit großer Herzlichkeit empfangen. Beide wiesen die Vertreter des Vatikans ausdrücklich darauf hin, daß sie nach ihrer Geburt getauft worden sind. Casaroli überreichte Gorbatschow das Schreiben, und dann entspann sich »eine sehr angenehme, höfliche Unterhaltung«. Ein Schreiben oder eine Nachricht an den Papst übermittelte der Kremlchef nicht, und es dauerte vierzehn Monate, bis von ihm eine formelle Erwiderung eintraf.

Johannes Paul II. war jedoch erfreut, als Casaroli und Navarro ihm berichteten, daß Gorbatschow mit ihnen über die Zukunft der jungen Menschen in der Sowjetunion gesprochen hatte und daß die beiden sowjetischen Spitzenpolitiker ihre Taufe erwähnt hatten. Der Papst sah darin ein »Signal« des Kremls, das Interesse an weiteren Kontakten mit dem Heiligen Stuhl anzeigte. Ein weiteres »Signal« erblickte der Vatikan darin, daß Gorbatschow während seines Polenbesuchs die Krakauer Wawel-Kathedrale besichtigte, in der Karol Wojtyła dreißig Jahre zuvor zum Bischof geweiht worden war. Doch danach hüllte sich der Kreml lange Zeit in Schweigen.

In der letzten Augustwoche des Jahres 1989 traf in der päpstlichen Sommerresidenz Castel Gandolfo plötzlich ein sowjetischer Abgesandter ein. Er überbrachte ein an den Papst gerichtetes Schreiben Gorbatschows. Johannes Paul II. war eben aus Santiago de Compostela zurückgekehrt, wo Feierlichkeiten zum Weltjugendtag stattgefunden hatten.

Unklar ist, was Gorbatschow dazu veranlaßte, Johannes Paul II. nach geraumer Zeit doch noch zu antworten. Seit dem Schreiben des Papstes im vorangegangenen Jahr hatte sich jedoch die gesamte politische Situation in Osteuropa dramatisch geändert. In Polen hatte »Solidarność« bei den Juniwahlen einen gewaltigen Erfolg erzielt, und Mazowiecki war Ministerpräsident geworden. Anderswo zeigten die kommunistischen Regimes deutliche Zerfallserscheinungen.

In seinem Schreiben – das nie veröffentlicht wurde – lobte Gorbatschow die Schriften Johannes Pauls II. und hob hervor, daß ihn die

Enzyklika »Sollicitudo Rei Socialis« (»Die soziale Sorge der Kirche«) besonders beeindruckt habe.

In der am 30. Dezember 1987 veröffentlichten Enzyklika war der Papst auf individuelle Schicksale wie auch auf allgemeine soziale Notsituationen eingegangen und hatte seine Besorgnis über die Armut, die Nahrungsmittelknappheit, das Wettrüsten und die Mißachtung der Menschenrechte zum Ausdruck gebracht.

Gorbatschow teilte Johannes Paul II. mit, daß es ihm ebenfalls in erster Linie auf den Menschen ankomme. Der bedeutsamste Punkt des Schreibens war jedoch Gorbatschows Vorschlag einer persönlichen Begegnung. Obwohl er dafür kein Datum genannt hatte, bereiteten in Rom Diplomaten des Heiligen Stuhls und der sowjetischen Botschaft in Italien unter strengster Geheimhaltung den Besuch vor. Als Gorbatschow und US-Präsident Bush für den 2. und 3. Dezember ein Treffen auf dem sowjetischen Passagierschiff *Maxim Gorki* vor Malta vereinbart hatten, wurde die Begegnung im Vatikan auf den 1. Dezember festgesetzt.

Gorbatschow traf am 30. November 1989 zusammen mit seiner Frau in Rom ein. Schon am Vortag der Begegnung sagte er in einer Rede vor dem Stadtrat von Rom, durch die Perestroika habe sich die sowjetische Haltung gegenüber der Religion radikal verändert. Er betonte, »deren Werte könnten bei der Erneuerung unserer Gesellschaft von Nutzen sein, und sie haben sich auch schon als nützlich erwiesen«.

Am späten Vormittag des 1. Dezember betrat zum erstenmal ein Generalsekretär der KPdSU die päpstlichen Gemächer; als sowjetischer Staatspräsident hatte Gorbatschow einen Vorgänger: Podgorny war 1967 von Paul VI. empfangen worden. Der weißgekleidete Pontifex begrüßte Gorbatschow und dessen Frau Raissa im Salon der päpstlichen Gemächer; dann zogen sich die beiden Männer in das angrenzende Arbeitszimmer zurück und führten dort ein Gespräch unter vier Augen.

Johannes Paul II. und der Generalsekretär saßen einander etwa zwanzig Minuten lang an einem kleinen antiken Schreibtisch gegenüber und unterhielten sich auf Russisch. Als sie dann ihre formellen Erklärungen abgaben, kamen die Dolmetscher hinzu.

In seiner Erwiderung auf die Begrüßungsrede des Papstes bezeichnete Gorbatschow das Zusammentreffen als »ein außerordentlich wichtiges Ereignis«. Vom vorbereiteten Text abweichend, schlug er die Aufnahme diplomatischer Beziehungen zwischen dem Heiligen Stuhl und Moskau vor und lud Johannes Paul II. in die Sowjetunion ein.

Als sich der Papst am selben Tag beim Abendessen mit seinen engsten Mitarbeitern über das Zusammentreffen unterhielt, gab er zu verstehen, daß er »hoch erfreut« und sehr zufrieden sei. Gorbatschow hatte ihm mitgeteilt, er sei bereit, die Religionsfreiheit und andere Freiheitsrechte zu gewährleisten. Auf die Frage, was er von Gorbatschow halte, erwiderte Johannes Paul II.: »Er ist ein Mann mit Prinzipien. Er ist ein Mensch, der nicht nur von seinen Grundsätzen überzeugt ist, sondern der auch bereit ist, unangenehme Konsequenzen, die sich aus seinem Handeln ergeben können, zu akzeptieren.« Von der »typisch kommunistischen Mentalität« habe er bei Gorbatschow nichts gemerkt, und er würde gern erfahren, »wo er all diese neuen Ideen für den Umbau und die Neugestaltung des politischen Systems der Sowjetunion herhat«.

Jaruzelski ist der Ansicht, der entscheidende Faktor, der zu einem Einverständnis zwischen Johannes Paul II. und Gorbatschow geführt habe, sei die Zusage des Kremlchefs gewesen, die ukrainisch-unierte Glaubensgemeinschaft formell als Kirche anzuerkennen und ihren konfiszierten Besitz zurückzugeben.

Der Heilige Stuhl interpretierte die Haltung und die Äußerungen Gorbatschows dahingehend, daß er für die Perestroika von kirchlichen Institutionen, insbesondere von der russisch-orthodoxen Kirche, Unterstützung brauche und daß er Johannes Paul II. als seinen »natürlichen Verbündeten« betrachte, weil dieser über »große moralische Autorität« verfügte. Gorbatschow hatte außerdem angedeutet, im Umgang der Sowjetunion mit den Vereinigten Staaten spielten die strategischen Interessen der Amerikaner eine große Rolle; der Papst hingegen verfolge gegenüber den Sowjets keine »geopolitischen Ziele« und sei deshalb ein »natürlicher Verbündeter«.

Die Begegnung zwischen Johannes Paul II. und Gorbatschow führte 1990 zur Aufnahme diplomatischer Beziehungen zwischen dem Heiligen Stuhl und Moskau. Die römisch-katholische Kirche durfte sich von nun an in der Sowjetunion offen betätigen – was in Litauen und Weißrußland schon in gewissem Umfang der Fall gewesen war. Der Papst ernannte Erzbischof Tadeusz Kondrusiewicz, einen Polen, zum Päpstlichen Administrator für Moskau und die westliche Sowjetunion; Sibirien und Kasachstan erhielten eigene Administratoren.

Zwischen dem Vatikan und der Sowjetunion entstanden so enge Beziehungen, daß Staatssekretär Casaroli im Jahr 1990 einem hochrangigen amerikanischen Vatikandiplomaten mitteilte, er könne sich im Falle einer größeren Krise zwischen der Sowjetunion und den Vereinigten Staaten sofort einschalten. Wie Casaroli jedoch erst Jahre danach erfuhr, hatten tschechische Geheimdienstagenten, die mit dem KGB zusammenarbeiteten, in seinem Büro Abhörwanzen eingebaut. KGB-Agenten hatten auch das päpstliche Institut unterwandert, an dem russisch-orthodoxe und ukrainisch-unierte Priester ausgebildet wurden.

Im August 1991, eineinhalb Jahre nach seiner Begegnung mit dem Papst, wurde Gorbatschow nach einem fehlgeschlagenen Staatsstreich von der Macht verdrängt. Der Kommunismus brach zusammen, die Sowjetunion zerfiel. Wenn Gorbatschow heute als Privatmann nach Rom kommt, wird er von Johannes Paul II. mit großer Herzlichkeit empfangen. In einem Zeitschriftenartikel, den Gorbatschow 1992 schrieb, brachte er seine Bewunderung für den Papst wie folgt zum Ausdruck: »Alles, was in Osteuropa in den vorangegangenen Jahren geschehen ist, wäre ohne das Vorhandensein dieses Papstes und ohne die wichtige Rolle, die er auch in politischer Hinsicht auf der Weltbühne spielte, nicht möglich gewesen.«

In seinem 1994 erschienenen Buch »Die Schwelle der Hoffnung überschreiten« gab Johannes Paul II. eine Antwort auf die Frage nach den Gründen für den Niedergang des Kommunismus. Er verwies auf die drei portugiesischen Hirtenkinder von Fátima, die kurz vor dem Ausbruch der Oktoberrevolution beim Erscheinen der Gottesmutter gehört hatten, Rußland werde umkehren. Dann schrieb er: »Sie konnten derartige Voraussagen unmöglich erfunden haben. Sie kannten sich weder in der Geschichte noch in der Geographie aus, und noch weniger wußten sie etwas über Sozialbewegungen oder Ideologien. Und doch ist genau das eingetreten, was sie angekündigt hatten.« Johannes Paul II. fügte hinzu: »Der Kommunismus ist als System in gewissem Sinne von allein untergegangen. Er ist als Folge seiner eigenen Fehler und Mißstände untergegangen.«

SECHSTER TEIL

Johannes Paul II.: Botschafter der »Neuen Evangelisation«

26

Nach dem Niedergang des Kommunismus in Europa richtete Johannes Paul II. in den neunziger Jahren seine Aufmerksamkeit auf die »Kultur des Todes« in der kapitalistischen Welt, die in seinen Augen für die Zivilisation eine ebenso große Bedrohung darstellt wie einst der Marxismus-Leninismus.

Ungeachtet der schweren chirurgischen Eingriffe, die er über sich ergehen lassen mußte, und trotz verschiedener Unfälle, die Krankenhausaufenthalte nach sich zogen, zeigte sich der Papst fest entschlossen, nicht nur die Katholiken, sondern die gesamte Menschheit spirituell und politisch auf das kommende Jahrtausend vorzubereiten. Er predigte sein Credo mit größter Eindringlichkeit vom Altar der römischen Peterskirche, in Sizilien, bei einer im Freien gefeierten Messe im amerikanischen Denver oder in der altehrwürdigen Universität von Riga.

Und mit derselben Energie betrieb Johannes Paul II. eine um Friedensstiftung bemühte Diplomatie: am Persischen Golf ebenso wie im früheren Jugoslawien und im Nahen Osten, wo der Heilige Stuhl den Staat Israel formell anerkannte, außerdem bei den Tragödien von Somalia, Liberia und Ruanda, wo er den internationalen Militäreinsatz für humanitäre Zwecke widerstrebend billigte.

Die kompromißlose Haltung des Papstes in der Frage der Empfängnisverhütung und der Rolle der Frauen in der Kirche sowie seine Kritik am westlichen Konsumdenken haben zu erbitterten Kontroversen geführt. Diese erreichten Anfang der neunziger Jahre ihren Höhepunkt, als der Papst sich mit einem noch nie dagewesenen Eifer auf seine neuen Kreuzzüge begab. In den freimütigen Enzykliken der Jahre 1991 und 1993, in zahlreichen Sendschreiben sowie in mehreren tausend Reden und Predigten hat der Papst seine Einstellung zum Ausdruck gebracht und seine Verbote begründet.

Als ein Mann von unerschütterlichen Prinzipien, der seinen Grundüberzeugungen stets treu geblieben ist, war Johannes Paul II. nie darauf bedacht, sich »politisch korrekt« zu verhalten. Er zog es vor, seine Meinung offen zum Ausdruck zu bringen, und kümmerte sich nicht um die Kritik, die innerhalb und außerhalb der Kirche laut wurde.

Johannes Paul II., der knapp drei Jahre nach dem Attentat das Apostolische Schreiben »Über den christlichen Sinn des menschlichen Leidens« (»Salvifici Doloris«) herausgegeben hatte, blieb auch in den neunziger Jahren von Erkrankungen und Schmerzen nicht verschont. Doch da er das Leiden als eine besondere Gnade Gottes betrachtet, hat er nie darüber geklagt.

Am 15. Juli 1992 entfernten Chirurgen der Gemelli-Klinik bei einer vierstündigen Operation einen Tumor von der Größe einer Orange aus der Bauchhöhle des Papstes. Johannes Paul II. war wegen starker Bauchschmerzen in die Klinik eingeliefert worden. Als Röntgenaufnahmen an einem Abschnitt des Grimmdarms einen Tumor erkennen ließen, wurde der damals zweiundsiebzigjährige Papst über den Ernst der Lage informiert. Wie im Jahr 1981 erhielt Johannes Paul II. vor dem Eingriff die »Krankensalbung«, weil er, wie der Vatikansprecher Dr. Navarro-Valls es ausdrückte, »auf das Sterben vorbereitet sein wollte«.

Wieder trug die robuste Konstitution des Papstes dazu bei, daß er sich rasch von der Operation erholte. Johannes Paul II. war überzeugt, daß Gott immer noch einen Auftrag für ihn hatte, von dessen Erfüllung er ihn nicht abhalten wollte. Irgendwelche Anzeichen einer Krebserkrankung gab es seither nicht.

Am 11. November 1993 stolperte der Papst im Apostolischen Palast auf einer Treppe über den Saum seiner Gewänder und fiel zu Boden. Er erlitt dabei eine schwere Schulterprellung und mußte den rechten Arm etwa vier Wochen lang in einer Schlinge tragen. Johannes Paul II. sagte dazu scherzend, er könne den Segen genauso wirkungsvoll mit seiner linken Hand erteilen. Knapp drei Monate danach fuhr er – entgegen dem Rat seiner Ärzte – wieder Ski.

Wesentlich ernster war der Unfall, der sich am 28. April 1994 ereignete: Gegen 23 Uhr stürzte der Papst in seinem Badezimmer und brach sich den rechten Oberschenkelhals. Bei einer zweistündigen Operation wurde ihm ein künstliches Hüftgelenk eingesetzt. Seine Aktivitäten mußte er daraufhin stark einschränken; Besuche in Belgien und in Sizilien wurden abgesagt. Obwohl Johannes Paul II. im August einen Urlaub im Gebirge verbrachte, hatte er sich am Ende des Jahres noch nicht völlig erholt.

Den ganzen Herbst über litt der Papst sichtlich unter starken Schmerzen; er ging langsam und vorsichtig, fast schlurfend, und benutzte zum erstenmal einen Stock. Im September hatte er während eines Besuchs in Zagreb beim Gehen große Schwierigkeiten, und im Oktober mußte eine lange geplante Reise in die Vereinigten Staaten aus gesundheitlichen Gründen abgesagt werden. Besuche in Süditalien und Sizilien fanden jedoch im Spätherbst statt. Das Erscheinungsbild des Papstes, insbesondere seine sichtliche Erschöpfung, seine schwache Stimme und seine Schwierigkeiten beim Gehen, lösten Spekulationen über seinen Gesundheitszustand aus. Am 27. November quetschte sich Johannes Paul II. zu allem Übel auch noch beim Aussteigen aus seiner Limousine den kleinen Finger der rechten Hand.

In seinem achten Lebensjahrzehnt ist Johannes Paul II. bei der Betrachtung der Welt und ihrer Übelstände immer emotionaler geworden und hat sich mehr und mehr auf Kollisionskurs begeben. Er wurde am 18. Mai 1990 siebzig Jahre alt. Seine alten Krakauer Freunde sagen, er sei noch nie so emotionsgeladen gewesen; sie sind jedoch – wie zahlreiche Beobachter in Rom und anderswo – der Meinung, daß die Reaktionen des Papstes die Besorgnis über den Zustand der heutigen Gesellschaft wiedergeben, die viele andere Menschen ebenfalls empfinden.

Es ist also durchaus denkbar, daß die Haltung des Papstes mit Ansichten und Befürchtungen im Einklang steht, die weltweit anzutreffen sind, insbesondere unter jungen Leuten. Seine Botschaft mag sehr wohl in eine Zeit passen, die sich auf die Jahrtausendwende zubewegt, auch wenn er des öfteren in einen messianischen oder apokalyptischen Ton verfällt und vor Übertreibungen nicht zurückschreckt.

In der Vormittagshitze des 15. August 1993, dem Feiertag Mariä Himmelfahrt, hielt Johannes Paul II. vor über 500 000 jungen Menschen, die sich im Cherry Creek State Park bei Denver zum Weltjugendtag versammelt hatten, eine Rede. In ihr brachte er seine Besorgnis über den gegenwärtigen Zustand der Welt zum Ausdruck: »Eine ›Kultur des Todes‹ versucht unser Verlangen nach einem erfüllten Leben zu unterdrücken. Es gibt Menschen, die das Licht des Lebens zurückweisen und den ›fruchtlosen Werken der Finsternis‹ den Vorzug geben. Diese führen zu Ungerechtigkeit, Diskriminierung, Ausbeutung, Betrug und Gewalttaten. In jedem Zeitalter zeigt der Tod unschuldiger Menschen, wie weit die Werke der Dunkelheit offenbar gediehen sind. In unserem Jahrhundert hat die ›Kultur des Todes‹ wie in keinem anderen Zeitalter der Geschichte eine gesellschaftliche und institutionelle Form der Legalität angenommen, mit der die schlimmsten Verbrechen gegen die Menschlichkeit gerechtfertigt werden: Genozid, ›Endlösungen‹, ›ethnische Säuberungen‹ und die Auslöschung des Lebens von Menschen, die noch nicht geboren sind oder das natürliche Lebensende noch nicht erreicht haben... In weiten Bereichen der Gesellschaft wissen die Menschen nicht mehr, was richtig und was falsch ist, und sie liefern sich denen aus, die die Macht haben, den ›Meinungsbildungsprozeß‹ zu bestimmen.«

Am Abend zuvor hatte der Papst seine Zuhörer während der Vigilien im Park vor schlimmen Gefahren gewarnt: »Drogen und Alkoholmißbrauch, Pornographie, sexuelle Verirrungen und Gewalt: Dies sind die schweren sozialen Probleme, denen sich die Gesamtgesellschaft stellen muß – in jedem einzelnen Land wie auch auf internationaler Ebene... In einer von der Technik geprägten Kultur, in der die Menschen gelernt haben, die Materie zu beherrschen, deren Gesetze und Abläufe zu erkennen, um sie dann nach ihren Vorstellungen umzuformen, entsteht die Gefahr, daß man das Gewissen und dessen Forderungen ebenso manipulieren möchte. In einer Kultur, die der Meinung ist, daß es keine universell gültige Wahrheit geben kann, ist nichts von absoluter Verbindlichkeit. Folglich heißt es, was objektiv gut und was böse sei, spiele letzten Endes keine Rolle mehr. Gut ist demzufolge, was in einem bestimmten Moment angenehm oder nützlich ist. Böse ist, was unseren subjektiven Wünschen entgegensteht. Und ein jeder kann sich sein privates Wertesystem aufbauen.«

Den Internationalen Weltjugendtag hatte Johannes Paul II. im Jahr 1986 im zweijährigen Turnus eingerichtet, um die seelsorgerische Arbeit der Kirche bei jungen Menschen zu fördern. Das Treffen hatte zuvor in Rom, Buenos Aires, Santiago de Compostela und Tschenstochau stattgefunden, jedesmal im Beisein des Papstes. Johannes Paul II. gelang es, den Weltjugendtag zu einem fröhlichen Ereignis zu machen, bei dem nicht nur gemeinsam gebetet wurde. In Denver traten beispielsweise Musikgruppen, Solisten und ein Sinfonieorchester auf. Der Papst saß stundenlang in einem Sessel auf der riesigen Bühne; er lächelte, winkte, scherzte und klopfte im Rhythmus der Musik mit dem Fuß auf den Boden. Diejenigen, die Johannes Paul II. nicht zu Gesicht bekamen, weil sie zu weit weg waren, konnten ihn auf riesigen Bildschirmen betrachten.

Im Jahr 1993 war der Papst besonders aktiv. Er besuchte nicht nur den Weltjugendtag in Denver, sondern traf auch erstmals mit US-Präsident Clinton zusammen und führte mit ihm ein langes Gespräch über außenpolitische Angelegenheiten. Im Februar war er erneut nach Afrika gereist und hatte Benin, Uganda und den Sudan besucht. Bei seinem eintägigen Aufenthalt in Khartum wagte er sich in eine Hochburg des Islam, mit dem die römisch-katholische Kirche auf dem afrikanischen Kontinent im Wettstreit steht. (In dem nicht endenwollenden Bürgerkrieg im Sudan kämpfen die Muslime des Nordens gegen die Christen und Animisten des Südens.) Johannes Paul II. gab seiner Hoffnung Ausdruck, daß die Scharia, das muslimische Gesetz, eines Tages dahingehend geändert werde, daß Übertritte vom Islam zum Christentum möglich sind. Dafür fand er jedoch bei seinen fundamentalistischen Gastgebern wenig Unterstützung.

Im April war der Papst für einen Tag nach Albanien geflogen, wo einst die schlimmste kommunistische Diktatur Europas geherrscht hatte. Da ein Attentat nicht auszuschließen war, reiste Johannes Paul II. von Tirana aus nicht mit dem Auto, sondern per Hubschrauber nach Shkodra, wo er mit Erzbischof Frano Illia zusammentraf, der einst zu zwanzig Jahren Zwangsarbeit verurteilt worden war. Im Juni war der

Pontifex nach Spanien geflogen, das zu seinen Lieblingsländern zählt; dort sprach er sich für einen Neubeginn der traditionellen Missionstätigkeit aus.

Im August hatte der Papst auf seiner Reise nach Denver in Kingston auf Jamaika sowie in Mérida auf der mexikanischen Halbinsel Yucatán Zwischenaufenthalte gemacht. Bei einem Zusammentreffen mit Indios versicherte er diesen, ihr Wohlergehen habe der Kirche seit dem Tag, an dem die *Conquistadores* Mexiko betraten, am Herzen gelegen. Als sich Indios jedoch fünf Monate danach im Südwesten Mexikos gegen ihre Grundherren und gegen die Regierung in Chiapas erhoben, war der Vatikan eifrig bemüht, den dortigen Bischof Samuel Ruíz zu entfernen, der als Freund und Vorkämpfer der armen Kleinbauern galt.

Johannes Paul II. gönnte sich nach seiner Amerikareise eine Pause von knapp drei Wochen und begab sich dann nach Litauen, Lettland und Estland. Dies war sein erster Besuch in der früheren Sowjetunion. Die drei Tage in Litauen, das mit Polen viele historische Anknüpfungspunkte hat und in dessen Hauptstadt Wilna noch von vielen Polnisch gesprochen wird, stellten für den Papst »eine sehr bewegende Erfahrung dar«. An seinem ersten Abend in Wilna betete er am Altar Unserer Lieben Frau von Ostrabama, die eine Schutzheilige Polens ist.

Die Unbeugsamkeit Johannes Pauls II. in moralischen, ethischen und religiösen Grundsatzfragen und seine damit verbundene Emotionalität zeigten sich mit größter Deutlichkeit im Jahr 1994, das auch zu seinem persönlichen *annus horribilis* der Erkrankungen und Behinderungen sowie der Enttäuschung über gestrichene Auslandreisen wurde.

Das bedeutendste jener grundsätzlichen Probleme – vielleicht das wichtigste seines ganzen Pontifikats – war für ihn die Geburtenkontrolle. Im Vorfeld der für September geplanten Weltbevölkerungskonferenz startete Johannes Paul II. eine diplomatische »Frühjahrsoffensive«, um die Annahme einer Resolution zu verhindern, die in seinen Augen sowohl die Abtreibung als auch die künstliche Empfängnisverhütung international legitimieren würde.

Da es dabei nicht nur um politische Richtungsentscheidungen, sondern auch um moralische und religiöse Überzeugungen ging, wurde die Problematik für alle Beteiligten zu einem heillosen Durcheinander von politischen und spirituellen Überlegungen; der Papst, Präsident Clinton und die 170 Regierungen, die Abordnungen nach Kairo schicken wollten, waren davon ebenso betroffen wie die regierungsunabhängigen Organisationen, die verschiedenen Interessenvertretungen und die Religionsgemeinschaften.

Die »Frühjahrsoffensive« begann am 23. Februar, als die Vatikanzeitung »L'Osservatore Romano« auf neun Seiten den lateinischen Text von Johannes Pauls II. »Brief an die Familien« abdruckte. Eine Broschüre mit der italienischen Übersetzung war beigefügt. Bald darauf fand der Text in den sechs fremdsprachigen Ausgaben der Zeitung weltweite Verbreitung.

1994 war von den Vereinten Nationen und von der Kirche zum Internationalen Jahr der Familie erklärt worden, und der Papst befaßte sich in seinem Brief mit der Bedeutung des Familienlebens und dem Schutz des ungeborenen Lebens. Obwohl die Kirche die Meinung vertritt, daß das Leben mit der Empfängnis beginnt, erschien im »L'Osservatore Romano« am selben Tag ein Artikel eines Moraltheologen, des Franziskanerpaters Gino Concetti, in dem erklärt wurde, daß schon die Verwendung der Antibabypille ein Grund für die Exkommunizierung sei, weil dies aus moralischer Sicht gleichbedeutend mit der Abtreibung sei – und die wird mit Exkommunizierung geahndet. Es darf angenommen werden, daß Pater Concetti den Standpunkt von Johannes Paul II. wiedergab. Diese Ansicht wird jedoch von viele Theologen abgelehnt; im übrigen ist es praktisch unmöglich, die Bestrafung durchzuführen.

Der Papst gab in seinem »Brief an die Familien« bekannt, daß sich die Doktrin der Kirche zur Abtreibung und zur Empfängnisverhütung niemals ändern werde; dies bedeutete, daß es zumindest zu Lebzeiten von Johannes Paul II. keine Änderung geben würde. Welche Entscheidung der nächste Papst in dieser Frage treffen wird, ist offen. Im Jahr 1967 hätte Paul VI. die Haltung der Kirche zur Empfängnisverhütung möglicherweise revidiert, wenn ihm Kardinal Wojtyła aus Krakau dieses Unterfangen nicht doch noch ausgeredet hätte. Hinsichtlich der Abtreibung wird jedoch kein Papst zum Nachgeben bereit sein.

Konträre Standpunkte sind Johannes Paul II. gleichgültig, selbst wenn sie von angesehenen Katholiken vertreten werden. Dies zeigte sich 1981 beim Besuch des französischen Staatspräsidenten Valéry Giscard d'Estaing. Giscard bemühte sich vergeblich, dem Papst verständlich zu machen, wieso die Abtreibung im weitgehend katholischen Frankreich weiterhin legal war. In seinen Memoiren schrieb Giscard: »Ich bin Katholik, aber ich bin auch in einem weltlichen Staat Präsident der Republik. Ich darf meine persönlichen Überzeugungen meinen Mitbürgern nicht aufzwingen; ich muß vielmehr darauf achten, daß sich das Gesetz mit dem tatsächlichen Zustand der französischen Gesellschaft in Übereinstimmung befindet und deshalb respektiert und eingehalten wird. Ich habe für den Standpunkt der katholischen Kirche volles Verständnis und teile ihn als Katholik. Ich halte es für legitim, daß die Kirche von ihren Gläubigen verlangt, bestimmte Verbote einzuhalten. Dies kann jedoch nicht durch zivilrechtliche Strafandrohungen gegen die Gesamtgesellschaft erreicht werden... Ich wollte mich nicht [vor dem Papst] rechtfertigen, sondern mein Dilemma aufzeigen, dem ich durch eine Gewissensentscheidung begegnen mußte.«

Im Jahr 1994 eröffnete der »Brief an die Familien« die große Auseinandersetzung um das Bevölkerungswachstum, die Johannes Paul II. zu führen beabsichtigte und in die er sein ganzes persönliches Prestige einbrachte. Der Papst ergriff von nun an jede Gelegenheit, um das Thema öffentlich zu behandeln. Er tat dies mit einem immer stärker werdenden Engagement. Im Winter und Frühjahr kam er bei seinen sonntäglichen Predigten in den Pfarrkirchen römischer Vorstädte und bei den Angelus-Gebeten immer wieder auf dieses Thema zurück, wobei er oft vor Zorn rot im Gesicht wurde. Auch in seinen Ansprachen vor ausländischen Bischöfen, Pilgergruppen und Abordnungen weltlicher Organisationen befaßte sich der Papst fast ausnahmslos mit dieser Problematik.

Am 19. März 1994 verschärfte Johannes Paul II. die Kampagne mit einem von ihm persönlich unterzeichneten Schreiben an alle Staatsoberhäupter der Welt sowie an UN-Generalsekretär Boutros Boutros-Ghali. Er beschwor darin die Adressaten, auf der Kairoer Konferenz für die Ablehnung eines Entwurfs zu sorgen, der im wesentlichen von der International Planned Parenthood Federation stammte. In dem Dokument wurden umfassende weltweite Maßnahmen zur Geburtenkontrolle gefordert, um so das massive Bevölkerungswachstum zu bremsen; es enthielt Formulierungen, die nach Ansicht des Vatikans darauf hinausliefen, daß die Abtreibung auf Verlangen Eingang in das internationale Recht finden würde.

Der Papst schrieb in seinem Brief, der Entwurf des Kairoer Schlußdokuments habe für ihn »eine beunruhigende Überraschung« dargestellt. Er erklärte, angesichts der darin enthaltenen »Innovationen« gebe es »Anlaß zu der Befürchtung, daß dadurch ein zu einem schweren Rückschlag für die Menschheit führender moralischer Niedergang eingeleitet wird, bei dem der Mensch selbst das erste Opfer wäre«.

Der Papst stellte außerdem fest, dem Text liege eine »völlig individualistische Vorstellung von Sexualität« zugrunde, welche die Ehe als etwas Altmodisches erscheinen lasse. Diese Worte erinnern an Karol Wojtyłas vor dreißig Jahren erschienenes Buch »Liebe und Verantwortung«.

Daß diese Angelegenheit vom Vatikan sehr ernst genommen wurde, zeigte auch ein Leitartikel im »Osservatore Romano«, in dem das Schreiben Johannes Pauls II. an die Staatsoberhäupter mit den Warnungen verglichen wurde, die Papst Benedikt XV. am Vorabend des Ersten Weltkriegs und Papst Pius XII. vor dem Ausbruch des Zweiten Weltkriegs an die Menschheit gerichtet hatten. Es läßt sich nicht sagen, ob diese Interpretation und dieser Vergleich vom Papst persönlich stammen oder auf den Übereifer von gefallsüchtigen Beratern zurückgehen, die die Öffentlichkeitsarbeit des Heiligen Stuhls weitgehend unter ihrer Kontrolle haben.

In seinem Schreiben machte der Papst selbst eine politisch sehr brisante Bemerkung, als er darauf hinwies, das Dokument hinterlasse den beängstigenden Eindruck, daß es den Lebensstil bestimmter wohlhabender, säkularisierter Schichten innerhalb der entwickelten Gesellschaften oktroyieren wolle. Daran schloß er die Frage an: »Werden Länder, die für die Werte der Natur, der Ethik und der Religion empfänglicher sind, eine solche Sicht des Menschen und der Gesellschaft widerspruchslos hinnehmen?«

Dies war eine Anspielung auf die in der Dritten Welt anzutreffende Meinung, die Programme zur Eindämmung des Bevölkerungswachstums seien eine von den reichen Nationen ausgehende Verschwörung zum Völkermord und zielten darauf ab, das Wachstum ärmerer Länder zu verhindern und sie so niederzuhalten. Es hatte den Anschein, daß Johannes Paul II. diese Meinung teilte; er wies nämlich in seinem Schreiben darauf hin, daß der Entwurf zu den komplexen Zusammenhängen zwischen Bevölkerungswachstum und wirtschaftlicher Entwicklung fast gar nicht Stellung nehme.

Der Heilige Stuhl steht auf dem Standpunkt, daß den aus einem natürlichen Bevölkerungswachstum entstehenden Gefahren – etwa dem Ernährungs-, Unterbringungs-, Ausbildungs- und Beschäftigungsproblem bei den heranwachsenden Generationen – durch große Entwicklungshilfeprogramme besser begegnet werden kann als durch Maßnahmen zur Geburtenkontrolle. Er hat deshalb gegen den in dem UN-Dokument enthaltenen Vorschlag protestiert, die Mittel für Maßnahmen zur Einschränkung des Bevölkerungswachstums bis zum Jahr 2000 von fünf auf mindestens 13 Milliarden Dollar zu erhöhen; der Vatikan vertrat die Ansicht, daß es produktiver wäre, die Gelder für die wirtschaftliche Entwicklung zu verwenden. Die meisten Experten, die sich mit den Problemen der Dritten Welt befassen, lehnen dies ab. Sie verweisen darauf, daß die Mittel begrenzt sind und daß in absehbarer Zukunft keine Infrastruktur geschaffen werden kann, die den Grundbedürfnissen der Weltbevölkerung entspricht, wenn deren Gesamtzahl von ungefähr 5,7 Milliarden im Jahr 1994 innerhalb der nächsten zwei Jahrzehnte auf 10 Milliarden ansteigt.

Die Überlegungen, die Johannes Paul II. dazu führen, für eine stärkere wirtschaftliche Entwicklung und gegen Maßnahmen zur Geburtenkontrolle zu plädieren, passen jedoch zu seinem Eintreten für eine bessere Umverteilung zwischen den reichen Nationen und der Dritten Welt. Dies ist Teil der gegen den »wilden Kapitalismus« gerichteten Kritik. Bezeichnenderweise erschien nach dem Schreiben des Papstes an die Staatsoberhäupter eine vom Päpstlichen Rat für die Familie herausgegebene Studie, in welcher die entwickelte Welt des »Empfängnisverhütungs-Imperialismus« beschuldigt wurde.

Am 22. April 1994 rief Johannes Paul II. US-Präsident Clinton an und ersuchte ihn, durch eine persönliche Intervention eine Modifizierung des UN-Dokuments zu erreichen. Zuvor hatte eine in New York tagende Vorbereitungskommission die Einsprüche der Vatikandelegation mit überwiegender Mehrheit abgelehnt und die umstrittenen Passagen des ursprünglichen Entwurfs übernommen. Allerdings wurden diese in Klammern gesetzt, um anzudeuten, daß darüber in Kairo noch zu sprechen wäre. Johannes Paul II. war dennoch so alarmiert, daß er beschloß, Präsident Clinton einzuschalten, obwohl die amerikanische Regierung im Disput um die Abtreibung und die Empfängnisverhütung zu den Befürwortern gehörte. Zu jenem Zeitpunkt bewegte sich der Papst auf eine offene Konfrontation mit den Vereinigten Staaten zu.

Der durch diplomatische Formulierungen etwas entschärfte Disput lebte wieder auf, als Präsident Clinton am 2. Juni während seiner Europareise im Vatikan vierzig Minuten lang mit Johannes Paul II. konferierte. Die Kairoer Konferenz stand im Mittelpunkt dieser Begegnung. Clinton wurde nach seinen Angaben vom Papst ersucht, den Wert des Lebens nicht zu verkennen und keine Maßnahmen zu unterstützen, welche die Familie in ihrer Bedeutung herabminderten. Clinton sagte, zwischen ihm und dem Papst habe es »eine echte Meinungsverschiedenheit gegeben wegen der Geburtenkontrolle im Zusammenhang mit dem raschen Bevölkerungswachstum... Aktivitäten zur Familienplanung finden unsere beiderseitige Unterstützung; hinsichtlich der Empfängnisverhütung gibt es unterschiedliche Standpunkte«.

Der Vatikan schien überdies entschlossen zu sein, Richtigstellungen von Clinton und Vizepräsident Al Gore zu ignorieren, die besagten, wenn die Vereinigten Staaten dafür seien, Frauen in armen Ländern *Möglichkeiten* zur Abtreibung zu bieten, sei dies nicht gleichbedeutend mit einer Unterstützung der Abtreibung auf Verlangen oder der Abtreibung als Mittel der Familienplanung. Der Papst nahm eine kompromißlose Haltung ein: Er duldete in dem UN-Text keine – auch noch so eingeschränkte – Bemerkung über die *Zulässigkeit* der Abtreibung.

Am Tag der Begegnung zwischen Clinton und Johannes Paul II. stand in einem Leitartikel des »Osservatore Romano«, die Zeit sei gekommen, »um sich von einer ideologischen Interpretation des Problems des natürlichen Wachstums freizumachen... und diese Probleme auf eine zutiefst ethische Weise anzugehen, weil es dabei um das Recht und die

Würde des Menschen und der Familie geht sowie um die Souveränität der Entwicklungsländer«. Die Vatikanzeitung verwies auch darauf, daß es neben dem politischen und wirtschaftlichen Imperialismus einen »Anti-Empfängnis-Imperialismus« gebe.

Der Papst zeigte aber nicht nur bei der Kontroverse um das Bevölkerungswachstum eine unnachgiebige Haltung. So war Johannes Paul II. am 9. Mai 1993 in Agrigent, einer Hochburg der Mafia, bei einer Messe im Freien in Rage geraten und hatte gegen das Gangstertum eine in der Geschichte der italienischen Kirche beispiellose Attacke geführt; von wenigen Ausnahmen abgesehen, hatte die Kirche die Mafia stets ignoriert.

Der Wutausbruch des Papstes erregte großes Aufsehen, und die Mafia schlug zurück. Kurz nach dem Sizilienbesuch explodierten in zwei alten römischen Kirchen Bomben, die beträchtlichen Schaden anrichteten. Und im September 1993 wurde in Palermo der Priester Giuseppe Puglisi erschossen, der sich stets gegen die Mafia gewandt hatte. Von den italienischen Ermittlungsbehörden verlautete im Juli 1994, die Mafia sei gegen die Kirche vorgegangen, weil der Papst mit seiner Attacke gegen den »Nichtangriffspakt« verstoßen habe, den es nach Meinung der Mafia zwischen ihr und der Kirche gegeben hatte.

Doch als Johannes Paul II. Anfang November 1994 nach Sizilien zurückkehrte, war er weiterhin der kämpferische Papst. Er sagte bei einer Ansprache vor der Kathedrale von Catania, die meisten Sizilianer wollten »die Korruption, die wenige zum Nachteil von vielen betreiben, hinter sich lassen«. Und er fuhr fort: »Dies ist weder die Zeit noch der Ort, um schweigend zuzusehen ... Im gegenwärtigen historischen Augenblick ist Furchtsamkeit oder Trägheit fehl am Platz.« An jenem Morgen fand ein örtlicher Priester auf seiner Türschwelle ein Lamm, dem die Kehle durchgeschnitten worden war; auf einem beigefügten Zettel stand: »Paß auf! Das gleiche kann Dir passieren!«

Am 18. Dezember wandte sich Johannes Paul II. bei einer vorweihnachtlichen Predigt mit erhobenen Fäusten an die auf dem Petersplatz versammelte Menschenmenge und verlangte ein Ende der Kämpfe im früheren Jugoslawien. »Hört auf! Hört auf! Hört auf!« rief er. Und an

Heiligabend sagte Johannes Paul II. anläßlich des Jahresempfangs für die Mitglieder der Kurie, daß die soziale Ungerechtigkeit in der Welt ein viel größeres Ausmaß angenommen habe als je zuvor. Mit größtem Nachdruck verurteilte der Papst, daß Kinder zur Prostitution gezwungen wurden, daß Kinder im Zusammenhang mit Organverpflanzungen verkauft wurden, daß sie Opfer von Gewalt und Kriegen wurden und daß sie zum Drogenhandel und zu anderen kriminellen Aktivitäten getrieben wurden.

Als die Kairoer Konferenz näher rückte, kam die »Frühjahrsoffensive« des Papstes immer mehr in Schwung. Am 14. Juni 1994 verabschiedeten 114 Kardinäle, die zur Vorbereitung der Gedenkfeiern zum Anbruch des dritten christlichen Jahrtausends nach Rom einberufen worden waren, eine von dem New Yorker Kardinal O'Connor eingebrachte Resolution. Sie enthielt die Warnung, daß die in dem UN-Entwurf vorgesehenen Maßnahmen zu einer Legitimierung der Abtreibung, zu sexueller Promiskuität und zu einer falschen Vorstellung von der Familie führen würden und daß sie Ausdruck eines »kulturellen Imperialismus« seien. Wie sich herausstellte, war O'Connor dazu ausersehen worden, die Resolution einzubringen, weil zahlreiche Formulierungen des UN-Entwurfs auf amerikanische Feministinnen zurückgingen. Zwischen den Vereinigten Staaten und dem Heiligen Stuhl gab es offenbar kulturell bedingte Verständigungsschwierigkeiten: Das von den Feministinnen geforderte Mitspracherecht der Frau bei der Familienplanung wurde vom Vatikan als ein Versuch angesehen, die Abtreibung auf Verlangen zu legalisieren.

Die päpstliche Kampagne nahm rasch weltweite Ausmaße an. Bei nationalen Bischofskonferenzen in den USA, Kanada, Lateinamerika und zahlreichen europäischen Ländern wurden die Regierungen aufgefordert, bei der Kairoer Konferenz die Position des Vatikans zu unterstützen. In Manila veranlaßte Kardinal Jaime L. Sin 200 000 Katholiken dazu, daß sie ihre Unterstützung für Johannes Paul II. öffentlich zum Ausdruck brachten. Päpstliche Abgesandte suchten außerdem bei muslimischen Regierungen um Unterstützung nach; sie wollten sich dabei die Tatsache zunutze machen, daß sich der Koran nach Ansicht einiger islamischer Gruppierungen gegen Maßnahmen zur Geburtenkontrolle ausspricht. Erzbischof Jean-Louis Tauran, zuständig für die Beziehungen des Heiligen Stuhls zu anderen Staaten, sozusagen der Außenminister des Vatikans, besuchte Libyen und den Iran und warb dort um Unterstützung; dies führte in den Vereinigten Staaten, die die beiden Länder international isoliert sehen möchten, zu großer Verärgerung.

Drei Tage vor der Eröffnung der Kairoer Konferenz führte der Vatikansprecher Navarro-Valls eine ungewöhnliche persönliche Attacke gegen Vizepräsident Gore, den Leiter der US-Delegation. In einer von Navarro-Valls verbreiteten Presseerklärung stand: »Mr. Al Gore ... hat kürzlich ausgeführt, die Vereinigten Staaten hätten ein internationales Recht auf Abtreibung nicht angestrebt und würden dies auch in Zukunft nicht tun. Der hauptsächlich auf die Vereinigten Staaten zurückgehende Entwurf des Schlußdokuments über das Bevölkerungswachstum widerspricht jedoch Mr. Gores Ausführungen.«

In Kairo brachte die siebzehnköpfige Delegation des Vatikans die Konferenz tagelang zum Stillstand, indem sie Einwände gegen die Formulierungen bezüglich der Abtreibung und der Empfängnisverhütung erhob, die im Schlußdokument, dem »Aktionsprogramm« für die nächsten zwanzig Jahre, enthalten waren. Der Vatikan mußte jedoch feststellen, daß er immer stärker in die Isolation geriet und wegen seiner »Hinhaltetaktik« kritisiert wurde. Johannes Paul II. wies die Delegation persönlich an, nach einem politischen Kompromiß zu suchen, ohne dabei die grundlegenden ethischen Prinzipien des Heiligen Stuhls aufzugeben.

Die Schlußversion des »Aktionsprogramms«, die einstimmig gebilligt und von allen Delegationen unterzeichnet wurde, stellte für Johannes Paul II. insoweit einen Erfolg dar, als sie vorsah, daß Frauen das Recht auf »Methoden ihrer Wahl zur Regulierung der Fruchtbarkeit« haben und nicht, wie ursprünglich vorgesehen, das Recht auf »Regulierung der Fruchtbarkeit« (die Weltgesundheitsorganisation interpretiert dies als Abtreibung). Als Mißerfolg mußte der Papst verbuchen, daß das verhaßte Wort »Abtreibung« doch noch im Schlußdokument auftauchte, wenn auch nur in dem Hinweis, daß die Abtreibung dort, wo sie »nicht gegen das Gesetz verstößt«, ungefährlich sein sollte.

In gewisser Weise hatte Johannes Paul II. das letzte Wort behalten. Erzbischof Renato Martino, der Chefdelegierte des Vatikans, gab bekannt: »Nichts kann dahingehend verstanden werden, daß der Heilige Stuhl die Abtreibung billigt oder daß er seinen moralischen Standpunkt hinsichtlich der Abtreibung geändert hat.« An der Ablehnung künstlicher Verhütungsmittel und der Sterilisation sowie der Verwendung von Kondomen zur Verhütung von AIDS habe sich ebenfalls nichts geändert. Die Delegation gab dann eine zweiseitige Liste von Vorbehalten gegen das Schlußdokument heraus und betonte, das »Aktionsprogramm« sei weiterhin durch ein »individualistisches Verständnis der Sexualität« geprägt, das die gegenseitige Liebe im Eheleben nicht genügend betone.

War es der Mühe wert, sich in dieser Angelegenheit so stark zu engagieren? Diese Frage hat Johannes Paul II. mit einem entschiedenen Ja beantwortet. Der Papst ist der Meinung, wenn er nicht mit aller Energie und allem Geschick gekämpft hätte, wäre die *Abtreibung auf Verlangen* von der UN-Konferenz zu einem Bestandteil des internationalen Rechts gemacht worden.

In seiner Ansprache vor der Kurie bestand der Papst darauf, der ursprüngliche Entwurf des UN-Dokuments sei »völlig inakzeptabel« gewesen, weil dort anhand zweideutiger Formulierungen versucht worden sei, die Abtreibung mit anderen Mitteln der Geburtenkontrolle zusammenzubringen. »Die Kirche hat jedoch ihre Stimme erhoben«, sagte er, »um das Gewissen wachzurufen.« Dann zitierte Johannes Paul II. eine Bemerkung von Mutter Teresa aus Kalkutta, seiner Lieblingsnonne: »Keine Mutter, kein Vater, kein Arzt, keine Institution, keine Konferenz und keine Regierung hat das Recht, einem Leben ein Ende zu setzen – nur Gott, der es geschaffen hat.«

Die Kairoer Meinungsverschiedenheiten hatten überdies keine nachteiligen Auswirkungen auf die Beziehungen zwischen dem Heiligen Stuhl und den Vereinigten Staaten. Präsident Clinton schlug sogar Anfang Dezember 1994 in einem Schreiben an Johannes Paul II. eine offizielle Zusammenarbeit zwischen der US-Regierung und den welt-

Johannes Paul II. mit seiner »Lieblingsnonne« Mutter Teresa.

weit operierenden katholischen Hilfsorganisationen vor; damit sollte sichergestellt werden, daß die amerikanische Auslandshilfe wie geplant zu den Empfängern gelangt. Ein derartiges Arrangement, das insbesondere bei Katastrophensituationen wirksam werden könnte, hat es in den Beziehungen der USA zu religiösen Institutionen noch nie gegeben. In Clintons Schreiben stand ferner: »Durch eine engere Zusammenarbeit und eine bessere Koordinierung unserer Krisenhilfe könnten wir viel Leid lindern.« Der amerikanische Präsident schlug außerdem einen geregelten Informationsaustausch auf diesem Gebiet vor, und Johannes Paul II. ging auf den Vorschlag ein.

Außerdem eröffnete der US-Präsident neue Perspektiven für diplomatische Bemühungen, als er »auf dem Gebiet der Krisenverhinderung und der Krisenbereinigung« eine Zusammenarbeit vorschlug. In Anbetracht der weltweiten offiziellen und privaten Verbindungen des Heiligen Stuhls könnte der Vatikan bei Friedensbemühungen tatsächlich zu einem wichtigen Partner der USA werden.

Bedauerlicherweise trat durch die Kairoer Kontroverse der Vorschlag des Heiligen Stuhls völlig in den Hintergrund, den in der Dritten Welt lebenden Familien von Zuwanderern, die in entwickelten Ländern arbeiten, eine Zusammenführung zu gestatten. Die westeuropäischen Länder, auf die der Vorschlag hauptsächlich abzielte, hatten jedoch wenig Interesse an einem Zuzug von Hunderttausenden von Frauen und Kindern aus der Dritten Welt.

Die Positionen, die der Papst in den neunziger Jahren vertreten hat, sind nicht zuletzt auf sein Festhalten an weltweit gültigen moralischen Werten zurückzuführen und auf seine Besorgnis, daß es überall einen Zerfall dieser Werte gibt. Dieser Zerfall zeigt sich seiner Meinung nach in Fragen der Sexualität, der Abtreibung und der Empfängnisverhütung. Als Vorkämpfer für den Erhalt traditioneller Werte tritt der Papst zu einem Zeitpunkt auf, an dem die Institution der Familie in weiten Teilen der Welt auseinanderbricht; dadurch könnte, wie er glaubt, die gesamte Gesellschaft gefährdet werden.

Die strikte Disziplin, die Johannes Paul II. bei seinem Eintreten für die Moral für erforderlich hält, verlangt er insbesondere von der römisch-katholischen Kirche, die das Bollwerk darstellt, von dem aus er seine Kampagnen und »Schlachten« führt. Der Preis, den er für die Aufrechterhaltung dieser Disziplin bezahlt, sind die um sich greifenden Kontroversen innerhalb der Kirche. Ein schlagendes Beispiel dafür liefert die Frage nach der Rolle der Frau in der Kirche. Dabei geht es insbesondere um die Zulassung von Frauen zum Priestertum. Diese Frage hat die Kirche ähnlich tief gespalten wie das in »Humanae vitae« ausgesprochene Verbot von Verhütungsmitteln.

Johannes Paul II. lehnt die Weihe von Frauen kategorisch ab; zudem hat er eine Diskussion über dieses Thema innerhalb der Kirche offiziell untersagt. Dies geschah in dem Apostolischen Schreiben »Ordinatio sacerdotalis« (»Über die nur Männern vorbehaltene Priesterweihe«) vom 22. Mai 1994, das an die »Verehrten Brüder im Bischofsamt« gerichtet war. Damit sollte der immer lauter werdenden Forderung nach der Frauenordination begegnet werden. Das Schreiben enthielt nicht nur eine explizite Rechtfertigung für die Ablehnung der Frauenordination, sondern auch ein – in der jüngsten Geschichte beispielloses – Diskussionsverbot innerhalb der Kirche. Bei Frauen wie auch bei vielen Theologen hat das Apostolische Schreiben heftige Proteste ausgelöst und den Streit um das Recht auf freie Meinungsäußerung in der Kirche neu entfacht. Johannes Paul II. ist jedoch unbeugsam geblieben.

In seinem Apostolischen Schreiben zitierte der Papst aus einer Verlautbarung von Paul VI. aus dem Jahr 1975: »[Die katholische Kirche] hält daran fest, daß es aus prinzipiellen Gründen nicht zulässig ist, Frauen zur Priesterweihe zuzulassen. Zu diesen Gründen gehören: das in der Heiligen Schrift bezeugte Vorbild Christi, der nur Männer zu Aposteln wählte, die konstante Praxis der Kirche, die in der ausschließlichen Wahl von Männern Christus nachahmte, und ihr lebendiges Lehramt, das beharrlich daran festhält, daß der Ausschluß von Frauen vom Priesteramt in Übereinstimmung steht mit Gottes Plan für seine Kirche.«

Johannes Paul II. zitierte sodann aus seinem eigenen, 1988 erschienenen Apostolischen Schreiben »Mulieris Dignitatem« (»Über die Würde und Berufung der Frau«): »Wenn Christus nur Männer zu seinen Aposteln berief, tat er das völlig frei und unabhängig. Er tat dies mit derselben Freiheit, mit der er in seinem gesamten Verhalten die Würde und Berufung der Frau betonte, ohne sich nach den herrschenden Sitten und nach der auch von der Gesetzgebung der Zeit gebilligten Tradition zu richten.«

Dem fügte der Papst folgende Überlegung hinzu: »Im übrigen zeigt die Tatsache, daß Maria, die Mutter Gottes und Mutter der Kirche, nicht den eigentlichen Sendungsauftrag der Apostel und auch nicht das Amtspriestertum erhalten hat, mit aller Klarheit, daß die Nichtzulassung der Frau zum Priesteramt keine Diskriminierung ihr gegenüber bedeuten kann, sondern die treue Beachtung eines Ratschlusses, der der Weisheit des Herrn des Universums zuzuschreiben ist.«

Den größten Unmut unter den Kritikern des Papstes lösten jedoch dessen Ausführungen am Schluß des Apostolischen Schreibens aus: »Obwohl die Lehre über die nur Männern vorbehaltene Priesterweihe sowohl von der beständigen und umfassenden Überlieferung der Kirche bewahrt als auch in den Dokumenten der jüngeren Vergangenheit mit Beständigkeit gelehrt worden ist, hält man sie in unserer Zeit dennoch verschiedenenorts für diskutierbar, oder man schreibt der Entscheidung der Kirche, Frauen nicht zu dieser Weihe zuzulassen, lediglich eine disziplinäre Bedeutung zu.

Damit also jeder Zweifel bezüglich der bedeutenden Angelegenheit, die die göttliche Verfassung der Kirche selbst betrifft, beseitigt wird, erkläre ich kraft meines Amtes, die Brüder zu stärken, daß die Kirche keinerlei Vollmacht hat, Frauen die Priesterweihe zu spenden, und daß sich alle Gläubigen der Kirche endgültig an diese Entscheidung zu halten haben.«

Dieses Verbot wirft die Frage auf, ob Johannes Paul II. die Kirche zurück in die Zeit vor dem II. Vatikanischen Konzil führen wollte. Theologen erinnerten daran, daß Pius XII. im Jahr 1950 in seiner Enzyklika »Humani generis« erklärt hatte, wenn sich ein Papst zu einer Frage geäußert habe, und sei es nur im Rahmen seines »Magisteriums« (Lehramts), dann könne über die Angelegenheit nicht mehr debattiert werden, daß die Konzilsväter solche Formulierungen aber nicht in den Text der dogmatischen Konstitution über die Kirche aufgenommen hatten.

Einen Monat nach der Unterzeichnung seines Apostolischen Schreibens versuchte Johannes Paul II. offenbar die Frauen zu besänftigen, indem er in einer Ansprache erklärte, daß »ihre Würde respektiert werden muß«: »Die Kirche betrachtet die Entwicklung, die der Emanzipation, Befreiung oder Förderung der Frau dienen soll, im Lichte der geoffenbarten Lehren über die Würde des Menschen und den Wert der Individuen, die in den Augen des Schöpfers Männer und Frauen sind, sowie der Rolle, die der Frau in der Heiligen Schrift zugedacht wird. Die Kirche ist deshalb der Auffassung, daß die Anerkennung des Wertes der Frau ihren Ursprung letztlich im christlichen Bewußtsein vom Wert jedes einzelnen Menschen hat.«

Es ist allerdings kaum anzunehmen, daß diese »Anerkennung« Frauen besänftigt hat, die der Meinung sind, daß sie abgesehen von der Ordination in der Kirche ein größeres Mitspracherecht und mehr Entscheidungsbefugnisse erhalten sollten. Bezeichnenderweise waren im Oktober 1994 bei der Bischofssynode, die sich mit dem Ordenswesen befaßte, unter den 348 Teilnehmern aus Ordenseinrichtungen nur 59 Frauen, obwohl es weltweit etwa 615 000 Nonnen gibt und nur 224 000 Klosterbrüder und Mönche.

Die Synode beschränkte sich auf eine vage Verlautbarung, daß »geweihte Frauen gegebenenfalls stärker an den Konsultations- und Entscheidungsprozessen der Kirche teilhaben sollten«, obwohl Kardinal Ratzinger, der Präfekt der Kongregation für die Glaubenslehre und Cheftheologe des Vatikans, in einem im Juni veröffentlichten Kommentar geschrieben hatte, daß »eine Frau, zum Beispiel eine Äbtissin, eine Generaloberin oder eine Nonne von großer Frömmigkeit oder Sachkenntnis ... bald auf einen Kurienposten in Rom ernannt werden könnte«. Im August 1994 erklärte Ratzingers Kongregation, eine Frau, für die eine Schwangerschaft aufgrund eines geschädigten Uterus eine ernste Gesundheitsgefährdung darstellen würde, dürfe weder eine Hysterektomie (Entfernung des Uterus) noch eine Tubenligatur (Durchtrennung der Eileiter) vornehmen lassen. Diese Frage war von amerikanischen Bischöfen im Auftrag katholischer Krankenhäuser aufgeworfen worden. Die Kongregation entschied, daß solche chirurgischen Eingriffe moralisch nicht akzeptabel seien.

Im September unterzeichnete Ratzinger ein Schreiben an die Bischöfe, in dem er bekanntgab, daß geschiedene Katholiken, die ohne den Segen der Kirche eine zweite Ehe eingegangen sind, zur Kommunion nicht zugelassen werden – es sei denn, sie verzichten auf Geschlechtsverkehr. Eine zweite Eheschließung wird von der Kirche nur dann sanktioniert, wenn die kirchliche Rechtsprechung die erste für nichtig erklärt hat. Kardinal Ratzinger antwortete damit auf ein Pastoralschreiben aus dem Jahr 1993, in dem von drei führenden deutschen Bischöfen – zu ihnen gehörte auch der Vorsitzende der Deutschen Bischofskonferenz, Bischof Dr. Karl Lehmann – angeregt worden war, Geschiedene, die wieder geheiratet hatten, zur heiligen Kommunion zuzulassen, wenn diese innerlich überzeugt seien, daß ihre erste Ehe ungültig war. (Als der Papst neue Kardinäle ernannte, wurde Bischof Lehmann bewußt übergangen.)

Alle diese Entscheidungen hatten die persönliche Billigung von Johannes Paul II. Der Papst hat nicht die Absicht, hinsichtlich der strikten Einhaltung der Traditionen und Dogmen der Kirche Zugeständnisse zu machen. Als Johannes Paul II. während seines USA-Besuchs im Jahr 1987 bei einem Symposium von einem Priester gefragt wurde, wann es weibliche Geistliche und verheiratete Priester geben werde, zitierte er lächelnd den bekannten britischen Schlager aus der Zeit des Ersten Weltkriegs: »It's long way to Tipperary... It's long way to go...«

Trotz des unnachgiebigen Konservatismus, den er in Kirchen- und Glaubensfragen an den Tag legt, ist Johannes Paul II. erstaunlich aufgeschlossen und zukunftsorientiert, wenn es um das Verhältnis der Religion zur Wissenschaft geht.

Johannes Paul II. gedachte am 10. November 1979 des hundertsten Geburtstags von Albert Einstein, dem größten Mathematiker und Physiker des Jahrhunderts, indem er vorschlug, die Kirche solle sich erneut mit dem Fall Galileo Galilei befassen. Zwar hatte die Kirche schon im Jahr 1741 das Imprimatur für den Druck von Galileis Schriften gegeben und damit indirekt eingeräumt, daß der italienische Astronom mit seiner These, die Erde drehe sich um die Sonne, Recht gehabt hatte; sie hatte jedoch nie ausdrücklich zugegeben, daß sie einen Fehler begangen hatte, als sie ihn im Jahr 1633 wegen seiner Theorien vor Gericht stellte.

Johannes Paul II., seit seiner Studentenzeit in Krakau von den Naturwissenschaften fasziniert, kam als erster Papst zu dem Schluß, daß die Kirche um der historischen Wahrheit willen mehr tun müsse, als Galilei stillschweigend zu akzeptieren. Bei seiner Ansprache in der Päpstlichen Akademie der Wissenschaften anläßlich des Einstein-Jubiläums sagte der Papst:

»Galileis Größe ist zweifellos mit der Einsteins vergleichbar. Im Unterschied zu letzterem mußte er jedoch viel leiden, und zwar, wie wir zugeben müssen, unter Männern und Organen der Kirche... Ich bin der Meinung, daß Theologen, Naturwissenschaftler und Historiker im Geist echter Zusammenarbeit an die Überprüfung des Falles Galilei gehen sollten..., um der Wahrheit des Glaubens und der Wissenschaft einen Dienst zu erweisen und eine Grundlage für ihre künftige Zusammenarbeit zu schaffen.«

Im Jahr 1983 gab Johannes Paul II. in einer Botschaft zum 350. Jahrestag der Veröffentlichung von Galileis »Dialogo« die Einsetzung einer besonderen Kommission bekannt. Ein Jahr danach gab der Vatikan in einer offiziellen Erklärung zu, daß Galilei von Vertretern der Kirche zu Unrecht verurteilt worden war.

Daß Galilei nach dreieinhalb Jahrhunderten Gerechtigkeit widerfuhr, stellte für die Kirche einen historischen Durchbruch ohnegleichen dar; für Johannes Paul II. war es nur der Anfang einer umfassenderen Bemühung, einen Dialog zwischen der Religion und den modernen Naturwissenschaften herzustellen. Der Jesuitenpater George Coyne, Direktor des Vatikanischen Observatoriums, hält dies für äußerst wichtig, weil die immer schneller vordringende wissenschaftliche Forschung auf allen ihren Gebieten fundamentale theologische und ethische Fragen aufwirft und weil die Kirche auf diese Fragen eine Antwort finden muß. Dem trug der Papst Rechnung, als er im September 1987 aus Anlaß des dreihundertjährigen Jubiläums von Isaac Newtons »Principia Mathematica« die Schirmherrschaft einer im Vatikanischen Observatorium stattfindenden »Studienwoche« über das Verhältnis der Theologie und der Philosophie zu den Naturwissenschaften übernahm.

Das Vatikanische Observatorium veröffentlichte die Ergebnisse der »Studienwoche« in einer Reihe von Essays. Der Papst schrieb daraufhin am 1. Juni 1988 einen Brief an Pater Coyne, in dem er seine Ansichten darlegte, die jetzt als grundlegende Stellungnahme der Kirche gelten: »Wir unterstützen den Meinungsaustausch zwischen der Kirche und den wissenschaftlichen Einrichtungen ... Wenn der Dialog und die gemeinsame Suche fortgeführt werden, wird das gegenseitige Verständnis wachsen ... Dabei müssen wir fortschrittshemmende Tendenzen überwinden, die zu einem einseitigen Reduktionismus, zu Ängstlichkeit und zu selbstgewählter Isolation führen könnten ... Die Religion und die Naturwissenschaften müssen ihre Eigenständigkeit und ihre Eigenart bewahren. Die Religion basiert nicht auf den Naturwissenschaften, und die Naturwissenschaften stellen kein Nebengebiet der Religion dar ...«

Johannes Paul II. hat die Kirche dazu aufgerufen, sich mehr mit den Naturwissenschaften zu befassen. Er fördert die wissenschaftliche Ausbildung von Priestern und unterstützt sie bei Forschungsvorhaben. Der Papst befürwortet auch die Modernisierung der verschiedenen Forschungseinrichtungen des Vatikans.

Mit der Kosmologie beschäftigt sich der Vatikan schon seit 1582, dem Jahr, in dem Papst Gregor XIII. für die Reform des Kalenders – der jetzt als Gregorianischer Kalender bezeichnet wird – astronomische Daten benötigte. Leo XIII. ließ hinter der Peterskirche das Vatikanische Observatorium bauen; Pius XI. verlegte den Standort nach Castel Gandolfo, weil die Himmelsbeobachtung durch die Lichter der Stadt extrem erschwert wurde. Als der Lichterglanz des nächtlichen Rom in den achtziger Jahren selbst in Castel Gandolfo noch zu hell war, ließ Johannes Paul II. auf dem Mount Graham in Arizona das Vatican Advanced Technology Telescope bauen, eine der besten Beobachtungsstationen der Welt.

Um sich selbst mit dem wissenschaftlichen Fortschritt vertraut zu machen, veranstaltet der Papst in Castel Gandolfo alle zwei Jahre ein Seminar, an dem führende Wissenschaftler teilnehmen. Sein Interesse erstreckt sich nicht nur auf die Naturwissenschaften und die Medizin; es gilt auch der Psychiatrie, die von der Kirche lange Zeit mit Argwohn betrachtet wurde, weil sie unter anderem befürchtete, die Psychoanalyse versuche, die Beichte zu ersetzen. Am 4. Januar 1993 empfing Johannes Paul II. im Vatikan eine Delegation der American Psychiatric Association; deren Präsident, Dr. Joseph English, hat die Begegnung als »ein bedeutendes Ereignis in den Beziehungen zwischen der Religion und der Psychiatrie« bezeichnet.

Daß die Kirche ihren Irrtum in bezug auf Galilei eingestand, hat den Weg für weitere Überprüfungen frei gemacht. Im Mai 1994 schickte Johannes Paul II. allen Kardinälen ein siebenundzwanzig Seiten umfassendes Schreiben, in dem er eine Reihe von Gebieten benannte, wo die Kirche zu weiteren historischen Irrtümern Stellung nehmen könnte – angefangen mit Religionskriegen, bei denen im Namen des Glaubens unentschuldbare Gewalttaten verübt wurden, bis hin zu den Inquisitionsprozessen.

Am 14. November 1994 veröffentlichte Johannes Paul II. ein Apostolisches Schreiben, in dem er den Katholiken mitteilte, die Kirche könne »die Schwelle zum neuen Jahrtausend nicht überschreiten, ohne ihren Kindern nahezulegen, sich durch Reue von den Irrtümern der Vergangenheit und den Momenten der Untreue, Unbeständigkeit und Tatenlosigkeit zu läutern«. Die Kirche müsse Buße tun für ihre Einwilligung zu Menschenrechtsverletzungen durch totalitäre Regimes, die in unserem Jahrhundert stattfanden. Johannes Paul II. verlangte, die katholische Kirche solle öffentlich die Sünden bereuen, die Katholiken im Laufe der Jahrhunderte bei der fehlgeleiteten und übereifrigen Verteidigung ihres Glaubens begangen hatten. Sollten all diese Pläne des Papstes umgesetzt werden, wäre dies ein gewaltiges, fast mit dem II. Vatikanum vergleichbares Unterfangen. Kardinal Roger Etchegaray, der Sonderbeauftragte des Papstes für auswärtige Angelegenheiten, wurde mit der Leitung dieses Projekts betraut. Eine Woche danach bezeichnete der »Osservatore Romano« Johannes Paul II. als den »Moses unserer Zeit«.

27

Johannes Paul II. befürchtet, daß es, nachdem der Kommunismus überwunden ist, zwischen den westlichen Überflußgesellschaften und den notleidenden Ländern Osteuropas und der Dritten Welt zu einem Zivilisationskonflikt kommen wird, wenn der Westen die unerträglichen sozialen und wirtschaftlichen Ungleichheiten nicht zur Kenntnis nimmt.

Die kirchliche Soziallehre gibt es seit über einem Jahrhundert. Karol Wojtyła hatte dazu in seinen Schriften eigene Anschauungen entwickelt, zum Beispiel in einem Artikel über die französischen Arbeiterpriester und in dem Theaterstück »Bruder unseres Gottes«, das er als junger Priester schrieb. Auch hatte Johannes Paul II. in den Enzykliken »Redemptor Hominis«, »Laborem Exercens« und »Sollicitudo Rei Socialis« sein soziales Denken zum Ausdruck gebracht. Zu Richtlinien des Heiligen Stuhls machte er diese Vorstellungen in der Enzyklika »Centesimus Annus«, die am 1. Mai 1991 erschien – zum hundertjährigen Jubiläum der Enzyklika »Rerum Novarum« von Leo XIII., der auf dem Gebiet der kirchlichen Soziallehre Pionierarbeit geleistet hatte.

Die Enzyklika »Centesimus Annus« ist sowohl eine Kritik am untergegangenen Kommunismus als auch am triumphierenden Kapitalismus: »Die historische Erfahrung der sozialistischen Länder hat auf traurige Weise gezeigt, daß der Kollektivismus die Entfremdung nicht beseitigt, sondern noch steigert, weil der Mangel am Notwendigsten und das wirtschaftliche Versagen hinzukommen.

Die geschichtliche Erfahrung des Westens ihrerseits zeigt, daß dennoch, obwohl die marxistische Analyse und Begründung der Entfremdung falsch sind, die Entfremdung mit dem Verlust des wahren Lebenssinnes auch in den westlichen Gesellschaften eine reale Gegebenheit ist.

Denn sie ereignet sich im Konsum, wenn der Mensch in ein Netz falscher und oberflächlicher Befriedigungen hineingezogen wird, statt daß man ihm hilft, die echte und konkrete Erfahrung seiner Persönlichkeit zu machen. Sie ereignet sich auch bei der Arbeit, wenn diese so organisiert wird, daß sie möglichst hohe Erträge abwirft, man sich aber nicht darum kümmert, daß der Arbeiter sich durch seine Arbeit mehr oder weniger als Mensch verwirklicht, je nachdem, ob seine Teilnahme an einer echten solidarischen Gemeinschaft wächst oder ob seine Isolierung in einem Komplex von Beziehungen eines erbitterten Konkurrenzkampfes und gegenseitiger Entfremdung zunimmt, in dem er nur noch als Mittel, nicht aber als ein Ziel angesehen wird.«

Der Papst befaßte sich sodann mit der Behauptung, »daß nach dem Scheitern des Kommunismus der Kapitalismus das siegreiche Gesellschaftssystem sei und daß er das Ziel der Anstrengungen der Länder ist, die ihre Wirtschaft und ihre Gesellschaft neu aufzubauen versuchen«. Und er warf die Frage auf: »Ist vielleicht er das Modell, das den Ländern der Dritten Welt vorgeschlagen werden soll, die nach dem Weg für den wahren wirtschaftlichen und gesellschaftlichen Fortschritt suchen?«

Johannes Pauls II. Antwort darauf lautet: »Wird mit ›Kapitalismus‹ ein Wirtschaftssystem bezeichnet, das die grundlegende und positive Rolle des Unternehmens, des Marktes, des Privateigentums und der daraus folgenden Verantwortung für die Produktionsmittel sowie der freien Kreativität des Menschen im Bereich der Wirtschaft anerkennt, ist die Antwort sicher positiv. Vielleicht wäre es passender, von ›Unternehmenswirtschaft‹ oder einfach ›freier Wirtschaft‹ zu sprechen. Wird aber unter ›Kapitalismus‹ ein System verstanden, in dem die wirtschaftliche Freiheit nicht in eine feste Rechtsordnung eingebunden ist, die sie in den Dienst der vollen menschlichen Freiheit stellt und sie als eine besondere Dimension dieser Freiheit mit ihrem ethischen und religiösen Mittelpunkt ansieht, dann ist die Antwort ebenso entschieden negativ... Die marxistische Lösung ist gescheitert, aber in der Welt bestehen nach wie vor Formen der Ausgrenzung und Ausbeutung, insbesondere in der Dritten Welt, gegen die die Kirche mit Nachdruck ihre Stimme erhebt.«

Angesichts der Tatsache, daß Millionen Menschen »noch immer in großem materiellem und moralischem Elend leben«, stellte Johannes Paul II. fest, daß durch den Zusammenbruch des kommunistischen Systems in vielen Ländern »ein Hindernis in der sachgemäßen und realistischen Auseinandersetzung mit diesen Problemen« beseitigt sei; dies reiche jedoch nicht aus, um sie zu lösen. Und er fügte warnend hinzu: »Es besteht die Gefahr, daß sich eine radikale kapitalistische Ideologie breitmacht, die es ablehnt, diese Probleme auch nur zur Kenntnis zu nehmen, da sie glaubt, daß jeder Versuch, sich mit ihnen auseinanderzusetzen, von vornherein zum Scheitern verurteilt sei und ihre Lösung einem blinden Glauben der freien Entfaltung der Marktkräfte überläßt.«

Da päpstliche Enzykliken außerhalb der Kirche und eines relativ kleinen Kreises von Gelehrten und Kommentatoren kaum gelesen werden, sind die Vorstellungen Johannes Pauls II. von den verschiedenen Lagern oft grob entstellt wiedergegeben worden. Konservative und neoliberale Kommentatoren haben insbesondere in den Vereinigten Staaten die Meinung vertreten, durch sein Eintreten für die »freie Marktwirtschaft« habe der Papst den Marxismus in der Sowjetunion und in den osteuropäischen Ländern in die Knie gezwungen. Insbesondere in der Dritten Welt wurde dagegen behauptet, Johannes Paul II. sei gegen das Privateigentum. Dabei hatte er in seiner Enzyklika betont: »Das Eigentum an Produktionsmitteln sowohl im industriellen wie im landwirtschaftlichen Bereich ist gerechtfertigt, wenn es einer nutzbringenden Arbeit dient.«

Johannes Paul II. wies in »Centesimus Annus« ausdrücklich darauf hin, daß die Kirche »keine eigenen Modelle vorzulegen« habe. Die konkreten und erfolgreichen Modelle können nach den Worten des Papstes »nur im Rahmen der jeweils verschiedenen historischen Situationen durch das Bemühen aller Verantwortlichen gefunden werden, die sich den konkreten Problemen in allen ihren eng miteinander verflochtenen gesellschaftlichen, wirtschaftlichen, politischen und kulturellen Aspekten stellen«. Die hauptsächlich auf den Kapitalismus des Westens abzielenden Warnungen des Papstes lassen jedoch erkennen, was für eine Gesellschaft er in der postmarxistischen Welt entstehen sehen möchte. Wie er in seiner Enzyklika hervorhob, bietet die Kirche bei dem Bemühen um neue Modelle ihre Soziallehre »als *unerläßliche geistige Orientierung*« an.

»Wir haben blutige Tragödien unvergleichlicher Art überwunden«, sagte Johannes Paul II. in einer Rede, die er am 9. September 1993 an der Universität Riga hielt, »sind jedoch nicht in jener friedlichen Welt angelangt, nach der wir uns alle sehnen.« Und er fuhr mit erhobener Stimme im beschwörenden Ton eines alttestamentarischen Propheten fort: »Wir leben in einer überaus kritischen Periode der europäischen Geschichte und der Weltgeschichte, die von sinnlosen Konflikten beeinträchtigt wird, deren Hintergrund durch Tausende von Widersprüchen gekennzeichnet ist... Keiner von uns kann die Zukunft vorhersagen!«

Der Papst befaßte sich dann mit der postkommunistischen Gesellschaft und kam dabei auch auf die katholische Soziallehre und den Kapitalismus zu sprechen: »Die katholische Soziallehre ist kein Ersatz für den Kapitalismus. Tatsächlich hat sich die Kirche, obwohl sie den ›Sozialismus‹ entschieden ablehnte, vom Kapitalismus stets distanziert, weil sie ihn für schwerwiegende soziale Ungerechtigkeiten verantwortlich machte... Ich selbst habe nach dem Versagen des Kommunismus nicht gezögert, den Wert des Kapitalismus ernstlich anzuzweifeln...«

Über den Marxismus sagte Johannes Paul II.: »In der historischen Situation, in der dieses System entstand, gab es tatsächlich ernste Notlagen. Die Ausbeutung, die ein unmenschlicher Kapitalismus gegenüber dem Proletariat seit dem Beginn der Industriegesellschaft betrieb, war in der Tat ein Übel, das auch von der Soziallehre der Kirche unumwunden verurteilt wurde. Der Marxismus enthielt also ein Körnchen Wahrheit und konnte sich dadurch der westlichen Gesellschaft als erstrebenswerte Realität präsentieren. Die Lösung, die er anbot, war jedoch zum Scheitern verurteilt... Im Namen der ›Klasse‹ oder zum angeblichen Nutzen der Gesellschaft wurden Individuen unterdrückt oder sogar eliminiert.«

Der Papst betonte, daß »die Soziallehre der Kirche kein dritter Weg zwischen dem Kapitalismus und dem Kommunismus« sei; ihre Aufgabe bestehe nicht darin, ein »System« zu entwerfen. Er empfahl jedoch ihre Anwendung, »um festzustellen, wo die unpassierbaren Grenzen liegen«, und um Wege aufzuzeigen, aus den verschiedenen historisch bedingten politischen und wirtschaftlichen Denkrichtungen eine menschenwürdige Ordnung zu gestalten, die mit den Moralgesetzen übereinstimmt.

Im Gegensatz zu seinen Vorgängern ist Johannes Paul II. in der Außenpolitik sehr aktiv und hält die Fäden der Vatikandiplomatie in der Hand. Dies stellte er Anfang der neunziger Jahre unter Beweis, als er seine Aufmerksamkeit dem Nahen Osten zuwandte und den Prozeß in Gang setzte, der zur Anerkennung Israels durch den Heiligen Stuhl führte. Der Vatikan nahm dabei nach einer längeren Pause wieder aktiv Anteil an den Entwicklungen im Nahen Osten.

Die neue Israelpolitik des Papstes, von der zuerst nur Insider etwas wußten, nahm im November 1991 ihren Anfang, als Avi Pazner, der neue israelische Botschafter in Italien, in Rom eintraf; Pazner, ein altgedienter Diplomat, war zuvor Sonderberater von Ministerpräsident Yitzhak Shamir. Noch bevor er dem italienischen Staatspräsidenten sein Beglaubigungsschreiben überreichen konnte, erhielt Pazner einen Anruf von Emanuelle Scammacca del Murgo y della Agnon, dem italienischen Botschafter am Heiligen Stuhl, der ihn zum Lunch in seine Residenz einlud. So etwas war höchst unüblich, und Pazner brachte dies zum Ausdruck. Scammacca bestand jedoch auf der Einladung, und das Treffen fand innerhalb weniger Tage statt.

An dem Essen nahm zu Pazners Überraschung Monsignore Luigi Gatti teil, einer der ranghöchsten Diplomaten des Heiligen Stuhls und zuständig für die Nahostpolitik. Botschafter Scammacca zog sich bald darauf zurück und ließ Pazner und Gatti allein. Gleich zu Beginn der zwei Stunden währenden vertraulichen Unterredung stellte der Vatikandiplomat die Frage, ob »offizielle Gespräche« dazu dienen könnten, die zwischen dem Heiligen Stuhl und Israel bestehenden Probleme zu lösen. Pazner erwiderte, daß es nach den geltenden politischen Richtlinien Israels ohne diplomatische Beziehungen keine offiziellen Gespräche geben könne. Als Gatti darauf hinwies, der Heilige Stuhl könne vor einer endgültigen Festlegung der Grenzen Israels keine diplomatischen Beziehungen aufnehmen, meinte Pazner: »Sie unterhalten aber durchaus Beziehungen zu Ländern, deren Grenzen nicht abschließend festgelegt sind.« Beide kamen aber überein, »dieses Gespräch fortzusetzen«. Ministerpräsident Shamir wurde über dieses unerwartete Zusammentreffen unterrichtet; er wies Pazner an, im Falle weiterer Initiativen des Vatikans Aufgeschlossenheit an den Tag zu legen.

Der Heilige Stuhl wollte offenbar keine Zeit verlieren; schon Anfang des Jahres 1992 wurde Pazner von Staatssekretär Sodano und Erzbischof Tauran, dem »Außenminister«, empfangen.

Die Situation im Nahen Osten hatte sich im Jahr zuvor durch die Niederlage des Irak im Golfkrieg entscheidend verändert. Johannes Paul II. hatte sich mit der Begründung, daß dies kein »gerechter« Krieg sei, entschieden gegen die US-Intervention gewandt; er war der Ansicht, die Westmächte hätten sich nach der Besetzung Kuweits im August 1990 nicht ausreichend bemüht, mit dem Irak eine friedliche Lösung auszuhandeln.

Den Vereinigten Staaten gelang es jedoch nach dem Golfkrieg, Israel, Jordanien, Syrien, den Libanon und die Palästinensische Befreiungsorganisation zu Verhandlungen über einen »Friedensprozeß« im Nahen Osten zu bewegen. Der Papst sah für den Heiligen Stuhl die Zeit gekommen, sich an den diplomatischen Bemühungen aktiv zu beteiligen.

Botschafter Pazner wußte, daß Johannes Paul II. den Juden des öfteren seine Anteilnahme bekundet hatte. So hatte er am 12. April 1986 als erster Papst die römische Synagoge besucht und mit Oberrabbiner Elio Toaff ein langes Gespräch geführt. Der Oberrabbiner bemerkte später, obwohl die Entfernung zwischen dem Vatikan und der Synagoge nur ein paar Kilometer betrage, habe es »zweitausend Jahre gedauert«, bis ein Papst sie zurücklegte.

Im Winter 1992 bat Pazner um eine Gelegenheit, seine Argumente für die Aufnahme voller diplomatischer Beziehungen zwischen dem Vatikan und Israel dem Papst vorzutragen. Da Pazner am Heiligen Stuhl keinen offiziellen diplomatischen Status hatte, mußte man dafür eine besondere Formel finden. In der Vergangenheit waren israelische

Ministerpräsidenten und Außenminister von verschiedenen Päpsten in Privataudienz empfangen worden; Pazner und seine Gattin wurden deshalb für den 26. April 1992 zu einer Privataudienz eingeladen, wobei es dem Botschafter freigestellt war, mit Johannes Paul II. diplomatische Angelegenheiten zu besprechen.

Der Papst empfing das Ehepaar Pazner in seinem Arbeitszimmer und setzte sich nach der Begrüßung an seinen Schreibtisch. Man unterhielt sich zunächst eine Weile; dann erläuterte der Botschafter die Argumente, die für die Aufnahme diplomatischer Beziehungen mit Israel sprachen: Israel sei für den Frieden; volle diplomatische Beziehungen lägen im gegenseitigen Interesse; die meisten Staaten hätten Israel bereits anerkannt.

Der Papst hörte den Ausführungen »sehr aufmerksam und konzentriert zu«, sagte jedoch nichts. Johannes Paul II. habe eine ganze Minute lang geschwiegen, erzählte der Botschafter und fügte hinzu: »Ich hatte das Gefühl, einen schrecklichen Fehler gemacht zu haben ...«

»Nach dieser schrecklichen Minute« habe ihn der Papst jedoch freundlich angesehen und gesagt: »Sie meinen also, daß wir zu den ganz Schlimmen gehören, weil wir Israel noch nicht anerkannt haben?« So habe er das nicht gemeint, beteuerte Pazner. Daraufhin habe der Papst lächelnd erwidert: »In unserem Glauben heißt es: ›Die Letzten werden die Ersten sein!‹« Das habe er als Hinweis verstanden, daß Johannes Paul II. die Angelegenheit vorantreiben wolle, sagte Pazner.

Im Juli 1992, drei Monate nach dieser Begegnung, wurde eine bilaterale Kommission gebildet, die über die Aufnahme diplomatischer Beziehungen verhandeln sollte. Wegen der zahlreichen ungelösten Probleme kam die Kommission nur langsam voran. Israel weigerte sich beispielsweise, über den zukünftigen Status von Jerusalem zu sprechen; man verwies darauf, daß Jerusalem die Hauptstadt des Landes sei, doch war man bereit, den Zugang zu den heiligen Stätten, die sich dort befinden, zu gewährleisten.

In Israel hatte die Arbeiterpartei bei den Juniwahlen gesiegt; Yitzhak Rabin löste Shamir als Ministerpräsident ab. Pazner wurde von der neuen Regierung gebeten, auf seinem Botschafterposten in Italien zu verbleiben; er schlug vor, der neue Außenminister Shimon Peres solle

Johannes Paul II. einen Höflichkeitsbesuch abstatten. Die Audienz fand am 23. Oktober statt. »Zu Beginn des Gesprächs«, erinnert sich der Botschafter, »lud Peres den Papst formell zu einem Israelbesuch ein. Der Papst erwiderte dazu nichts, und man unterhielt sich zehn oder fünfzehn Minuten über dies und jenes. Peres war der Meinung, Johannes Paul II. habe ihn vielleicht nicht richtig verstanden; er wiederholte deshalb die Einladung laut und deutlich und stellte dabei klar, daß es sich um eine offizielle Einladung zum Besuch Jerusalems handelte. Einen Moment lang herrschte Schweigen, und ich sah in den Augen des Papstes Tränen, die ihm langsam über das Gesicht rannen. Er war ganz bewegt und gerührt und dankte uns für die Einladung.«

Es dauerte aber noch ein Jahr, bis über die Aufnahme diplomatischer Beziehungen Einigkeit erzielt wurde. Als Ministerpräsident Rabin und PLO-Chef Arafat am 13. September 1993 im Weißen Haus ihr Abkommen über die partielle Selbstverwaltung der Palästinenser in den besetzten Gebieten unterzeichneten, schien dies den Verhandlungen zwischen dem Heiligen Stuhl und Israel Auftrieb zu geben.

Am 21. September empfing Johannes Paul II. in Castel Gandolfo Meyer Lau, den Oberrabbiner der Aschkenasim in Israel. Dabei sagte er: »Mein Jerusalembesuch rückt jetzt immer näher.« Die Israelis verstanden dies als einen Hinweis, daß es bald diplomatische Beziehungen geben werde, damit der Papst Jerusalem einen offiziellen Besuch als Staatsoberhaupt abstatten könne.

Schließlich wurde am 30. Dezember 1993 von Israel und dem Heiligen Stuhl ein Abkommen über die Aufnahme voller diplomatischer Beziehungen geschlossen. Nach Botschafter Pazners Überzeugung kam es dazu, weil Johannes Paul II. es so gewollt hatte. Seine Entscheidung hat der Papst später so erläutert: »Die Juden, die 2000 Jahre lang über alle Länder der Welt verstreut waren, beschlossen, in das Land ihrer Vorväter zurückzukehren. Das ist ihr Recht. Es wird selbst von denen anerkannt, die den Staat Israel nicht mit Wohlwollen betrachten. Dieses Recht wurde auch vom Heiligen Stuhl von Anfang an anerkannt, und die Aufnahme diplomatischer Beziehungen mit Israel ist nichts anderes als dessen internationale Bestätigung.«

Am 50. Jahrestag des Aufstands im Warschauer Getto gedachte Johannes Paul II. der ermordeten Juden. Am Morgen des 7. April 1994 traf er im Apostolischen Palast mit etwa hundert Überlebenden der Konzentrationslager und deren Angehörigen zusammen; dabei rief er dazu auf, dem Antisemitismus und allen Formen des Nationalismus ein Ende zu setzen.

Der Papst begrüßte jeden der Anwesenden und erkundigte sich auf Polnisch nach dem jeweiligen Geburtsort. Als er von einer alten Frau hörte, daß sie aus Krakau stamme, sagte er erfreut: »Den Stadtteil Kasimierz kenne ich gut. Sind Sie von dort?«

Am Spätnachmittag versammelten sich die Überlebenden und deren Angehörige sowie Hunderte von geladenen Gästen, unter denen sich zwanzig Kardinäle befanden, im Paul-VI.-Auditorium neben der Peterskirche zu einem Gedenkkonzert mit dem Londoner Royal Philharmonic Orchestra. Dessen Gastdirigent Gilbert Levine hatte das Konzert zusammen mit Monsignore Dziwisz, dem Privatsekretär des Papstes, organisiert. Levine kannte den Papst seit seiner Zeit als Dirigent der Krakauer Philharmonie in den späten achtziger Jahren.

Als Johannes Paul II., der römische Oberrabbiner Toaff und der italienische Staatspräsident Scalfaro Platz genommen hatten, zündete die zehnjährige Tochter eines polnischen Überlebenden für die sechs Millionen Juden, die von den Nazis umgebracht worden waren, sechs der sieben Kerzen der Menora an. Es war das erstemal seit Menschengedenken, daß ein solcher siebenarmiger Leuchter im Vatikan in Gegenwart eines Papstes angezündet wurde.

Gilbert Levine erhob seinen Taktstock und eröffnete das Holocaust-Gedenkkonzert mit Max Bruchs »Kol Nidrei« (dem Gebet am Vorabend des Yom Kippur) für Violoncello und Orchester. Darauf folgte der dritte Satz aus Beethovens »Neunter Sinfonie« sowie Schuberts »92. Psalm«. Dann rezitierte der amerikanische Schauspieler Richard Dreyfus jene Erzählung, die Leonard Bernsteins »Sinfonie Nr. 3« zugrunde liegt, und das Orchester spielte zum Abschluß Bernsteins »Chichester Psalms«.

Am 29. September nahm Johannes Paul II. das Beglaubigungsschreiben des ersten israelischen Botschafters am Heiligen Stuhl entgegen.

Bei der Begrüßung von Botschafter Shmuel Hadas erklärte der Papst, »der Respekt vor der Religions- und Gewissensfreiheit« verbinde den Heiligen Stuhl und Israel. Er fügte hinzu: »Sie haben sich zusammengefunden, um jeder Form von Intoleranz entgegenzutreten, wie auch immer sie zum Ausdruck kommen mag. Ihre wachsame Zusammenarbeit zielt insbesondere darauf ab, jeglichen Antisemitismus zu bekämpfen; dies geschieht auch im Hinblick darauf, daß wir in letzter Zeit verschiedene höchst bedauerliche Manifestationen desselben zur Kenntnis nehmen mußten.«

Im Vatikan geschehen auch unverständliche Dinge. Anfang August 1994 wurde bekanntgegeben, daß Erzbischof Donato Squicciarini, der Päpstliche Nuntius in Wien, einen Monat zuvor Kurt Waldheim, den ehemaligen österreichischen Präsidenten und früheren Generalsekretär der Vereinten Nationen, in aller Stille mit dem Ritterkreuz des Ordens von Pius IX. ausgezeichnet hatte, und zwar in Anerkennung von Waldheims Bemühungen um den Frieden.

Aus Gründen, die er nie öffentlich erläuterte, hat der polnische Papst die internationale Kontroverse um Waldheim ignoriert. Als Waldheims Vergangenheit Anfang der achtziger Jahre publik geworden war, hatte dies zu einer internationalen Ächtung geführt (die USA zum Beispiel verhängten ein Einreiseverbot). Johannes Paul II. hingegen empfing Waldheim 1987 im Vatikan und traf 1988 während seines Pastoralbesuchs in Österreich erneut mit ihm zusammen.

Das Jahr 1994, das sechzehnte Jahr seines Pontifikats, war für Johannes Paul II. die Zeit kirchengeschichtlich bedeutsamer Entscheidungen, weitreichender diplomatischer Bemühungen und schwerer Enttäuschungen.

Trotz seiner nachlassenden Gesundheit führte der Papst bei zwei Bischofssynoden den Vorsitz. Dabei ging es um Afrika und um das spirituelle Leben, zwei Gebiete, die Johannes Paul II. besonders wichtig sind. Im Hinblick auf Afrika sprach er sich für eine Vielfalt im Glauben aus, gab jedoch keine detaillierten Empfehlungen. Den religiösen Orden empfahl er Hingabe und eiserne Disziplin.

Mit seinem Diskussionsverbot über die Weihe von Frauen und dem von ihm verordneten liturgischen Konformismus rief er neue innerkirchliche Kontroversen hervor.

Im Jahr 1994 richtete der Papst seine persönlichen diplomatischen Bemühungen auf die Lösung weltbewegender Probleme. Er führte im stillen Verhandlungen, um ein Ende des Krieges im früheren Jugoslawien zu erreichen; seine geheimen Abgesandten sprachen mit Serben, bosnischen Muslimen und Kroaten. Im September mußte Johannes Paul II. wegen der Kampfhandlungen um Sarajewo in letzter Minute einen Besuch in der belagerten Stadt absagen; er hatte dort mit Katholiken, Muslimen und orthodoxen Serben für den Frieden beten wollen. Daß er Sarajewo nicht besuchen konnte, war für den Papst eine schmerzliche Enttäuschung.

Er flog jedoch nach Zagreb und betete dort mit kroatischen Katholiken. Dabei wurde das Ausmaß seines körperlichen Leidens nach der Hüftoperation vom April für die Öffentlichkeit erstmals erkennbar: Johannes Paul II. kam bei dem Pastoralbesuch seinen Pflichten mit verbissener, manchmal schmerzverzerrter Miene nach; sein Gang war schleppend, und er mußte einen Stock zu Hilfe nehmen.

Nach der Aufnahme diplomatischer Beziehungen mit Israel wurden diplomatische Beziehungen auch mit Jordanien und der PLO hergestellt. Aber auch im Nahen Osten mußte der Papst Frustrationen erleben; durch das Wiederaufleben des Terrorismus im Libanon wurde er an einem für Mai geplanten Besuch gehindert.

In der ersten Hälfte des Jahres begann Johannes Paul II. mit seinem – bereits geschilderten – Kampf gegen das UN-Dokument zum Wachstum der Weltbevölkerung. Seine Hilflosigkeit angesichts des Bürgerkriegs in Ruanda bereitete dem Papst schweren Kummer. Dort wurden Tausende von Menschen in katholischen Kirchen massakriert, und Hunderttausende wurden im ganzen Land von ihren Mitbürgern ermordet. (Der Pontifex hatte das Land, das fast zur Hälfte katholisch ist, im September 1990 besucht.) Johannes Paul II. schickte auch Abgesandte nach Georgien, die zu einer Beendigung des dortigen Bürgerkriegs beitragen sollten. Aus Besorgnis über neue Bürgerkriege und neue zwischenstaatliche Auseinandersetzungen hatte Johannes Paul II.

Johannes Paul II. bei seiner Ankunft in Zagreb am 10. September 1994. Erstmals verzichtete der Papst darauf, in einem noch nicht besuchten Land den Boden zu küssen. Statt dessen hielten ihm zwei in Landestracht gekleidete Männer eine Tonschale mit Erde entgegen.

den Päpstlichen Rat für Gerechtigkeit und Frieden beauftragt, den weltweiten Waffenhandel zu untersuchen. Nach achtjähriger Arbeit legte der Rat im Juni 1994 seinen Bericht vor. Darin stellte er fest, daß die weltweite Waffenproduktion, die ein jährliches Handelsvolumen von etwa 20 Milliarden Dollar hat, »außer Kontrolle geraten« sei. Der Bericht kam zu dem Schluß: »Nie zuvor hat es auf der Erde so viele bewaffnete Konflikte gegeben; sie werden durch eine oft für selbstverständlich erachtete Weitergabe von Waffen ermöglicht.«

28

Johannes Paul II. ist heute auf der ganzen Welt eine der bekanntesten Gestalten des öffentlichen Lebens, aber seine Kirche befindet sich in einer der schwersten Krisen ihrer Geschichte. Die Probleme der katholischen Kirche müssen jedoch mit dem globalen Phänomen zunehmender Religiosität, der vehementen Suche nach Glauben und Spiritualität in Zusammenhang gesetzt werden; dieses Phänomen ist in den neunziger Jahren in einem Ausmaß in Erscheinung getreten, das zumindest in unserem Jahrhundert keine Parallele hat.

Die katholische Kirche, der etwa ein Fünftel der Menschheit angehört, ist die größte *organisierte* Religionsgemeinschaft der Welt. Doch bilden evangelikale Sekten, der Buddhismus und der Islam eine immer stärker werdende Herausforderung. (Zum Islam bekennt sich ebenfalls ein Fünftel der Weltbevölkerung, er ist aber keine zentralisierte Religion.) Diese Herausforderung ist keine Kampfansage an die katholische Kirche, vielmehr ist sie Teil des Religiositätsphänomens und einer allgemeinen Sinnsuche.

Eine wissenschaftliche Erklärung für die weltweite Zunahme der Religiosität gibt es nicht. In vielen Teilen der Welt kommt es zu einer Vermischung, einer Gleichsetzung oder einem Gegensatz von Religion und Politik. Dies führte in der früheren Sowjetunion, im früheren Jugoslawien, im Nahen Osten und in Afrika zu erbitterten Auseinandersetzungen. Im Vertrauen auf ihre moralische Autorität waren Johannes Paul II. und der Heilige Stuhl bestrebt, mit diplomatischen Bemühungen zu einer Beilegung dieser Auseinandersetzungen beizutragen.

Johannes Paul II. ist der Meinung, daß sowohl die Konflikte als auch die Sinnsuche auf tiefgreifende strukturelle Veränderungen der Familie, der Gesellschaft und der Staatswesen zurückzuführen und daß neue Konflikte im Entstehen begriffen sind. Der Papst sieht die Ausbreitung einer gefährlichen Leere, die den Menschen den Optimismus und die Hoffnung nimmt.

Er hat damit eine zutreffende Einschätzung der postkommunistischen Welt geliefert. Tatsache ist, daß unser Verlangen nach einer Erlösung durch den Glauben zunimmt, je mehr wir mit Gewalt und Instabilität konfrontiert werden. Johannes Paul II. ist entschlossen, sich bei den Gläubigen aller Religionsgemeinschaften als Stimme der Vernunft und der Moral Gehör zu verschaffen.

Religiös bedingte Auseinandersetzungen treten heute viel häufiger auf als je zuvor in diesem Jahrhundert. Dies ist unter anderem darauf zurückzuführen, daß moderne Waffen trotz des Endes des Ost-West-Konflikts weiterhin in großem Umfang produziert werden. Johannes Paul II. ist bestürzt über den unkontrollierten Einsatz moderner Waffentechnologie bei diesen Konfrontationen, beispielsweise im früheren Jugoslawien, wo orthodoxe Serben gegen muslimische Bosnier und katholische Kroaten einen erbitterten Krieg führten. In den Balkankriegen der neunziger Jahre spielte die Religion eine ebenso große Rolle wie der blinde Nationalismus und die Gier nach Land. Das war der Grund dafür, daß Johannes Paul II. in Bosnien-Herzegowina zum Frieden und zum Gebet aufrufen wollte und daß er so enttäuscht darüber war, daß der Besuch in Sarajewo ausfallen mußte. Wenn der Papst Sarajewo besucht hätte, wäre dadurch dem Leiden und der Verzweiflung der Bevölkerung wohl kaum ein Ende gesetzt worden. Doch in den vier Jahren des Völkermordes und der »ethnischen Säuberungen« hatte es niemand vermocht, dem grausamen Geschehen Einhalt zu gebieten – weder die Vereinten Nationen noch die NATO, auch die USA nicht.

Die in Israel und in den Palästinensergebieten aktiven Hamas-Guerillas der Islamischen Widerstandsbewegung sind nicht nur fundamentalistische Kämpfer, sie streben auch nach politischer Macht. Ihr Ziel ist es, einen islamischen Palästinenserstaat zu errichten.

Dasselbe Ziel haben jene islamischen Fundamentalisten, die in Algerien und Ägypten gegen die weltlichen Regierungen ihrer Länder vorgehen. Der Sudan ist bereits zu einem fundamentalistischen Staat geworden, der gegen die christliche und animistische Minderheit des Südens Krieg führt.

In dem Bemühen, den algerischen Bürgerkrieg zu entschärfen, schaltete Johannes Paul II. im November 1994 eine Gruppe römischer Katholiken ein, die schon des öfteren in seinem Auftrag tätig gewesen war (und in Mosambik zur Beilegung des Bürgerkriegs beigetragen hatte); sie sollte zwischen dem Militärregime und der fundamentalistischen Islamischen Heilsfront (FIS) vermitteln.

In Ägypten gibt es keine Möglichkeit für eine Vermittlung durch den Papst, was zum Teil darauf zurückzuführen ist, daß die dortigen radikalislamistischen Kräfte im Gegensatz zur algerischen FIS über keine einheitliche politische Führung verfügen. Der Papst reiste aber 1993 in den Sudan und versuchte, das fundamentalistische Regime in Khartum dazu zu bewegen, den Krieg gegen die Christen im Süden zu beenden.

Auch der Konflikt zwischen dem christlichen Armenien und dem muslimischen Aserbaidschan um die Enklave Berg-Karabach hat starke religiöse Elemente. Und im nicht endenwollenden afghanischen Bürgerkrieg kämpfen Muslime gegen Muslime, ebenso im angrenzenden Tadschikistan; in Tschetschenien wurde der Versuch unternommen, einen von Rußland unabhängigen islamischen Staat zu gründen.

Zypern ist seit 1974 geteilt: In einen von der griechisch-orthodoxen Bevölkerungsmehrheit bewohnten südlichen und einen von türkischen Muslimen bewohnten nördlichen Teil; UN-Friedenstruppen verhindern auf der Insel ein Wiederaufflammen der Feindseligkeiten.

Daß Religion und Frieden einander auszuschließen scheinen und daß es am Ende des 20. Jahrhunderts noch erforderlich ist, Konferenzen zu diesem Thema abzuhalten, mag verwundern. Im Vatikan fand jedoch Anfang November 1994 eine Weltkonferenz »Religion und Frieden« statt. Johannes Paul II. betonte dabei gegenüber den Delegierten: »Alte Grenzen fallen, aber neue tauchen auf, wenn fundamentale Wahrheiten und Werte selbst von Menschen, die sich als religiös bezeichnen, vergessen oder verdrängt werden.« In einer seiner wichtigsten Verlautbarungen nach dem Ende des Kalten Krieges sagte der Papst: »Heutzutage müssen religiöse Führer klar zum Ausdruck bringen, daß sie aufgrund ihres Glaubens dem Frieden verpflichtet sind. Die

Religion darf keinen Vorwand für Konflikte liefern ... Die Religion und der Frieden gehören zusammen: Im Namen der Religion Krieg zu führen, ist ein Widerspruch in sich.«

Die katholische Kirche wie auch der Islam verlangen ein großes Maß an Disziplin, auch in der jeweiligen Lebensführung. In einer Zeit, die nach Ordnung und Wegweisung verlangt, mag dies einer der Gründe dafür sein, daß viele Gläubige der katholischen Kirche treu bleiben und daß der Islam eine große Zahl von Übertritten zu verzeichnen hat. Zwischen dem Islam und dem Katholizismus gibt es heutzutage keine offene Konfrontation. Die beiden großen Religionen konkurrieren jedoch gegeneinander, wobei der Islam die weltweit am schnellsten wachsende Glaubensgemeinschaft darstellt; sein Vordringen unter den Afroamerikanern ist Teil des bereits erwähnten globalen Religiositätsphänomens.

In der Türkei, einer überwiegend muslimischen Nation, hat es seit der Gründung der Republik durch Kemal Atatürk eine säkulare Gesellschaftsordnung gegeben. Jetzt stellen muslimische Fundamentalisten, an ihrer Spitze die immer stärker werdende Islamische Wohlfahrtspartei, den säkularen Staat in Frage und versuchen, das Land in eine Art Theokratie umzuwandeln. Ein Übertritt der Türkei zum islamischen Fundamentalismus hätte weitreichende Auswirkungen auf Kleinasien und würde das weitere Schicksal der früheren zentralasiatischen Sowjetrepubliken, die muslimische Bevölkerungsmehrheiten aufweisen, beeinflussen. Die Einflußsphäre des islamischen Fundamentalismus würde dann vom Bosporus über den Nahen Osten, den Persischen Golf und den indischen Subkontinent bis nach Indonesien und an die Westgrenzen Chinas reichen.

Der Kontinent, auf dem der Katholizismus nach Meinung des Papstes eine vielversprechende Zukunft hat, ist Afrika. Dort steht die Kirche im offenen Wettbewerb mit dem Islam. Auf zehn Reisen hat Johannes Paul II. achtunddreißig afrikanische Nationen besucht – manche von ihnen mehrmals – und damit dem Kontinent seine größte Aufmerksamkeit geschenkt. Außerdem besuchte der Papst im Jahr 1995 erstmals Südafrika, das er in der Zeit der Apartheid gemieden hatte.

Johannes Paul II. und der südafrikanische Präsident Nelson Mandela am 16. September 1995. Es ist dies der erste offizielle Besuch des Papstes in Südafrika. Der Vatikan hatte die früher praktizierte Apartheid als Sünde verurteilt.

Johannes Paul II. hat in den vergangenen Jahren oft betont, daß die Menschen allerorts in Ungewißheit und Orientierungslosigkeit lebten. Daß Menschen bei der Religion Trost und Orientierung suchen, war für ihn selbstverständlich, auch wenn die angewandten Methoden und die Kirchen, in denen sie ihren Glauben ausüben, nicht immer seinen Vorstellungen entsprachen.

In den USA halten viele das Ausmaß, in dem die Religion dort in den neunziger Jahren die Politik bestimmt hat, für bedenklich. Konservative Protestanten, die zur »Religiösen Rechten« gehören, konnten ihren beträchtlichen Einfluß weiter ausbauen. Und die von dem Prediger Pat Robertson geleitete »Christian Coalition« trug dazu bei, daß die Republikaner bei den Kongreßwahlen 1994 einen überwältigenden Erfolg erzielten.

Daß es zwischen der protestantischen »Religiösen Rechten« und der katholischen Kirche zu dauerhaften politischen Koalitionen kommen wird, ist aber unwahrscheinlich, da es bei vielen sozialen Fragen zu große Meinungsunterschiede gibt. Mit taktischen Bündnissen, die es bereits in bestimmten Fällen gegeben hat, ist jedoch weiter zu rechnen.

Seit Mitte der neunziger Jahre breitet sich die Religiosität in den USA immer weiter aus. Von der gebundenen Ausgabe des Neuen Katholischen Katechismus wurden in den Sommermonaten des Jahres 1994 zwei Millionen Exemplare verkauft. Und das Buch des Papstes, »Die Schwelle der Hoffnung überschreiten«, erwies sich als Bestseller. In jenem Jahr erbrachten religiöse und erbauliche Werke in den USA einen Gesamtumsatz von über einer Milliarde Dollar.

Gelingt es der katholische Kirche unter Johannes Paul II. im Zusammenhang mit der weltweit ansteigenden Religiosität, ihre Position bei ihren Gläubigen und gegenüber anderen großen Religionen zu festigen? Was kann der polnische Papst tun, um seine Kirche vor äußeren Gefahren und innerem Zerfall zu bewahren? Und wofür tritt die Kirche Johannes Pauls II. in dieser Zeit der Unsicherheit ein? Da sich diese Fragen auf die Amtsführung Johannes Pauls II. beziehen, gelten die nachfolgenden Betrachtungen nur für die Dauer seines Pontifikats.

Statistiken bieten zwar eine Möglichkeit, den gegenwärtigen Zustand der Kirche zu beurteilen, sind aber im Grunde unzuverlässig.

So erlaubt die Zahl der getauften Katholiken keine Rückschlüsse darauf, inwieweit die Lehren der Kirche befolgt werden. Und die Anzahl getaufter Kinder gibt keinen Hinweis darauf, ob diese im Erwachsenenalter Katholiken bleiben. Anhand der Gesamtzahl der Priester und Seminaristen, die sich zum Dienst an der Kirche berufen fühlen, läßt sich deren Zustand besser beurteilen.

Überdies besteht bei Johannes Paul II. mehr als bei jedem anderen Papst des 20. Jahrhunderts die Gefahr, daß es den Menschen vorrangig um diesen ungeheuer populären wie auch sehr umstrittenen Pontifex geht und weniger um die Institution Kirche. Pius XII. und Paul VI. zum Beispiel waren unschwer mit ihrer Kirche zu identifizieren. Karol Wojtyła aus Krakau hingegen ist dafür ein viel zu komplexer und unabhängiger Mensch. Zum gegenwärtigen Zeitpunkt könnte dies eines der größten Probleme der Kirche sein: Daß Johannes Paul II. als Person verehrt und bewundert wird, daß man dem Oberhaupt der Kirche aber nicht gehorcht.

Wenn das Ausmaß der Kommerzialisierung ein Indiz für Popularität ist, dann nimmt Johannes Paul II. einen Spitzenplatz ein. Die weltweite Vermarktung seines Abbilds nimmt oft vulgäre Formen an und wird viel zu häufig von der auf Einnahmen bedachten Kirche sanktioniert. Von der Bestsellerkarriere seines Buches abgesehen, erscheint der Papst in millionenfacher Abbildung auf T-Shirts, Kalendern oder Krügen, die in Rom und in den Ländern, die er besucht, verkauft werden. In den Gassen unweit des Vatikans gibt es Läden, in denen Zertifikate mit Segenswünschen für Einzelpersonen oder Familien – die Namen sind vom Käufer einzutragen – unter der Zusicherung feilgeboten werden, daß sie von Johannes Paul II. persönlich gesegnet worden seien.

Unter Berücksichtigung der bereits genannten Einschränkung mag ein Blick auf die Statistik in mancher Hinsicht dennoch erhellend sein. Die Gesamtzahl der getauften Katholiken belief sich Ende 1991 auf 944 578 000; sie hatte sich seit dem Vorjahr um 16 Millionen erhöht. Dies bedeutete, daß die Katholiken weiterhin etwa achtzehn Prozent der Weltbevölkerung ausmachten, die Kirche also keinen relativen Zuwachs zu verzeichnen hatte. Andere Religionen, insbesondere der Islam, erzielten eine viel stärkere Zunahme.

Obwohl keine genauen Zahlen vorliegen, darf angenommen werden, daß die katholische Kirche in den Vereinigten Staaten, in Lateinamerika und selbst in Afrika immer mehr Mitglieder an evangelikalische Sekten verliert; Johannes Paul II. hat deshalb öffentlich vor diesen Sekten gewarnt. Dies führt zu dem Schluß, daß die katholische Kirche in Wirklichkeit einen Schrumpfungsprozeß durchmacht. In der Karibik, in Südamerika und in Florida – wo sich viele kubanische Flüchtlinge niedergelassen haben – verliert sie sogar Mitglieder an voodooähnliche Kulte; ähnliches geschieht in Afrika.

Ironischerweise könnte die Gesamtzahl der Katholiken auch dadurch zurückgehen, daß katholische Ehepaare das päpstliche Verbot von Empfängnisverhütungsmitteln immer weniger beachten. Es gibt mancherlei Belege dafür, daß dies geschieht. In Italien liegt die Wachstumsrate der Bevölkerung bei null. Im mexikanischen Mérida bemerkte ein Kirchenführer im August 1993 während einer von Johannes Paul II. zelebrierten Messe: »In der Dritten Welt sagen Dorfpfarrer unumwunden: ›Meine Herde liebt ihren Hirten [den Papst], aber niemand will seinetwegen zwölf Kinder haben.‹« Und in den Vereinigten Staaten ist es nach den Worten eines New Yorker Priesters so: »Katholiken kaufen sein Buch, und dann kaufen sie Kondome.«

Ist sich der Papst dieser Realität bewußt? Zermartert er sich den Kopf darüber, daß gegen eines seiner heiligsten Prinzipien verstoßen wird? Oder akzeptiert er dies als eine weitere schmerzliche Erfahrung, die Gott ihm auferlegt hat? Johannes Paul II. behält das, was ihn im Innersten bewegt, für sich und fährt unerschütterlich damit fort, gegen die Infragestellung seiner Morallehre anzukämpfen, ganz gleich, welche Folgen dies für ihn oder die Kirche haben wird. Sein gesamter Werdegang hat ihn auf diese letzte große Auseinandersetzung vorbereitet. Sie kann sehr wohl dazu führen, daß noch mehr Katholiken der Kirche den Rücken kehren.

Erzbischof Rembert Weakland aus Milwaukee, einer der angesehensten amerikanischen Kirchenführer, hat seiner Besorgnis Ausdruck gegeben, »daß wir vielleicht noch mehr Menschen zum Weggehen zwingen und die Kirche spalten«. Weakland, der seit 1977 die Erzdiözese Wisconsin leitet, hat darauf hingewiesen, daß dort – wie auch in anderen Teilen der USA – »der Kirchenbesuch ganz stark abnimmt«; die Menschen seien »von der Kirche enttäuscht, weil sie sich nicht schnell genug voranbewegt«.

Es hat den Anschein, daß der Hang zum Mystizismus, der bei Johannes Paul II. zeitlebens vorhanden gewesen ist, immer stärker wird. Der Papst hat sein eigenes Leiden und die »Feldzüge«, die er für die Morallehre führt, immer in diesem Licht gesehen. Er dehnte diese Betrachtungsweise aber auf ein neues Gebiet aus, als er am 16. November 1994 bei einer Katechese über das Mysterium der Kirche auf die »Keuschheit um des Himmelreiches willen« zu sprechen kam. Johannes Paul II. verwies dabei auf die Worte Jesu: »Einige sind von Geburt an zur Ehe unfähig; andere sind von Menschen zur Ehe unfähig gemacht; und wieder andere haben sich selbst zur Ehe unfähig gemacht um des Himmelreichs willen.«

Auf das Thema Priesterzölibat kommt Johannes Paul II. des öfteren zurück; er betrachtet den Zölibat als unabdingbare Grundlage des geistlichen Amtes. Inwieweit sich dieser Standpunkt im Einzelfall auswirkt, ist schwer zu sagen; die Statistik über die Anzahl der Priester spricht aber eine deutliche Sprache. Vom Jahr 1978, in dem Johannes Paul II. sein Amt antrat, bis zum Ende des Jahres 1991 fiel die Zahl der Priester weltweit von 416 329 auf 404 031. Für die Kirche ist dies ein alarmierendes Zeichen. In Nord- und Mittelamerika sank die Zahl der Priester im selben Zeitraum von 114 522 auf 82 018, also etwa um ein Viertel. Die Zahl der männlichen Mitglieder religiöser Orden ging in den Jahren 1978 bis 1991 weltweit von 74 792 auf 62 184 zurück.

Bei den Taufen ergab sich zwischen 1978 und 1991 eine Steigerung von weltweit 16 979 094 auf 18 139 392, die jedoch deutlich unter der natürlichen Zunahme des katholischen Bevölkerungsanteils liegt. Die Gesamtzahl katholischer Trauungen belief sich 1978 auf 3 790 181; 1991 waren es nur 3 514 812, was angesichts des Bevölkerungswachstums einen deutlichen Rückgang darstellt.

Wie kommt es, daß die katholische Kirche unter Johannes Paul II. trotz der anhaltenden Beliebtheit des Papstes Mitglieder verliert und an Einfluß einbüßt, während sich der Islam und bestimmte protestantische Sekten im Zuge der neuen Religiosität weiter ausdehnen?

Eine einleuchtende Erklärung gibt Erzbischof Weakland, der in seiner Diözese festgestellt hat, daß dort der Eindruck vorherrscht, die Kirche habe »keinen Bezug zum Leben«. Ähnliches ist überall in den Vereinigten Staaten zu hören. Die theologische Strenge und die konservative Grundhaltung Johannes Pauls II. sind zweifellos weitere Gründe dafür, daß Menschen der Kirche den Rücken kehren; denn wenn die Gläubigen sich ganz nach seiner Morallehre zu Fragen der Sexualität richten würden, hätte dies direkte Auswirkungen auf ihr Leben.

Zu den Problemen, die Johannes Paul II. immer mehr zu schaffen machen, gehört der Zulauf, den protestantische Sekten gerade in den Hochburgen der Kirche verzeichnen können. Evangelikale Gruppierungen, die oft von den USA aus finanziert werden, missionieren bereits seit vielen Jahrzehnten in Lateinamerika (und in geringerem Umfang in Afrika); sie konnten in Brasilien, in den Andenländern und in Mittelamerika wichtige Standorte errichten. Schon im 19. Jahrhundert, nach dem Amerikanischen Bürgerkrieg, dehnten sie sich, von den USA kommend, in Brasilien aus. Nach dem Zweiten Weltkrieg traten »fliegende Missionare« auf, die mit einmotorigen Flugzeugen die Indios des ecuadorianischen Urwalds besuchten. Amerikanische Missionare richteten Institute ein, um sich mit den Indiosprachen vertraut zu machen. In Kolumbien verfügten sie über zahlreiche Missionsstationen. Von der katholischen Kirche wurden sie oft als CIA-Agenten verleumdet.

Im Laufe der letzten beiden Jahrzehnte konnten die evangelikalen Gruppierungen große Fortschritte erzielen; sie bilden eine ernste Gefahr für das spirituelle Monopol, das die katholische Kirche in Lateinamerika seit den spanischen und portugiesischen Eroberungen des 16. Jahrhunderts innehat.

Verallgemeinernd könnte man sagen, daß die immer größer werdende Attraktivität protestantischer Sekten, insbesondere der Pfingstbewegung, auf die Freiheit zurückzuführen ist, die sie ihren Anhängern bei der Ausübung des Glaubens einräumen. Doktrinäre Forderungen und hierarchische Reglementierungen wie in der katholischen Kirche gibt es nicht. Diese Gemeinschaften basieren auf der Mitwirkung ihrer

Gläubigen; welche politischen oder theologischen Positionen sie vertreten wollen, ist den Mitgliedern freigestellt, doch wird auf ein hohes Maß an Spiritualität Wert gelegt. Außerdem gilt ein rigider Moralkodex.

Daß die Gemeinschaften keinem Bischof, Erzbischof, Kardinal oder sonstigen hierarchischen Institutionen unterstehen, scheint eine besondere Anziehungskraft auf lateinamerikanische Christen auszuüben, die der jahrhundertelangen Bevormundung durch die katholische Geistlichkeit überdrüssig sind. Daß die evangelikalen Sekten ihren Anhängern hinsichtlich der Empfängnisverhütung kein moralisches Dilemma bereiten, spielt ebenfalls eine wichtige Rolle.

Ein bedeutender Teil des katholischen Klerus in Lateinamerika betrachtet diese Leute als gute Christen. Man orientierte sich sogar an ihnen, weil man der Meinung war, daß freiheitlich gesinnte Menschen für die Kirche eine Bereicherung darstellten. In den sechziger und siebziger Jahren begannen junge liberale Bischöfe in Brasilien mit dem Experiment der Kirchlichen Basisgemeinden (CEB). Diese sollten weitgehend selbstverwaltete örtliche Einrichtungen darstellen. Da die Zahl der Priester landesweit abnahm, stand den Gemeinden oft kein Pfarrer zur Verfügung. Die Basisgemeinden hatten beträchtlichen Zulauf. Sie waren nicht als eine gegen Rom oder den Papst gerichtete Herausforderung gedacht, doch der Heilige Stuhl schrieb ihnen einen schädlichen Einfluß zu und verbot sie praktisch. Der argentinische Kardinal Eduardo Francisco Pironio, der jetzt den Päpstlichen Rat für die Laien leitet, ist der Meinung, daß die Basisgemeinden ursprünglich eine gute Idee waren, daß die Kirche die potentielle Bedrohung der bischöflichen Autorität aber nicht in Kauf nehmen konnte.

Im Gegensatz zu den Jahren nach dem II. Vatikanischen Konzil sind liberale lateinamerikanische Kirchenführer heutzutage am Heiligen Stuhl nicht besonders gern gesehen. Auch nach dem Niedergang des Kommunismus wird die Befreiungstheologie vom Vatikan boykottiert. Katholische Intellektuelle empfinden auch dies als entmutigend. Die neuen Bischöfe und Kardinäle, die im vergangenen Jahrzehnt in Lateinamerika ernannt wurden, sind – wie auch die in den USA und in Europa – fast ausnahmslos konservativ eingestellt. Opus Dei genießt bei ihnen großes Ansehen.

Johannes Paul II. hat Lateinamerika während seines gesamten Pontifikats große Aufmerksamkeit gewidmet, aber er hat den Trend weg von der katholischen Kirche und hin zu den protestantischen Glaubensgemeinschaften nicht stoppen oder gar umkehren können. Dies hat auch damit zu tun, daß ihm zwar Wertschätzung und Verehrung entgegengebracht werden, daß jedoch viele seiner Lehren und die Doktrinen der Kirche von Millionen lateinamerikanischer Katholiken nicht eingehalten werden. Unter diesem Aspekt sind die Zukunftsaussichten der Kirche in Lateinamerika eher düster, zumindest in der noch verbleibenden Zeit des Pontifikats Johannes Pauls II. Angesichts seiner Prinzipientreue ist nicht damit zu rechnen, daß er seine Standpunkte revidiert, um der Kirche mehr Zulauf zu verschaffen. Der ehemalige Lehrstuhlinhaber für Ethik würde ein solches Verhalten wohl als unmoralisch betrachten.

Da der zu beobachtende Trend weg von der katholischen Kirche überall existiert – insbesondere in den USA und Westeuropa –, erhebt sich die Frage, wie sich die Kirche in der Schlußphase des Pontifikats Johannes Pauls II. und im neuen Jahrtausend entwickeln wird.

Ein hoher, mit dem Heiligen Stuhl wie auch mit Europa, den USA und der Dritten Welt bestens vertrauter Repräsentant der katholischen Kirche gab 1994 eine kritische Einschätzung der gegenwärtigen Kirche: »In den nächsten fünf Jahren werden in der Kirche große Spannungen auftreten. Ich rechne damit, weil es um viele Aspekte des kirchlichen Lebens geht. Ich nehme an, daß die nicht nur von den USA, sondern auch von anderen Teilen der Welt ausgehenden Spannungen ständig zunehmen werden. Und ich rechne damit, daß Lateinamerika ein dauerndes Problem darstellen wird.«

Der Kirchenführer befürchtete, daß »es in der Umgebung des Papstes manche gibt, denen selbst ein gewaltiger zahlenmäßiger Rückgang nichts ausmacht, solange wir der Kirche treu sind und treu bleiben. Und daß es auch nichts ausmacht, wenn in den USA die Zahl der Katholiken von 59 Millionen auf 15 Millionen zurückgeht.« Er fügte hinzu: »Diese Haltung ist sehr gefährlich. Sie ist Teil des Problems, das heutzutage allen Kirchenführern zu schaffen macht. Es darf nicht dazu kommen, daß wir Menschen zum Weggehen zwingen und die

Kirche spalten. Ich muß zugeben, daß mir das sehr große Sorgen bereitet.«

Daß Konservative vom Heiligen Stuhl bei der Besetzung von Ämtern bevorzugt werden, sah der Kirchenführer recht kritisch: »Die Menschen befürchten, daß nach ideologischen Gesichtspunkten ausgewählt wird. Der Heilige Vater sollte darüber hinaus wie jeder Regierende sehr vorsichtig sein, daß er sich nicht mit Leuten umgibt, die alle ähnlich denken. Das ist eine sehr große Gefahr. Man bekommt nämlich keine neuen und kreativen Ideen, wenn man ständig von Leuten umgeben ist, die genau dasselbe denken. Was die Loyalität betrifft, bin auch ich der Meinung, daß man sehr loyale Mitarbeiter braucht. Wenn die Mitarbeiter jedoch keinen Widerspruch äußern, wird die Sache problematisch. In der Umgebung des Heiligen Vaters fehlt die notwendige Meinungsvielfalt, und das bekümmert mich sehr.«

Weiter führte er aus, Johannes Paul II. halte offenbar nichts von der Ansicht John Henry Newmans, einem der großen Kardinäle des 19. Jahrhunderts, daß zwischen der lernenden und der lehrenden Kirche eine gewaltige Dynamik herrsche. Newman habe darauf hingewiesen, daß die lehrende Kirche eine falsche Entscheidung treffen könne, die Lehre jedoch allmählich weiterentwickelt werde, wenn man zuhöre und einen Dialog führe. Johannes Paul II. sei wohl der Meinung, »daß die Kirche, also die Hierarchie der Bischöfe, im Besitz der Wahrheit ist und daß sie diese nur zu verkünden braucht«.

Und zu Opus Dei erklärte er: »Ich glaube, der Heilige Vater hält viel von einer sehr aktiven, engagierten, gehorsamen Gruppe, die ungemein loyal ist und die Welt zu verändern sucht... Was mich an Opus Dei stört, ist die Kontrolle, die der Klerus dort ausübt. Die Art und Weise, wie die Geistlichen die Laien beherrschen, mißfällt mir... Inwieweit sich der Heilige Vater dadurch in der Praxis beeinflussen läßt, weiß ich nicht. Ich glaube jedoch, daß ihm das der Theorie nach durchaus zusagt.«

Im Dezember 1994 wurde Opus Dei eine weitere, noch bedeutendere Ehrung zuteil: Johannes Paul II. ernannte den spanischen Bischof Julían Herranz Casado, Mitglied von Opus Dei, zum Erzbischof und zum Präsidenten des Päpstlichen Rates für die Interpretation rechtlicher Texte. Casado ist der erste Erzbischof aus den Reihen des Ordens und gleichzeitig das erste Opus-Dei-Mitglied, das eine hohe Position in der Kurie einnimmt.

Der Gegensatz zwischen dem theologischen Konservatismus Johannes Pauls II. und seiner progressiven Einstellung in Fragen der sozialen Gerechtigkeit tritt immer stärker hervor, weil der Papst in theologischer Hinsicht eine immer rigidere Haltung an den Tag legt und sich gleichzeitig durch die neuesten Entwicklungen veranlaßt sieht, immer deutlicher für die Rechte der Unterdrückten einzutreten.

Bei ihrem Engagement für die Sache der Armen muß die Kirche oft gegen den politischen Konservatismus Stellung beziehen. Als es in den USA um Kürzungen im Sozialwesen ging, befand sich die katholische Hierarchie im Widerspruch zum mehrheitlich republikanischen Kongreß. Einen Monat nach den Wahlen des Jahres 1994 schrieb ein katholischer Kommentator: »Während die Bischöfe in innerkirchlichen Angelegenheiten eine immer konservativere Haltung an den Tag legen, unterstützen sie nachdrücklich die katholische Soziallehre... Es werden nicht allein ›diese liberalen Katholiken‹ sein, die gegen die ›konservative‹ Innenpolitik opponieren werden. Die amerikanischen Bischöfe werden den Protest anführen... Von drückender Armut kann ein Bischof vom Lande ebenso berichten wie ein Kardinal aus einer Metropole... Die öffentliche Meinung ist gegen die Armen eingestellt. Die Katholiken gehören jedoch einer Kirche an, die sich in diesen Angelegenheiten nicht nach der Mehrheitsmeinung richtet...«

Diese Haltung findet man natürlich nicht nur bei amerikanischen Katholiken. In Westeuropa, insbesondere in Frankreich und Deutschland, ist die Kirche den Regierungen entgegengetreten, um die Rechte von Einwanderern und Asylsuchenden zu verteidigen und sie vor einer Abschiebung zu bewahren.

Was die Verteidigung der Menschenrechte betrifft, so kann die Kirche Johannes Pauls II. beeindruckende Leistungen vorweisen. Der Papst hat auf diesem Gebiet eine moralische Autorität wie niemand sonst; seine weltumspannenden Reisen dienten auch dazu, seine Menschenrechtsbotschaft zu verbreiten.

Im April 1989 teilte Johannes Paul II. am Beginn einer Afrikareise seinen Zuhörern in Antananarivo auf Madagaskar mit, warum er Südafrika nicht besuchen könne: »Wenn der Papst den örtlichen Vertretern der jeweiligen Regierung den gebührenden Respekt erweist, muß erkennbar bleiben, daß er der Wahrheit verpflichtet ist – der Wahrheit im Glauben, in der Moralordnung sowie im gesellschaftlichen und politischen Bereich. Wir alle wissen, welche moralischen Probleme die südafrikanische Gesellschaftspolitik aufwirft.«

Im Oktober 1989 betete Johannes Paul II. auf einem Feld in Dili in Ost-Timor; er gedachte dabei der annähernd 200 000 Menschen, die 1974 bei der Annektierung der früheren portugiesischen Kolonie von indonesischen Regierungstruppen umgebracht worden waren. Johannes Paul II. war die erste weltbekannte Persönlichkeit, die Ost-Timor seit der Annektierung besuchte. (Ost-Timor bildet im muslimischen Indonesien eine katholische Enklave.)

Abgesandte des Papstes waren in Menschenrechtsangelegenheiten vielerorts tätig, in Myanmar – dem früheren Burma – ebenso wie in China. 1992 war Kardinal Etchegaray, der Präsident des Päpstlichen Rates für Gerechtigkeit und Frieden und Sonderbeauftragter des Papstes, erstmals mit Fidel Castro in Havanna zusammengetroffen; er reiste im November 1994 erneut nach Kuba und sprach mit Castro über Hilfen für die Armen und die Einrichtung einer kubanischen Kommission »Justitia et Pax« zur Unterstützung der Menschenrechte. Noch im Jahr 1993 hatte Etchegaray Freunden gegenüber verlauten lassen, der Heilige Stuhl werde, was Kuba betrifft, keine diplomatische Vermittlerrolle übernehmen, wenn dadurch die Glaubwürdigkeit der Kirche in Frage gestellt werde. Offenbar hatte der Kardinal dann erkannt, daß es für den Vatikan Zeit war, sich mit den Problemen der bevorstehenden politischen Übergangsperiode zu befassen, damit die Kirche dazu beitragen kann, daß sie unblutig verläuft.

An dem politischen Umschwung in Haiti, der 1994 durch eine amerikanische Militärintervention herbeigeführt wurde, zeigte der Heilige Stuhl jedoch keinerlei Interesse. Als Jean-Bertrand Aristide 1991 zum Präsidenten gewählt worden war, hatte ihn der Vatikan mit großer Skepsis betrachtet, teils weil er als geweihter Priester mit seiner Kandidatur gegen das neue Kirchenrecht verstoßen hatte, teils weil er ein ausgesprochener Populist sowie ein Befürworter der Befreiungstheologie war.

Nach dem Sturz Aristides hatte der Heilige Stuhl als einziger Staat die neue Militärjunta anerkannt. In der Zeit der Junta erhob der Vatikan seltsamerweise keinen Protest gegen die massiven Menschenrechtsverletzungen und die zahlreichen politischen Morde. Als Aristide wieder in sein Amt eingesetzt worden war, ließ der Vatikan eine positive öffentliche Stellungnahme vermissen. Aristide beantragte beim Heiligen Stuhl seine Entlassung aus dem Priesterstand.

Von solchen Ungereimtheiten abgesehen, hat Johannes Paul II. seiner Kirche auf dem Gebiet der sozialen Gerechtigkeit und der Menschenrechte eine unangreifbare Position verschafft. Daß dies bei einer historischen Betrachtung des Pontifikats von Johannes Paul II. dessen Konservatismus und dessen Starrköpfigkeit im theologischen Bereich in den Hintergrund treten lassen wird, ist durchaus denkbar.

Johannes Paul II. hat die Kirche geprägt. Er war ihr Architekt und Stratege und ihr Repräsentant auf der internationalen Bühne. Ohne seine gebieterische Persönlichkeit und seinen Hang zum Spektakulären hätten jedoch selbst die besten Ideen ihre Wirkung verfehlen können.

Am spektakulärsten waren die ausgedehnten Reisen, die Johannes Paul II. unternahm. Der Papst war von Anfang an entschlossen, der beste Botschafter der »Neuen Evangelisation« zu sein; dabei machte er sich Düsenflugzeuge ebenso zunutze wie das Fernsehen; stets waren bei den Reisen etwa fünfzig Journalisten mit an Bord der päpstlichen Maschine. Zwischen Januar 1979 und September 1994 verbrachte Johannes Paul II. insgesamt 420 Tage auf Reisen. Er mochte lange Flüge, weil er dabei Zeit zum Lesen und Schreiben hatte und ungestört beten konnte. Bei den Auslandsbesuchen hielt Johannes Paul II. seine Reden und Predigten in Dutzenden von Sprachen; meist verlas er den fremdsprachigen Text mit der Selbstsicherheit eines Schauspielers.

Die Heiligsprechung ist die höchste Ehrung, die die Kirche Personen zuteil werden lassen kann, »die als Märtyrer gestorben und/oder christliche Tugend in einem heroischen Ausmaß praktiziert haben und jetzt im Himmel sind und der liturgischen Verehrung und der Nachfolge aller Gläubigen würdig sind«. Heiligenverehrung hat es in der Kirche seit Anbeginn gegeben; in ihrem fast zweitausendjährigen Bestehen kam es zu annähernd dreitausend Heiligsprechungen.

Der Prozeß der Heiligsprechung oder Kanonisation wird durch die unfehlbare Erklärung des Papstes abgeschlossen, daß eine bestimmte Person nach gründlicher Prüfung der Ehre der Altäre für würdig befunden worden ist. Der Kanonisation geht die Seligsprechung (Beatifikation) voraus. Sie wird ebenso wie die Kanonisation durch einen vom zuständigen Bischof im Auftrag des Heiligen Stuhles geführten Informativprozeß vorbereitet, der die Grundlage für den ordentlichen Prozeß vor der Kurienkongregation für die Selig- und Heiligsprechungsprozesse bildet. Nur bei einem kleinen Teil der Seliggesprochenen kommt es auch zur Kanonisation. Die Heiligen und Seligen sollen für die Gläubigen Vorbilder darstellen. Die Berichte über ihr Martyrium oder ihren Heroismus werden veröffentlicht und bilden dann einen Teil der kirchlichen Überlieferung.

Von der Möglichkeit, durch Heiligsprechungen zur Stärkung der Kirche beizutragen, machte Johannes Paul II. umfassend Gebrauch. Während seines Pontifikats ging die Zahl der Selig- und Heiligsprechungen weit über die Gesamtzahl der von seinen Vorgängern in diesem Jahrhundert vorgenommenen Beatifikationen und Kanonisationen hinaus.

Der Seligsprechung und Heiligsprechung gehen langwierige Prozesse voraus, die manchmal Jahrzehnte – und sogar Jahrhunderte – dauern können. Sie dienen dazu, das Leben und die Schriften der Kandidaten sowie das besondere Maß der von ihnen erfüllten christlichen Tugendforderungen zu untersuchen; im Falle erwiesenen Märtyrertums wird versucht, mindestens ein Wunder festzustellen, das Gott auf Fürbitte des Kandidaten vollbrachte. Dies hat solche Ausmaße angenommen, daß zur Erfüllung der Aufgaben eine spezielle Kongregation für die Selig- und Heiligsprechungsprozesse gebildet wurde. Johannes Paul II. setzte außerdem den Canon 2138 des neuen Kirchlichen Gesetzbuches außer Kraft, der für die Kanonisation den Nachweis von zwei Wundern verlangte; jetzt reicht der Nachweis nur eines Wunders aus.

Die meisten Selig- und Heiligsprechungszeremonien finden unter der Leitung des Papstes auf dem Petersplatz oder in der Peterskirche statt. Bei diesen prunkvollen Anlässen versammeln sich manchmal Hunderttausende von Menschen. Die telegenen Zeremonien verschaffen der Kirche Aufmerksamkeit und bringen große Scharen von Pilgern nach Rom.

1994 schuf der Papst ein weiteres Faktum von historischer Bedeutung: Am 26. November ernannte er dreißig neue Kardinäle. Die Zeremonie war nicht nur eines der großartigen vatikanischen Schauspiele, die von unzähligen Gläubigen mitverfolgt werden; mit den Ernennungen hatte Johannes Paul II. auch den Weg zur Amtsnachfolge eröffnet. Von den dreißig neuen Kardinälen waren vierundzwanzig unter achtzig; diese haben das Recht, in einem Konklave an der Wahl eines neuen Papstes teilzunehmen. Die Zahl der wahlberechtigten Mitglieder des Kardinalskollegiums erreichte damit erstmals seit den späten sechziger Jahren die offizielle Obergrenze von 120.

Daß Johannes Paul II. sein Ende herannahen sah, durfte daraus nicht geschlossen werden. Das Kardinalskollegium war seit einiger Zeit unterbesetzt gewesen, und es oblag dem Papst, dieses Gremium, das auch beratende Funktion hat, zu komplettieren. Es war das sechste Mal, daß Johannes Paul II. neue Kardinäle ernannte; 83 Prozent der Wahlberechtigten in einem Konklave waren nun von ihm berufen worden.

Daraus zu folgern, daß Johannes Paul II. auf diese Weise die Wahl eines ihm genehmen Nachfolgers gesichert hat, wäre jedoch falsch. Wie die Geschichte – und auch Karol Wojtyłas eigene Wahl – zeigt, ist das Ergebnis eines Konklaves nicht vorhersehbar. Das Kollegium weist jedoch zwei Hauptmerkmale seines Pontifikats auf: Es ist in theologischer Hinsicht konservativer als nach dem Zweiten Vatikanum, und es ist viel internationaler.

Mit der Ernennung neuer Kardinäle aus vierundzwanzig verschiedenen Ländern setzte Johannes Paul II. die von Paul VI. begonnene Internationalisierung der Kurie fort. Der erste nichtitalienische Papst seit dem 16. Jahrhundert weiß offenbar genau, daß die Kirche wirklich universell werden muß, um in einer Welt überleben zu können, in der sich das demographische Schwergewicht zum amerikanischen Kontinent und zur Dritten Welt verlagert hat. Dieses Ziel hat die Kirche noch nicht ganz erreicht, Johannes Paul II. hat sie jedoch weit vorangebracht.

Da geographische Überlegungen in einem Konklave eine große Rolle spielen, ist es angesichts der Zusammensetzung des gegenwärtigen Kardinalskollegiums durchaus möglich, daß der Nachfolger von Johannes Paul II. ebenfalls ein Nichtitaliener sein wird. Bei der Wahl Pauls VI. war das Kollegium zu fünfunddreißig Prozent mit Italienern besetzt; ihr Anteil ist jetzt mit zwanzig Wahlberechtigten auf siebzehn Prozent zurückgegangen, sie stellen aber nach wie vor die größte Einzelgruppierung dar.

Nach dem Konsistorium des Jahres 1994 stellen die Vereinigten Staaten, Lateinamerika, Afrika, Asien und Osteuropa zusammen 59,5 Prozent des Kollegiums; mit zehn Wahlberechtigten bilden die US-Amerikaner den zweitgrößten Block. Theoretisch könnte also ein Kardinal aus der Dritten Welt zum nächsten Papst gewählt werden, aber es ist müßig, Vorhersagen über zukünftige Koalitionen zu treffen.

Von größerem Interesse dürfte sein, daß die Hälfte der neuen Wahlberechtigten unter siebzig ist. Johannes Paul II., der bei seiner Wahl achtundfünfzig Jahre alt gewesen war, ernannte drei Kardinäle, die unter sechzig waren: Jaime L. Ortega y Alamino aus Havanna (58); Vink Puljic aus Sarajewo (48) und Jean-Claude Turcotte aus Montreal (58). Pierre Eyt aus Bordeaux, eine interessante, sehr konservative Persönlichkeit, war bei seiner Ernennung sechzig; Juan Sandoval Iniguez aus dem mexikanischen Guadalajara war einundsechzig, William H. Keeler aus Baltimore dreiundsechzig. Da das Kollegium sicherlich Wert darauf legen wird, für das neue Jahrtausend einen langlebigen Papst zu finden, der mit dem Denken neuer Generationen zurechtkommt, könnte der Nachfolger Johannes Pauls II. aus jener Gruppe kommen. Der überaus beliebte Kardinal Carlo Maria Martini aus Mailand ist jedoch ebenfalls unter siebzig und darf nicht außer acht gelassen werden. Er erhielt 1983 von Johannes Paul II. den Kardinalspurpur.

Eine der großen Enttäuschungen des Pontifikats von Johannes Paul II. war das Scheitern aller ökumenischen Bemühungen, eine Annäherung zwischen den christlichen Kirchen der Welt zu erreichen. Die katholische Kirche erwartet natürlich nicht, daß die anderen christlichen Kirchen den Papst als ihr Oberhaupt anerkennen, doch hat es insbesondere seit dem II. Vatikanischen Konzil Bemühungen gegeben, zu einer besseren Zusammenarbeit zu gelangen. Der Päpstliche Rat für die Einheit der Christen, der lange Zeit von Kardinal Willebrands geleitet wurde, gehört zu den aktivsten und angesehensten Institutionen der Kurie. Johannes Paul II. hat das ökumenische Projekt unter starker persönlicher Anteilnahme verfolgt. Während seines Pontifikats wurden jedoch kaum Fortschritte erzielt.

Die Bemühungen um die Einheit der Christen stellen ein überaus schwieriges Problem dar; obwohl viele der Kirchenführer guten Willens sind, gibt es bei allen Beteiligten tiefen Argwohn und Feindseligkeiten. Für die katholische Kirche war es einfacher, nach den Deklarationen des II. Vatikanischen Konzils ihre Beziehungen zum Judentum zu verbessern; Juden und Katholiken sind immerhin auf religiösem Gebiet keine Rivalen.

Unter den Christen hält jedoch die Rivalität und die gegenseitige Abneigung an. Was den Heiligen Stuhl und die anglikanische Kirche betrifft, gaben Paul VI. und Erzbischof Michael Ramsey im Jahr 1966 ihre Absicht bekannt, einen »ernsthaften Dialog« zwischen den beiden Kirchen zu führen, der »zu jener Einheit führen mag, für die Christus gebetet hat«. Johannes Paul II. und Erzbischof Robert Runcie bekräftigten dies in den Jahren 1982 und 1989. Die Bemühungen fanden jedoch ein Ende, als sich die anglikanische Kirche im Jahr 1992 entschied, Frauen zum Priesteramt zuzulassen. Der Heilige Stuhl bezeichnete dies als inakzeptabel und durfte erleben, daß sich viele anglikanische Priester und Laien der römisch-katholischen Kirche zuwandten.

Paul VI. und Athenagoras I., der Ökumenische Patriarch von Konstantinopel, begegneten sich in den Jahren 1965 und 1967. Johannes Paul II. und Dimitrios I. trafen 1979 und 1987 zusammen, doch blieb es seither bei der Hoffnung auf eine Fortsetzung des Dialogs und eini-

Der Papst begrüßt im Vatikan den ökumenischen Patriarchen von Konstantinopel, Dimitrios I., bei dessen Besuch im Dezember 1987.

gen freundlichen Gesten; es ist nichts Konkretes geschehen, das auf ein Ende des Großen Schismas hindeuten könnte.

Die Beziehungen des Vatikans zur russisch-orthodoxen Kirche verschlechterten sich nach dem Niedergang des Kommunismus. Dies ist hauptsächlich darauf zurückzuführen, daß der Heilige Stuhl zu eifrig bemüht war, in der früheren Sowjetunion wieder eine katholische Präsenz aufzubauen. Den russisch-orthodoxen Kirchenführern, von denen viele mit dem Kreml zusammengearbeitet hatten, mißfielen die Aktivitäten der römisch-katholischen Minderheit. 1992 wies der Moskauer Patriarch Aleksej II. eine Einladung Johannes Pauls II. zu einer Tagung in Rom zurück.

Johannes Paul II. scheint jedoch entschlossen zu sein, sich durch nichts von der Erfüllung der Mission abhalten zu lassen, mit der er seiner Ansicht nach von Gott betraut wurde. Er schien dank seiner erstaunlichen körperlichen und geistigen Regenerationsfähigkeit neue Kräfte gesammelt zu haben, als er in einer am 8. Dezember 1994 anläßlich des Weltfriedenstages veröffentlichten Botschaft verkündete: »Am Beginn des Jahres 1995 ... [ist] mein Blick fest auf das rasch näher rückende neue Jahrtausend gerichtet.«

Es gibt aber Grund zu der Annahme, daß die Hüftoperation, der sich der Papst im April 1994 unterziehen mußte, zu keinem zufriedenstellenden Ergebnis geführt hat und er beim Gehen unter anhaltenden Schmerzen leidet. Dem Vernehmen nach hat der Heilige Stuhl Angebote amerikanischer und französischer Bischöfe, Spezialisten zur Untersuchung und Beratung nach Rom zu schicken, abgelehnt. Aus der Umgebung des Papstes verlautete, Johannes Paul II. werde von nun an zwangsläufig »gute« und »schlechte« Tage haben; man betonte aber auch, der Papst richte den Blick nach vorn und sei darauf bedacht, bei der Millenniumsfeier des Jahres 2000 den Vorsitz zu führen. – Johannes Paul II. wird dann achtzig sein, ein Jahr jünger als Paul VI. bei seinem Ableben.

Sein Humor hatte sich offenbar wieder eingestellt, als er im November 1994 bei einem Sizilienbesuch in Syrakus mit einer Gruppe junger Leute über seinen kurz zuvor erworbenen Spazierstock sprach. »Seid ihr dafür oder dagegen?« fragte er. »Manche behaupten, daß ich mit einem Stock älter aussehe, andere sagen, daß er mich verjüngt... Ah, ihr seid also dafür!... Ich habe vor, meinen Stock nach Manila mitzunehmen. Ich werde es bis dorthin schaffen, und mein Stock vermutlich auch.«

Der Papst hielt Wort und ging im Januar 1995 auf eine elftägige Reise; er nahm in Manila an den Feiern zum Weltjugendtag teil und besuchte anschließend Australien, Papua-Neuguinea und Sri Lanka. In Manila kamen annähernd fünf Millionen Gläubige zu einer Messe im Freien; das war die größte Menschenmenge, die sich je bei Johannes Paul II. eingefunden hatte.

Am 30. März 1995 wurde die Enzyklika »Evangelium vitae« (»Die Frohe Botschaft vom Leben«) vorgestellt. Im Mai flog der Papst zunächst nach Belgien; dann unternahm er Reisen nach Tschechien und in die Slowakische Republik. Im Oktober verbrachte Johannes Paul II. fünf Tage in den Vereinigten Staaten. Er traf dabei zum drittenmal mit Präsident Clinton zusammen, und er belehrte die Amerikaner eindringlich, wie wichtig die soziale Gerechtigkeit sei.

Johannes Paul II. war offenbar wieder gut bei Kräften. Ende des Jahres 1995 faßte der Vatikan die päpstlichen Aktivitäten im bisherigen Verlauf des Pontifikats zusammen: Bei 68 Auslandsreisen – auf alle Kontinente – besuchte Johannes Paul II. 112 Länder und legte dabei über eine Million Kilometer zurück; die Zahl der besuchten Großstädte, Kleinstädte und Dörfer belief sich auf 787. Der Papst hielt annähernd 3000 Reden und gab zwölf Enzykliken heraus; er vollzog 272 Heiligsprechungen und 631 Seligsprechungen; er ernannte insgesamt 137 Kardinäle und traf mit über 900 Politikern zusammen, unter ihnen dreißig Staatsoberhäupter.

Soziale Belange standen für Johannes Paul II. in Rom wie auch bei seinen Reisen immer im Vordergrund. In den Vereinigten Staaten benutzte er jede Gelegenheit, um zur Beibehaltung der Hilfsprogramme für die Armen aufzufordern; er veranlaßte damit die katholische Kirche, in den Haushaltsauseinandersetzungen zwischen der Clinton-Regierung und der republikanischen Kongreßmehrheit Partei zu ergreifen. Johannes

Der amerikanische Präsident Bill Clinton und seine Frau Hillary begrüßen den Papst, der am 4. Oktober 1995 zu einem fünftägigen Besuch auf dem Flughafen Newark bei New York eingetroffen ist.

Paul II. sagte nach der Rückkehr von seiner letzten USA-Reise: »Ich bewundere dieses eindrucksvolle Mosaik aus verschiedenen Kulturen, und ich bete dafür, daß die unterschiedlichen Klassen, Rassen und Religionen nicht die Ursache von Konflikten werden, die zu einem Auseinanderbrechen führen. Die Vereinigten Staaten sind dazu aufgerufen, zu jenen Wahrheiten und Werten zurückzufinden, die einst die Grundlage des Landes bildeten und ohne die eine echte Demokratie nicht bestehen kann.«

Nach dem Vorbild des Papstes trat die Kirche in den USA, Frankreich und Italien für die Einwanderer ein, die sich dort legal oder illegal aufhalten. Johannes Paul II. erklärte im November vor einer auf dem Petersplatz versammelten Menschenmenge, es sei wichtig, »der öffentlichen Meinung die Probleme jener bewußt zu machen, die weit weg von ihrem Heimatland leben«.

Ende 1995 wurde Johannes Paul II. jedoch in neue und alte Auseinandersetzungen verstrickt, bei denen es um die Theologie und ihre Auswirkungen auf das Erscheinungsbild der Kirche und ihres Papstes ging. Bei der wohl heftigsten Kontroverse, mit der sich Johannes Paul II. befassen mußte, stand die immer lauter werdende Forderung nach der Zulassung von Frauen zur Priesterweihe im Mittelpunkt. Der Papst war aber entschlossener als je zuvor, seinen rigiden Ansichten eine Verbindlichkeit zu verleihen, die auch für zukünftige Päpste maßgeblich werden kann. Nachdem er sich in seinem Apostolischen Schreiben vom Mai 1994 gegen die Weihe von Frauen ausgesprochen und eine weitere Erörterung dieses Themas für unzulässig erklärt hatte, erteilte Johannes Paul II. im November 1995 Kardinal Ratzinger, dem Präfekten der Glaubenskongregation, den Auftrag, eine Erklärung herauszugeben, daß die päpstliche Entscheidung praktisch eine »unfehlbare« Lehre darstelle.

Kardinal Ratzinger achtete darauf, keine derartigen Formulierungen zu verwenden; die meisten Theologen verstanden seine Erklärung jedoch als eine »Unfehlbarkeitsdoktrin«. Die vom I. Vatikanischen Konzil im Jahr 1870 verkündete Doktrin war innerhalb von 125 Jahren erst einmal angewandt worden. Die »unfehlbare« Lehre gilt als unrevidierbar und irrtumsfrei; im vorliegenden Fall wäre das Verbot

Mit seiner gebieterischen Persönlichkeit, seinem Hang zum Spektakulären, vor allem aber durch seine grenzenlose Hingabe an die gesamte Menschheit hat Johannes Paul II. die katholische Kirche nachhaltig geprägt.

der Priesterweihe von Frauen theoretisch für zukünftige Päpste bindend. Mit dem Thema »Unfehlbarkeit« löste Johannes Paul II. unter den Katholiken einen Proteststurm aus. Über zwei Millionen deutsche und österreichische Katholiken unterzeichneten eine Petition, in der tiefgreifende Reformen gefordert wurden, insbesondere die Zulassung der Priesterweihe von Frauen. Der Papst erklärte daraufhin, die Lehren der Kirche bildeten eine feste Grundlage, nach der sich die Gläubigen stets zu richten hätten. Die Kirche in den USA wurde durch diese Kontroverse tief gespalten.

Johannes Paul II. mußte aber auch auf vielen Gebieten bittere Niederlagen hinnehmen. Im November 1995 wurde die Abtreibung im strengkatholischen Irland durch ein Referendum legalisiert, was der politischen Macht der irischen Kirche wohl ein Ende setzen wird. Im selben Monat wählten die Polen den Reformkommunisten Aleksander Kwaśniewski zum Staatspräsidenten; Lech Wałęsa, der Held der »Solidarność«-Bewegung, unterlag. Der Papst mußte überdies erfahren, daß dreißig Millionen Brasilianer – die Gesamtbevölkerung beläuft sich auf 160 Millionen – den katholischen Glauben im Laufe des letzten Jahrzehnts aufgegeben und sich evangelikalischen Glaubensgemeinschaften, insbesondere der Pfingstbewegung, zugewandt hatten.

Im Zusammenhang mit diesen Rückschlägen hieß es in einem Leitartikel des »Osservatore Romano«: »Alle Päpste der neueren Zeit haben das Mysterium des Schmerzes und des Mißerfolgs erleben müssen.« Johannes Paul II. bekam im achtzehnten Jahr seines Pontifikats beides zur Genüge zu spüren.

Die Stärken und Schwächen Johannes Pauls II. als Pontifex der katholischen Kirche werden Theologen, Philosophen und Historiker über Jahre, wenn nicht Jahrzehnte hinweg erörtern. Manche werden vorbringen, der polnische Papst sei zwar in moralischer und politischer Hinsicht eine Persönlichkeit von großer, weltweiter Bedeutung gewesen, doch als Oberhaupt der römisch-katholischen Kirche habe er versagt. Mit zunehmendem zeitlichem Abstand zu seinem Pontifikat und einer genaueren Kenntnis seiner Arbeit und seines Denkens wird es aber auch andere Sichtweisen geben.

Wie Johannes Paul II. letztlich als Oberhirte seiner Kirche beurteilt werden wird, hängt zunächst einmal von den weiteren Entwicklungen ab, vor allem davon, wie er den Katholizismus auf das nächste Jahrtausend vorbereitet. Außer Frage steht jedoch, daß dieser mal breit lächelnde, mal grüblerisch schweigsame Mann mit dem eisernen Durchhaltevermögen unsere Welt durch seine grenzenlose Hingabe an die Jugend, an die Kranken und an die gesamte Menschheit nachhaltig geprägt hat. Im gegenwärtigen Zeitalter gibt es keine Person, die mit ihm zu vergleichen wäre.

Wer Johannes Paul II. begegnen durfte, hat sofort gespürt, daß er mit sich, mit seinem Gott und mit seiner Welt auf eine ganz einfache menschliche Art in Frieden lebt.

Als Karol Wojtyła im Jahr 1978 mit einer bestimmten Vorahnung von Krakau nach Rom reiste, sprach er von der geraden Linie, die vom Grab des zum Märtyrer gewordenen polnischen Bischofs Stanisław in der Wawel-Kathedrale zum Grab Petri in der Basilika des Vatikans führe. Dieselbe gerade Linie führt von Petrus zu Stanisław zurück. Wojtyła hat das nie vergessen. Er schaute immer heimwärts.

ANHANG

DANKSAGUNG

Die vorliegende Biographie hätte ohne die Mitwirkung derer, die sich in Europa und in den USA zu Interviews und Privatgesprächen bereitfanden, nicht geschrieben werden können. Den nachfolgend aufgeführten Personen bin ich zu großem Dank verpflichtet, ebenso den Männern und Frauen, die es vorzogen, nicht namentlich genannt zu werden.

Mein tiefempfundener Dank gilt an erster Stelle Seiner Heiligkeit Papst Johannes Paul II.; er opferte nicht nur kostbare Zeit für mich, sondern erleichterte mir durch das Interesse, das er meinem Vorhaben entgegenbrachte, auch den Zugang zu anderen Persönlichkeiten. Im Hinblick auf dieses Buch wie auch auf das Interwiew, das er mir im Februar 1994 für das Magazin »Parade« gewährte – es war das erste Interview für ein amerikanisches Presseerzeugnis –, zeigte Papst Johannes Paul II. großes Entgegenkommen.

Meinen besonderen Dank möchte ich Monsignore Stanisław Dziwisz, dem Privatsekretär des Papstes, aussprechen. Er hat mir bei den gesamten Vorarbeiten für diese Biographie seine vertrauensvolle Unterstützung zukommen lassen und hat dabei viel Wohlwollen, Geduld und Freundlichkeit an den Tag gelegt.

Zu großem Dank bin ich Dr. Joaquín Navarro-Valls verpflichtet, dem Sprecher des Heiligen Stuhls und Direktor des Pressesaals. Er hat mich bei den Vorbereitungen ebenfalls unterstützt und beraten, hat mir aus seinem Erfahrungsschatz Wissenswertes über den Papst berichtet und mich über die Bestrebungen und Zielsetzungen des Heiligen Stuhls informiert.

Mein Dank gilt auch den Mitarbeiterinnen und Mitarbeitern von Dr. Navarro-Valls, die dafür sorgten, daß ich im Vatikan meiner Arbeit nachgehen und Reisen mit dem Papst unternehmen konnte: Monsignore Piero Pennacchini, dem Stellvertretenden Direktor; der Ehrwürdigen Schwester Giovanna Gentili; Victor Van Brantegem und Elisabeth Fouquet Cucchia.

Wie schon erwähnt, stellt dieses Buch keine autorisierte Biographie dar; der Vatikan hat das Manuskript vor der Drucklegung nicht überprüft.

Ich interviewte außerdem folgende Mitglieder des Kardinalskollegiums: Kardinal Bernardin Gantin, Dekan des Kardinalskollegiums und Präfekt der Bischofskongregation; Kardinal Andrzej Maria Deskur, der einer der engsten polnischen Freunde des Papstes ist; Kardinal Roger Etchegaray, Präsident des Päpstlichen Rates für Gerechtigkeit und Frieden, des Päpstlichen Rates »Cor unum« sowie Sondergesandter des Papstes; Kardinal Eduardo Francisco Pironio, Präsident des Päpstlichen Rates für die Laien; Kardinal Jean-Marie Lustiger, Erzbischof von Paris; Kardinal Achille Silvestrini, Präfekt der Kongregation für die Orientalischen Kirchen; Kardinal Johannes Willebrands, ehemaliger Präsident des Päpstlichen Rates für die Einheit der Christen, sowie Kardinal Rosalio José Catillo Lara, Präsident der Verwaltung der Güter des Apostolischen Stuhls.

In Wien traf ich mit Kardinal Franz König zusammen, dem ehemaligen Präsidenten des Päpstlichen Rates für den Dialog mit den Nichtglaubenden und früheren Erzbischof von Wien. In Philadelphia interviewte ich Kardinal John Krol, vormals Erzbischof von Philadelphia. In Krakau sprach ich mit Kardinal Franciszek Macharski, dem Nachfolger Karol Wojtyłas als Erzbischof von Krakau. Im Jahr 1987 interviewte ich bei einem Warschaubesuch Kardinal Józef Glemp, den Primas von Polen; schon 1979 traf ich in Brüssel mit Kardinal Leon Joseph Suenens zusammen, dem ehemaligen Erzbischof von Mechelen-Brüssel, und in Madrid mit Kardinal Vicente Enrique y Tarancón, dem damaligen Erzbischof von Madrid (er starb 1994). Ebenfalls im Jahr 1979 interviewte ich den – inzwischen verstorbenen – Erzbischof und späteren Kardinal Władysław Rubin, einen Freund von Johannes Paul II. In Santo Domingo sprach ich 1993 mit Kardinal Nicolás de Jesús López Rodríguez. Von diesen sechzehn Kardinälen erhielt ich viele nützliche Informationen.

In den Jahren 1993 und 1994 interviewte ich in Rom Erzbischof Justin Rigali, den damaligen Sekretär der Bischofskongregation und jetzigen Erzbischof von St. Louis/Missouri; Erzbischof John Patrick Foley, den Präsidenten des Päpstlichen Rates für die sozialen Kommunikationsmittel; Staatssekretär Erzbischof Jean-Louis Tauran (er ist de facto der Außenminister des Heiligen Stuhls); Erzbischof Tadeusz Kondrusiewicz, den Apostolischen Administrator für Rußland (mit Sitz in Moskau); Erzbischof Szczepan Wesoły von der polnischen Kirche St. Stanisław in Botteghe Oscure, der sich in Rom um die polnischen Pilger kümmert und mit Johannes Paul II. die Welt bereiste; Bischof Michael Louis Fitzgerald, den Sekretär des Päpstlichen Rates für den interreligiösen Dialog; Michael Thomas, der demselben Rat angehört; Bischof Pierre Duprey, den Sekretär des Päpstlichen Rates für die Einheit der Christen; Bischof Javier Etchevarría, den neuen Prälaten von Opus Dei, sowie seinen Vorgänger, den – inzwischen verstorbenen – Bischof Alvaro del Portillo; Monsignore Diarmuid Martin, den Sekretär des Päpstliches Rates für Gerechtigkeit und Frieden; Monsignore Iván Marín-López, den Sekretär des Päpstlichen Rates »Cor unum«; Monsignore Hilary C. Franco von der Kongregation für den Klerus; Monsignore Stanisław Ryłko vom Staatssekretariat; Leonard C. Boyle von der Vatikanischen Apostolischen Bibliothek; George P. Coyne, den Direktor des Vatikanischen Observatoriums; Martin F. McCarthy, Astronom am Vatikanischen Observatorium; John F. Long, Rektor des Russischen Kollegs; Edward Kaczyński, den Präsidenten des Mater-Ecclesiae-Instituts für Religionswissenschaft an der Päpstlichen Akademie St. Thomas v. Aquin; Giuseppe Pittau, den Rektor der Gregorianischen Universität; Gianpaolo Salvini, den Herausgeber von »La Civilitá Cattolica«; Robert Graham von »La Civilitá Cattolica« und Czeslaw Drąek, den Herausgeber der polnischen Ausgabe des »Osservatore Romano«.

In Rom begegnete ich ebenfalls Peter-Hans Kolvenbach, dem General der Gesellschaft Jesu; John O'Callaghan, dem Generalassistenten der Gesellschaft Jesu; Adam Boniecki, dem Generalsuperior der Marianischen Kongregation von der Unbefleckten Empfängnis (er ist der Verfasser des »Kalendariums« und der »Römischen Notizbücher«, grundlegender Werke über das Leben Karol Wojtyłas von seiner Geburt bis zur mittleren Periode seines Pontifikats); Michał Jagosz, dem Direktor des Johannes-Paul-II.-Dokumentationszentrums im Polnischen Haus in Rom, der mir bei der Vorbereitung dieser Biographie wertvolle Unterstützung gab; Konrad Hejmo, der in Rom die polnischen Pilger betreut, und Feliks Bednarski, der auf dem Lehrstuhl für Ethik an der Katholischen Universität in Lublin von Karol Wojtyła abgelöst und nach Rom an die Basilika Santa Maria Maggiore geschickt worden war.

Mein ganz besonderer Dank geht an Marjorie Weeke vom Päpstlichen Rat für die sozialen Kommunikationsmittel; sie lehrte mich Geduld und half mir, mich im Vatikan zurechtzufinden.

In Rom traf ich außerdem Raymond Flynn, amerikanischer Botschafter am Heiligen Stuhl; Louis John Nigro jr., Stellvertretender Missionschef der US-Botschaft am Heiligen Stuhl, sowie dessen Vorgänger Cameron Hume; Avi Pazner, israelischer Botschafter in Italien; Elio Toaff, Oberrabbiner von Rom; Professor Andrea Riccardi, ein hervorragender Kirchenhistoriker, sowie dessen Mitarbeiter Adriano Roccucci; den Autor und Journalisten Jas Gawronski, der Johannes Paul II. seit langem kennt; Karol Wojtyłas Schulkameraden Jerzy Kluger und dessen Frau Renée; den Autor und früheren Leiter des »Newsweek«-Büros in Rom Curtis Bill Pepper und dessen Frau Beverly sowie Professor Stanisław Grygiel, Mitglied des Päpstlichen Rates für Familie.

Zu Dank verpflichtet bin ich auch meinen Berufskollegen in Rom: William D. Montalbano von der »Los Angeles Times«; Victor Simpson von »Associated Press«; Philip Pullella von »Reuters«; Alan Cowell von der »New York Times«; Agostino Bono, John Thavis und Cindy Wooden vom »Catholic News Service«; Luigi Accattoli vom »Corriere della Sera«; Antonio Pelayo vom Madrider »Ya«; Dominique Chivot von »La Croix«; dem polnischen Journalisten Dominik Morawski und dem deutschen Fernsehjournalisten Werner Kaltefleiter.

Folgenden Personen in Polen schulde ich großen Dank: der Krakauer Schauspielerin Halina Kwiatkowska, die mit Karol Wojtyła in Wadowice und Krakau auf Amateurbühnen auftrat und bis heute mit ihm befreundet ist; dem – inzwischen verstorbenen – Schriftstellerkollegen Karol Wojtyłas Juliusz Kydryński, der mit ihm während des Zweiten

Weltkriegs in einer Fabrik arbeitete; Wojciech Żukrowski, ebenfalls ein Schriftsteller- und Arbeitskollege von Wojtyła; Dr. Karol Poliwka aus Warschau, ein früherer Klassenkamerad von Karol Wojtyła; Mieczysław Maliński, der mit Wojtyła im Krakauer Priesterseminar war und einige sehr nützliche Bücher über seinen ehemaligen Studienkollegen geschrieben hat (er war so freundlich, mir in Krakau die Stätten zu zeigen, an denen Wojtyła gewohnt, studiert und gearbeitet hatte); dem Krakauer Arzt Professor Jacek Hennel; Jerzy Turowicz, dem Chefredakteur von »Tygodnik Powszechny«, der seit 1950 Arbeiten von Karol Wojtyła abgedruckt hat; Jacek Woniakowski, dem Leiter des Verlagshauses Znak (er wurde der erste postkommunistische Bürgermeister von Krakau); Adam Michnik, dem Verleger der Warschauer »Gazeta Wyborcza«; Jacek Żakowski, Redakteur bei der »Gazeta«; dem Autor und Journalisten Andrzej Micewski und dem Schriftsteller Stanisław Stomma, der zu den Beratern des Primas von Polen zählt.

Weitere Gesprächspartner in Polen waren der frühere Staatspräsident und Erste Sekretär der PZPR General Wojciech Jaruzelski, der mir in Warschau viele Stunden lang über seine Kontakte mit Johannes Paul II. berichtete; der frühere Ministerpräsident und Parteichef Mieczysław Rakowski; Jerzy Kuberski, der früher polnischer Botschafter am Heiligen Stuhl und Leiter des Büros für Religionsangelegenheiten der Regierung Jaruzelski gewesen war, sowie Bogdan Lewandowski, der frühere Stellvertretende Generalsekretär der Vereinten Nationen.

Wertvolle Unterstützung erhielt ich von Bischof Tadeusz Pieronek, dem Sekretär des polnischen Episkopats; Erzbischof Bronisław Dąbrowski; Bischof Józef Życinski aus Tarnów; Professor Jerzy Kłoczowski von der Katholischen Universität in Lublin; Tadeusz Styczeń, dem Leiter der Abteilung für Ethik an der Katholischen Universität in Lublin, einem engen Mitarbeiter von Johannes Paul II.; Professor Stefan Swieżawski in Warschau, der bei Wojtyłas Promotion als Prüfer fungiert hatte; Pfarrer Mikolaj Kuczkowski, der Karol Wojtyła an der Grundschule Religionsunterricht erteilt hatte und später unter Kardinal Wojtyła Gemeindepfarrer an der neuen Kirche in Nowa Huta geworden war; Pfarrer Czesław Obtułowicz, der zusammen mit Wojtyła an der Krakauer Florianskirche Vikar gewesen war; Pfarrer Józef Gąsiorowski, der zusammen mit Wojtyła das Priesterseminar besucht hatte und jetzt in Niegowici Gemeindepfarrer ist; dem Krakauer Wissenschaftler Michał Heller, der mit Johannes Paul II. eng zusammenarbeitet; Tadeusz Fedorowicz vom Laski-Blindenzentrum, der Wojtyła von Jugend an kennt; Stanisław Musiał; Andrzej Bardecki, Redakteur bei »Tygodnik Powszechny«. In Krakau war Alicja Furgała vom United States Information Service bei der Quellenforschung eine große Hilfe.

In den Vereinigten Staaten erhielt ich Rat und Unterstützung von Pater Vincent O'Keefe, Religious Supervisor im America House in New York City (zuvor war er Präsident der Fordham University sowie Generalvikar der Gesellschaft Jesu in Rom); Monsignore George G. Higgins in Washington/D.C. und Monsignore Bryan Walsh in Miami.

Viele wertvolle Informationen erhielt ich durch Interviews mit John R. Roach, dem Erzbischof von St. Paul und Minneapolis; Erzbischof Rembert G. Weakland in Milwaukee; Bischof Mark J. Hurley in San Francisco; Monsignore Robert W. Schiefen in Venice/Florida, der 1946 mit Karol Wojtyła am Belgischen Kolleg in Rom studiert und ihm Englisch beigebracht hatte; Thomas J. Reese vom Woodstock Theological Seminary in Washington/D.C.; Avery Dulles von der Fordham University; Charles E. Curran, der früher an der Catholic University lehrte, und Schwester Theresa Kane von den Sisters of Mercy in Dobbs Ferry.

Wichtig waren auch die Interviews und Gespräche mit Dr. George Hunston Williams, emeritierter Professor der Harvard Divinity School und Autor des Buches »The Mind of John Paul II«; Dr. Harvey Cox von der Harvard Divinity School, dessen Spezialgebiet die Befreiungstheologie ist; dem Harvard-Historiker Dr. Richard Pipes; Dr. Joseph T. English, dem früheren Präsidenten der American Psychiatric Association; dem pensionierten Generalleutnant Vernon C. Walters, der früher als Stellvertretender CIA-Direktor, als Ständiger Vertreter bei den Vereinten Nationen und als US-Botschafter in der Bundesrepublik Deutschland tätig war; David Walters, dem früheren US-Botschafter am Heiligen Stuhl; Rabbi James Rudin vom American Jewish Committee; Maestro Gilbert Levine aus New York, der 1994 im Vatikan das Holocaust-Gedenkkonzert dirigierte; Werner Fornos, Leiter des Population Institute in Washington; Professor Krzysztof Michalski von der Universität Boston; Kenneth L. Woodward, Redakteur bei »Newsweek«; Flora Lewis von der »New York Times«; dem – inzwischen verstorbenen – Peter Hebblethwaite, Verfasser einer Biographie über Paul VI., und George Volsky in Miami, einem alten Freund und gebürtigen Krakauer.

Bei der United States Catholic Conference in Washington erhielt ich Rat und Hilfe von: Monsignore Francis J. Maniscalco, Direktor des Büros für Medienangelegenheiten; William Ryan und Schwester Mary Anne Welsh, die ebenfalls in diesem Büro tätig sind; Thomas E. Quigley; George Sarauskas und Anthony Czarnecki.

William A. Schmitt, Direktor für Öffentlichkeitsarbeit der Prälatur von Opus Dei in New York, gab mir wertvolle Informationen im Zusammenhang mit der Prälatur in Rom.

In der Bibliothek des Woodstock Theological Seminary unterstützten mich Adoreen McCormack und Nora Callahan.

In Montreal schilderte mir Monsignore Neil E. Willard die Probleme der Kirche in Kanada.

William Nylen in Miami transkribierte zahlreiche Interviews, die auf Englisch geführt worden waren. Beata Wróblewski in Washington fertigte Transkriptionen von einigen auf Polnisch geführten Interviews an. Cristina Jaramillo in Miami kümmerte sich um die Interviews, die in Rom und in Santo Domingo auf Spanisch geführt worden waren, und Christine M. Olszer in New York tippte in Windeseile das gesamte Manuskript einschließlich der polnischen Zeichen.

Meine Agentin Anne Sibbald von Janklow-Nesbitt Associates hat entscheidend dazu beigetragen, daß ich die Biographie termingerecht zum Abschluß bringen konnte.

Meine Frau Marianne war auch bei meinem achtzehnten Buch diejenige, die das Manuskript als erste einer kritischen Lektüre unterzog; schwer zugängliches literarisches Material wurde von ihr beschafft. Mein Schwiegersohn Wladimir M. Sachs stellte die umfangreiche Bibliographie zusammen.

Dank schulde ich schließlich auch meiner bejahrten *Underwood*-Reiseschreibmaschine, die mein unsanftes Zwei-Finger-Tippsystem ein weiteres Mal überstanden hat.

QUELLENANGABEN

Über Johannes Paul II. sind Unmengen von Büchern, Zeitschriftenbeiträgen und Zeitungsartikeln in einer Vielzahl von Sprachen (einschließlich des Esperanto) erschienen. Der Papst selbst hat Bücher, Theaterstücke, Gedichte, Essays und Artikel sowie Tausende von Predigten und Ansprachen geschrieben. Für seine Biographie ist jedoch nur ein kleiner Teil dieses umfangreichen Materials von Belang. Der Biograph muß die einschlägigen Unterlagen durch Interviews mit Zeitgenossen ergänzen und anreichern, die Karol Wojtyła in den verschiedenen Abschnitten seines Lebens gekannt haben.

Bei den Vorarbeiten zu diesem Buch habe ich mich eingehend mit Quellenmaterial befaßt, darunter auch mit den Schriften Karol Wojtyłas, die zu einem großen Teil nur auf Polnisch erhältlich sind. Außerdem habe ich Dutzende von Interviews geführt – im Vatikan und in Warschau, Krakau, Wien, Paris, Madrid und Brüssel ebenso wie in Santo Domingo oder New York.

Etwa ein Dutzend Bücher, die Karol Wojtyła zum Gegenstand haben, waren bei der Arbeit an dieser Biographie von großem Nutzen. Das grundlegende Werk über die Zeit vor dem Pontifikat ist Adam Bonieckis »Kalendarium«, eine chronologische Schilderung des Lebenswegs von Karol Wojtyła; es enthält auch wichtige Texte und Dokumente. Eine gute Ergänzung dazu ist »Rodowód« (Ursprünge) von Józef Szczypka. Beide Werke sind nur auf Polnisch erhältlich. Pfarrer Mieczysław Maliński hat mehrere Bücher über seinen einstigen Seminarkollegen und Krakauer Nachbarn geschrieben, darunter »Johannes Paul II. Sein Leben, von einem Freund erzählt«.

Zwei Anthologien mit Erinnerungen von Freunden schildern Wojtyła als Jugendlichen und Erwachsenen: »Młodzieńcze Lata« (herausgegeben von Juliusz Kydryński) sowie »Moje Spotkania z Janem Pawłem II« (herausgegeben von Wiesław Niewęgłowski). Erinnerungen des Papstes an seine Kindheit und Jugend finden sich in »Fürchtet euch nicht! « und »Portrait de Jean-Paul II« von André Frossard.

Ein lesenswertes Werk ist »The Mind of John Paul II: Origins of His Thought and Action« von George Hunston Williams. Peter Hebblethwaites ausgezeichnete Biographie »Paul VI: The First Modern Pope« enthält wertvolle Hinweise auf die Ziele, die Wojtyła als Bischof und als Kardinal verfolgte. Andrea Riccardis »Il Potere del Papa« verfolgt die Entwicklung des Papsttums von Pius XII. zu Johannes Paul II.

Zum Pontifikat von Johannes Paul II. gibt es ebenfalls nur eine sehr begrenzte Anzahl fundierter Werke. Dazu zählen die dreibändigen »Notes Rzymski« (Römische Notizbücher) von Adam Boniecki, Frossards »Fürchtet euch nicht!«, Riccardis »Il Potere del Papa«, Dominik Morawskis »Pomost na Wschód« (Brücke zum Osten), Kenneth L. Woodwards »Die Helfer Gottes« und Wilton Winns »Keepers of the Keys«.

Mit den Beziehungen zwischen dem kommunistischen Polen und dem Vatikan unter Johannes Paul II. befassen sich Wojciech Jaruzelski und Mieczysław Rakowski in ihren Memoiren. Die Geheimgespräche zwischen der polnischen Kirche und dem Regime sind nachzulesen in »Tajne Dokumenty, Państwo Kościół«.

Äußerungen, die Seine Heiligkeit Papst Johannes Paul II. in Gesprächen mit mir gemacht hat, werden nicht wörtlich zitiert, da es sich um informelle Unterhaltungen handelte; ich habe diese Äußerungen mit Wendungen wie »Der Papst ist der Meinung ...« wiedergegeben.

Alle öffentlichen Verlautbarungen des Papstes und die von ihm unterzeichneten Texte wurden im »Osservatore Romano« abgedruckt; in den Quellenangaben wird hierfür das Kürzel OR verwendet.

Quellenangaben zu den einzelnen Kapiteln

1. KAPITEL

S. 12–15: Adam Bonieckis »Kalendarium« und Józef Szczypkas »Rodowód«. Die Ausführungen zu St. Stanisław fußen auf »Kalendarium« und Berichten von Freunden und Bemerkungen, die der Papst dem Autor gegenüber machte. Der Wiedergabe des Tagesablaufs liegen Beobachtungen des Autors sowie Schilderungen von Freunden des Papstes zugrunde.
S. 16–18: Die Verlautbarungen im Zusammenhang mit der Weltbevölkerungskonferenz wurden in OR veröffentlicht.
S. 19: Das Material über Gregor den Großen stammt aus der zweibändigen Biographie von F. Homes Dudden.

2. KAPITEL

»Kalendarium«, Szczypka, Interviews des Autors mit Halina Kwiatkowska und Jerzy Kluger sowie Besuche des Autors in Wadowice.

3. KAPITEL

»Kalendarium«, Szczypka, Interviews des Autors mit Mikołaj Kuczkowski, Kluger, Halina Kwiatkowska und Karol Poliwka; »Młodziencze Lata« (Kydryński), »Spotkania« (Niewęgłowski), Frossards »Fürchtet euch nicht!«; Interview mit Beer im Jahr 1979 für North American Newspaper Alliance (NANA).

4. KAPITEL

»Kalendarium«, Szczypka, Interviews des Autors mit Halina Kwiatkowska, Mieczsław Maliński und Juliusz Kydryński; »Młodziencze Lata«, »Spotkania«; die Informationen über das Gedicht »Stanisław« stammen aus dem Interview, das der Autor in Krakau mit Marek Skwarnicki führte. Die Beschreibung von Krakau fußt auf den Besuchen des Autors.

5. KAPITEL

S. 65–68: »Kalendarium«, Szczypka, Interviews mit Kydryński und Maliński.
S. 68: Informationen über die Initiative von Lucjana Frassati-Gawrońska stammen aus »Tygodnik Powszechny« und dem Interview des Autors mit ihrem Sohn Jas Gawroński.
S. 69–71: Das Material über die Haltung von Pius XII. stammt weitgehend aus Riccardis »Il Potere«.
S. 71–74: »Kalendarium«, Szczypka, Interviews mit Maliński und Kydryński; »Hiob« von Karol Wojtyła (in der Sammlung von Gedichten und Dramen »Poezje i Dramaty«). »Dziady« von Adam Mickiewicz (in dessen »Dzieła Poetyckie«).

6. KAPITEL

S. 75–81: »Kalendarium«, Szczypka, »Młodziencze Lata«, »Spotkania«, Interviews mit Maliński, Kydryński, Wojciech Żukrowski. Über Jan Tyranowski schrieb Karol Wojtyła einen Beitrag mit dem Titel »Apostoł« in »Tygodnik Powszechny« Nr. 35/1949; dieser ist abgedruckt in »Aby Chrystus się Nami Posługiwatł«.
S. 81: Die Ansprache vor Seminaristen ist in »Kalendarium« abgedruckt. Die Erinnerungen Johannes Pauls II. an seine Berufung sind Frossards »Fürchtet euch nicht!« entnommen.
S. 82–87: »Kalendarium«, Szczypka. Interviews mit Maliński, Kydryński, Żukrowski, Halina Kwiatkowska und Jerzy Turowicz.

7. KAPITEL

»Kalendarium«, Szczypka, Interviews mit Maliński; Kydryński, Żukrowski, Halina Kwiatkowska und Pfarrer Kuczkowski. Johannes Paul II. äußerte sich 1994 in einem Gespräch mit dem Autor zu dem Unfall, an dem ein Wehrmachts-Lkw beteiligt gewesen war.

8. KAPITEL

»Kalendarium«, Szczypka, Interviews des Autors mit Monsignore Schiefen und Edward Kaczyński, dem Rektor der Università S. Tommaso d'Aquino (Angelicum), im Jahr 1994. Das Material über Pius XII. und Paul VI. stammt aus Riccardis »Il Potere del Papa« sowie aus Peter Hebblethwaites »Paul VI.«.

9. KAPITEL

»Kalendarium«, Szczypka, »Spotkania«.

Das Material über Primas Wyszyński stammt hauptsächlich aus der Biographie von Andrzej Micewski. Die Ausführungen zu Wojtyłas Zeit in Krakau und Niegowici basieren zum Teil auf den Interviews des Autors mit Pfarrer Czeslaw Obtułowicz, Pfarrer Kuczkowski, Jerzy Turowicz, Pfarrer Gasiorowski, Pfarrer Maliński und Marek Skwarnicki. Wojtyłas Lyrik und das Stück »Bruder unseres Gottes« sind in der Sammlung seiner Gedichte und Dramen enthalten.

10. KAPITEL

S. 137–142: Das Material zu Wyszyński und zu den Problemen der polnischen Kirche stammt überwiegend aus Micewskis Biographie und den Interviews des Autors mit Micewski, Stanisław Stomma (einem Berater des Primas) und Turowicz sowie aus Jacek Żakowskis »Anatomia Smaku«, einem Bericht über die Schwierigkeiten von »Tygodnik Powszechny« in den fünfziger Jahren.
S. 142–145: »Kalendarium«, Szczypka, Interviews des Autors mit Professor Jacek Hennel, Pfarrer Michał Heller, Professor Stefan Swieżawski und Pfarrer Obtułowicz.

11. KAPITEL

»Kalendarium«, Szczypka. Das Material zu Wyszyński stammt aus Micewskis Biographie, Interviews des Autors mit Pater Feliks Bednarski in Rom, Professor Swieżawski in Warschau, Professor Jerzy Kłoczowski in Lublin und Pfarrer Maliński in Krakau.

12. KAPITEL

»Kalendarium«, Szczypka, »Spotkania«. Interviews des Autors mit Andrzej Bardecki, Pfarrer Maliński und Pfarrer Kuczkowski in Krakau sowie mit Pfarrer Michał Jagosz in Rom. Dokumente über Wojtyła und die kommunistische Führung wurden dem Autor in Rom zur Verfügung gestellt.

13. KAPITEL

»Kalendarium«, Szczypka, »Spotkania«. Interviews des Autors mit Kardinal Rubin in Rom im Jahr 1979, mit Kardinal Deskur 1993 und 1994, Andrzej Bardecki in Krakau, Professor Swieżawski in Warschau, Professor Williams in Cambridge/Massachusetts, Pfarrer Maliński in Krakau und Kardinal König in Wien. Wojtyłas Gedichte sind in der Sammlung von Gedichten und Dramen enthalten.

14. KAPITEL

»Kalendarium«, Szczypka, »Spotkania«. Interviews des Autors mit Kardinal Deskur in Rom, Andrzej Micewski, Stanisław Stomma und Professor Swieżawski in Warschau sowie Andrzej Bardecki und Pfarrer Maliński in Krakau. Angaben über die Reise ins Heilige Land finden sich in »Kalendarium«.

15. KAPITEL

»Kalendarium«, Szczypka. Die Wojtyła betreffenden Dokumente der polnischen Geheimpolizei wurden dem Autor in Rom zugänglich gemacht.

16. KAPITEL

S. 208–213: »Kalendarium«, Szczypka, »Spotkania«, Peter Hebblethwaite: »Paul VI.«, Interviews des Autors mit Bischof Tadeusz Pieronek, Pfarrer Jagosz, Michał Heller, Andrzej Bardecki und Kardinal Deskur.
S. 214–219: »Kalendarium«, Szczypka. Interview des Autors mit Erzbischof Wesoły in Rom über die Reisen mit Wojtyła.
S. 220–223: »Kalendarium«, Szczypka. Interviews des Autors mit Kardinal Deskur in Rom und Pfarrer Obtułowicz in Krakau.

17. KAPITEL

»Kalendarium«, Szczypka und »Spotkania« zur Chronologie des Geschehens vor, während und nach dem Konklave. Die Äußerungen Johannes Pauls II. bei und nach der Wahl wurden im OR und in »Tygodnik Powszechny« veröffentlicht. Die Rekonstruktion des Geschehens in der Zeit vor dem Konklave und in dessen Verlauf beruht auf Interviews, die 1979 mit Kardinal Vicente Enrique y Tarancón in Madrid und Kardinal Leo Suenens in Brüssel, 1993 mit Kardinal Krol in Philadelphia sowie 1994 mit Kardinal König in Wien und mit Kardinal Deskur in Rom geführt wurden.

18. KAPITEL

S. 243–248: Angaben zu den Reaktionen der Sowjets und des Warschauer Regimes auf die Wahl Johannes Pauls II. beruhen auf Interviews, die der Autor 1993 und 1994 in Warschau mit General Jaruzelski und Mieczysław Rakowski führte. Die Gierek-Zitate stammen aus »Edward Gierek: Przerwana Dekada« von Janusz Rolicki. Zitate von Johannes Paul II. stammen aus dem OR.
S. 250 f.: »Notes Rzymski« von Adam Boniecki. Interview des Autors mit Marek Skwarnicki. »A Shepherd's Diary« von Erzbischof Oscar Romero.

19. KAPITEL

Die Darstellung der Verhandlungen vor der Papstreise nach Polen und der Vorbereitungen auf den Besuch basiert auf Interviews des Autors mit Pieronek, Skwarnicki, Jaruzelski und Rakowski sowie auf Micewskis Biographie von Wyszyński. Alle offiziellen Texte wurden im OR veröffentlicht sowie in Johannes Paul II.: »Przemówienia, Homilie, Polska«.
Die Reaktion des Sekretariats des sowjetischen ZK wurde aufgrund bisher unveröffentlichter Dokumente wiedergegeben, die der Autor 1994 in Rom erhielt.

20. KAPITEL

S. 267–272: Mit der innerkirchlichen Krise befassen sich Riccardi in »Il Potere del Papa« und Hebblethwaite in »Paul VI.«; der Autor führte darüber auch ein Interview mit Harvey Cox von der Harvard Divinity School. Das Gespräch zwischen Kardinal Villot und dem Papst ist in einem unveröffentlichen Manuskript eines französischen Journalisten festgehalten, der mit dem Kardinal befreundet ist.
S. 273: Die statistischen Angaben stammen aus: »Statistical Yearbook of the Church« (1991).
S. 274: Erzbischof Marcinkus machte seine Bemerkung in einem Interview, das der Autor 1979 in Rom mit ihm führte. Der im Ruhestand lebende Marcinkus war 1993 und 1994 zu keinem Interview bereit.

S. 275– 279: Erzbischof Romeros »Diary«; Interviews des Autors im Jahr 1993 mit Harvey Cox in Harvard und Kardinal Pironio in Rom.
S. 279–281: Interviews des Autors mit Mitgliedern der Gesellschaft Jesu. (Es wurde vereinbart, daß deren Anonymität gewahrt bleibt.)
S. 281 f.: Den Ausführungen über den Dissens liegen Interviews mit Pater Charles E. Curran und Harvey Cox zugrunde sowie Currans »The Living Tradition of the Catholic Moral Theology«.
S. 283 f.: Das Material über Opus Dei stammt aus Fuenmayor u.a.: »El Itinérario Jurídico del Opus Dei« und den Interviews des Autors mit Bischof del Portillo und Flávio Capucci im Jahr 1993.

21. KAPITEL

Den Ausführungen über den Aufstieg von »Solidarność« liegen Interviews des Autors mit Lech Wałęsa in Danzig im Jahr 1981 und mit Monsignore Hilary Franco, Jaruzelski, Rakowski, Swarnicki und Micewski in den Jahren 1993 und 1994 zugrunde. Micewskis Wyszyński-Biographie, Neil Ashersons »The Polish August«, Rolickis Buch über Gierek, Wałęsas »The Struggle and the Triumph« sowie Zbigniew Brzezińskis »Power and Principle« fanden ebenfalls Verwendung.

22. KAPITEL

Die Schilderung des Anschlags geht zurück auf Frossards »Fürchtet euch nicht!« sowie auf Bonieckis »Notes Rzymski«; medizinische Einzelheiten stammen aus Frossards »Fürchtet euch nicht!« sowie aus dem Interview, das der Autor 1993 mit Dr. Navarro-Valls führte. Hintergrundmaterial zu Agca wurde den Meldungen der Nachrichtenagentur Reuters aus dem Jahr 1981 sowie Claire Sterlings »The Time of the Assassins« entnommen. Zu den Aktivitäten des CIA gab es 1987 und 1991 Anhörungen des Senate Select Committee on Intelligence. Die Reaktionen des Warschauer Regimes sind in »Tajne Dokumenty« enthalten. Der Autor führte außerdem ein Interview mit Andrzej Bardecki.

23. KAPITEL

S. 316–328: »Tajne Dokumenty«, Bonieckis »Notes Rzymski«, Interviews des Autors mit Jaruzelski, Rakowski, Bogdan Lewandowski, Micewski und Vernon Walters sowie Gespräche des Autors im Vatikan.
S. 331–333: Interview des Autors mit Jerzy Kuberski.

24. KAPITEL

S. 334–344: Die Beziehungen zwischen Johannes Paul II., Jaruzelski und Gorbatschow waren Gegenstand einer Reihe von Interviews, die der Autor 1993 und 1994 mit Jaruzelski führte, sowie der Interviews des Autors mit Rakowski und Kuberski. Jaruzelski stellte den Text seiner Briefe an Johannes Paul II. zur Verfügung. Der Autor führte außerdem Gespräche im Vatikan. »Tajne Dokumenty« fand ebenfalls Verwendung.
S. 344 f.: Gespräche des Autors mit Kardinal Lustiger.
S. 345: Bonieckis »Notes Rzymski«.

25. KAPITEL

S. 347: Die Studie über die religiöse Einstellung ist in »Tajne Dokumenty« enthalten.
S. 348–356: Interviews des Autors mit General Jaruzelski; Gespräche des Autors im Vatikan; Interviews des Autors mit Rakowski; »Tajne Dokumenty«.
S. 356–362: Über die Entsendung vatikanischer Delegationen nach Moskau und über Gorbatschows Rombesuch sprach der Autor mit Navarro-Valls und Bischof Duprey.

26. KAPITEL

S. 366 f.: Interview des Autors mit Navarro-Valls; Bonieckis »Notes Rzymski«.
S. 368–370: Nach Berichten des Autors über seine Reisen mit Johannes Paul II.; den Zitaten liegen die Veröffentlichungen im OR zugrunde.
S. 370–385: Alle päpstlichen Stellungnahmen zur Kairoer Konferenz und zur Weihe von Frauen sind im OR erschienen, ebenso Ratzingers Dokumente.
S. 385–388: Interview des Autors mit Pater Coyne; »John Paul II on Science and Religion« von George V. Coyne; »Galileo: per il Copernicanesimo e per la Chiesa« von Annibale Fantoli.

27. KAPITEL

S. 389–393: Wie Johannes Paul II. die postkommunistische Welt einschätzt, kommt am besten in seiner Enzyklika »Centesimus Annus« und in seiner Rede in der Rigaer Universität vom 9. September 1993 (veröffentlicht im OR) zum Ausdruck, außerdem in einem Interview, das in Jas Gawrońskis »Il Mondo di Giovanni Paolo II« enthalten ist.
S. 393–398: Die Rolle Johannes Pauls II. bei der Aufnahme diplomatischer Beziehungen zwischen dem Vatikan und Israel war Gegenstand von Interviews, die der Autor 1993 mit Botschafter Avi Pazner in Rom führte.

Zur Aufnahme diplomatischer Beziehungen mit Israel äußerte sich der Papst in einem vom Autor geführten Interview, das am 3. April 1994 in »Parade« erschienen ist.
S. 397: Nach Aufzeichnungen des Autors anläßlich des Konzerts.

28. KAPITEL

S. 404 f.: Die Verlautbarung des Papstes ist im OR abgedruckt.
S. 408–414: Alle Zahlenangaben stammen aus »Statistical Yearbook of the Church« (1991). Mit Erzbischof Weakland führte der Autor ein Interview. Die evangelikalen Sekten waren Gegenstand eines Interviews mit Harvey Cox; über die Basisgemeinden sprach der Autor mit Kardinal Pironio.
S. 415: Der Beitrag des katholischen Kommentators erschien in »National Catholic Reporter«.
S. 416: Mit Kardinal Etchegaray führte der Autor ein Gespräch.
S. 417: Die Angaben zu den Papstreisen erschienen in einer Broschüre von Radio Vatikan anläßlich des Besuchs von Johannes Paul II. in Zagreb im September 1994.

BIBLIOGRAPHIE

BÜCHER

Accattoli, Luigi: *Io ho Avuto Paura a Ricevere Questa Nomina*. Torino 1993.

Accattoli, Luigi/Domenico Del Rio: *Wojtyła: Un Nuovo Mosé*. Milano 1988.

Aristide, Jean-Bertrand: *Téologie et Politique*. Montréal 1992.

Aristoteles: *Nikomachische Ethik*. In: *Werke*. 37 Bde., hrsg. v. Hellmut Flasher, Bd. 6, Berlin 1991.

Ders.: *Politik – Buch I. Über die Hausverwaltung und die Herrschaft des Herrn über die Sklaven*. In: a. a. O., Bd. 9.

Armstrong, Karen: *Nah ist und schwer zu fassen der Gott. 3000 Jahre Glaubensgeschichte von Abraham bis Albert Einstein*. München 1993.

Asherson, Neal: *The Polish August: The Self-Limiting Revolution*. New York 1982.

Augustinus: Bekenntnisse. München 1985.

Bardecki, Andrzej: *Kościół Epoki Dialogu*. Kraków 1966.

Berrigan, Philip: *Prison Journals of a Priest Revolutionary*. New York 1967.

Berry, Jason: *Lead Us Not into Temptation: Catholic Priests and the Sexual Abuse of Children*. New York 1992.

Betto, Frei: Nachtgespräche mit Fidel. 2. Aufl., Berlin 1988.

Bianchi, Eugene C./Rosemary Radford Ruether (editors): *A Democratic Catholic Church: The Reconstruction of Roman Catholicism*. New York 1992.

Boniecki, Adam, M.I.C.: *Notes Rzymski*. Three volumes. Kraków 1988.

Ders.: *Kalendarium Zycia Karola Wojtyły*. Kraków 1983.

Brumberg, Abraham (editor): *Poland: Genesis of a Revolution*. New York 1983.

Brzeziński, Zbigniew: *Power and Principle*. New York 1983.

Bujak, Adam: *Miejsce Piotrowe*. Kalwaria Zebrzydowska 1987.

Burns, Gene: *The Frontiers of Catholicism*. Berkeley 1992.

Carrier, Hervé, S. J.: *The Social Doctrine of the Church Revisited*. Vatican City 1990.

Casaroli, Agostino: *Nella Chiesa per il Mondo: Omelie e Discorsi.* Milano 1987.

Cateura, Linda Brandi: *Catholics USA: Makers of a Modern Church.* New York 1989.

Chamberlayne, Elizabeth (editor): *The Life of Christ: As Portrayed by the Old Masters and the Words of the Holy Bible.* New York 1961.

Chamberlin, E. R.: *The Bad Popes.* New York 1969.

Cooney, John: *The American Pope: The Life and Times of Francis Cardinal Spellman.* New York 1984.

Cornwell, John: *Wie ein Dieb in der Nacht. Der Tod von Papst Johannes Paul I.* Wien, Darmstadt 1989.

Cox, Harvey: *The Secular City.* New York 1990.

Ders.: *The Silencing of Leonardo Boff.* Oak Park/Illinois 1988.

Coyne, George V. (editor): *John Paul II on Science and Religion.* Notre Dame/Indiana 1990.

Cragg, Gerald R.: *The Church and the Age of Reason: 1648–1789.* New York 1990.

Crossan, John Dominic: *Jesus. Ein revolutionäres Leben.* München 1996.

Curran, Charles E.: *The Living Tradition of Catholic Moral Theology.* Notre Dame/Indiana 1992.

Daim, Wilfried: *The Vatican and Eastern Europe.* New York 1970.

D'Antonio, William V./Frederick B. Pike (editors): *Religion, Revolution and Reform: New Forces for Change in Latin America.* New York 1964.

Della Rocca, Fernando: *Papi di Questo Secolo.* Padova 1981.

Del Rio, Domenico: *Wojtyła: Un Pontificato Itinerante.* Bologna 1994.

Dionne, Robert J.: *The Papacy and the Church.* New York 1987.

Dobrowolski, Tadeusz: *Polish Painting from the Enlightenment to Recent Times.* Warsaw 1981.

Dolan, Jay P.: *The American Catholic Experience: A History from Colonial Times to the Present.* Notre Dame/Indiana 1992.

Dudden, F. Homes, B. D.: *Gregory the Great: His Place in History and Thought.* Two volumes. London 1905.

Dunn, Joseph: *No Lions in the Hierarchy.* Dublin 1994.

Dziewanowski, M. K.: *Poland in the Twentieth Century.* New York 1977.

Eliade, Mircea: *Essential Sacred Writings from Around the World.* San Francisco 1967.

Evangelisti, David: *Joannes Paulus II: Light in the Church.* Vatican City 1980.

Fantoli, Annibale: *Galileo: per il Copernicanesimo e per la Chiesa.* Cittá del Vaticano 1993.
Fedorowicz, Tadeusz: *Drogi Opatrzczności.* Lublin 1991.
Filibek, Giorgio: *Le Droits de l'Homme dans l'Enseignement de l'Eglise: De Jean XXIII à Jean-Paul II.* Cittá del Vaticano 1992.
Finke, Roger/Rodney Stark: *The Churching of America: 1776–1990.* New Brunswick/New Jersey 1992.
Fox, Matthew: *Vision vom kosmischen Christus. Aufbruch ins dritte Jahrtausend.* Stuttgart 1991.
Frossard, André: *»Fürchtet euch nicht!«* André Frossard im Gespräch mit Johannes Paul II. München, Zürich, Wien 1984.
Ders.: *Portrait de Jean-Paul II.* Paris 1988.
Fuenmayor, A./V. Gómez-Iglesias de/J. L. Illanes: *El Itinérario Jurídico del Opus Dei: Historia y Defensa de un Carisma.* Pamplona 1989.

Gail, Marzieh: *The Three Popes.* New York 1969.
Gawroński, Jas: *Il Mondo di Giovanni Paolo II.* Milano 1994.
Gorbatschow, Michail: *Perestroika. Die zweite russische Revolution.* München 1987.
Gorczyca, Roman: *Ojciec Święty Jan Paweł II w Polsce: IV Pielgrzymka 1991.* Warszawa 1991.
Gray, Francine du Plessix: *Divine Disobedience: Profiles in Catholic Radicalism.* New York 1970.
Greeley, Andrew M.: *A Catholic Myth: The Behavior and Beliefs of American Catholics.* New York 1990.
Gremillion, Joseph: *The Other Dialogue: The Catholic Commitment in the Social Problems of the Contemporary World.* New York 1965.
Gutiérrez, Gustavo/Francis McDonagh/Cândido Padin, O.S.B./ John Sobrino, S. J.: *Santo Domingo and After: The Challenges for the Latin American Church.* London 1993.

Hageman, Alice L./Philip E. Wheaton (editors): *Religion in Cuba Today: A New Church in a New Society.* New York 1971.
Halecki, Oscar: *Grenzraum des Abendlandes. Eine Geschichte Ostmitteleuropas.* Salzburg 1957.
Hanson, Eric O.: *The Catholic Church in World Politics.* Princeton/New Jersey 1987.
Hebblethwaite, Margaret: *Basic Is Beautiful: Base Ecclesial Communities from Third World to First World.* London 1993.

Hebblethwaite, Peter: *Paul VI: The First Modern Pope.* New York, Mahwah/New Jersey 1993.

Higgins, George G., with William Bole: *Organized Labor and the Church.* Mahwah/New Jersey 1993.

Hofman, Paul: *O Vatican!: A Slightly Wicked View of the Holy See.* New York 1984.

Hurley, Mark J.: *The Unholy Ghost: Anti-Catholicism in the American Experience.* Huntington/Indiana 1992.

Jaruzelski, Wojciech: *Stan Wojenny: Dlaczego ...* Warszawa 1992.

Johannes Paul II.: *Aby Chrystus się Nami Posługiwatł.* Kraków 1979.

Ders.: *The Acting Person.* Boston 1979.

Ders.: *An die Jugendlichen in der Welt. Apostolisches Schreiben.* Stein am Rhein 1985.

Ders.: *The Apostles of the Slavs: Fourth Encyclical Letter, June 2, 1985.* Washington/D.C. 1985.

Ders.: *Aus der Kraft der Hoffnung leben.* Jahreslesebuch. Freiburg 1995.

Ders.: *La Bottega Dell'orefice.* Cittá del Vaticano 1979.

Ders.: *Brat Naszego Boga: Tekst i Reżyseria.* Kraków 1980.

Ders.: *Brief an die Familien.* Stein am Rhein 1994.

Ders.: *Communio personarum.* 3 Bde. Hg. v. Norbert Martin/Renate Martin. 1985. Bd. I: Die menschliche Liebe im göttlichen Heilsplan. Katechesen 1979–1981. Bd. II: Die Erlösung des Leibes und die Sakramentalität der Ehe. Katechesen 1981–1984. Bd. III: Die Familie – Zukunft der Menschheit. Aussagen zu Ehe und Familie 1978–1984.

Ders.: *Czlowiek Drogą Kościóła.* Rome 1992.

Ders.: *Czlowiek w Polu Odpowiedzialności.* Rzym, Lublin 1991.

Ders.: *Dem dritten Jahrtausend entgegen.* Apostolisches Rundschreiben »Tertio milennio adveniente« zur Vorbereitung auf das Jubeljahr 2000 vom 10. November 1994. Leutesdorf 1995.

Ders.: *Easter Vigil and Other Poems.* New York 1979.

Ders.: *Die Engel. Sechs Papst-Katechesen.* Stein am Rhein 1988.

Ders.: *Der Erlöser des Menschen.* Enzyklika »Redemptor Hominis«. Leutesdorf 1979.

Ders.: *La Fede della Chiesa.* Milano 1978.

Ders.: *Gebete zur Zeit.* Graz 1994.

Ders.: *Gegenwart des Herrn im kleinen Himmel unserer Seele.* Schreiben zum 400. Todesjahr der heiligen Theresia von Avila am 14. Oktober 1981. Leutesdorf 1982.

Ders.: *Glanz der Wahrheit.* Enzyklika »Veritatis splendor«, 6. August 1993. Leutesdorf 1994.
Ders.: *Gottgeweihtes Leben. Predigten, Botschaften, Ansprachen und Schriften an Mitglieder von geistlichen Gemeinschaften.* Vallendar 1982.
Ders.: *Gruß an Maria.* Gebete. 2. Aufl., Freiburg/CH 1988.
Ders.: *Der Heilige Geist. Katechesen 1989–1991.* Hg. v. Norbert Martin u. a. St. Ottilien 1994.
Ders.: *In bin euer Bruder. Texte zum Weitergeben.* Freiburg/CH 1984.
Ders.: I*ch glaube an Gott den Schöpfer. Katechesen 1985–1986.* Hg. v. Norbert Martin u. a. St. Ottilien 1994.
Ders.: *Ihr seid ein Segen. Worte an die älteren Menschen.* Freiburg 1994.
Ders.: *In der Kirche hat die Zukunft soeben begonnen.* Das Programm des Papstes: Seine Enzyklika Redemptor Hominis und seine Rede in Puebla. Stein am Rhein 1979.
Ders.: *In Liebe und Sorge für die Familie.* Brief vom 2. 2. 1994. Leutesdorf 1994.
Ders.: *Jesus Christus, der Erlöser. Katechesen 1986–1989.* Hg. v. Norbert Martin u. a. St. Ottilien 1994.
Ders.: *Kazania: 1962–1978.* Kraków 1979.
Ders.: *Kinder – ich habe euch gern.* 2. Aufl., Freiburg/CH 1994.
Ders.: *Laßt euch vom Geist bewegen.* Enzyklika »Über den Heiligen Geist«. 3. Aufl., Freiburg 1987.
Ders.: *Liebe ist stärker als Schuld. Wegweisende Worte.* Freiburg/CH 1984.
Ders.: *Liebe und Verantwortung. Eine ethische Studie.* München 1981.
Ders.: *Marianische Texte.* Hg. v. Johannes Stöhr. Bamberg 1987.
Ders.: *Die Mutter des Erlösers.* Enzyklika »Redemptoris Mater« vom 25. März 1987. 2. Aufl., Leutesdorf 1987.
Ders.: *Mutter der Kirche. Die marianische Botschaft des Papstes.* Vallendar 1980.
Ders.: *Nachsynodales apostolisches Schreiben Pastores Dabo Vobis. An die Bischöfe, Priester und Gläubigen über die Priesterbildung im Kontext der Gegenwart.* Würzburg 1992.
Ders.: *On the permanent validity of the Church's missionary mandate: Eighth Encyclical Letter,* January 22, 1991. Washington/D.C. 1991.
Ders.: *Ordinatio sacerdotalis.* Apostolisches Schreiben über die nur Männern vorbehaltene Priesterweihe. Stein am Rhein 1994.
Ders.: *Per la Pace nel Golfo.* Cittá del Vaticano 1991.
Ders.: *Pri la homa laboro.* Hg. v. Bernhard Eichkorn. Meßkirch, 1985.
Ders.: *Pri la taskoj de la kristana familio en la nuntempa mondo.* Hg. v. Bernhard Eichkorn. Meßkirch, 1985.

Ders.: *Poezje i Dramaty.* Kraków 1987.

Ders.: *Przemówienia, Homilie, Polska: 2 VI 1979–10 VI 1979.* Kraków 1979.

Ders.: *Przemówienia, Homilie: 16 VI 1983–22 VI 1983.* Kraków 1984.

Ders.: *Przemówienia, Homilie: 9 VI 1987–14 VI 1987.* Kraków 1987.

Ders.: *Przemówienia i Wywiady w Radio Watykańskim.* Rome 1987.

Ders.: *Quellen der Erneuerung. Studie zur Verwirklichung des 2. Vatikanischen Konzils.* Freiburg i. Br., Basel, Wien 1981.

Ders.: *Die Schwelle der Hoffnung überschreiten.* Hamburg 1994.

Ders.: *Die Sendung des Erlösers.* Enzyklika »Redemptoris Missio« vom 7. Mai 1990. Leutesdorf 1991.

Ders.: *Sign of Contradiction.* New York 1979.

Ders.: *Die soziale Sorge der Kirche.* Enzyklika »Sollicitudo rei sozialis« vom 30. Dezember 1987. Leutesdorf 1988.

Ders.: *Über das Geheimnis und die Verehrung der heiligsten Eucharistie.* Schreiben an alle Bischöfe der Kirche vom 24. Februar 1980. Leutesdorf 1980.

Ders.: *Über das göttliche Erbarmen.* Enzyklika »Dives in Misericordia« vom 30. November 1980. Leutesdorf 1981.

Ders.: *Über das gottgeweihte Leben im Licht des Geheimnisses der Erlösung.* Apostolisches Rundschreiben »Redemptionis Donum« vom 25. März 1984 an die Ordensleute. Leutesdorf 1984.

Ders.: *Über den christlichen Sinn des menschlichen Leidens.* Apostolisches Schreiben »Salvifici Doloris« vom 11. Februar 1984. Leutesdorf 1984.

Ders.: *Über den Heiligen Geist in der Kirche und in der Welt.* Enzyklika »Dominum et Vivificantem« vom 18. Mai 1986. Leutesdorf 1986.

Ders.: *Über den Wert und die Unantastbarkeit des menschlichen Lebens.* Enzyklika »Evangelium vitae« vom 25. März 1995. Leutesdorf 1995.

Ders.: *Über die Aufgaben der christlichen Familie in der Welt von heute.* Apostolisches Rundschreiben »Familiaris Consortio« von 22. November 1982. 2. Aufl., Leutesdorf 1993.

Ders.: *Über die Berufung und Sendung der Laien in Kirche und Welt.* Nachsynodales Schreiben »Christfidels Laici« vom 30. Dezember 1988. Leutesdorf 1989.

Ders.: *Über die Katechese in unserer Zeit.* Apostolisches Schreiben »Catechesei Traddendae« vom 16. Oktober 1979. Leutesdorf 1979.

Ders.: *Über die menschliche Arbeit.* Enzyklika »Laborem Exercens« vom 15. September 1981. Leutesdorf 1981.

Ders.: *Über die Würde und Berufung der Frau.* Apostolisches Schreiben »Mulieris dignitatem«. Stein am Rhein 1988.

Ders.: *Über Gestalt und Sendung des heiligen Josef im Leben Christi und der Kirche.* Apostolisches Rundschreiben »Redemptoris Custos« vom 15. August 1989. Leutesdorf 1989.
Ders.: *Über Versöhnung und Buße.* Apostolisches Schreiben Reconciliatio et Paenitentia. Leutesdorf 1985.
Ders.: *Wegweisende Worte.* Bd. II: Hunger nach Verständnis und Liebe. 3. Aufl., Freiburg/CH 1982; Bd. III: Der Weg zur Glückseligkeit. 2. Aufl., Freiburg/CH 1981.
Ders.: *Zum 100. Jahrestag der Enzyklika »Rerum Novarum«.* Enzyklika »Centesimus Annus« vom 1. Mai 1991. Leutesdorf 1991.

John XXIII: *Peace on earth: Encyclical Letter, April 11, 1963.* Washington/D.C. 1963.
Johnson, Paul: *A History of Christianity.* New York 1976.

Kaiser, Philip M.: *Journeying Far and Wide: A Political and Diplomatic Memoir.* New York 1992.
Kant, Immanuel: *Grundlegung zur Metaphysik der Sitten.* Hamburg 1994.
Karolak, Tadeusz: *John Paul II: The Pope from Poland.* Warsaw 1979.
Kelly, George A.: *Keeping the Church Catholic with John Paul II.* San Francisco 1993.
Korboński, Stefan: *W Imieniu Rzeczypospolitej ...* Paris 1954.
Kurón, Jacek: *Spoko! Czyli Kwadratura Koła.* Warszawa 1992.
Kydryński, Juliusz (editor): *Młodzieńcze Lata Karola Wojtyły: Wspomnienia.* Kraków 1990.

Lader, Lawrence: *Politics, Power and the Church: The Catholic Crisis and Its Challenge to American Pluralism.* New York 1987.
Łapinski, Zdzislaw: *Norwid.* Kraków 1984.
Leach, Catherine S. (editor): *Memoirs of the Polish Baroque.* Berkeley 1976.
Lernoux, Penny: *People of God: The Struggle for World Catholicism.* New York 1989.
Lustiger, Jean-Marie: *Le Choix de Dieu.* Paris 1988.

Maffeo, Sabino, S. J.: *In the Service of Nine Popes: 100 Years of the Vatican Observatory.* Vatican City 1991.
Magdziak-Miszewska, Agnieszka: *Kamień Węgielny.* Kraków 1989.
Maliński, Mieczysław: *Johannes Paul II. Sein Leben, von einem Freund erzählt.* Freiburg, Basel, Wien 1979.

Ders.: *Dlaczego Chrześcianie nie są Hydami.* Wroclaw 1993.
Ders.: *Pontyfikat Jana Pawła II: 1983–1988.* Poznań 1991.
Ders.: *Wezwano Mnie z Dalekiego Kraju.* Poznań 1987.
Martin, Malachi: *The Decline and Fall of the Roman Church.* New York 1981.
May, William W. (editor): *Vatican Authority and American Catholic Dissent.* New York 1987.
Mc Laughlin, Loretta: *The Pill, John Rock, and the Church: The Biography of a Revolution.* Boston 1982.
Melady, Thomas Patrick: *The Ambassador's Story: The United States and the Vatican in World Affairs.* Huntington/Indiana 1994.
Messori, Vittorio: *La Sfida della Fede.* Torino 1993.
Micewski, Andrzej: *Katolicy w Potrzasku.* Warszawa 1993.
Ders.: *Cardinal Wyszyński: A Biography.* Orlando, Florida 1984.
Michałowska, Danuta: »... *Trzeba dać świadectwo:« 50-lecie Powstania Teatru Rapsodycznego w Krakowie.* Kraków 1991.
Michnik, Adam: *The Church and the Left.* Chicago 1993.
Ders.: *Letters from Prison and Other Essays.* Berkeley 1985.
Mickiewicz, Adam: *Pan Tadeusz.* Warszawa 1950.
Ders.: *Dzieła Poetyckie.* Nowogródek 1934.
Morawski, Domink: *Pomost na Wschód: Obserwacje i Refleksje Watykanisty.* Warszawa 1992.
Mumford, Stephen D.: *The Pope and the New Apocalypse: The Holy War Against Family Planning.* North Carolina 1986.
Murphy, Francis X.: *The Papacy Today.* London 1981.
Mysłek, Wiesław: *Socjalizm i Katolicyzm: Polskie Spotkania w Dialogu.* Warszawa 1978.

Nichols, Bruce J.: *The Uneasy Alliance: Religion, Refugee Work, and U.S. Foreign Policy.* New York 1988.
Nichols, Peter: *Die Divisionen des Papstes. Die katholische Kirche zwischen gestern und heute.* München 1983.
Niewęgłowski, Wiesław (editor): *Moje Spotkania z Janem Pawłem II.* Warszawa 1991.
Nogar, Raymond J., O.P.: *The Lord of the Absurd.* New York 1966.
Nowak, Michael: *The Catholic Ethic and the Spirit of Capitalism.* New York 1993.

O'Carroll, Michael, C.S.Sp.: *Pius XII: Greatness Dishonoured.* Dublin 1980.

Papafava, Francesco (editor): *The Sistine Chapel.* Vatican City 1992.
Paul VI.: *Enzyklika »Humanae vitae«. Die Weitergabe menschlichen Lebens.* 2. Aufl., Stein am Rhein 1991.
Ders.: *On the development of peoples: Encyclical Letter, March 26, 1967.* Washington/D.C. 1967.
Pelikan, Jaroslaw: *The Melody of Theology: A Philosophical Dictionary.* Cambridge 1988.
Perea, Francisco J.: *El Papa en México.* México, D.F. 1979.
Piekarski, Adam: *The Church in Poland.* Warsaw 1978.
Pieronek, Tadeusz/Zawadzki, Roman M. (editors): *Karol Wojtyła Jako Biskup Krakowski.* Kraków 1988.

Rakowski, Mieczyslaw F.: *Lata, Listy, Ludzie ...* Warszawa 1993.
Ders.: *Gorbaczow: Pierwszy i Ostatni.* Warszawa 1992.
Ders.: *Czasy Nadziei i Rozczarowań.* Two volumes. Warszawa 1987.
Ders.: *Trzech na Jednego.* Warszawa 1986.
Ders.: *Od Sierpnia do Grudnia 1980.* Warszawa 1981.
Ders.: *Rzeczpospolita na Progu Lat Osiemdziesiątych.* Warszawa 1981.
Ramet, Pedro (editor): *Catholicism and Politics in Communist Societies.* Durham/North Carolina 1990.
Ratzinger, Kardinal Joseph: *L'Angoscia di Un'Assenza.* Roma 1971.
Ders.: *The Meaning of Christian Brotherhood.* San Francisco 1993.
Ders.: *Wendezeit für Europa? Diagnosen und Prognosen zur Lage von Kirche und Welt.* 2. Aufl., Freiburg 1992.
Ders.: *Zur Lage des Glaubens. Ein Gespräch mit Vittorio Messori.* Freiburg 1986.
Redmond, Jane: *Generous Lives: American Catholic Women Today.* Liguori/Missouri 1992.
Reese, Thomas J., S. J.: *A Flock of Shepherds: The National Conference of Catholic Bishops.* Kansas City 1992.
Ders.: *Archbishop: Inside the Power Structure of the American Catholic Church.* New York 1989.
Riccardi, Andrea E.: *Il Potere del Papa: da Pio XII a Giovanni-Paolo II.* Roma 1993.
Ders.: *Il Vaticano e Mosca: 1940–1990.* Roma 1993.
Richard, Lucien, O. M. I./Danie Harrington, S. J./John W. O'Malley, S. J. (editors): *Vatican II: The Unfinished Agenda: A Look to the Future.* Mahwah/New Jersey 1987.
Richardson, Cyril C. (editor): *Early Christian Fathers.* New York 1970.

Rodríguez, Pedro Ocariz/José Luís Illanes: *El Opus Dei en la Iglesia.* Madrid 1993.

Roeck, Jefd: *Juan Pablo II: El Hombre Que Vino de Polonia.* Averbode 1978.

Rolicki, Janusz: *Edward Gierek: Przerwana Dekada.* Warszawa 1990.

Romero, Oscar Archbishop: *A Shepherd's Diary.* Cincinnati 1986.

Roncagliolo, Rafael/Fernando Reyes Matta: *Iglesia, Prensa y Militares: El Caso Riobamba y los Obispos Latinoamericanos.* México, D.F. 1978.

Rowny, Edward L.: *It Takes One to Tango.* Virginia 1992.

Santini, Alceste: *Agostino Casaroli: Uomo del Dialogo.* Torino 1993.

Sebes, Joseph, S. J.: *The Jesuits and the Sino-Russian Treaty of Nerchinsk (1689): The Diary of Thomas Pereira, S. J.* Rome 1961.

Sheed, F. J.: *God and Politics.* New York 1960.

Sipe, A.W. Richard: *Sexualität und Zölibat.* Paderborn, München, Wien, Zürich 1992.

Six, Jean-François: *Church and Human Rights.* Middlegreen 1992.

Skwarnicki, Marek: *Intensywna Terapia: Poezje.* Tarnów 1993.

Ders.: *Australijska Wiosna.* Kraków 1988.

Spasowski, Romuald: *Abschied von Warschau.* Bergisch Gladbach 1987.

Spengler, Oswald: *Der Untergang des Abendlandes.* München 1925.

Sterling, Claire: *The Time of the Assassins: Anatomy of an Investigation.* New York 1983.

Stoll, David: *Is Latin America Turning Protestant?* Berkeley 1990.

Studnicki, Gustaw: *Pierwsza Wsród Równych: Dzieje Gimnazjum i Liceum w Wadowicach.* Wadowice 1991.

Styczeń, Tadeusz, S. D. S.: *Solidarność Wyzwala.* Lublin 1993.

Ders.: *Urodziles się, by Kochać.* Lublin 1993.

Styczeń, Tadeusz/Edward Balawajder: *Jedynie Prawda Wyzwala: Rozmowy o Janie Pawle II.* Rome 1986.

Suenenes, Léon Joseph Cardinal: *Ecumenism and Charismatic Renewal.* London 1978.

Svidercoschi, Gian Franco: *Brief an einen jüdischen Freund: Karol Wojtyla und Jerzy Kluger.* Graz, Wien, Köln 1993.

Szajkowski, Bogdan: *Next to God ... Poland: Politics and Religion in Contemporary Poland.* New York 1983.

Szczypka, Józef: *Jan Paweł II: Rodowód.* Warszawa 1991.

Tazbir, Janusz: *Dzieje Polskiej Tolerancji*. Warszawa 1973.

Teilhard de Chardin, Pierre: *Das göttliche Milieu. Ein Entwurf des inneren Lebens*. Freiburg i. Br. 1982.

Ders.: *The Heart of Matter*. Orlando/Florida 1978.

Ders.: *Die Zukunft des Menschen*. Freiburg i. Br. 1982.

Tischner, Józef: *Myślenie Według Wartości*. Kraków 1993.

Ders.: *Nieszczęsny Dar Wolności*. Kraków 1993.

Trasatti, Sergio/Mari, Arturo: *Johannes Paul II. Leidensweg der 100 Tage: 13. Mai bis 16. August 1981*. St. Ottilien 1982.

Turowicz, Jerzy: *Kosciól Nie Jest Łodzią Podwodną*. Kraków 1990.

Tymieniecka, Anna-Teresa: *Analecta Husserliana: The Yearbook of Phenomenological Research: Volume VI*. Boston 1977.

Vircondelet, Alain: *Jean-Paul II: Biographie*. Paris 1994.

Wahle, Hedwig: *Das gemeinsame Erbe. Judentum und Christentum in heilsgeschichtlichem Zusammenhang*. Innsbruck 1980.

Wałęsa, Lech: *Ein Weg der Hoffnung. Autobiographie*. Wien, Hamburg 1987.

Ders.: *The Struggle and the Triumph: An Autobiography*. New York 1992.

Wieczorek, Adam: *Apostoł Pokoju*. Warszawa 1991.

Wilkes, Paul: *The Education of an Archbishop: Travels with Rembert Weakland*. New York 1992.

Willebrands, Johannes Cardinal: *The Church and Jewish People: New Considerations*. Mahwah/New Jersey 1992.

Willey, David: *God's Politician: Pope John Paul II, the Catholic Church, and the New World Order*. New York 1993.

Williams, George Hunston: *The Contours of Church and State in the Thought of John Paul II*. Waco/Texas 1983.

Ders.: *The Law of Nations and the Book of Nature*. Collegeville/Minnesota 1984.

Ders.: *The Mind of John Paul II: Origins of His Thought and Action*. New York 1981.

Wills, Garry: *Under God: Religion and American Politics*. New York 1990.

Winn, Wilton: *Keepers of the Keys: John XXIII, Paul VI, and John Paul II: Three Who Changed the Church*. New York 1988.

Wood, Jr., James E./Davis, Derek (editors): *The Role of Religion in the Making of Public Policy*. Waco/Texas 1991.

Woodward, Kenneth L.: *Die Helfer Gottes. Wie die katholische Kirche ihre Heiligen macht*. München 1991.

Żakowski, Jacek: *Anatomia Smaku Czyli Rozmowy o Losach Zespołu Tygodnika Powszechnego w Latach 1953–1956.* Warszawa 1988.
Ders.: *Trzy Ćwiartki Wieku: Rozmowy z Jerzym Turowiczem.* Kraków 1990.
Zielinska, Barbara: *Kolumna Zygmunta III w Warszawie.* Warszawa 1957.
Zizola, Giancarlo: *Il Conclave: Storia e segreti, L'elezione papale da San Pietro a Giovbanni Paolo II.* Rome 1993.
Życzynski, Józef (editor): *Sprawa Galileusza.* Kraków 1991.

DOKUMENTE

After 1991: Capitalism and Ethics. A Colloquium in the Vatican 1992. Pontifical Council for Justice and Peace, Vatican City 1992.
Annuario Pontificio 1994. Cittá del Vaticano 1994.

The Cambridge Bible Commentary on the New English Bible: The Gospel According to Matthew. New York 1963.
Catholic Almanac. Huntington/Indiana 1994.
Challenge or Crisis?: Texts by Pope John Paul II on Religious Life. Seamus O'Byrne (editor). Dublin 1987.
Constitution on the Church in the Modern World: Second Vatican Council. Washington/D.C. 1965.
Constitution on the Church: Second Vatican Council. Washington/D.C. 1964.

Directory for the Application of Principles and Norms on Ecumenism. Pontifical Council for Christian Unity. Vatican City 1993.
Documentos de la Conferencia del Episcopado Dominicano: 1955–1990. Santo Domingo 1990.

Ethical and Pastoral Dimensions of Population Trends. Pontifical Council for the Family. Vatican City 1994.

»Fasting and Solidarity«: Pontifical Messages for Lent. Pontifical Council Cor Unum. Vatican City 1991.
Flüchtlinge – eine Herausforderung zur Solidarität. Vatikanstadt 1995.

Gespräche mit Monsignore Escrivá de Balaguer. Köln 1992.

A Handbook of Theological Terms. Van A. Harvey (editor). New York 1964.
The Holy See at the Service of Peace: Pope John Paul II's Addresses to the Diplomatic Corps (1978–1988). Pontifical Council for Justice and Peace. Vatican City 1988.

Human Rights and the Church: Historical and Theological Reflections. Pontifical Council for Justice and Peace. Vatican City 1990.

International Economics: Interdependence and Dialogue. Pontifical Commission for Justice and Peace. Vatican City 1984.

Islam and Family Planning: Summary of the Proceedings of the International Islamic Conference, Rabat, Morocco, December 1971. London 1986.

John Paul II and the New Evangelization. Laurence J. McGinley Lecture by Avery Dulles, S. J. New York 1991.

John Paul II in the United States. The John Paul II Foundation, Rome/S. S. Cyril and Methodius Seminary. Orchard Lake, Michigan 1988.

Katechismus der katholischen Kirche. Linz 1993.

Letter to the Bishops of the Catholic Church on the Pastoral Care of Homosexual Persons. Congregation for the Doctrine of the Faith. Vatican City 1986.

More Than Words: Materials for Christian Education. Greenwich/Connecticut 1960.

Path from Puebla: Significant Documents of the Latin American Bishops Since 1979. Secretariat of the Bishops' Committee for the Church in Latin America, National Conference of Catholic Bishops. Washington/D.C. 1989.

Pietnaście Lat Pontyfikatu Jana Pawła II: Wydarzenia, Dokumenty. Lublin 1993.

Pope John Paul II on Jews and Judaism: 1979–1986. With Introduction and Commentary by Eugene J. Fisher and Leon Klenicki (editors). Washington/D.C. 1987.

Portrety Jana Pawła II: Wystawa Fotoghrafii Adama Bujaka. Kalwaria Zebrzydowska 1987.

Refugees: A Challenge to Solidarity. Pontifical Council for the Pastoral Care of Migrants and Itinerant People. Vatican City 1992.

Rozmowy w Castel Gandolfo: Europa i co z tego wynika. Wien 1987.

Rozmowy w Castel Gandolfo: O Kryzysie. Instytut Nauk o Człowieku. Wien 1986.

Santo Domingo Conclusions: New Evangelization, Human Development, Christian Culture. Fourth Conference of Latin American Bishops, October 12–28, 1992. Secretariat, Bishops' Committee for the Church in Latin America, National, Conference of Catholic Bishops. Washington/D.C. 1993.

Statistical Yearbook of the Church. Secretaria Status, Rationarium Generale Ecclesiae. Vatican City 1991.

Tajne Dokumenty, Państwo Kościół: 1980–1989. London 1993.

Vatican Council II: The Conciliar and Post Conciliar Documents. Volumes 1 and 2. Costello, Northport, New York 1992.

Ważniejsze Daty Pierwszego Pięciolecia Pontyfikatu Jana Pawła II. Rome 1984.

HEARINGS

Hearings Before the Select Committee on Intelligence of the United States Senate on Nomination of Robert M. Gates, to Be Director of Central Intelligence: February 17 and February 18, 1987. Washington/D.C. 1987.

Hearings Before the Select Committee on Intelligence of the United States Senate on Nomination of Robert M. Gates, to Be Director of Central Intelligence: September 16, 17, 19, 20, 1991. Washington/D.C. 1991.

Hearings Before the Select Committee on Intelligence of the United States Senate on Nomination of Robert M. Gates, to Be Director of Central Intelligence: September 24, October 1, 2, 1991. Washington/D.C. 1991.

Hearings Before the Select Committee on Intelligence of the United States Senate on Nomination of Robert M. Gates, to Be Director of Central Intelligence: October 3, 4, 18, 1991. Washington/D.C. 1991.

Executive Report, 102nd Congress: Nomination of Robert M. Gates to Be Director of Central Intelligence. Report for the Select Committee on Intelligence. October 24, 1991. Washington/D.C. 1991.

The Holocoust Revisited: A Retrospective Analysis of the Auschwitz-Birkenau Extermination Complex. Washington/D.C. 1979.

BIBLIOGRAPHIEN

Bielska, Krystyna. *Jan Paweł II w Utworach Muzycznych: Bibliografia.* Fundacja Jana Pawła II. Rome 1993.

Ders.: *Jan Paweł II w Dokumentach Dzwiękowych: Bibliografia 1978–1988.* Fundacja Jana Pawła II. Rome 1990.

Chrostowski, Waldemar: *Papiez Pielgrzym: Jan Paweł II na Znaczkach Pocztowych Świata, 1978–1990.* Warszawa 1991.

Gramatowski, Wiktor/Zofia Wilińska: *Karol Wojtyła w świetle publikacji: Bibliografia.* Cittá del Vaticano 1980.

Ders.: *Jan Paweł II: Bibliografia Polska 1978–1983*. Fundacja Jana Pawła II. Rome 1987.

Gramatowski, Wiktor/Zofia Wilińska/Danuta Gużajewska: *Jan Paweł II: Bibliografia Polska 1984–1986*. Fundacja Jana Pawła II. Rome 1991.

ZEITSCHRIFTEN UND ZEITUNGEN

»Alcune forme di fondamentalismo«. In: *La Civilitá Cattolica* (Rom), April 1994.

America

»Base Ecclesial Communities: A Meeting Point of Ecclesiologies«. In: *Theological Studies* (Baltimore), Dez. 1985.

Commonweal

La Croix (Paris)

»Czy Katolicyzm Będzie dla Polaków Religią XXI Wieku?« In: Wiez (Warschau), März 1993.

»La Liberación Integral en América Latina« [Monsignore Oscar A. Romero]. In: *Opiniones Latinoamericanas* (Coral Gables/Florida), Juni 1979.

»Michelangelo's ›Last Judgement‹«. In: *National Geographic*, Mai 1994.

The National Catholic Reporter (Kansas City)

The New York Times

L'Osservatore Romano (tägl. italienische Ausgabe; wöchentl. englische Ausgabe; monatl. polnische Ausgabe)

»Papal Foreign Policy« [J. Bryan Hehir]. In: *Foreign Policy*, Frühjahr 1990.

»Polska jest Jedna«. In: *Nowe Drogi* (Warschau), Mai 1987.

»The Sistine Restoration: A Renaissance for Michelangelo«. In: *National Geographic*, Dez. 1989.

»Socialism and Atheism«. In: *Dialectics and Humanism, The Polish Philosophical Quarterly* (Warschau) Jan. 1987.

The Tablet (London)

»Treasures of the Vatican«. In: *National Geographic*, Dez. 1985.

Tygodnik Powszechny (Krakau)

The Washington Post

GLOSSAR

Absolution: Lossprechung von Sünden durch einen Priester.

Adventisten: Angehörige mehrerer christlicher Sekten, die an eine baldige Wiederkehr Christi glauben.

Aggiornamento: Erneuerung, Wiederbelebung; meist als Bezeichnung für die vom Zweiten Vatikanum initiierte spirituelle Erneuerung und institutionelle Reform der katholischen Kirche verwendet.

Angelus: Gebet, das morgens, mittags und abends beim Angelusläuten gesprochen wird.

Apostasie: Abfall eines Christen vom Glauben.

Apostolat: Sendung oder Amt eines Apostels. Im Sprachgebrauch der katholischen Kirche umfaßt der Begriff alle Betätigungen im Dienste Gottes und der Kirche.

Basisgemeinden: Relativ kleine christliche Gemeinschaften, die das religiöse und weltliche Leben gemeinsam gestalten. Sie bieten die Möglichkeit zur aktiven Betätigung im Gottesdienst und im Apostolat und sind bestrebt, die persönliche und gesellschaftliche Weiterentwicklung zu fördern.

Befreiungstheologie: sieht im christlichen Glauben den Auftrag zur Verteidigung der Menschenrechte und zur Durchsetzung sozialer Gerechtigkeit.

Birett: viereckige Kopfbedeckung katholischer Geistlicher.

Cathedra: Ehrensitz eines Bischofs in der Hauptkirche seiner Diözese.

Camerlengo: Kardinal, der den Besitz und die Einkünfte des Heiligen Stuhls verwaltet. Nach dem Tod des Papstes führt er den Vorsitz im Kardinalskollegium und leitet das Konklave bis zur Wahl eines neuen Papstes.

Charisma: »Gnadengabe«; die durch den Geist Gottes bewirkten Befähigungen der Christen in der Gemeinde.

Deklaration: Edikt oder Anordnung, vom Papst und/oder einem Konzil.

Diözesansynode: Zusammenkunft der Vertreter einer Diözese mit dem Bischof zur Behandlung von Angelegenheiten, die die Diözese betreffen.

Diözese: Amtsgebiet eines Bischofs.

Episkopat: Amt und Würde eines Bischofs; Gesamtheit der Bischöfe eines Landes.

Eschatologie: Lehre von den Letzten Dingen, vom Endschicksal des einzelnen Menschen und der Welt.

Eucharistischer Kongreß: internationale Tagung zur Feier der Eucharistie.

Evangelisation: Verkündung des Evangeliums und der Heilslehre bei Menschen, die dem christlichen Glauben fernstehen.

Exkommunikation: Ausschluß aus der Gemeinschaft der katholischen Kirche.

Generalvikar: Vom Bischof einer Diözese ernannter Stellvertreter.

Hagiographie: Erforschung und Beschreibung von Heiligenleben.

Häresie: Lehre, die von der offiziellen Kirchenmeinung abweicht.

Heiliger Stuhl: die Gesamtheit der Behörden der römischen Kurie, durch die der Papst die Kirche leitet.

Heiliges Jahr: Jubeljahr, ausgezeichnet durch einen nur in Rom zu gewinnenden Jubiläums-Ablaß.

Heiligsprechung (Kanonisation): Eine unfehlbare Erklärung des Papstes, daß eine bestimmte Person in den Kanon der Heiligen aufgenommen wurde und kirchlich verehrt werden darf.

Inkulturation: Das Eindringen einer Kultur in eine andere.

Inquisition: Von Gregor IX. im Jahr 1231 einberufene Untersuchung durch Institutionen der katholischen Kirche zur Verfolgung von Häretikern.

Interregnum: Zeitspanne zwischen dem Tod eines Papstes und der Wahl eines Nachfolgers.

Katechese: Vermittlung der christlichen Botschaft.

Klerus: katholische Geistlichkeit.

Kollegialität: seit dem II. Vatikanum steht der Begriff für die Mitwirkungsbefugnis der Bischofsversammlung.

Konklave: Kardinalsversammlung zur Papstwahl; streng abgeschlossener Versammlungsort der Kardinäle bei einer Papstwahl.

Konkordat: Vertrag zwischen einem Staat und dem Vatikan zu Angelegenheiten, die beiderseitig von Bedeutung sind.

Konsistorium: Versammlung der Kardinäle unter Vorsitz des Papstes.

Konstitution: päpstlicher Erlaß mit Gesetzeskraft; Konzilsbeschluß, der für die gesamte Kirche bindend ist.

Konzelebration: Feier des Meßopfers durch mehrere Priester.

Krankensalbung (früher: Letzte Ölung): das Schwerkranken durch Salbung der Sinne und begleitendes Gebet gespendete Sakrament zur Kräftigung der Seele.

Kreuzweg: Betrachtung des Leidensweges Christi an 14 »Stationen«.
Kurie: Sitz der päpstlichen Zentralbehörden.
Kurienkongregation: oberste Behörde der römischen Kurie.

Magnifikat: Lobgesang Marias.

Ökumenismus: Bestrebungen zur Einigung aller christlichen Konfessionen.
Opus Dei: »Werk Gottes«; 1928 von Josémaría Escrivá de Balaguer y Albás gegründete Vereinigung, die das Ziel verfolgt, ihre Mitglieder zur christlichen Vollkommenheit inmitten der Welt zu führen.

Peterspfennig: Alljährliche Kollekte als Beitrag für die Aufgaben des Papstes.
Prie-Dieu: Betstuhl, Betpult.
Primas: Titel des würdehöchsten Bischofs eines Landes.

Rosenkranz: Aus Vaterunser und Ave Maria zusammengesetztes Gebet, meist unterteilt in je fünf »Gesätze«, die bestimmte Heilsereignisse im Leben Jesu oder Mariens im Gebet betrachten.

Schisma: Kirchenspaltung.
Schismatiker: Verursacher und Anhänger einer Kirchenspaltung.
Sedia gestatoria: Früher üblicher Tragesessel des Papstes bei feierlichen Anlässen.
Seligsprechung (Beatifikation): die feierliche päpstliche Erklärung nach einem entsprechenden Prüfungsverfahren, daß ein verstorbenes Glied der Kirche von Gott in die Zahl der Seligen aufgenommen wurde. Vorstufe zur Heiligsprechung.
Seminar: kirchliches Institut zur Ausbildung von Geistlichen.
Skapulier: Überwurf über Brust und Rücken beim Habit mancher Orden; nahezu schulterbreiter, vorn und hinten fast bis zu den Füßen reichender Stoffstreifen, der über dem Gewand getragen wird.
Stigmata: Wundmale Christi.

Te Deum: (nach den Anfangsworten »Te Deum laudamus«) Lobgesang.

Zölibat: Die von der römisch-katholischen Kirche vorgeschriebene Ehelosigkeit der Geistlichen.

PERSONEN- UND ORTSREGISTER

BILDQUELLENNACHWEIS

dpa-Bildarchiv, Stuttgart: S. 305, 306, 400, 406, 425, 427
KNA-Bild, Frankfurt/M.: S. 24, 25, 42, 49, 95, 143, 196, 221, 222, 239, 259, 260, 289, 290, 341, 351, 352, 380, 422
Tad Szulc, Washington: S. 41, 50, 63, 127, 177